广东哲学社会科学规划优秀成果文库

谭莹谭宗浚年谱长编

徐世中　撰

·广州·

版权所有　翻印必究

图书在版编目（CIP）数据

谭莹谭宗浚年谱长编 / 徐世中撰. -- 广州：中山大学出版社，2024.12. --（广东哲学社会科学规划优秀成果文库：2021—2023）. --ISBN 978-7-306-08292-3

Ⅰ. K825.4

中国国家版本馆 CIP 数据核字第 2024UQ4946 号

出 版 人：王天琪

策划编辑：金继伟
责任编辑：王　璞
封面设计：林棉华
责任校对：周　玢
责任技编：靳晓虹
出版发行：中山大学出版社
电　　话：编辑部 020-84110771，84113349，84111997，84110779
　　　　　发行部 020-84111998，84111981，84111160
地　　址：广州市新港西路 135 号
邮　　编：510275　　传　　真：020-84036565
网　　址：http：//www.zsup.com.cn　E-mail：zdcbs@mail.sysu.edu.cn
印 刷 者：佛山家联印刷有限公司
规　　格：787mm×1092mm　1/16　23.5 印张　435 千字
版次印次：2024 年 12 月第 1 版　2024 年 12 月第 1 次印刷
定　　价：98.00 元

如发现本书因印装质量影响阅读，请与出版社发行部联系调换

《广东哲学社会科学规划优秀成果文库》出版说明

为充分发挥哲学社会科学优秀成果和优秀人才的示范带动作用，促进广东哲学社会科学繁荣发展，助力构建中国哲学社会科学自主知识体系，中共广东省委宣传部、广东省社会科学界联合会决定出版《广东哲学社会科学规划优秀成果文库》（2021—2023）。从2021年至2023年，广东省获立的国家社会科学基金项目和广东省哲学社会科学规划项目结项等级为"优秀""良好"的成果中，遴选出17部能较好体现当前我省哲学社会科学研究前沿，代表我省相关学科领域研究水平的学术精品，按照"统一标识、统一封面、统一版式、统一标准"的总体要求组织出版。

2024年10月

谭莹像

谭宗浚雕像

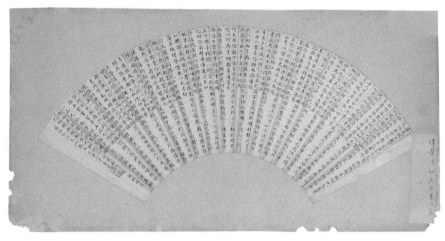

谭莹书法

谭宗浚书法

序

左鹏军

一个多世纪以前，王国维为了着意表彰在当时尚未广为人知、尚未确立其戏曲史和文学史地位的元杂剧，怀着些矫枉过正或者危言耸听的心态和情感，在那篇只有400来字的《宋元戏曲史·自序》的开头，说了一句实际上并没有太大学术价值却影响非常深远、未见得多么深刻却广为流传，甚至后来成为某些人基本的文学史观念和习惯性思维方式的话："一代有一代之文学。"假如仿效这样的表述方式，也可以说："一代有一代之学术。"假如愿意的话，按照这样的思考方式和表达方式，还可以说出许多与此相似的"一代有一代之某某"的话。

实际上，一代文学或者一代学术或者一代之某某之有无，或者这种有无的判断标准、价值意义、认识评价方式等，并没有可以完全统一或者可能被公认的什么客观条件或正式标准，而完全是可以因时因地因人而异的。关键在于这样的概括表达与言说的意图和指向，以及由此可能引起的某些思考或认知方式和其中可能具有的意义与价值。假如进行仔细的考量，还会发现，一代之文学也好，一代之学术也好，一代之其他什么也好，一旦具体到一定的时间和空间、一定的场景和语境，就会出现种种不难察觉的意外或特例。有许多现象、许多情况可以与此相合，同时也会同样容易发现，有许多现象、许多情况与此并不相合甚至可能截然相反。因此，假如从学术研究的角度或者思维认知的角度来看，对于这类具有格言警句色彩的表述，实际上并不很容易真正地理解，或者可以理解和阐释的空间与可能性往往相当多样和多变，这就需要做具体的分析和准确的判断。假如轻率地予以完全的肯定或者完全的否定，肯定都是没有什么思想意义，也是没有什么学术价值的。

准此来看，假如要是继续模仿"一代有一代之文学""一代有一代之学术"，而说"一人有一人之学术"，大概也是没有什么不可以的吧。因为不管是从个人的学术天赋、学术成长、学术经历、学术处境、学术结果，还是从个人与其所处的特定时空环境、学术条件、学术资源、学术机遇、学术可能来看，只要落实到具体个人、关注到具体细节，就一定是人人各殊、千差万别的，也一定是各有其优劣长短、巨细精粗、喜怒哀乐、爱恨情仇的。可能也只有从这样的观察方式或认识角度，才可能看到学术的众生真相、学术的休戚隆替，乃至由此看到世道人心的起伏进退、取舍离合、远近亲疏，乃至千变万化、百转千回。

就一个人的学术与一个具体时代或者与一个具体空间的学术的关系而论，也经常有着一些颇为复杂多样的景观，或者经常有着某些不容易一下子看得明、理得清、说得出的情状，从而在有意或者无意之间、有形或者无形之间，构成了一定的学术格局、学术网络和学术形态。而与这种学术场景的关系或关联，对这种学术样态的处理或认识，经常可以反映甚至决定一个人的学术处境、学术环境以及有关个人学术生存与发展的诸多方面。

有的人经常是一个时代、一个领域或一个学科的学术引领者，经常处于学术的前沿甚至顶端，也可以说成学术的"第一方阵"，也就经常充当"独领风骚数十年""既开风气且为师"的角色。而这种角色的形成和确立，往往不仅是其个人的需要，往往也包含着学术界的某种期待和有意追随。这样的学术和学人当然不可能也不需要太多，一个学科领域通常只是一二人或三几人，因而这些人也经常会有一种"一览众山小""轻舟已过万重山"的快意和潇洒，当然有时候也不免产生"我所思兮在何所""高处不胜寒"的孤独寂寞或敬惧惊悚之感。有的人可以追随一个时代或一个学科领域的风气和走向、进展与演进，既可以在学术上发出有价值、有意义的声音，也可以准确地听到他人发出的有价值、有意义的声音；也就是处于一个比较真实有效、妥当适宜的学术语境和时空之中，可以进行有价值、有意义的思考和研究。这种情况和状态，也就颇有点类似陈寅恪先生所说的，可以运用一些新材料，解决一些新问题，从而处于学术的"预流"或"入流"状态。对于绝大多数学人来说，如果能达到并处于这样的状态之下，就已经是一种相当不错甚至非常理想的状态了。当然，这样的人会比上一种人多很多，也通常是学术研究中应当出现的多多益善的一种类型。有的人经常或一直处于学术的下游或低端，既难以发出自己的有效的学术声音，也难以让他人听到自己的可能有效的学术声音；既难以及时有效地感受和认识到学术的新进展、新变化和新趋势，也难以跟上学术的提升与变革、调适和转换，基本上处于学术的边缘上，处于一种若即若离的游离和疏远状态，难以找到自己合适的学术位置。这种情况当然是自己和学界都不愿意看到也不愿意接受的，也可能是最为难堪、最为难处的一种境况，也可能是最无助、最无奈的一种境况。当然，也有的人，虽然在名义上、表面上可以说是学界中人，比如有的已经是博士，有的甚至已经是教授，在学位等级上、专业职称等次上已经到了最高位置，按理说，应该具有相当高的学术水平，也已经到了相当高的学术境界；但是实际情况却往往并不如此，有时候甚至可能令人失望地发现，真实的情况与表面的情况有可能完全相反或相背。也就是说，从实际情况来看，是否学界中人，是否可以被称作"学者"或"学人"，与是否具有博士学位、是否具有教授证书，其实没有什么必然联系，当然也并不能构成因果关系。孔子有云："古之学者为己，今之学者为人。"从常理来看，不管是在已经非常遥远、几乎难以辨识具体面貌的孔子时代，还是在早已时过境迁、人事皆非，动不动就变得天翻地覆、沧海桑田的当下，这虽然可能不是所有情况的完全概括，但一定是某些现实情况的真实揭示。

就当今的真实情况而论，真的颇有一些已经取得了博士学位的人，甚至有的已经是有了教授证书的人，对于学术还完全没有入门，对于学术的资格、门径、方法、出路、可能等基本的观念或条件，还根本没有掌握。更加令人觉得吊诡甚至失望的是，有些博士、教授，不仅在学术上毫无感觉、毫无想法，也没有什么学术目标和愿望可言，更不用说有什么理想和追求了。更加令人大跌眼镜的是，有时候他们很快就失去了或者从来就没有过学术的向往和信心，根本就不想在学术上有什么作为、有什么进步的动力和前行的力量。他们往往是在一定的时间里、一定的情况下，仅仅是为了取得一纸博士学位证书而装模作样、无可奈何地读书撰文，仅仅是为了取得那张教授职称证书而自欺欺人、万般无奈地进行所谓的研究。读书为己、读书为了自己的学位和职称的功利心态和做法，在此可以表现得如此的明晃晃、赤裸裸、明目张胆、完全彻底。毫不意外地，这样的所谓博士或教授，在高校或者在什么别的什么单位，往往只要保持一种能够应付完成基本的教学及其他工作任务、在日常工作中也不出现什么大的失误，自己心知肚明地保持着一种无所用心、无所作为、基本躺平的状态，保持着"当一天和尚撞一天钟"或者"撞一天钟当一天和尚"的状态，在现行的人事体制和业绩考评标准之下，一般情况下别人对于这类处于"亚健康""亚正常"状态下的人就没有什么办法，也不大可能对其进行有效的处理或约束。这样的人即使已经拿到了博士学位证书或教授证书，也不配"学者"或"学人"的称谓，甚至连合格的教师都称不上。但令人颇觉奇怪的是，这样的人在一些高校或者其他教学科研单位，还不能说非常少有、特别罕见。这大概也可以算得上瞬息万变、诡异微妙、无奇不有的当今学界的一种怪现状吧。

在这样纷纷攘攘、躁动喧嚣、花样百出、变化多端的总体学术背景和文化环境下，在如此熙熙攘攘、利来利往、各显其能、变幻无常的学林百态和士林群像中，来看待徐世中的学术研究，就可以发现其中颇有一些独特而可以关注、不易而值得嘉许之处。特别值得提出的是，在一般被人们所普遍看重的从事学术研究的基本条件或重要因素上，世中似乎没有什么特别的优势，比如学历、学位、职称、年龄、学缘、所在单位、所处位置以及所谓"人脉""能量"等，大概都是如此。但是，世中一直以其不温不火、不紧不慢、不急不躁的姿态和方式，有时候甚至以读书为己、我行我素、自然自适的态度和方式，进行着属于自己同时也属于学术界的研究探索，并在质实的研究、深切的体悟的基础上，适时地发出自己有价值、有意义的学术声音。

徐世中乃安徽安庆人氏，性格中的那种文雅内秀之气仿佛与生俱来。大学毕业后，早年考入广西师范大学攻读硕士学位，在李复波教授的指导下，从事古代戏曲理论的研究，受到了严格规范的学术训练，奠定了较为扎实的学术基础。后来在广东教育学院（今广东第二师范学院）任教，在学术上一直不甘落后、不肯停步，继续追求进步、寻求发展。2009年考入华南师范大学，随我攻读中国古代文学专业近代文学方向博士学位。读书期间，一边出色地完成原工作单位相当繁重的教学及其他工作，一边努力完成攻读博士学位所必须修习的各种课程、研究及论文撰写任务，对自己的要求自觉而严格、规范而进取。待到毕业的时候，除了相当出色地完成了学位论文之外，他还发表了多篇中国古代及近代文献辑佚、史实考订的文章，收获了更加丰厚的学术果实。这种既对学位论文孜孜以求、不肯降低要求，又不仅仅为了学位论文而学位论文的开阔态度和具有长远目标与打算的做法，看起来好像使他的研究、进展和进步比别人慢了一些；但是从长远来看，恰恰是这种少些急躁和功利、多些扎实与求实的自觉与选择、路径和做法，为他后来的继续成长和进步，积累了学术能量、打下了厚实基础、增加了学术可能。不求速成、不求速效，不争一时之高下、不争一日之短长、不务眼前之浮名，正是世中在成长进步路程中留下的一道清晰的学术印痕，也应当是值得赞扬并保持发扬的一种学术方式。

就中国古代文学和中国古典文献学的研究而言，一般说来，有些学术训练环节是必须亲身经历的，有些学术经验是需要有意识地丰富和积累的。而这种学术训练和学术经验，假如仅仅是来自外在的某种生硬要求、强行约束甚至强力迫使，那么其效果一定是不理想、不完美的。只有有了来自内在的自觉、内心的感悟，才有可能在必备的学术训练、要求和经历、经验中，获得真正属于自己的心得，取得真正有意义的收获，也才真正能够具有持续进步、不断前行的能力和力量。

许多人都知道规范扎实、严格艰苦的学术训练和学术要求是重要的、不可缺少的，但并不是所有人都真的愿意面对并接受这种训练和考验，而能够自觉地朝着这个方向探索和努力的人，就更少了。比如古典文献的发掘、整理，古籍文献的断句、标点，人物故实的考证、辨析，以往偏颇谬误的匡正、澄清等，都经常是投入大而见效小、时间长而效果慢、难度大而成绩微、费力多而难讨好的事情，既然如此，那么真正对这些感兴趣并且能够做得比较好的博士生，究竟有多少呢？又比如，为重要历史人物编写年谱、进行事迹编年，如此艰巨复杂、琐细费神，需要长期专注、持续投入，不可能赶进度、快出成果、多出成果的事情，真正愿意做并且能够做得比较好的博士生，到底又有几个呢？

实际上，不管是从人才培养和学术训练的角度来看，还是从学生个人的自我培养和锻炼成长的角度来看，假如一名中国古代文学专业或中国古典文献学专业的博士研究生，在攻读学位期间或者其前其后，连一本古籍文献都没有整理过，或者连一篇年谱编年类的文章都没有写作过，那么就不能不说，这样的博士研究生的学术培养和锻炼是存在明显缺陷的，至少是不完备、不完善的。这样的博士研究生即使在程序和名义上取得了学位、有朝一日成了博士，其学术积累和储备、学术能力和水平也一定不会很高。因为，假如学术基础不厚实、不完备，应有的基本功没有进行过有意识的培养、充实、完善和提高，这样的博士生在学术上一定是不可能走得很远、走得漂亮的。这已经为许多耳闻目睹的事实所一再证明。可是，令人遗憾的是，真正意识到这一点并能够在学术成长中自觉培养、锻炼、充实、提高自我的博士研究生和博士，并不是经常见到；或者说，相当多的博士研究生、博士、博士后，是不愿意朝着这样一条艰难、艰苦的道路走下去的，当然也是不可能在学术的道路上取得真正的进步、做出真正像样的学术成绩的。这一定是必然的结果和结局，早已不再需要什么时间、场合、人物或者事件来证明，也不需要更多的失败和教训来填充。

但是，在芸芸众生中，总有一些人和事是特殊的或者说是与众不同的。徐世中自从攻读博士学位以来，自主选择的，恰恰是这样一条为了自己的长期规划和发展进步、为了自己的学术锻炼和学术积累，也为了相关领域的学术发展和进步而不懈追求的不寻常的道路。在学术上"不走寻常路"的世中君，留下的自然也是一条不同寻常、值得关注的学术印迹。这部《谭莹谭宗浚年谱长编》，就是十五六年来世中学术追求、执着努力过程中所取得的最有代表性、标志性的一颗学术果实。

大概自从丁文江、赵丰田的《梁启超年谱长编》出版以来，"年谱长编"一体由于其体例较一般的年谱更加自由、开放，可以容纳更加丰富的谱主及相关文献史料，可以为学界提供更多有效的学术信息，而受到研究者和读者的青睐。因而"年谱长编"体对于当代学术著述的影响持续不断，而且在愈发注重文献史料发掘、积累和运用，倡导和鼓励质实朴素、求实务实学风的学术背景和文化语境下，这种体例及其著述方式的影响也有继续保持、日趋增大的趋势。比如，近年来国内有不止一两家出版单位已经策划出版了多种中国近代人物的年谱长编，俨然有系列化、系统化的趋势，一些中国古代人物的年谱长编也在陆续出现，形成一道引人注意的学术景观。甚至一向只关注论述阐发与批评评论、不注重文献史料，甚至不怎么瞧得起文献史料、史实考证的学科领域，近年来也有逐渐尊重文献、重视史料、关注实证、讲究考辨的倾向，而且逐渐成为该学科领域的一种值得注意的学术转向。这种不同学科领域出现或强化的具有相似性、相通性、共同性、呼应性特点的情况与趋势，恰恰反映了学术观念与方法、著述理念与方式的变化和完善、提升和进步。

  从这一角度来看，世中的这部广东南海谭氏父子的年谱长编，尽管是按照自己的多年学术准备、学术积累，朝着自己早已认定的研究方向、研究方式，仿佛水到渠成、自然而然地产生的一部学术著作，却在不经意之间，汇入了时下相当主流、相当有意义的学术潮流。这种汇入，不是出自处心积虑式的讨好、迎合，也不是妙手偶得般的碰上、巧遇，而是基于多年的学术准备、学术追求而发生的一种自然而然、不期然而然。因为这样的学术选择和目标、学术方式和方法，反映了学术研究的正确方向和必然趋势，也反映了学术积累和学术建设的一种必然进程。因此可以认为，这部著作的出版，当然是世中取得的一项重要的学术成绩，是一个可喜的收获，但是更加重要也更加珍贵、更加值得汲取的是这种学术选择、学术追求和学术努力所带来的关于学术观念与方法、学术追求与方式的内心体悟、精神愉悦和心灵净化。

  宗族文化在中国传统社会中的基础性地位、核心性作用是人所共知、无须多言的。可以说，不了解宗族文化及其作用、影响，就不可能了解中国传统社会甚至中国传统文化。尤其是在中国的南方，宗族文化是传统民间社会中一种根深蒂固、绵延久远的持久的文化力量。谭莹、谭宗浚父子及南海谭氏家族在广东乃至更加广阔的岭南及其他地区，以其多方面的文化建树、相当持久的文化力量，产生了引人注目的影响。尤其是谭莹、谭宗浚父子在教育、学术、诗文、方志、刻书、收藏等方面的建树和贡献，在近代岭南具有相当崇高的地位，产生了相当广泛的文化影响。不仅如此，由于谭氏父子在功名、仕途等方面的成绩和影响，加之有过主持多地科举考试的经历，其资历、人脉、地位和影响力在多个方面都得到了相当充分的表现和发挥。特别突出者如，在北京延续至今、享有盛誉的岭南名菜"谭家菜"，就是谭氏文化影响力在饮食方面的一个生动例证，也是在北京等地产生持久影响的一个有吸引力的证明。这一切，在这部内容充分而翔实的年谱长编中，都有着准确具体、生动充分的说明，当然也是这部著作丰富的文献史料价值、多方面学术价值的集中体现。

不仅如此，除了涉及谭莹、谭宗浚父子的仕宦、著述、生活、交游及相关情况以外，这部著作还以谭氏为中心，呈现了与之相关联的若干文化史料，展现了与谱主密切相关的人物、事件、活动、影响的若干方面，形成了以谭氏父子为中心、以相关人物和事件为场景的一道近代社会文化风景线。从这个意义上说，这部年谱长编也是从特定角度反映中国近代政治、学术、文学、教育乃至日常生活的一幅生动图画。在这幅图画中，不同的研究者和读者可以从不同角度出发，发现各自感兴趣的不同的思想文化风景，从而得到各自不同的文化学术收获。这对于了解近代岭南乃至近代中国社会、文化、思想、学术、教育的某些侧面、某些场景，都有着独特的价值和作用。因此，这部著作也可以说是岭南优秀传统文化传承转换、创新发展的一种有效途径和重要方式，是新时代中国近代文学研究乃至中国近代思想文化研究传承发展的有特殊意义与独特作用的学术努力和学术收获。

假如稍稍变换一下角度、开阔一下视野，从中国近代文学研究建设发展的角度来看，也不难发现，这样的著作的确也是学术所需、人所期待的。概括地说，中国近代文学研究已经走过了一个多世纪的历程，其间面临的种种风雨晦明、阴晴圆缺，所经历的种种起伏进退、利弊得失，也都是众所周知、不言而喻的学术史事实；其中的一些经验教训、偏颇遗憾，也是值得认真地回顾反思、汲取记忆的。比如，当20世纪20—30年代作为一个相对独立的人文学术领域的近代文学研究刚刚兴起的时候，主要是胡适、鲁迅、周作人、陈子展、吴文祺等一群怀有鲜明的新文学、新文化立场的思想家、活动家、宣传家型学者们从方兴未艾的新文学与新文化的历史渊源、思想先驱、文学同道的角度进行的近代文学的学术建构，或者说基本上是一种"新文学化""新文化化"的近代文学建构。到了20世纪30—40年代，当阿英等一批左翼学者、革命学者成为近代文学研究的主要力量的时候，他们一方面有意识地继续保持着前代学者开辟的新文学与新文化立场；另一方面，在民族危机、国家危亡的历史关头，更加自觉而强烈地在近代文学研究中加入了以古为鉴、面对现实、学以致用、汲取经验教训，鼓舞同胞志气信心、激发国家民族情感，为当时的国家民族命运寻找出路、探求未来的思想主题和时代声音。这也可以称作一种"国难文学化""抗日战争化""革命文学与民族文学化"的近代文学建构。而到了中华人民共和国成立后的 20 世纪 50—60 年代，在天翻地覆、战天斗地、改天换地、新天新地、社会主义革命和建设的宏阔背景下和独特语境中，在社会主义新文化、新教育、新学术的建设和确立过程中，近代文学研究也迅速朝着这样的总体方向、总体要求而必然性地、无选择性地发生空前深刻的变化，在总体上继续朝着"新文学化""革命文学化"发展的同时，又在当时的主流话语和意识形态规定与要求之下，明显地增加了"社会史化""政治史化"或"反帝反封建化"等因素和色彩，为当时的政治、教育、文化服务，而进行的关于破与立、存与废、兴与灭的各种运动及其他行动，都变得更加鲜明而果断、坚决而彻底。随着 20 世纪 60 年代中后期至 70 年代末期中国政治、经济、文化、教育、学术等各个方面发生的种种变故、遭遇的种种挫折、产生的种种停顿和倒退，这一时期的近代文学也当然不可能有什么意外的发展进步的可能或者更好一些的命运，同样遭遇了难以估量的重大损失。等到中国近代文学研究逐渐从那种难堪的处境中开始恢复、走出来的时候，时间已经过去了差不多三十年，已经是 20 世纪 80 年代初了。这一时间节点和变化趋势，恰与中国当代人文学术其他多个领域的情况如出一辙、别无二致。只是到了这个时候及其以后，中国近代文学的学术研究、学科建设、人才培养、学术交流等各个方面，才进入了比较有序、持续、正常、规范的建设和发展阶段。从那时起至今，这种良好的局面已经持续了四十多年，尽管其间也时常性地不可避免地经历了种种风雨、摇摆、起伏、停滞甚至逆转，但值得庆幸的是，向上向前、发展进步、完善提升的总体趋势并没有受到根本性的冲击和影响，也未发生不应有的转折与变化。不能不说，这当然是近代文学研究的幸运，但远不仅仅是近代文学研究本身的幸运。

通过这样一个非常简单、笼统甚至显得过于快速的回顾和描摹，笔者只是想说明，自从近代文学这一学科领域或学术领域开始建立以来，由于种种内忧外患、天灾人祸、意外冲击、有意打压，真正从学术性、学术理性的意义上进行沉潜专注的有计划建设、稳步发展、持续提升的时间和机会并不很多；加上主客观种种因素的制约和影响，近代文学的学科与学术建设能力与水平、成绩和贡献，并不能说已经达到了非常良好的程度，远还没有达到可以松口气、歇歇脚、等等看、分分神、看看别人和别处的风景的时候，或者是可以自鸣得意、自我欣赏、沾沾自喜，甚至是可以自我陶醉、得意忘形、忘乎所以的阶段。其实，真正的学术研究和学科建设，永远都不应该出现这样可悲而不幸的局面或状况。因此，在当下及未来的近代文学研究中，仍然需要执着的努力、扎实的建设、稳步的发展、持续的提高、不断的完善。这应当是近代文学研究的事实所需要、所期待，也应当是近代文学研究界的思想共识和共同追求。

因此，在目前和未来的近代文学研究中，最缺乏也最需要、最急需也最值得、最期盼也最应该进行的，就是这种真正既对研究者个人有着全面的、根本性的锻炼、提升和促进作用，又可能对研究界具有真正的学术支撑和学术贡献的研究，就是这种不务虚名、不图速效，既从自己的成长规划和学术逻辑出发，又从学术建设发展的需求和期待出发进行的具有真正学术探索、学术贡献的研究，而不是各种仅仅为了取得学位和评上职称、为了出版或发表、为了获奖和业绩而绞尽脑汁、费尽心机，甚至饥不择食、不择手段的种种研究以及由此产生的各种五花八门、令人匪夷所思的所谓"研究成果"。从这一角度来看，个人的学术研究往往不仅仅是个人的学术选择和学术路径，也不仅仅是个人的什么学术自主和学术自由，有时候也可能关乎一个学科、一个领域的学术风气和学术走向，当然也可以关乎个人和集体的学术声誉与学术形象；而其背后所折射出来的，则往往可能是一定阶段、一定范围、一定环境和一定处境下某些个人或集体的思想境界、道德状况，以及世道人心的某些方面。

正是基于对这些多方面原因和远近背景、个人经历、学术史经验的回顾与思索，当得知这本著作入选《广东哲学社会科学成果文库》的消息时，虽然一点也不觉得意外，但真的是令我非常高兴！因为我知道，《广东哲学社会科学成果文库》是广东哲学社会科学研究最优秀成果的汇聚，也是广东人文社会科学研究最高水平的代表。更让我欣喜的是，这么多年以来，世中博士这种不改初心、一如既往的踏实诚挚、内敛质朴、勤勉进取、自重自持的为人与为学风格，经历了更多的考验，得到了更多的认同，结出了更加丰硕的果实，也进入了更加自如自由、自得自适的新阶段，并预示着更加可期可许的未来。

这已经不是世中出版的第一本学术著作了，却是更有显示度、更有标志性意义的一部学术著作。这样的成绩的取得，绝不是由于什么偶然性或者人脉广或者运气好，或者是由于别的什么；其中的原因实际上只有一个，那就是世中博士选择了一个正确而艰难的学术方向，并且具有敢于坚持、坚守的思想勇气和精神意志，因而不管外在的环境条件、周遭的世道人心发生怎样的变化，他一直坚定地走在一条通往康衢的道路上。这种坚守与进取、厚积与薄发、沉潜与执着，不可能不带来更加丰硕、更加美好的学术收获。从这个意义上说，这样的成绩也是一种水到渠成、前有因后有果的自然而然，也可以说是一种春种秋收、天道酬勤的必然。

尽管世中博士从来不愿意向他人秀显自己的努力和进步，也从来不愿意向他人展示自己的收获和成绩，而一直保持着谦逊、持重、内敛、自省的本色，但是作为学术上的同好、同道或者更加广泛意义上的学术上的同路人、伙伴友朋，从世中通过默默坚守、扎实努力而取得的成果中，从世中留下的如此清晰而具有启发意义的学术足迹中，一定能够得到更多的启示和教益。这可能也是世中这部新著带来的学术研究本身以外的有关为人与为学、自觉与自励、进取与进步的更加丰富、更加广阔、更加深切的启示吧！

在近时忽晴忽雨的羊城广州，在春意渐浓的夏历三月，我在非常愉快而喜悦的心境下，怀着深切的期待、满满的信心和诚挚的祝愿，写下了这些文字。尽管不可能道出这部著作的种种妙处，尽管有的地方可能言不尽意，甚至言不及意；但是，假如能够表达我对世中博士和这部即将面世的新著的期待、欣喜和祝贺之情于万一，就已经算是表达了自己的心愿；而对于我的种种不尽、不及或不当之处，世中君和学界友朋们，或许是能够给予一些理解和原谅的吧。

左鹏军
甲辰三月于五羊城

目　录

前言 ·· 1
　一、研究缘起及其意义 ··· 1
　二、研究现状综述 ··· 3
　三、研究目标及研究方法 ··· 12

谭莹谭宗浚年谱长编 ··· 13
　凡例 ·· 14
　世系 ·· 15
　年谱 ·· 17
　卷一　嘉庆时期 ·· 17
　卷二　道光时期 ·· 30
　卷三　咸丰时期 ·· 77
　卷四　同治时期 ·· 103
　卷五　光绪时期 ·· 130

　附录一　谭莹、谭宗浚传记资料 ······································ 193
　附录二　谭氏父子家世与生平考辨 ··································· 206
　附录三　谭氏父子交游考辨 ·· 234
　附录四　谭氏父子集外诗文辑考 ······································ 286

参考文献 ·· 342

后记 ·· 354

前　言

一、研究缘起及其意义

谭莹（1800—1871），字兆仁，号玉生，又号豫庵，别署席帽山人、小金山渔父。祖籍为广东省新会县天河月窟乡，始迁祖谭卓昂于清初徙居广东省南海县石湾乡，父亲谭见龙再迁至广东南海捕属（今属广州市）。谭莹为近代岭南骈文大家，同时也是著名的诗人、学者。著有《乐志堂文集》十八卷、《乐志堂文续集》二卷、《乐志堂诗集》十二卷、《乐志堂诗续集》二卷、《乐志堂文略》四卷、《乐志堂诗略》二卷。此外，有《豫庵笔谈》《校书札记》未刊稿。

谭宗浚（1846—1888），原名懋安，字叔裕，为谭莹第三子。与其父一样，谭宗浚也是岭南著名的诗人、学者和辞赋大家。著有《希古堂集甲集》二卷、《希古堂集乙集》六卷、《荔村草堂诗钞》十卷、《荔村草堂诗续钞》一卷、《芸洁斋赋草》四卷、《芸洁斋试贴》四卷、《止庵笔语》一卷、《荔村随笔》一卷，《辽史纪事本末诸论》《于滇日记》《旋粤日记》《皇朝艺文志》。此外，尚有《两汉引经考》《晋书注》《金史纪事本末诸论》《铒笔纪闻》《国朝语林》等未成稿。

（一）研究缘起

本书之所以选定谭氏父子作为具体研究对象，主要是基于以下三个方面的考虑。

首先，对岭南文化的关注与兴趣。作为中国传统文化中的分支，岭南文化的研究对中国文化的传播起着积极的推动作用。近年来，地域文化以其独特的地域特性而备受各地学人的重视，其研究日益成为学术界的一个热点，研究成果也日益引起人们的瞩目。对地域文化的研究越深入，就越能深刻、全面地认识中国传统文化的总体风貌。岭南文化的传统源远流长，有着鲜明的个性特征和品格。尤其是在清代，岭南人才辈出，而以往学术界虽然也作过一些探讨，但还有不少课题有待于进一步挖掘。

其次，有感于谭氏父子生前的盛名与身后的寂寞。作为晚清岭南文化名人，谭氏父子在生前一再被时人所称许。如道光六年（1826），常熟翁心存督学粤东。在评阅谭莹该年岁考复试试卷时，翁心存说："粤东固多隽才，此手合推第一。"① 继翁心存任广东学政者，为平湖徐士芬。在翻阅谭莹历年试卷时，徐士芬也认为谭莹是"骚心选手，独出冠时"②。道光十八年（1838），谭莹与侯康、熊景星、仪克中、黄子高等同为学海堂学长。"自此文誉日噪。凡海内名流游粤者，无不慕交。"③ 谭宗浚于17岁时上京师应礼部试，因俯仰时事，凭眺山川，"作《览海赋》以寄慨，凡数万言，都人士交口称颂"④。唐文治在《诰授中议大夫云南粮储道谭叔裕先生墓表》一文中，对谭宗浚也有如下评价："迨通籍后，声誉益大著，硕德名臣，争以文字相结纳。朝廷有大典礼著作之任，必推先生。"⑤ 而在谭氏父子辞世后，除少数学者对他们有所关注以外，学术界对他们的研究基本上处于沉寂状态，这种沉寂的研究状态与谭氏父子在晚清文坛上的地位极不相称。

最后，搜集资料方面的便利。要想全面、系统地研究谭氏父子，不仅要搜集他们自身相关资料，而且还要搜集与之相关的其他岭南文人的资料。因此，选择研究岭南籍文人学者，无论是在资料的搜集上，还是在实地考察等方面，自然比研究外地文人学者条件更为方便和有利。

尽管谭氏父子并非当时一流的学者或文学家，但由于他们具有独特的人生经历、兼容并包的思想以及多方面的贡献，因此，笔者拟通过本书对谭氏父子生平做一个比较系统而全面的研究，以期较为准确地评价谭氏父子的多方面的成就，及其在文坛上的影响。

（二）研究意义

谭莹、谭宗浚父子均为近代著名的骈文家、诗人、学者和教育家。由于谭莹一生主要在岭南活动，而谭宗浚又过早辞世，他们的影响未能遍及全国，故目前学术界对他们关注不多。有鉴于此，本书研究具有如下理论和实际应用价值。

---

① 郑梦玉等修、梁绍献等纂：《南海县志》卷十八，同治十一年（1872）刊本。
② 郑梦玉等修、梁绍献等纂：《南海县志》卷十八，同治十一年（1872）刊本。
③ 王钟翰：《清史列传·卷七十三·文苑传》，中华书局1987年版，第6065页。
④ 唐文治：《诰授中议大夫云南粮储道谭叔裕先生墓表》，《辽史纪事本末诸论》卷末，民国二十二年（1933）刻本。
⑤ 唐文治：《诰授中议大夫云南粮储道谭叔裕先生墓表》，《辽史纪事本末诸论》卷末，民国二十二年（1933）刻本。

首先，有助于谭莹、谭宗浚及其家族研究的深化发展。本书在充分掌握有关谭氏父子著述及其他文人著述（尤以与谭氏父子有交往人士的著述为重点）资料的前提下，经过认真研读、分析、排比，撰成此谱，可为深入研究谭莹、谭宗浚打下坚实的基础。

其次，有助于岭南近代文学和中国近代文学研究的发展。此前各种中国近代文学史均没有论及谭莹、谭宗浚，本书拟用大量经过辨正的可靠典籍资料，力求编写出一部内容翔实、考订精审、记载准确的年谱，这对推进近代文学和历史的研究定有助益。

最后，有助于近代文化的研究。本书将尽可能地征引资料考述与谱主有关的人物，记述其生平大端，点明与谱主之关系。这种对背景与人物群体的勾勒，不仅取材于谱主及诸家文集、历史纪传，而且征诸诗文笔记、野史小说、书录地志，必将拓宽近代文化的研究空间。

二、研究现状综述

关于谭莹、谭宗浚的研究主要分为以下三个阶段。

（一）清末

晚清时期的人对谭莹、谭宗浚的评价，主要见于序跋、墓志铭及方志本传中，有少量见于他人诗文集或诗话词话中。

1. 对谭莹的评价

最早以整篇文章的形式对谭莹作出评价的人，是与他交好近四十年的晚清岭南著名学者陈澧。谭莹卒后，陈澧应谭莹之子谭宗浚之请，撰写了《内阁中书衔韶州府学教授加一级谭君墓志铭》。在铭文中，陈澧说："岭南自昔多诗人少文人，阮文达公开学海堂，雅材好博之士蔚然并起，而南海谭君莹最善骈体文，才名大震。君之字曰兆仁，别字玉生。少时宴集粤秀山寺，为文悬壁上，阮公见而奇之。时方考县试，公告县令曰：'县有才人，宜得之。'令问姓名，公不答。已而得君所为赋以告公，公曰：'得之矣。'取第一人入县学。翁文端公督学政时，回部叛乱，公以克复回城贺表命题，君文千余言，援笔立就。公评其卷曰：'粤东隽才第一。'后督学徐公士芬以君优行贡入国子监，未赴，捐纳为教官。学海堂推为学长。……生平博考粤中文献，凡粤人著述，搜罗而尽读之。其罕见者，告其友伍君崇曜汇刻之，曰《岭南遗书》，五十九种，三百四十三卷；曰《粤十三家集》，一百八十二卷；选刻近人诗曰《楚庭耆旧遗诗》，七十四卷。又博采海内书籍罕见者汇刻之,曰《粤雅堂丛书》,一百八十种,共千余卷。凡君为伍氏校刻书二千四百余卷,为跋尾二百余篇,君之淹博,略见于此。所为诗文有《乐志堂集》,三十三卷,初以华赡胜,晚年感慨时事,为激壮凄切之音。性真率不羁,饮啖兼人,杯酒间谈笑无所避。晚年目疾,颓然静坐,默诵生平所读古诗文,日恒数十百篇,其强记如此。"① 从这篇铭文中我们可以看出,陈澧主要对谭莹作了以下几方面的评价:①认为谭莹学识渊博,文学才华出众,尤善骈文;②认为谭莹在整理岭南文献方面作出了突出贡献;③认为谭莹前后期的文风不同,并指出文风转变的原因在于忧时感事;④认为谭莹有超人的记忆力和真率不羁的个性。后来,在《乐志堂文略诗略序》中,陈澧对谭莹的才华和思想又有所补充,认为"舍人之才,沉博绝丽,晚年忧时感事,愈郁勃而不可遏"②。作为关系较好的朋友,陈澧虽能抓住谭莹的主要特点进行评价,但可惜的是所论泛泛,并不深入。

《南海县志》对谭莹的评价基本上与陈澧观点相同,略有不同的是:《南海县志》则增添了一些当时名流对谭莹的评价,如督学顾元熙认为"其律赋胎息六朝,非时手所及"③;翁心存在批其岁考试卷时,有"粤东固多隽才,此手合推第一"等语;徐士芬阅其历年试卷,有"骚心选手,独出冠时"之语。另外,《南海县志》还解释了谭莹在乡场考试中屡次败北的原因,即"微触时讳"与"淡于荣名"。对于谭莹的个性,《南海县志》又补充说"以文行矜式乡间,而性坦率,与人交不作寻常应酬语。若与论学术是非、人品心术邪正、诗文得失,咸推勘入微。凡所讥诃,悉中症结,不肯受压于虚名"④。以上这些评价对我们认识谭莹无疑有很大帮助。

作为谭莹的老师,张维屏在《艺谈录》中,也称其"万卷罗胸,七襄在手,吾粤二百年来论骈体,必推玉生,无异词者"⑤。另外,针对谭莹的《儒将》《猛将》及《迎梅》等诗,张维屏在《听松庐诗话》中又有如此评价:"卷轴罗胸,炉锤在手。李义山之博丽,元遗山之沉雄,兼而有之。"⑥ 张维屏的评价,对我们认识谭莹的骈体文价值以及诗歌风格有重要的参考意义,但所论过于简略。

对于谭莹的《论词绝句》,清人丁绍仪在《听秋声馆词话》卷二十中有云:"抉扬间有未当。如訾少游'为谁流下潇湘去',谓是常语。并谓白石

---

① 陈澧著,黄国声主编:《陈澧集》(第一册),上海古籍出版社2008年版,第243—244页。
② 谭莹:《乐志堂诗略》卷首,光绪元年(1875)刻本。
③ 郑梦玉等修,梁绍献等纂:《南海县志》卷十八,同治十一年(1872)刻本。
④ 郑梦玉等修,梁绍献等纂:《南海县志》卷十八,同治十一年(1872)刻本。
⑤ 张维屏:《艺谈录》,清咸丰间刻本。
⑥ 张维屏:《听松庐诗话》,咸丰二年(1852)刻本。

'旧时月色,人何处',戛玉敲金拟恐非。而推崇戴石屏与本朝之毛西河、屈翁山,谓屈词足以抗手竹垞。此与番禺张南山司马维屏服膺郑板桥、蒋藏园词,同似门外人语。内三十六首专论粤人,如陈元孝、黎二樵词,均觅之未得。……林(蒲封)有《鳌洲集》,附词。黄(德峻)有《三十六鸳鸯馆词》。顾诗中均无一言论及,殆以为近时人耶。二樵亦近时人也,殊不解。"① 以外籍词论家而对谭诗有所评论,尽管其间多有指摘之处,也能够说明谭莹《论词绝句》以及粤东词人都在后世词坛受到了关注和重视,并造成了一定的反响。

2. 对谭宗浚的评价

在谭宗浚卒后,唐文治撰写的《诰授中议大夫云南粮储道谭叔裕先生墓表》对谭宗浚的一生作了一个总体评价。在该文中,唐文治主要从以下几方面对谭宗浚作了评价:第一,认为谭宗浚人生经历能体现世运之盛衰升降与文化之消息盈虚。第二,认为谭宗浚的成功主要来源于家庭教育和自身天资聪慧。第三,认为谭宗浚文学才能卓越。在谈到《览海赋》创作情况时,唐文治说:"时中英和约初定,先生俯仰时事,凭眺山川,作《览海赋》以寄慨,凡数万余言,都人士交口称颂。迨通籍后,声誉益大著,硕德名臣,争以文字相结纳,朝廷有大典礼著作之任,必推先生。毅庙闻先生才名,特旨召对,尤称异数焉。"② 第四,认为谭宗浚是一个勤政爱民的能吏。为了说明这一点,唐文治分别列举了他督学四川、典试江南与理政云南的例子。对于谭宗浚督学四川,唐文治介绍说:"前任学使南皮张文襄之洞,创建尊经书院方成立,闻先生继任则大喜,曰:'谭君来,蜀士有福矣!'先生益严别蕆窦,奖借英才,选刊《蜀秀集》,士林翕然仰为士宗。"③ 在典试江南的过程中,唐文治认为谭宗浚能"甄拔多知名士"。对于谭宗浚理政云南,唐文治在介绍完他治水、纠弊、课学、惠孤及纂书等事迹后,评价说:"呜呼,其廉洁如此,足以风世矣!"第五,认为谭宗浚是一个不为风气所转移、文学与经济兼善的学者。总之,唐文治对谭宗浚文学方面的评价尽管还不充分,但这种评价对我们研究谭宗浚依然有较大的参考价值。

在序跋中,廖廷相是最早对谭宗浚诗歌作出全面评价的人。在《荔村

---

① 唐圭章:《词话丛编》第三册,中华书局1986年版,第2830页。
② 唐文治:《诰授中议大夫云南粮储道谭叔裕先生墓表》,《茹经堂文集(第一编)》卷六,《民国丛书》第五编,上海书店1996年影印本。
③ 唐文治:《诰授中议大夫云南粮储道谭叔裕先生墓表》,《茹经堂文集(第一编)》卷六,《民国丛书》第五编,上海书店1996年影印本。

草堂诗钞序》中,廖廷相首先对该诗钞的编写体例作了一个说明,随后评价谭宗浚诗歌说:"其思古也幽以远,其书事也微以显,其述情也婉而挚,其写景也清而奇。大抵少作以华赡胜,壮岁以后以苍秀胜,盖才高博学,上薄王朱而复得江山之助,故骎骎乎入少陵堂奥,视诚斋之每集一变、雅俗并陈者,又不可同日而语矣!"① 另外,廖廷相的《希古堂集序》与谭祖任的《荔村草堂诗续钞序》均提到谭宗浚《于滇集》的抒愤特点。廖廷相在《希古堂集序》中,除了主要交代两人情谊以及谭宗浚著述情况之外,还对谭宗浚的文章特点进行了评价。他说:"君根柢盘深,故见于文章者,事核言辨,由绚烂渐趋平淡。诗醇而后肆,不名一体。律赋、试帖,秾纤修短,各适其宜。尤能津梁后学,其中惟在滇诸作,时涉愤激。"② 谭祖任在《荔村草堂诗续钞跋》中也写道:"先君以不乐外任,致损天年,其郁伊牢落之概,一于诗寓之。"③

除了碑记、序跋以外,《南海县志》也对谭宗浚作出了评价。《南海县志》所述内容大体与唐文治的《诰授中议大夫云南粮储道谭叔裕先生墓表》相同,不过在传末增加了对谭宗浚诗文的评价:"所作事核言辨,根柢盘深,由绚烂渐趋平淡。诗醇而后肆,不名一体。在滇所作多愤激凄切之音,曾作《止庵》《上梁文》,尤为凄丽。"④ 这种评价与上面序跋中内容有些相同。

总体上讲,此段时期的研究沿袭成见的居多,独创的少,概括的居多,具体的少,还只是停留在评点式研究阶段。

(二) 民国时期

由于谭莹一生活动范围主要在岭南,谭宗浚也因辞世较早,因此民国时期的学界,对谭莹父子关注不多。此期的人对谭莹、谭宗浚的评价,主要见于史传、墓表、序跋中。

1. 对谭莹的评价

受陈澧影响,《清史稿》《清史列传》对谭莹的评价基本与上面相同,略有不同的是:《清史稿》特别强调了谭莹晚岁与陈澧齐名;而《清史列传》则补充了谭莹在引导化州士风转变方面的贡献,并对他的诗歌作了具

---

① 谭宗浚:《荔村草堂诗钞》卷首,光绪十八年(1892)刻本。
② 谭宗浚:《希古堂集》卷首,光绪十六年(1890)刻本。
③ 谭宗浚:《荔村草堂诗续钞》卷末,宣统二年(1910)刻本。
④ 郑荣等修,桂坫等纂:《南海县志》卷十四,宣统三年(1911)刻本。

体评价:"诗初以华赡胜,晚年为激壮凄切之音。"① 除此之外,《清史列传》还对谭莹的骈文特点以及地位作出了客观评价,认为谭莹"尤工骈体文,沉博绝丽,奄有众长,粤东二百年来,论骈体必推莹,无异词者"②。

近代著名学者费行简在《近代名人小传》中对谭莹的文学成就推崇备至。如他对谭莹的骈体文是这样评价的:"清代骈文,冠宋以后。然若袁枚、王昙之属,句累八九字,强嵌成语,固是宋人流派。郭频伽则篇幅狷狭,貌虽似古,神则离焉。刘芙初诸人,虽整丽矣,而卒不能忘情。后世诰敕之体,求能昌博遒丽,若初唐四杰者,乾嘉以后,断推玉笙矣。玉笙,莹字,即以名其集者也。"③ 对于谭莹的《荔支赋》《佛手赋》,他引用阮元的话予以评价:"工细妥帖,能不囿近体。"对谭莹的诗文,他评价说:"为文长篇巨制,意义不穷,而语皆锤炼。唯小品文不多作。诗若吴伟业,有嫌其虚字太少者。"④ 除了以上内容外,费行简还对谭莹的"和谨谦厚"个性和长于相人的特点有所描述。由于受小传体例的限制,费行简的论述未能充分展开。

此段时期,尽管有屈向邦、徐世昌等人的诗话著作提到谭莹,但由于这些诗话所论内容,或是涉及一些文学典故,或是沿袭成见,故价值不大。

2. 对谭宗浚的评价

《清史稿》与《清史列传》都对谭宗浚作出了评价。《清史稿》指出谭宗浚"工骈文","略能记诵",却"以伉直为掌院所恶"。⑤《清史列传》则评价说"少承家学,聪敏强记,下笔千言,由绚烂渐趋平淡。诗醇而后肆,不名一体。性好游,所至必探其名胜。……宗浚为赋长歌,时以为追踪太白。"⑥《清史稿》《清史列传》的评价,可谓点到即止。

马其昶于1922年撰写的《云南粮储道谭君墓表》,除了述说谭宗浚的修史、为政、作赋、治学功绩以外,还对谭宗浚人品与不获大用的原因作了分析。他认为谭宗浚是一个"博涉载籍、笃行恺恺"⑦ 的"君子",而"恬淡知止""不乐远游"与"才高而忌之者众"是他不获大用的根本原因。

对于谭宗浚的史论文,陈衍与钱基博分别撰写了《辽史纪事本末诸论

---

① 王钟翰:《清史列传》卷七十三,中华书局1987年版,第6065页。
② 王钟翰:《清史列传》卷七十三,中华书局1987年版,第6065页。
③ 费行简:《近代名人小传》,(台北)文海出版社1966年版,第391—392页。
④ 费行简:《近代名人小传》,(台北)文海出版社1966年版,第391—392页。
⑤ 赵尔巽等:《清史稿》,卷四百八十六,中华书局1977年版,第13432—13433页。
⑥ 王钟翰:《清史列传》卷七十三,中华书局1987年版,第6066页。
⑦ 闵尔昌:《碑传集补》卷十九,《清碑传合集》,上海书店1984年影印本。

序》予以评价。陈序首先列举了谭宗浚以前的辽史著作,然后评价它们说:"片羽碎金,掇拾殆尽,然多薄物细故,未有如南海谭先生所辑纪事本末。"① 对于谭著,陈序认为它:"关系治乱兴衰者甚大,而命意所在,既以资有国家者法戒,亦足使猾夏蛮夷稍戢其心也。"② 在序言中,陈衍还表示自己"绝喜"谭宗浚的《于滇集》,认为其"能于山厉水刻处擅奇,与其乡先生宋芷湾历官相似,诗笔亦极相似,因专选其滩行诸作入《近代诗钞》"③。对于《希古堂文甲集》和《辽史纪事本末诸论》,陈衍评价说:"甲集皆散文,沉博雅健,实事求是,不屑屑于昌黎之遏抑,半山之拗折以为工。《诸论》则于辽一代治乱兴衰之故,原原本本,洞若观火,而比事属词,皆用俪偶。其数典之切,当极其自然,非平日胸罗万卷者,能如此俯拾即是与?若其抑扬顿挫,畅所欲言,虽司马子长班孟坚诸传赞,亦不是过,几不觉其为骈四俪六之作,斯以难矣。"④ 陈衍的评价甚高。而钱基博序在分析纪事本末体的演变后,对谭宗浚的《辽史纪事本末诸论》有如此评价:"独先生此作,融贯辽史,自抒伟论,鼓其雄辞,夸其俪事,词气铿訇,极吞吐往复、参差离合之致。错综以见意,曲折以生姿,英规胜范,信起陵谷纪,而追晋书史家二体。……观先生为书词,惟闳丽远祧史班,独宗徐庾体。体闳而义密,事核而词达,离合变化。其文清严而工笃,磊落而多感慨。"⑤ 钱基博在序文中对谭宗浚的史论文作了较为详细的评价,持论也比较允当。与碑记相比,这些序跋均对谭宗浚的诗文风格作出了中肯评价。这种评价,对我们全面认识谭宗浚的文学成就有很大帮助。

在《近代名人小传》中,费行简也对谭宗浚的治学特点与文学成就作了简略评价。他认为谭宗浚"治经善考据名物。文工俪体,宏博在吴锡麒上。诗尤警拔、寄托高远"⑥。为了突出其"风骨甚著"的个性特征,费行简举了谭宗浚不愿与岑毓英合谋兴大狱以陷异己的例子予以说明。

此期诗话著作中,徐世昌在《晚晴簃诗话》中评价谭宗浚诗歌时说:"叔裕才学淹博,名满天下。自编其诗为八集,大抵少作以华赡胜,壮岁以苍秀胜。入滇以后诸诗,虽不免迁谪之感,而警炼盘硬,气韵益古。"⑦ 在《定庵诗话》中,由云龙评价谭宗浚的诗歌《送人入蜀》时说:"此诗纯以

---

① 谭宗浚:《辽史纪事本末诸论》卷首,民国二十二年(1933)刻本。
② 谭宗浚:《辽史纪事本末诸论》卷首,民国二十二年(1933)刻本。
③ 谭宗浚:《辽史纪事本末诸论》卷首,民国二十二年(1933)刻本。
④ 谭宗浚:《辽史纪事本末诸论》卷首,民国二十二年(1933)刻本。
⑤ 谭宗浚:《辽史纪事本末诸论》卷首,民国二十二年(1933)刻本。
⑥ 费行简:《近代名人小传》,(台北)文海出版社1966年版,第193页。
⑦ 徐世昌著,傅补棠编校:《晚晴簃诗话》,华东师范大学出版社2009年版,第1202页。

神行，化尽笔墨痕迹者。"① 陈衍在《石遗室诗话》中，对谭宗浚也有如下评价："岭南诗人首推宋芷湾，叔裕宦迹与相似，诗亦祈向之，集中有《效芷湾体》《读芷湾诗集》诸作。"② 在《卧雪诗话》中，袁嘉谷也对谭宗浚的诗文有所评价："谭叔裕观察，陈兰甫高第也。以经学名，词章尤佳。滇中古学，赖其提倡。见其《览海赋》一篇，规橅开府。又见其《题陈圆圆画像》四诗，亦极典重。"③ 这些评论均能就谭宗浚诗歌某一方面的特色进行评论，但可惜的是都过于简略。

总体而言，此期对谭莹、谭宗浚诗文的评价较以前详细，有的评价甚至富有新意，但论述依然不够充分。

（三）新中国成立以来

新中国成立后至20世纪80年代前，学术界对于近代文坛上的旧派文人多采取否定态度，而且研究主要局限于文学史，个体专门研究极为有限，如谭莹、谭宗浚这样的人，更是无人关注。

20世纪80年代以来，谭莹、谭宗浚渐渐被学术界所关注。一些文学史与专著逐渐对谭莹、谭宗浚设专节予以介绍，少量的谭莹、谭宗浚研究论文也陆续发表。关于谭莹、谭宗浚的研究可以分为以下两个方面。

1. 综合研究

此时期，《岭南文学史》和《广东近代文学史》开始对谭莹有所关注。而《广东近代文学史》对谭宗浚的诗文也有较深入的研究。

陈永正主编的《岭南文学史》对谭莹的诗词文均有适当评价。如对于谭莹文学创作的总体风格，该书认为："早年追求华赡风格，晚年则身经鸦片战争和社会动荡，感时伤事，而有激壮凄切之音。"④ 对于谭莹的诗歌风格，该书则结合一些诗歌例证进行分析，认为前期华赡，后期则走向清雅恬静与苍凉激壮。对于谭莹的骈体文，该书在引用一些前人评价后，认为"煌煌巨制，华赡渊雅，确可独步岭南而无人能与争衡的"⑤。对于谭莹的词，该书则以《庆清朝·题草檄图为徐铁孙司马作》与《绿意·苔痕》两首词为例，认为其词具有"情致深厚"的特点。对于谭莹的《论词绝句》三十六首，该书认为"勾画了岭南词界发展的概貌，对研究岭南词提供了

---

① 张寅彭：《民国诗话》第三册，上海书店出版社2002年版，第564页。
② 张寅彭：《民国诗话》第一册，上海书店出版社2002年版，第122页。
③ 张寅彭：《民国诗话》第二册，上海书店出版社2002年版，第453页。
④ 陈永正：《岭南文学史》，中山大学出版社1993年版，第594页。
⑤ 陈永正：《岭南文学史》，中山大学出版社1993年版，第594页。

可贵的线索"①。钟贤培、汪松涛主编的《广东近代文学史》则设专节对谭莹、谭宗浚的诗文予以评价。该书对谭莹的看法主要体现在以下几方面：①谭莹的诗风清丽俊逸，朗朗可诵；②谭莹的诗歌特色表现为两方面：一是洋溢着浓郁的乡土气息，二是以大型组诗的形式叙事论史咏物；③谭莹的爱国诗歌，反映了诗人关心国家民族安危、反对鸦片、反对侵略的爱国情操；④谭莹骈文文风雅丽；⑤谭莹文集中有少量涉及时事之作，表现作者对时世的清醒认识和爱国思想，为世所推重。② 对于谭宗浚的诗文，该书也有独到的评价，认为：①谭宗浚的《览海赋》史论结合，沉博绝丽，表现了青年学子伤时忧国的爱国情怀，也反映了作者过人的文学才华；②谭宗浚诗学主张主要表现为两点：一是强调文学的社会性，二是认为写诗要表现性情、要有创造；③谭宗浚的诗歌以写景纪游诗最有特色，另有少量反映社会矛盾的诗歌；④谭宗浚主张为文要破除门户之见，要好学深思，推崇"体高格远""简质清刚"的气格；⑤谭宗浚的文风趋于刚质、平易、清新。③

与《岭南文学史》相比较，《广东近代文学史》在谭莹、谭宗浚方面的论述更富有独创性。但由于体例的限制，这两部地方文学史均没能对谭莹、谭宗浚的文学成就作更深入的探讨。

2. 专题研究

随着改革开放和经济的进一步发展，学术界日渐呈现出"百家争鸣"的局面，少数学者开始对谭氏父子的文学有较深入的研究。

此时期，学者对谭莹的研究主要集中于《论词绝句》、地域特色、文献整理三方面。

在《论词绝句》方面，学术成果主要有一部论著和三篇论文。台湾王晓雯的博士学位论文《清代谭莹〈论词绝句〉研究》主要从写作背景、词学主张、各首意涵、女性词家等方面，对谭莹的《论词绝句》作了较全面深入的论述。④ 因选题的限制，该专著未能对谭莹其他方面的成就展开研究。谢永芳在《谭莹的论词绝句及其学术价值》一文中，主要从理论品格、地域特色与保存史料三个方面来探讨《论词绝句》的学术价值，认为："谭莹的《论词绝句》当可稳坐千年词史研究的头把交椅。"⑤ 而胡建次在《清

---

① 陈永正：《岭南文学史》，中山大学出版社 1993 年版，第 646 页。
② 钟贤培、汪松涛：《广东近代文学史》，广东人民出版社 1996 年版，第 143—154 页。
③ 钟贤培、汪松涛：《广东近代文学史》，广东人民出版社 1996 年版，第 154—162 页。
④ 王晓雯：《清代谭莹〈论词绝句〉研究》，（新北）花木兰文化出版社 2011 年版。
⑤ 谢永芳：《谭莹的论词绝句及其学术价值》，载《图书馆论坛》2009 年第 2 期，第 173 页。

代论词绝句的运用类型》中认为:"谭莹将论词绝句的运用提升到了一个新的高度。"① 另外,徐玮则从浙派词的接受与反拨的角度来探讨谭莹的词学成就,认为谭莹是广东词坛的代表人物。② 总体而言,王晓雯、谢永芳等人的评价有助于我们进一步认识谭莹的词学贡献。

在地域特色方面,吴施静的硕士学位论文《论谭莹诗文的岭南书写》主要从文化符号、空间特点及生命主题三方面作了初步探讨。因掌握的材料有限,该论文在论述的深度和广度方面稍有欠缺。

在文献整理方面,罗志欢在《〈粤雅堂丛书〉校勘及其跋语考略》一文中认为谭莹在校勘方面的贡献主要有两点:①态度极其认真细致;②考订详细。另外,他还认为谭莹撰写的跋语有以下三方面价值:第一、概述作者的学术造诣及其渊源;第二、分析书的内容,说明学术价值并评论其得失;第三、对《四库全书提要》之补正。③ 罗文系首次对谭莹的文献成就进行研究,其评价也较公正。

对谭宗浚的专题研究则显得更加落寞,除了余晓莲的硕士学位论文《〈荔村草堂诗钞〉校注》和樊书波的《谭宗浚的诗学追求与诗歌创作》外,唯一见到的论文则是邹晓霞的《清末岭南文人谭宗浚骈文批评观》。余晓莲对谭宗浚的《荔村草堂诗钞》作了初步的整理和研究,由于对岭南文化了解不多,故其研究还有待深入。樊书波对谭宗浚的诗学主张、诗歌题材及语言特色作了初步研究,由于掌握的材料有限,加之未能联系谭宗浚的文章进行论述,因此,该论文虽能提出一些自己的观点,但不够全面。邹晓霞主要从沟通骈散与伪体繁兴、根柢深厚与浸淫浓郁、简质清刚与浮华鲜实三方面来探讨谭宗浚的骈文观,进而认为"谭宗浚的骈文理论批评是考察清末岭南骈文理论发展的重要视角"④。该文系首次对谭宗浚的骈文观进行研究,观点较为新颖。

以上研究成果表明:目前,谭莹、谭宗浚虽已进入部分研究者的视野,但学者对其生平研究大多还只停留在局部或一般性介绍的层面上。有鉴于此,深入和系统研究谭莹、谭宗浚的生平,就显得非常有必要。

---

① 胡建次:《清代论词绝句的运用类型》,载《广西社会科学》2009年第2期,第93页。
② 徐玮:《论谭莹对浙派的接受与反拨》,载《文艺理论研究》2012年第6期,第35页。
③ 罗志欢:《〈粤雅堂丛书〉校勘及其跋语考略》,载《文献》1997年第1期,第262—264页。
④ 邹晓霞:《清末岭南文人谭宗浚骈文批评观》,载《广东技术师范学院学报》2012年第5期,第98页。

三、研究目标及研究方法

　　鉴于谭氏父子的研究现状，本书拟从最基本的文献材料入手，将谭氏父子置于晚清文化视域下加以观照与考察，力求同当时的政治变革、思想流变和文学发展等复杂因素联系起来，对他们的生平和创作进行综合研究，主要包括对谭氏父子家世、生平考察，对其交游等方面进行研究。期望通过对谭氏父子生平的研究，为近代乃至整个中国文学史上文人士大夫家族文学的研究找到一个新的切入点，为今后近代文学的研究打下坚实的基础。

　　为了达到以上研究目的，本书按照古典文献学重资料及考证的研究方法，通过广泛搜集并认真研读谭氏父子现存所有著作，大量阅读晚清与谭氏父子交往密切的文人的诗文集、日记、年谱、书信，从中搜集他们的相关资料，再广泛查找晚清民国时期的报纸、杂志，从中排比钩稽出谭氏父子的重要材料，最后在考辨材料的基础上完成本书写作。

谭莹谭宗浚
年谱长编

凡　例

一、本谱之编，主要取之于二位谱主传世诗文之稿本、刻本。至于题跋、书札、书法等材料的取舍，力求真实，以期客观反映二位谱主行实。

二、本谱年月排次均采旧历，不作公历换算。凡本年行事日月无考者，悉称"是年"，列于该年谱文之末。

三、本谱为求简洁明了，一般直称二位谱主其名，临文不讳。

四、本谱注引文字，在摘录或全录时，悉本原貌，未作任何改动，节录文字皆于节省处加省略号。

五、本谱所引资料出处，均标志于引文之前。该资料的详细出处可参阅文末参考文献。

六、凡有考证、评述、补充等项内容，本谱皆以按语形式标示，以利检索。

七、本谱述二位谱主生平交游，多采同时期人著述为之补充。

八、谱主之撰述及诗文，年月可考者，均予编年，系于谱文之内。

九、本谱中编年皆用阴历，其后括号内标注阳历日期（用阿拉伯数字），以便参考。阴阳历之对照，参考郑鹤声编《近世中西史日对照表》和方诗铭等编《中国史历日和中西历日对照表》。

世　系

（本世系以谭宗浚作为考察基点）

始迁祖谭卓昂，始迁祖妣胡氏。

高祖谭文士，高祖妣陈氏。

曾祖谭学贤，曾祖妣梁氏。

祖谭见龙，祖妣刘氏，生祖妣冼氏，庶祖妣罗氏、梁氏。

胞伯祖谭元龙、谭会龙。

父谭莹，妣黄氏，生母妣梁氏，庶母妣王氏。

嫡堂伯谭应誉、谭心翼、谭国、谭应科。

胞伯谭应达、谭恒、谭应爵、谭应禄、谭福康。

胞叔谭应位、谭应庚、谭毓林（原名谭璈）。

谭宗浚，妻许氏（广东补用府讳文深长女，四品衔花翎工部都水司郎中讳衍树、广东盐大使名衍枚、福建候补同知名衍栋、候选县丞名衍楸、名衍森胞姊）。

从堂兄谭麟征、谭麟绍、谭麟书、谭麟彬、谭宗荣、谭义廉、谭麟符、谭麟潜、谭麟趾。

嫡堂兄弟谭荣光、谭绍光、谭凤仪、谭大年、谭永年、谭鹤清、谭瑞年、谭桓、谭忠、谭杰、谭濂、谭佩仪、谭植、谭迪光、谭勋、谭羲和、谭同和。

胞兄谭鸿安、谭崇安。

胞弟谭凯安、谭熙安。

子祖纶、祖楷、祖任、祖澍。

从堂侄谭子珣、谭子琛、谭子珍、谭子瓛、谭祖望、谭松涛、谭法、谭杓、谭锟、谭钰。

从堂侄孙谭金、谭延龄、谭熙龄、谭以来。

嫡堂侄谭彦云、谭彦昭、谭德辉、谭德晋、谭祖桂、谭祖津、谭玖、谭奎甲、谭奎宏、谭奎三、谭照、谭贡、谭瑶、谭长龄、谭三多、谭苏。

胞侄谭祖贻、祖源。

孙谭长序、谭长庚、谭长耀、谭长蘐等。

从堂侄孙谭全、谭延龄、谭熙龄、谭以来等。

嫡堂侄孙谭基等。

年　　谱

卷一　嘉庆时期

仁宗嘉庆五年　庚申（1800）　谭莹一岁

【时事】正月，阮元被任命为浙江巡抚。两广总督吉庆奏《盗匪悔罪投首折》，报称海盗首冯胜带家及同伙四十多人投诚，分别于内地安插。帝命对内地内洋盗匪，妥为招抚。至于对夷地夷洋如安南农耐盗匪，或有闻风来投者，应当拒绝，不可收留，酌给盘费遣回。三月，成都将军德楞泰于马蹄岗败四川义军。四月，云南倮黑起事经年，至是败降。闰四月，禁各省督抚滥用驿递。五月，命浙江截堵"艇匪"蔡牵等。七月，白莲教首刘之协被捕。是年，再申栽种及输入鸦片之禁。

二月二十二日（3月17日），谭莹生于广州城西丛桂坊。

谭莹《二月廿一日泊花埭》中自注：明日余生朝。

《道光甲辰恩科直省同年录》：谭莹，字兆仁，一字玉生。行六。嘉庆壬戌二月二十二日辰时生。南海县优贡生，民籍，化州学正。

朱彭寿编著《清代人物大事纪年》：谭莹，二月二十二日生，字兆仁，号玉生。广东南海人。享年七十二。

谭宗浚《旅寓京邸杂忆粤中旧游得诗二十首》自注：南海石湾乡，居人多以陶为业，即伦迁冈、霍渭厓故里也。余始迁祖卓昂公由新会移居佛山镇大基尾，死后，即葬石湾之大帽冈。余家每岁必来省墓，先教授公诗所云"省墓弥年至，汾江本故乡"，即指此也。

谭祖纶《清癯生漫录》中《丛桂坊宅》载：吾先曾祖在田公由佛山迁居广州城西十二甫丛桂坊，旁有尚贤里，均以南宋刘随如先生得名。随如，名镇，隐居不仕，教三子，皆登科第。邑宰赠以联云："三子尽黄甲，一门无白丁。"著有《随如百咏》（见竹垞《词综》）。屋颇宏壮，后有一河，每日潮水涨时，渔舟极多。刘三山孝廉华东隶额题曰"帆影楼"。

按：据顾廷龙主编《清代朱卷集成》中同治甲戌（十三年）科会试《谭宗浚履历》载：谭莹为谭见龙第五子。谭莹自己亦在《豫庵笔谈》中云：先君子奉政公好饮酒、爱客、重然诺，亲串中有负其数万金者，不问也。中年后始得子，抚余兄弟共九人。另据（同治）《南海县志》载：谭莹，字兆仁，号玉生，捕属人。而（同治）《南海县志》卷一《捕属图》标明，捕属即指当时省城广州城西地区而言。加之谭宗浚担任（同治）《南海县志》的编校，该志中《谭莹列传》应该经过他寓目。综合以上材料，故将谭莹的出生地系为广州城西丛桂坊，而非佛山镇大基尾。

苏廷魁生。
何若瑶生。
梁同新生。

是年，侯康三岁，仪克中五岁，黄子高七岁，徐荣九岁，罗文俊十一岁，樊封十二岁，梁梅十三岁，张维屏二十一岁，黄培芳二十三岁。

嘉庆六年　辛酉（1801）　谭莹二岁

【时事】四月，贵州铜仁苗民起事，旋败。九月，续修《大清会典》。十月，杨遇春败陕西义军。

郑崧生。
许祥光生。
郑献甫生。
全庆生。
戴熙生。
章学诚卒。

嘉庆七年　壬戌（1802）　谭莹三岁

【时事】二月，云南维西彝人及傈僳人联合起义。三月，英船泊零丁洋欲登陆，勒止之，英人侵澳门。八月，广东博罗天地会起事（次年败）。十一月，俘贵州苗变首领张简、唐明万。十二月，安徽宿州民事起，旋败。是年，于贵州苗区设屯军。

劳崇光生。

嘉庆八年　癸亥（1803）　谭莹四岁

【时事】正月，命伊犁广开屯田，无耕牛者，官给之。四月，安南阮福映请封并请改国号为南越，命改为越南。五月，禁直隶等处人携眷出关。六月，封阮福映为越南国王。七月，禁民人携眷私渡山东海口。八月，定流民耕垦蒙古土地法。十月，定青海、蒙古和番人地界及交易规程。十二月，剿广州湾"洋匪"。是年，西班牙人传入西洋种痘法。

嘉庆九年　甲子（1804）　谭莹五岁

【时事】六月，蔡牵攻台湾鹿耳门，于温州洋面大败官兵。九月，白莲教起义军失败。川陕乡勇叛清。

钱大昕卒。

嘉庆十年　乙丑（1805）　谭莹六岁

【时事】二月，试办海运。四月，禁西洋人刻书传教及设立学校。八月，增设广东水师提督。十月，赐英吉利王书。十二月，蔡牵称镇海王，攻入台湾凤山，嘉义民洪四老兴起应之。是年，严禁私贩出海。美国始向中国盗运鸦片。段玉裁著《说文解字注》成。

潘仕成生。
纪昀卒。
桂馥卒。

嘉庆十一年　丙寅（1806）　谭莹七岁

【时事】三月，再禁浙江贩米出洋。七月，宁陕新军哗变，提督杨遇春平定之。是年，直隶库司伪造印鉴案起。俄船两艘违例入广州贸易。春末，李长庚大破蔡牵于台湾，自是蔡牵与李长庚追逐于福建、浙江洋面。蔡虽数败而势未衰。

梁绍献生。

嘉庆十二年　丁卯（1807）　谭莹八岁

【时事】正月，四川绥定兵变，陕西西乡营兵变。二月，蔡牵败走广东洋面，命广东拦堵。禁廷臣与诸王结交。三月，《高宗实录》《圣训》成。九月，以暹罗商船雇华人营运，谕其国王郑华禁止之。十月，禁汉人私入番地及蒙古人改服番装。十二月，李长庚追击蔡牵，战死。是年，基督教始由英国伦敦布道会牧师玛礼逊传入中国。

朱次琦生。
桂文耀生。
叶名琛生。
王昶卒。

嘉庆十三年　戊辰（1808）　谭莹九岁

【时事】五月，英船至黄浦。七月，英人攻澳门炮台，未果。九月，禁民私出奉天府法库门开垦。十二月，汰河工冗员。

嘉庆十四年　己巳（1809）　谭莹十岁

【时事】五月，定广东互市章程。九月，蔡牵败死于浙江洋面。是年，禁外商船之护货兵船入港。淮安贪污奇案起。江西崇义天地会首领胡炳耀起义。工部书吏王书常冒领库银案起。

杨荣绪生。
洪亮吉卒。

嘉庆十五年　庚午（1810）　谭莹十一岁

【时事】二月，禁鸦片输入京师。四月，置热河都统管理移民。十一月，申禁流民出关。令蒙古盟长报告已垦地亩及租地民户，并禁再招人佃种。十二月，《剿平三省教匪方略》成。

伍崇曜生。
陈澧生。
徐灏生。
梁国琮生。
翁同书生。
颜培湖生。

嘉庆十六年　辛未（1811）　谭莹十二岁

【时事】七月，禁止宗教教徒社会活动。八月，新疆回民沙朵斯等以暗通大和卓木后裔玉素普被捕。是年，南河工费银达四千余万两。河决阜宁、邳北棉拐山等处。

是年，谭莹参加诗社，所作《红叶》为莫元伯所激赏。

谭莹于《楚庭耆旧遗诗续集》中莫元伯条下云：余年十二，诗社有以"红叶"命题者，余句云："也知难入东皇眼，不使秋光太寂寥。"先生激赏之，谓其寄托甚深，慨当以慷。时犹竹马儿童，何知许事，冲口而出，却似为余终身坎壈之谶，亦一奇也。

居巢生。
曾国藩生。

嘉庆十七年　壬申（1812）　谭莹十三岁

【时事】四月，以闲散旗丁送往吉林垦田。五月，滦县董怀信等以传金丹八卦教被捕。七月，设云南边地要塞戍兵。十二月，禁民呈递封章。

是年，谭莹作《采莲》《鸡冠花》诸赋，《茶烟》《红叶》《看桃花》诸诗。县中耆宿见之，誉其为"后来之秀"。

谭莹于《楚庭耆旧遗诗前集》中钟启韶条下云：风石孝廉与余居同里闬。余年十三，作《采莲》《鸡冠花》诸赋，《茶烟》《红叶》诸诗。孝廉闻之，即踵门索观，以小友相呼，遽勖以千秋之业，所谓蒙之、李邕、王翰者欤。

（同治）《南海县志》中《谭莹传》载：年十二，戏作《鸡冠花赋》《看桃花诗》，郡内老宿钟启韶、刘广礼见而惊曰："此子，后来之秀也。"

按：（同治）《南海县志》中关于谭莹《鸡冠花赋》的创作系年有误，另外，《茶烟》《红叶》《看桃花》诸诗已散佚。

李光廷生。
龙元僖生。
左宗棠生。

嘉庆十八年　癸酉（1813）　谭莹十四岁

【时事】六月，禁觉罗宗室与汉人为婚。命修《明鉴》。七月，罪私贩鸦片及吸食者。九月，李文成于滑县起义，其徒林清于北京活动事败。十月，以汉军旗人有参加天理教者，命直隶屯居汉军旗人听州县管辖，编入保甲。十一月，提督杨遇春率兵镇压滑县起义军。十二月，陕西伐木工人暴动。禁民间结社。是年，广东外船入港吨位达四万九千余吨。

是年前，谭莹与梁国珍订交。

谭莹《壬辰十一月送梁玉臣孝廉计偕之京》：八千里外初言别，二十年前早订交。

李长荣生。

嘉庆十九年　甲戌（1814）　谭莹十五岁

【时事】正月，严禁银两偷运出洋。闰二月，纂辑《全唐文》成。八月，禁粤民造竹铳。十一月，河南捻子起事。英船侵入虎门。是年，捕捉英美走私船。

是年，谭莹以诗请刘广智点定，进而向其问业。

谭莹于《楚庭耆旧遗诗后集》中刘广智条下云：余幼喜为诗。年十五，以所作介梁君汉三，求先生点定，有"橹声摇梦后，灯影照愁先。白露滴幽砌，凉风生晚亭"之语，为先生称许，因往问业焉。

罗惇衍生。
柯有榛生。
龙启瑞生。
洪秀全生。
程瑶田卒。
赵翼卒。

嘉庆二十年　乙亥（1815）　谭莹十六岁

【时事】二月，陕南木工暴动失败。三月，据两广总督蒋攸铦等奏，酌定《查禁鸦片烟章程》。五月，定开垦吉林、拉林及双城子荒地规程。十月，西洋人兰月旺以违禁潜入内地传教，处死。十一月，禁买洋人输入奇货。是年，四川回人反清。

是年，谭莹谒谭敬昭于西园紫云阁。

谭莹于《楚庭耆旧遗诗前集》中谭敬昭条下云：岁乙亥，余年十六，先生于西园紫云阁手书以赠，久藏箧衍，竟付羽陵之蠹。

是年，谭莹从刘广智读书二牌楼、应元宫等处。

谭莹于《楚庭耆旧遗诗后集》中刘广智条下云：岁乙亥，馆于余家后，又随往读书二牌楼、应元宫、明月桥旧居等处。先生家多藏书，玉昆、金友校文之暇，各以诗酒自娱，致足乐也。洎寅甫先生死，而意兴寝不逮昔。

陈良玉生。
林彭年生。
王拯生。
魁龄生。

姚鼐卒。

伊秉绶卒。

嘉庆二十一年　丙子（1816）　谭莹十七岁

【时事】六月，增江南水师营满汉驻军额。是年，英再派阿美斯德等来清。

是年，谭莹读书帘青书屋，拜刘广礼为师，从其习诗文创作。

谭莹于《楚庭耆旧遗诗后集》中刘广礼条下云：岁丙子，余读书帘青书屋，喜作俪体文。愚谷先生云："吾八兄寅甫先生夙以此擅场，盍往就正之。"因执业称弟子。先生时过存问，并以诗枉赠。余答诗所以有"拾遗旧雨三春感，吏部高轩几度来"之语。先生尝示余文一卷云："少作多学晚唐，且间沿宋人格调，故结响未高。近始欲宗法六朝，而多病不耐精思，且名心未了，举业仍未敢抛弃，故所诣止此，其勉之。"

是年，谭莹为徐良瑛《画蝶图》作序。

谭莹于《楚庭耆旧遗诗后集》中徐良瑛条下云：余年十七时，曾序其《画蝶图》，有云："阿兄忆弟，披图深棣萼之情。将侄作儿，读画祝萱花之寿。"又尝序其遗诗，有云："清而不佻，丽而不靡。"见者或疑其阿好之言，然今循览再三，如"谈多稼穑知君意，语及苍生愧我闲"，殆不类少年人语。

按：《画蝶图序》及《徐良瑛遗诗序》已散佚。

邓大林生。

何桂清生。

嘉庆二十二年　丁丑（1817）　谭莹十八岁

【时事】三月，增设天津水师营总兵。云南彝人高罗衣起事，旋败。七月，广东捕天地会人二千余。是年，广东梅县天地会员起义。

是年，谭莹作《荔支赋》《佛手赋》。

费行简《近代名人小传》：年方十八，阮元时督两广，试《荔支》《佛手》两赋，曰："工细妥帖，而能不囿近体。从此向学，何有齐梁。"

按：据张鉴等撰的《阮元年谱》知，阮元于十月二十二日，至广州接任两广总督。另据（同治）《南海县志》载，阮元第一次知道谭莹名字的时间是在嘉庆二十三年。此处记载阮元考试谭莹的时间明显有误。《荔支赋》与《佛手赋》二文日前已散佚。

是年，倪济远举进士，谭莹未获与其谋面。

谭莹于《楚庭耆旧遗诗后集》中倪济远条下云：秋槎大令，文名藉甚。举进士时，余年未弱冠，故未获谋面。作宦粤西数年，刻其初稿归，贻羊城诸同好，余始得读其诗。尝与君猷孝廉夜话，叹其哀感顽艳，簇簇生新，洵足拔戟，自成一队，而古体上不无遗憾。君猷极首肯余言。

吕洪生。
阎敬铭生。
恽敬卒。

嘉庆二十三年　戊寅（1818）　谭莹十九岁

【时事】正月，定大凌河垦种牧地额赋。二月，戒内地无业民入蒙古。三月，云南临安边外土人高老五等起事，旋败。四月，禁匿名讦告。八月，禁于田间通路。

一月，谭莹出应童试，后以第一人入泮。其所作山寺题壁诗文，为时任两粤总督阮元所称赏。

（同治）《南海县志》卷十八《谭莹列传》：年弱冠，出应童试。时仪征相国阮元节制两粤，以生辰日避客，屏驺从，来往山寺，见莹题壁诗文，大奇之。询寺僧，始知南海文童，现赴县考者也。翌日，见南海令谒见，制府问曰："汝治下有谭姓文童，诗文甚佳，能高列否？"令愕然，以为制府欲荐士也，即请文童名字。制府曰："我以名告汝，是夺令长权，为人关说也。汝自行打索可耳。"令乃尽取谭姓试卷遍阅之，拔其诗文并工者，果得莹，遂以县考第一人入泮。

按：《礼记·曲礼上》："二十曰弱，冠。"孔颖达疏："二十成人，初加冠，体犹未壮，故曰弱也。"后遂称男子二十岁为弱冠。据此知，谭莹出应童子试的时间应在嘉庆二十四年（1819）。然据清代张鉴等撰《阮元年谱》

知，阮元于嘉庆二十二年（1817）十月二十二日抵广州，出任两广总督。嘉庆二十四年（1819），驻于桂林。由此可断定，谭莹出应童试时间不可能是在二十岁。另外，谭莹曾于《楚庭耆旧遗诗前集》中潘正亨条下云："余年未弱冠，应童子试。"

综合以上材料可知：谭莹出应童试时间应在嘉庆二十三年，即十九岁时。

是年，谭莹之父谭见龙、师刘广礼均辞世。

谭莹于《楚庭耆旧遗诗后集》中刘广礼条下云：岁丙子，余读书帘青书屋，喜作俪体文。……越二岁，而先生死矣。余哭先生诗有："一事未堪如属望，九原何处更追随"语。又祭文云："视余犹子，瞻含殓而无由。知我何人，忆生平而更怆。"则以先君子之丧旬日，始往哭也。

按：该祭文已散佚。

孔广镛生。
沈桂芬生。
孙星衍卒。
翁方纲卒。

嘉庆二十四年　己卯（1819）　谭莹二十岁

【时事】五月，禁旗人收汉人为嗣。七月，命吴璥、那彦宝二人往治永定河。十二月，禁厦门洋船运茶。

是年，谭莹偕徐良琛等诣是岸寺看桃花。

谭莹《李子黼学博岁暮怀人诗序》自注：在小港，旧多桃花。嘉庆己卯，偕梦秋茂才等。

是年，顾元熙出任广东学政。

梁廷枏《粤秀书院志》卷八《长官表》：顾公元熙，江苏人，进士。（嘉庆）二十四年任（广东学政）。

邹伯奇生。
陈璞生。

徐桐生。

嘉庆二十五年　庚辰（1820）　谭莹二十一岁

【时事】二月，两广总督阮元奏复广东积弊。得旨，时刻留心，查拿盗匪，严禁鸦片。六月，禁王公私买民女为妾。七月，嘉庆帝卒，道光帝继位。九月，维吾尔人张格尔叛清。十月，申禁河务积弊。是年，英输入鸦片增至五千余箱。

十一月，程含章就任山东兖沂曹济道，谭莹作《送广州太守程月川师擢任山东备兵兖沂曹济序》。

秦国经主编《清代官员履历档案全编》：程含章，云南人。年六十岁，由举人分发广东，以知县用。历署封川县知县。嘉庆十三年五月，内署雷州府同知。因挐获盗船盗犯，出力保奏，以应升之缺升用。二十三年十月内，简放惠州府知府。二十五年十一月内，补授山东兖沂曹济道。道光元年六月内，内用山东按察使。

谭莹《送广州太守程月川师擢任山东备兵兖沂曹济序》略云：师之初来吾粤也，鸣弦下县，制锦明廷。操墨绶而试能，绾铜章而展效。固已功同卓茂，绩比刘宽。玉白冰清，云垂风抗矣。既而寇氛不靖，兵气莫扬。师以降雨刘昆，学乘风宗悫。以栽花潘岳，作投笔班超。献方略于军门，下楼船于海岛。金波澎湃，锦帆分剑戟之光。铁飓嶙峋，铜炮壮旌旗之色。横剸蛟鳄，直斩鼋鼍。卒致鲵壑烟消，鲲溟雾洗。先帝重和洪之武略，特授龙州。大臣思柳伋之能名，复除广汉。随车沛泽，露冕宣风。布田仁会之精诚，广陈伯元之威惠。谓养农之事，首重陂塘。谓训俗之方，必由学校。近同马亮，浚筑堤沟。上继秦彭，敦崇庠序。高允葺召公之庙，孔融贻根矩之书。孟尝革弊而珠还，谢杰祝民而虎毙。初临僻郡，迭刺雄州。莫不政简刑清，目张纲举。迨至分符清海，弭节珠江。儿童争竹马之迎，传舍喜骖騑之至。或谓扶胥旧壤，殷繁自轶于他州。瓯越名区，豪侈实逾于刖部。加以戎麾悉驻，奔走实劳。众但逐于趋鬼，孰果称其展骥。而师顾持之以清净，镇之以廉平。正本澄源，听声察实。下庚征西之教，首重彝伦。移虞内史之书，广延道素。牸牛草马，悉定章程。畦韭篱榆，不嫌烦碎。明奖善防淫之意，约束弥严。揭抑强扶弱之心，规条倍切。而且敝车羸马，皮褥布衣。雷厉风行，芒寒色正。郑文发不为烜赫，杨公回绰有循声。垂箴或勒于州门，作记或书于厅壁。王龚按劾，岂畏豪强。左雄清严，讵受请托。何敢治汝南之狱，必本春秋。袁焕绥河内之民，务存鳏寡。夺田十顷，祇给寒单。在郡廿年，未迎妻子。僚佐掷摴蒲之器，亲朋赠荔子之图。苞苴不入于戎藩，竹木定储于公府。运陶侃之甓，昼夜不遑。酌吴隐之泉，夷齐曷愧。遂使囹无滞狱，事不留曹。境仰神君，郡歌慈父。紫马厘三城之望，琴鹤皆仙。朱轓行十县之春，桑麻如绣。心能穿地，烛可照天。子惠且著以威声，烦剧不妨其静理。宣城讼地，或作闲田。华州流民，悉居义舍。金声玉色，争传中散之廉能。风观月楼，亦见子才之善政。已谓治平第一，才气无双矣。更于化导之余，承流之暇，修学舍、立儒宫，仿周舜元之清规，踵王仲达之芳轨。越华院里，重睹璇题。粤秀山前，聿新鸿构。育百城之俊彦，庇十郡之翘英。犹恐风声所逮，德教未宏。爰寻羊石之故基，更访穗城之旧宇。商州治赋，亦有羡银。济北公田，犹多沃壤。经营荒址，缔构层轩。虑远谋长，汇三成一。旧章攸革，度以宏规。众费所资，给之私禄。袁彦章表章行谊，卢道将优礼儒生。接以恩颜，亲加督劝。集卫隆元凤，吏曹悉令受书。置儒林参军，旧族偕行释菜。求之近代，岂有同符。例以古人，固当并辙。所以凡生岭海，皆深翘伫之思。忝属麾幢，益切瞻依之意。

是年，谭莹与广东罗定人黎耀宗一起受知于广东学政顾元熙。

谭莹《黎烟篷孝廉听秋阁帖体诗序》：岁庚辰，莹与烟篷孝廉黎君同受知于长州顾耕石先生。

(同治)《南海县志》卷十八《谭莹列传》：督学长洲顾元熙亦谓其律赋胎息六朝，非时手所及。

按：顾元熙（？—1821）字丽丙，号耕石，江苏吴县人。嘉庆十三年乡试解元，嘉庆十四年（1809）进士，授编修。著有《小楷金石萃编》等。

是年，谭莹作《岭南荔枝词》百首，获李黼平奖借。

谭莹于《楚庭耆旧遗诗前集》中李黼平条下云：阮仪征师相督粤，开学海堂课士，延先生校文。余时年逾弱冠，赋《荔枝词》百首，先生激赏之。以后来王粲目，屡蒙说项，间获瞻韩，均极奖借。

王章涛《阮元年谱》：1820年，庚辰，嘉庆二十五年，五十七岁。三月初二日，阮元创办学海堂。……是时，阮元聘李黼平阅课艺于学海堂，复留授诸子。林伯桐亦受聘为学海堂山长。

梁廷枏《昭文县知县李君墓志铭》：阮云台制军方开学海堂，闻师李黼平归，聘阅课艺，遂留授诸公子经。居久之，病头风辞去。

按：谭莹自云作《岭南荔枝词》百首，而《学海堂集》及《乐志堂诗集》均只收录六十首，该组诗中四十首目前已散佚。

是年，谭莹以所作《铜鼓赋》受知广州太守程含章。

谭莹于《楚庭耆旧遗诗前集》中潘正亨条下云：（程月川）先生，讳含章，云南景东厅人。政媲龚黄，望同羊杜。时守广州，余年未弱冠，应童子试，以《铜鼓赋》受知，极相推挹。不逾年，擢山东兖沂曹济道。粤东人士多以诗文赠行，汇刻之，署曰《三城舆颂》。余作序云："谢太傅无当时之誉，去日犹思。卢尚书有旧国之恩，何年复至。"又云："三生福命，愿师如蜀国韦皋。毕世依归，愧我是韩门张籍。"

按：（光绪）《惠州府志》卷十九《职官表上》：罗含章，云南景东厅人。乾隆壬子举人。嘉庆二十四年二月任（惠州府知府）。

（光绪）《广州府志》卷二十三《职官表七》：罗含章，云南景东厅人。举人。嘉庆二十五年任（广州府知府）。

程含章《程月川先生遗集》卷之七《复方东树书》略云：月日，罗含章顿首具报方先生阁下：夏间屈就校士阅卷，获亲尘诲并读大撰，自怅沉顿簿书，公私繁赜，不能卒业。

据上可知，谭莹记载有误，《铜鼓赋》当作于此年。另《铜鼓赋》已散佚。

丁宝桢生。
陈昌齐卒。
焦循卒。

卷二 道光时期

宣宗道光元年　辛巳（1821）　谭莹二十二岁

【时事】正月，云南永北厅土人起事，旋败。十一月，英人侵入叶尔羌、喀什噶尔等地。是年，清重申禁烟令。

是年，谭莹与徐荣等参与西园诗社第一集。

（光绪）《广州府志》卷一百六十二《杂录三》：长白诚斋榷使达三，性耽风雅。莅任时，与谢里甫太史兰生为莫逆交。时城西人士喜联诗社，榷使欣然代为提唱，厚赉金币焉。其第一集题《红梅驿探梅》，汉军徐铁孙荣擅场句云："无雪月时香亦冷，最风尘处品逾尊。"第二集题《水仙花》，南海徐梦秋良琛擅场句云："天风约鬟愁无语，湘水煎裙冻有棱。我正含情抚瑶瑟，曲终人远唤难应。"第三集题《玉山楼春望》，番禺冯子良询擅场句云："云霞今古浮双阙，花月东西隔一濠。"皆杰作也。

梁廷枏《粤海关志》卷七《职官表》：监督：达三，道光元年九月任。

冯询《子良诗存》卷十一《补录水仙花诗》题注：此诗与第一卷《玉山楼望春》，同为少时西园诗社作也。吾粤自前明以来，叠开诗社。道光初年，南园、西园两社最盛，诗至万卷，送巨公甲乙。予《玉山楼》作，拔置冠军，此作取列第三名，距今三十年矣。同社诸公风流云散，故园韵事，老更难忘，偶忆及之，补录于此。

谭莹于《楚庭耆旧遗诗后集》中徐良琛条下云：癸未冬，西园诗社第二集《题水仙花限蒸韵》。……又第一集《题红梅驿探梅限元韵》，徐铁孙大令擅场句云："无雪月时香亦冷，最风尘处品逾尊。"熊笛江广文句云："风尘梦断无人共，天地心孤到此存。"亦见老笔纷披。

是年，谭莹与温训同寓诃林。温训出《梧溪诗画册》，并嘱其题序。

谭莹《温伊初梧溪诗画册后序》自注：辛巳，与伊初同寓诃林，即出是册嘱题。余携归，已阅十七月矣。

是年，广东学政顾元熙卒。

朱彭寿《清代人物大事记》：顾元熙，翰林院侍读，广东学政。卒年四十五。

姚元之《竹叶亭杂记》卷二：学政莫利于广东。己卯，傅石坡光少同年棠将终任而卒。继之者为顾根实侍读元熙，未终任亦卒。再继者为朱编修阶吉，到任数月又卒。于是将为不利之地矣。壬午四月朱编修缺出，以伍石生编修长华补之。六月伍改授广西右江道，以白小山少詹熔补之，其时伍莅任，甫按部南雄未毕事也。传说学政衙门与运司衙门相接，运司素不利，有道士为之树天灯杆，自此杆立，运司每升而学政乃不利。三年之中四易学政，其前相继死者三人，伍到任复不及一月而去，果有关于风水欤？

李元度生。
温汝适卒。

道光二年　壬午（1822）　谭莹二十三岁

【时事】正月，令将旗人抱养汉人之子为嗣者另记册档，日后皆编入民籍。二月，命广东严查出口洋船，不准偷漏银两。禁私藏鸟枪火火器。英吉利护货兵船水手违禁上岸与本地人殴斗。广东督抚令交出凶手，初延宕，后潜逃，命告知英吉利王查凶押送。五月，陕西、青海番人反清。七月，河南新蔡民朱麻子起义。十二月，重申沿海口岸私运鸦片之禁。

除夕，谭莹作《壬午除夕》。

谭莹《壬午除夕》：纸账芦帘赋索居，先生清兴复何如。门前债客多于卿，尤典残钗购异书。

是年，何南钰任粤秀书院院长。谭莹后来读书粤秀书院，为其门下士。

梁廷枏《粤秀书院志》卷之九《师席表》：道光朝二年，何院长南钰。

梁廷枏《粤秀书院志》卷之十六《传三》：何相文先生南钰，博罗人。……乙亥摄粮储道，寻权迤东道，以病去。抵家，主其邑登峰书院。先是琼南翰山先生削籍返，阮相国延致开函，丈阅一载有奇矣。皇上初登极，召复原职，感激恩遇，得旨即行。先生旧隶相国门墙，学行素承知爱，至是适在籍，遂以其冬入院。居七载，教育颇著成效。

梁廷枏《粤秀书院志》卷之十二《人才表二》：何院长相文门下南海学：伍长青、曾钊、孔继绵、梁绍训、刘天惠、谭莹等。

冯誉骥生。

道光三年　癸未（1823）　谭莹二十四岁

【时事】正月，林则徐任江苏按察使。三月，定商民与蒙古市易章程。八月，定失察鸦片烟条例。命各关口不得留难出口谋生之贫民。

冬，谭莹参与西园诗社第二集，同集者有徐良琛、黄子高、侯康等。

谭莹于《楚庭耆旧遗诗后集》中徐良琛条下云：癸未冬，西园诗社第二集《题水仙花限蒸韵》。梦秋擅场句云："天风约鬓愁无语，湘水湔裙冻有棱。我正含情拥瑶瑟，曲终人远唤难应。"仙风琅琅，海天如梦，固当于尘外赏音，洵足压倒元、白。然如冯子良大令句云："朝云暮雨三生梦，素女江娥一例称。北渚天高曾降汝，西湖祠老合陪僧。"陈颉云孝廉句云："芳魂忽断月如水，春影自空天欲冰。"又云："出浴蓬壶裳卷荔，试妆瑶岛镜开菱。"黄石溪明经句云："淡极有情倾玉佩，静如无语背银灯。月明湘浦风初定，路入瑶池浪不兴。我亦黄冠思学道，灵根慧业恐难胜。"侯君模孝廉句云："感赋洛川春有梦，荐馨湖庙月初升。"亦自揣色俟声，摇兰振玉。至余句云："怕弹绿绮难终曲，莫着黄绅更上升。翠羽明珰谁与赠，朝云暮雨竟无凭。"则恐坠西昆窠臼，固宜让诸君子出一头地耳。

谭莹于《楚庭耆旧遗诗续集》中黄德峻条下云：岁癸未，西园诗社以"水仙花"命题，名作如林，令人有观止之叹。

沈世良生。
叶衍兰生。
李鸿章生。
丁日昌生。
桂文灿生。
郝懿行卒。

道光四年 甲申（1824） 谭莹二十五岁

【时事】二月，定吉林参务章程。禁江苏关卡滥征商税。四月，严禁幕友滥请议叙。九月，张格尔军大败清军。是年，英输入鸦片增至万二千余箱。

是年，谭莹受知郡丞徐香祖。

（道光）《南海县志》卷十九《职官表二》：徐香祖，元和人，举人，道光四年任（知县）。

谭莹于《楚庭耆旧遗诗前集》中刘彬华条下云：余年弱冠，受知郡丞徐秋厓。后摄篆番禺，招饮衙斋，始晤朴石先生于座间，极承奖借。后秋厓先生量移鹤山，先生属代撰《送行序》，有云："望箐竹之千丛，交森铁节。啖离支之百颗，藉表丹心。武城之弦歌乍闻，灌坛之风雨不作。"又云："昔人家驻松关，忍睹双凫之竟去。此日名题香衮，还期五马之重来。"先生尤激赏焉。秋厓先生，讳香祖，江南元和县人。遗爱在粤，宰鹤山，灵芝产于庭，赋诗纪瑞，粤人多属和者。同知佛岗厅，亢旱，芒屦陟山巅请雨，以喝病卒。能诗，稿多遗佚，附识于此。

按：谭莹代撰的送行序一文已散佚。文中"离支"今作"荔枝"。

是年，谭莹馆于表兄麦半农家中，首次闻知何药圃先生。

谭莹《何药圃诗钞后序》：忆岁甲申，余馆麦半农表兄家中，始闻吾乡何药圃先生者。

是年，谭莹母冼太孺人辞世。

谭莹《书梁子春先生春堂藏书图后》：是时（壬午），先冼太孺人犹在。阅二岁，而痛甚濡章，悲深录扇。检曲昭之金笥，本已无多。鬻郭丹之衣装，唯闻自给。方叹补袍杂纸，忍言剪发易书。

是年，谭莹作《新建粤秀山学海堂碑》与《新建粤秀山学海堂上梁文》，并与众人种植桃、李、紫薇之属。

谭莹《新建粤秀山学海堂碑》略云：爰以道光四年秋九月，经始于城北粤秀山之麓焉。岭驻峰纡，岩层岫衍。川原开涤，林薆绵蒙。畅万里之幽情，挹三城之秀色。天连象郡，平看五岭之低。地尽蛮江，俯眺六泷之险。珠江花月，遥接南濠。香阁经鱼，近连北郭。棉红榕绿，极万瓦之鳞差。渚往汀还，度千帆而羽集。湛方生有言："岭举云霞之标，泽流清旷之气。荆蓝之璞，岂不在兹？"以今方昔，亶其然矣。庀材度木，捐土移山。既因树而安窗，更依泉而筑径。虹栿藻棁，梁卵梯黄。槐宫亦逊其岩峣，茇竖乍惊其轮奂。即以是年冬十一月落成，更于其后筑至山之亭，辟启秀之宇。

《学海堂集》卷十八《题识》：道光四年冬，云台座师建学海堂于粤秀山，粤士于斯堂各有所述，积一百余卷。师授南钰阅之，时南钰主讲粤秀书院也。因录尤佳者若干篇，共为一卷，续于初集之末，纪事详明，各体兼备。博罗何南钰谨识。

谢念功《新建粤秀学海堂序》注云：念功与学博吴兰修、何其杰、李清华、赵均、邵咏、孝廉吴应逵、文学曾钊、何应翰、刘瀛、梁梅、谭莹、刘天惠、梁国珍，上舍仪克中，凡十五人，种桃、李、紫薇之属，人各十本。

按：《学海堂集》卷十八收有赵均、吴岳、谭莹、樊封、居溥、谢念功、崔弼、吴兰修、徐荣、郑棻等人所作与学海堂有关的作品共十二篇。

是年，谭莹等人参与西园诗社第三次集会。

谭莹于《楚庭耆旧遗诗后集》中徐良琛条下云：癸未冬，西园诗社第二集《题水仙花限蒸韵》。……第三集《题玉山楼春望限豪韵》，子良大令擅场句云："云霞今古浮双阙，花月东西隔一濠。"吴石华广文句云："五岭由来足桑苎，七洲今已静风涛。"又云："诸老昔曾扶大雅，瓣香今已属吾曹。"石溪明经句云："楚相以还文物盛，春光如许客心劳。"亦并可存。

徐荣《玉山楼春望》自注：甲申。

道光五年　乙酉（1825）　谭莹二十六岁

【时事】正月，颁河道水利修治令。六月，以粮船水手设潘安、老安、新安三教，敛钱滋事，命严禁之。十月，命长龄进讨张格尔。

六月十四日（7月29日），应梁梅之招，谭莹与徐荣、熊景星等人集有寒斋并赋诗。

徐荣作《梁子春招同熊笛江崔心斋孝廉树良谭玉生秀才莹集有寒斋》

以纪其事。

按：徐荣诗前有《正月二十四日与熊笛江张平石同游粤秀山寺作赠梦湖上人（乙酉）》，后有《开岁（丙戌）》，故系此诗于乙酉年。

七月，谭莹邀徐荣、熊景星、梁梅结社并修禊珠江，熊景星作《珠江修禊图》。

谭莹《八月上巳长寿寺秋禊诗未成舟中补作》自注：岁乙酉七月，邀同人修禊珠江，笛江广文作图，今失去，嘱六湖廉访补作也。

谭莹《郑棉舟诗序》：忆乙酉秋，仆与笛江、铁孙、子春、梦秋诸君子结社于珠江舟次，时仆吞花卧酒，纸醉金迷，罚拌三斗，吟悭一字。

除夕，谭莹与同人到小港看桃花，并作《乙酉除夕小港看桃花诗序》。

谭莹《乙酉除夕小港看桃花诗序》：夫香山菊社，时恒越乎重阳。萝冈梅田，候难占乎小雪。赏桂值花朝之节，观荷当七夕之天。东樵西樵，实多四时之花。庄头栅头，不少长春之蘠。

岭南气候节物，原异乎中州。海外文章瓣香，端属之吾辈。看花有约，属草奚辞。小港在卢循城畔，杨孚宅旁。阁则海幢海印，桥则环珠漱珠。路转凤凰之冈，村环鸡鸭之溽。闲莳杂卉，遍栽野桃。岁既暮以全开，日欲除而齐放。万松（山名）萧槭，涌出绛霞。一水潆洄，荡成香雨。独是残年，已逼急景。将徂爆竹巷烧，桃符宅换。卖痴呆而不必，照虚耗其宜先。历竟尽乎楼罗，饮尚耽乎文字。债台谁避，独诗书画之清闲。盟社可寒，任松竹梅之兀傲。心情触拨，意兴萧然矣。则有性似白鹇，身如红燕。平章风月，供养烟霞。即分馇岁之筵，便作寻春之局。年犹弹指，耐久朋多。花最销魂，总宜船好。闻钟寺近，访白足之高僧。说剑台荒，吊黄衫之侠客。钓鱼艤稳，更何羡乎绿篷（船名）。放鹤僮兼，未妨偕乎红袖。则见枝枝如火，齐烧玳瑁之天。片片成尘，密簇琉璃之地。态含风而益媚，影照水以同妍。香霏疑蝴蝶之飘，红暖覆鸳鸯之宿。沿岸非无芳草，妆点可怜。依楼亦有垂杨，分明似画。比之木棉环海，枝格昂藏。杜鹃漫山，血痕狼藉。铅华转逊，情韵迥殊矣。

于是推篷饱玩，弭棹徐移。低亚则全碍橹枝，零乱则密填窗格。斜簪散帻，天然士女之图。蓑袂笠檐，人艳江湖之梦。最妨小雨，揾红泪于罗巾。恰趁斜晖，鉴玉颜于铜镜。已而羹调谷董，酒酌屠苏。醉颜谑，相对相当。冷眼悟，即空即色。水摇空绿，下双管以难摹。岸积残红，酹一杯其谁葬。盟心学水，偏宜扇影。鬓丝著手，成春绝称。酒旗歌板，又岂知仙城之拉杂、人海之骈阗也哉。

夫身世感迎年之节，转忆飘零。功名嗟献岁之期，倍深怅触。是以裴晋公贤相也，穷途潦倒，添商陆于残宵。杜文贞伟人也，逆旅栖皇，娱博塞以竟夜。吾人游历，偏属壮年。故国承平，兼逢乐岁。虽风云不感，得路均迟。而山水方滋，杜门能谢。独话村田之乐，好花枝特寄闲情。倘论香火之缘，大节夜（见《乾淳岁时记》）偏同雅集。绮怀清福，曷可无诗。且昔者荔湾啖荔，蒲涧撷蒲，花埭春游，珠江秋禊，业烦图绘，并和诗章。矧此闲缘，却当残腊。繁余同好，迭赏孤花。比婪尾之春光，群莺劝客。忆从头之岁事，双鸥笑人。两桨如飞，万红相送。一年将尽，四美能兼，均不容以罔识也。

嗟嗟！模糊是岸，未应渔者之迷津。珍重此门，牢记美人之处所。并祝年年花放，不同刘宾客之重来。遍征各各诗成，始效贾阆仙之私祭。归来索笔，谁补写神荼郁垒之符。醉里分笺，我仍惭勺药蔷薇之句。凡有著撰，均录于篇。

是年，谭莹晤吴林光于珠江舟次。

谭莹于《楚庭耆旧遗诗续集》中吴林光条下云：岁乙酉，余曾晤先生于珠江舟次。迄岁甲辰，与哲嗣阁臣孝廉同举于乡，遂为年家子。舟过铅山，闻人颂先生惠政颇多，未及奉谒也。迨丙午乞养归，而遽举蓉城矣。诗工怀古之作。

是年，谭莹与徐荣始结西园吟社，同宴集者有徐荣、熊景星等二十余人。

谭莹《哭徐铁孙观察》自注：乙酉、丙戌，君与余结西园吟社，同宴集者二十余人，俱下世，存者唯余与笛江广文耳。

谭莹作《西园吟社第一集用乐府题作唐体十二首同集者熊笛江徐铁孙两孝廉梁子春徐梦秋邓心莲郑棉舟四茂才》纪其事。

按：据谭莹《乐志堂诗集》知，西园吟社共有六次集会：第一集主题为"用乐府题作唐体"；第二集主题为"咏扇五绝"；第三集主题为"咏珠江秋禊"；第四集主题为"咏秋草"；第五集主题为"咏黄叶"；第六集主题为"消寒草咏"。

是年，翁心存出任广东学政。

翁同书等著《先文端公年谱》：道光五年乙酉，三十五岁。闱中奉督学广东之命，十月抵广州。

梁廷枏《粤秀书院志》卷八：翁公心存，常熟人。（道光）五年任（广东学政）。

冯誉骥生。
许庚身生。

道光六年　丙戌（1826）　谭莹二十七岁

【时事】三月，江苏试行海运米船到达天津。六月，台湾粤民黄文润起义。八月，张格尔组织中亚联军攻城略地，维族人多附之。

六月，阮元由广东移节滇黔，谭莹作《送两广制府阮芸台师移节云贵序》。

谭莹《送两广制府阮芸台师移节云贵序》略云：今圣天子御宇之六年，岁次柔兆阉茂，我大司马仪真阮芸台师之总制全粤者，盖十年矣。寇准以朝廷无事，权司锁钥于北门。韦皋为忠武后身，久驻节旄于西土。人和岁稔，刑清政简。他日者详之职志，登于史氏，且合周之方召，汉之龚黄、羊巨平、李邺侯、韩魏国、王新建诸公，共不朽焉，固无俟末学之侈陈，鄙人之观缕者矣。
今夏六月，特被量移云贵之命。编氓恋慕，士庶儇悒。留鞭截镫，共酌饯离之酒。攀舆卧辙，齐下感恩之涕。况莹等者，咳唾为恩，眄睐成饰。谢公移镇，竞赋诗而出祖。广平遗爱，争琢石而颂德。授简操管，揄扬曷既。伏而思之：述泰山之高者，不如覆之一篑。陈渤澥之深者，奚若注兹一勺。请抒簧鼓之论，讵待刍荛之询。

谭宗浚《复友人书》略云：考阮公以道光六年去粤，嗣任者为大庾相国李鸿宾。

徐荣《寄送阮芸台宫保师移节滇黔》略云：公以六月去粤，时荣计偕未返，承留赐百金。

八月二十六日（9月27日），谭莹参与西堂吟社第二集，作《西堂吟社即事感赋得诗十二首时丙戌八月二十六日也》。

秋末，应陈昌运之请，谭莹作《陈任斋菊醉园题词》。

谭莹《陈任斋菊醉园题词》：仆居无老圃，宅鲜东篱。年年九日，惯负花时。月月重阳,唯耽酒侣。丙戌秋杪,属素琴之独拥,期白衣而不来。乃有枉游,屡递吟笺。践投辖之家风,展题糕之岁序。集因贤主,座尽故人。遂乃命驾乎沁芳之亭,扶筇乎醉雨之斋。

醉雨斋者,吾友任斋陈氏昆仲艺菊之所也。珉枝金萼,鹓集凤仪。芳实晖藻,云布雾散。相与穷偃,泊肆沈酣。柳远本无拘检,张敷闲理音辞。拍铜斗以高吟,注瓦盆而共醉。任斋逸情云上,壮怀飙举。使其生希徐邈,死慕刘伶。或八日而不醒,谓此生其足了。当此庭芳靡谢,家酿新开。友是忘年,臣偏卜夜。仿元行恭之剧饮,纵高季式之酣歌。拓金戟以昂藏,倒玉缸而斟酌。虽狂奴之故态,亦雅人之深致者焉。而乃卫武宾筵,早闻立岁。刘杳酒职,不愧古人。谢举乃不及臣,公荣何必语此。每至眼花耳热,风管云歌。仅从壁上以观,敢作局中之想。客恒满而酒不空,我独醒而人已醉。固佳游所同欢,抑好事之深忧也。而不知神明居律吕之先,嗜好得咸酸以外。一枝相对,无烦枕曲藉糟也。万花如簇,宛已衔杯漱醪也。吟兴自洽,觞情宛滋。彼传癖马癖,阮屐祖财。陶宏景之乐听松,王徽之之喜看竹。类皆赏给玩周,金迷纸醉。神解独彻,丹青遂留。南山如见,谁云后鲜有闻。东海欲倾,窃愧未知其趣。

冬,谭莹作《海天楼诗钞序》。

谭莹《郑棉舟诗序》略云:丙戌冬,同集。子春始得,尽读其《海天楼诗钞》四卷。鲸铿鳌吼,渊渟岳峙。导源于汉魏六朝之远,和声于开天一代之隆。不作砌间之吟,不为篱下之寄。淝水之役,草木皆兵。昆阳一战,雷雨互作。乌获举鼎,无以俪其勇也。宜僚弄丸,无以齐其巧也。下至蔷薇勺药之句、蝴蝶鸳鸯之制,类皆银跃金鸣,言泉文律。方诧独成于心,谁谓借书于手。盖棉舟幼历关山,间游幕府。逐轮蹄兮无极,抚琴书兮安托。善言儿女之感,大得江山之助。其志郁,故其情豪。其思幽,故其藻丽。大则抚时感事,屡按中宵之剑。小则歌离吊梦,各仡遥天之札,以至山前射虎,帘角试莺。残杯冷炙之昂藏,落叶狂花之偃蹇。莫不有来斯应,无假题署。乘之愈往,久而更新。然则所谓工者,固振逸传音。而所谓速者,亦停辛伫苦者耶?

香山居士序刘梦得诗云:"其锋森然,莫敢当者。余不量力,往往犯之。"(仆)何敢犯棉舟之锋,顾不辞而为之序者。非为枚皋解嘲,亦期张奭励志尔。

是年，谭莹参加岁考，名列前茅。后于复试时，作《恭拟贺收复回部四城生擒首逆张格尔表》，为时任广东督学翁心存所称赏。

（同治）《南海县志》卷十八《谭莹》：道光六年，常熟相国翁心存以庶子督学粤东，岁考以《棕心扇赋》试诸生，莹居首列。时值西陲用兵，复试日题为《拟平定回疆收复四城生擒首逆贺表》，莹于风檐中振笔直书，骈四骊六，得一千五百余言。学使批其卷首，有"粤东固多隽才，此手合推第一"等语。

商衍鎏《清代科举考试述录及有关著作》：学政到任第一年为岁考，第二年为科考，凡府、州、县之附生、增生、廪生，皆须应考。

按：《棕心扇赋》已散佚。

是年，谭莹作《粤秀山文澜阁落成诗》四首。

林伯桐、陈澧编《学海堂志》：文澜阁在粤秀山，东西适中，高若干丈，以奉文昌及魁星神位，道光丙戌，绅民公建，仪征公捐廉以成之者也。阁外东、西、南三方环拱，阁后一山，隐然相随，于以钟灵毓秀，兴起人文。祀事余闲，凭栏远眺，清彻无翳，迥非他处所有也。阁上下皆为三楹，四面复道，互通往来，亦上下如一。阁前白石为砌，深一丈余，高若干尺。南有回廊三所，中藏器物。西备庖湢，东则司阍所居。外门东向，与学海堂外门相望也。碑石凡三：一为建阁碑记，一为捐金姓名，而章程一碑，大书深刻，立于阁下檐前，升阶即见，可以久而不忘也。此阁之建，工费不资，仅得观成，而祀产未备。现在司香等工食，皆由学海堂经费支发。且地势高敞，修葺綦劳，将使垣墉桼楗，历久不渝，祭器祭田，举无缺典，是所望于后之君子矣。

是年，谭莹与徐荣等结西园吟社酬唱。

谭莹《哭徐铁孙观察》诗自注：乙酉、丙戌，君与余结西园吟社。

是年，谭莹参与顺德龙山乡诗社，所作诗为吴应逵叹赏。

谭莹于《楚庭耆旧遗诗前集》中吴应逵条下云：岁丙戌，顺德龙山乡诗社，以宋子京《红烛修史图》命题，延孝廉与潘小裴比部、徐铁孙大令糊名，评定甲乙。余落句云："不知雾鬓烟鬟队，谁是亲呼小宋名。"孝廉击节，自谓忍俊不禁，逢人辄称道之，亦见老成人风致。诗今不存，附识于此。

是年，谭莹载酒珠江，陶写中年哀乐。吴兰修间与之。

谭莹于《楚庭耆旧遗诗后集》中吴兰修条下云：岁丙戌，余屡载酒珠江，藉陶写中年哀乐。石华间与同之。

是年，谭莹始与潘正亨订交。

谭莹于《楚庭耆旧遗诗前集》中潘有为条下云：毅堂先生以舍人校《四库》书，例得议叙。与忤权贵，卒不调。南归后，不复出。余以丙戌与伯临订交，先生归道山久矣。所居擅园林花竹之胜，常有句云："半郭半郊供卧隐，藕塘三月鹡鸰飞。"南山先生屡向余诵之。

宋湘卒。

道光七年　丁亥（1827）　谭莹二十八岁

【时事】四月，清军复喀什噶尔，张格尔遁走。闰五月，免"回疆"八城新旧额赋。十二月，张格尔被俘于喀尔铁盖山，解京磔死。

是年，谭莹与表兄麦半农、同乡何艺库先生游，始得《药圃诗钞》二卷而读之，并作《何药圃诗钞后序》。

谭莹《何药圃诗钞后序》略云：越岁丁亥，半农已作古人，与其乡何艺库先生游，始得《药圃诗钞》二卷而读之。

是年，谭莹与蔡廷榕买醉于珠江酒楼。

谭莹于《楚庭耆旧遗诗续集》中蔡廷榕条下云：余年少，未与明经缔交。尝有句云："春风一曲缠头锦，夜雨兼旬婪尾杯。"逢人辄称道之。后岁丁亥，同买醉于珠江酒楼，始获谋面。阅岁余，而讣至矣。其诗工愁善怨，则境遇为之。

许其光生。
梁肇煌生。
何南钰卒。

道光八年　戊子（1828）　谭莹二十九岁

【时事】四月，以张格尔乱，命南疆贸易由官经理，不准私运大黄、茶叶。十一月，禁用外国货币。

孟冬，潘正亨五十寿辰，谭莹作《潘伯霖比部五十寿序》以贺。

谭莹《楚庭耆旧遗诗前集》：潘正亨，字伯临，一字何衢，番禺人。毅堂侄。贡生。官刑部员外郎。著有《万松山房诗钞》。

谭莹《潘伯霖比部五十寿序》略云：维著雍困敦之岁，月在孟冬，辰在析木，我潘比部伯临先生五十寿辰。

《尔雅·八·释天》：太岁在甲曰阏逢，在乙曰旃蒙，在丙曰柔兆，在丁曰强圉，在戊曰著雍，在己曰屠维，在庚曰上章，在辛曰重光，在壬曰玄默，在癸曰昭阳。岁阳。太岁在寅曰摄提格，在卯曰单阏，在辰曰执徐，在巳曰大荒落，在午曰敦牂，在未曰协洽，在申曰涒滩，在酉曰作噩，在戌曰阉茂，在亥曰大渊献，在子曰困敦，在丑曰赤奋若。载，岁也。夏曰岁，商曰祀，周曰年，唐虞曰载。岁名。

是年，广东学政翁心存任满回京，继任者为徐士芬。谭莹与梁梅等人为图赋诗以赠行。

翁同书等著《先文端公年谱》：道光八年戊子，三十八岁。科试肇罗南韶连，回省录遗。粤东童试多弊窦，先君厘剔殆尽，粤人称神明。所取士若桂君文耀、卢君同伯、龙君元僖、杨君荣、陈君澧、石君衡皆一时之选，学海堂中知名士，为先君所识拔者，则以黄君子高、梁君梅、谭君莹、温君训、侯君康、仪君克中、樊君封为最。任满时，从游诸子饯于白云山，为图赋诗以赠行，代者徐辛庵先生士芬也。

梁廷枏《粤秀书院志》卷八《长官表》：徐公士芬，平湖人。（道光）八年任（广东学政）。李公泰交，贵州人，十一年任。

是年，陈钟麟赴粤任粤秀书院院长，至道光十年离任。谭莹时读书粤秀书院，为其门下。

梁廷枏《粤秀书院志》卷之九《师席表》：道光八年至道光十一年，陈院长钟麟。

梁廷枏《粤秀书院志》卷之十六《传三》：陈厚甫先生钟麟，江南元和人。嘉庆四年进士，授编修，迁御史。……受聘来粤，自戊子以迄庚寅，凡三年。

梁廷枏《粤秀书院志》卷之十二《人才表二》：陈院长厚甫门下南海学：李文英、何鼎彝、何鼎勋、陈昌运、桂文耀、谭莹。

道光九年　己卯（1829）　谭莹三十岁

【时事】正月，查禁西洋人私运鸦片。二月，命阿訇止准念习经典，不得干预回民政事。七月，禁粤海关私货入口及银两出洋。十二月，以英吉利船泊于澳门外洋，要挟多端，延不进口卸货，命广东督抚镇静防备，并命倘仍刁难，即行驱逐。是年，阮元编《皇清经解》成。

谭钧培生。
岑毓英生。

道光十年　庚寅（1830）　谭莹三十一岁

【时事】二月，命缉捕河南捻军。四月，禁铜锡食盐出口。五月，裁革州县白役。六月，定内地行销鸦片章程。十月，张格尔兄玉素普叛乱。是年，中国由出超国变为入超国。林则徐、魏源、黄爵滋等于北京组成"宣南诗社"。

三月，谭莹参与纂修《南海县志》，负责分纂《南海县志》中的《舆地略》一至四部分、《艺文略》一、二部分及《杂录》一、二部分。

邓士宪《重修南海县志序》略云：我南海县志书，所由昉元陈氏大震。据韩退之、张文昌诗谓："粤东图经，自唐已然。"要亦约略言之，究未确有所稽也。今载籍可考者，宋嘉定志最著，越四十年，淳祐丁未志继之。五十余年，元大德甲申志继之。三百余年，明万历己酉志继之。三十余年，崇祯壬午志继之。四十余年，我朝康熙丁卯志继之。五十余年，乾隆辛酉志继之。迄今道光庚寅，八十九年矣。迩者同邑吴荷屋中丞还自闽，李石泉都转还自鲁，张棠村郡守、叶云谷农部、何朴园驾部、廖鹿侪水部还自都，余还自滇。庚寅春，与邑中人士会议曰：邱聚不修，将及百年，过此弗辑，恐文献烟坠。佥曰："然"。遂告于邑侯潘公，继事纂修，并请代达上游，皆报可。乃开书局，县校明伦堂。复商同颜雨亭监簿、黄文缘司训，总管局务，而经费出纳则专属之陈任斋詹簿，秉笔则公推谢里甫庶常，梁云门教授总其成，熊笛江司训、张问鸿孝廉、曾勉士、谭玉生明经、胡道乡文学分其任，采访则陈晓村明经、胡安伯、崔恺如、朱琬亭文学效其劳，发凡起例，一以黄《通志》、阮《通志》为准。

谭莹《胡道香遗集序》略云：道光庚寅，纂修邑乘，共事者：谢里甫、邓鉴堂两先生，梁云门教授，曾勉士、熊笛江两广文，张问鸿孝廉，胡稻香茂才暨余，时余年最少。

谭莹于《楚庭耆旧遗诗前集》中谢兰生条下云：庚寅四月，与先生同修《县志》。条例多先生手定。

是年，谭莹与梁序镛订忘年交。

谭莹于《楚庭耆旧遗诗续集》中梁序镛条下云：余修邑志时，先生为总纂，与订忘年交，往还句中者数载。其后，同寓潘氏六松园者数月。殆甲辰，遽归道山，年已七十余矣。

谭莹《楚庭耆旧遗诗续集》：梁序镛，字健昌，一字云门，南海人。嘉庆丁丑进士，官韶州府教授。著有《研农遗稿》。

是年，谭莹得读潘楳元《广州乡贤传》。

谭莹《重刻广州乡贤传序》：道光庚寅，余修邑乘，得读潘君《广州乡贤传》若干卷。

许应骙生。
翁同龢生。
李慈铭生。
潘祖荫生。
史善长卒。
谭敬昭卒。
蒋攸铦卒。

道光十一年　辛卯（1831）　谭莹三十二岁

【时事】 三月，广东奏以英吉利人为首在广州行动违例八条。重修《康熙字典》成。四月，广东黎、瑶民变被镇压。六月，禁沿边夷人私种罂粟。七月，定官民买吸鸦片例。十月，复与浩罕通商。

立春，应陈昌运之嘱，谭莹作《清溪吟草序》。

谭莹《清溪吟草序》略云：哲嗣任斋六兄，庭诰恪遵，臣笔早得。用非简札，学但箕裘。枚皋赋才，端由乘作。李善选学，实本邕书。观独荷乎门基，知具因乎积庆。别搜断朽，乃获丛残。一鳞片甲，无非五采之贻。剩馥残膏，备征全鼎之味。得诗若干首，仍署《清溪吟草》焉。口碑犹泐，决神物之护持。手笔幸存，陋鬼才之怪涩。徐乐一书，阮咸三语。工拙之诣，原不以多寡殊耳。将付雕镌，属襄雠校。仆未陪鲤对，特感乌私。爰悉缀其生平，俾共钦其宝贵。景伯绝学，益绵贾徽之传。玉溪后生，敢序元结之集。樵童牧竖，且相习而偕吟。美玉良金，本无施而不可。望如郭太，只愧中郎之碑。好有孙晟，且铸阆仙之像。道光辛卯立春，愚侄谭莹玉生谨撰。

三月十九日（4月30日），谢兰生卒，谭莹作《哭谢里甫师》二首。

谭莹于《楚庭耆旧遗诗前集》中谢兰生条下云：先生以辛卯三月，与造化者游矣。在局时，曾为颜雨亭常博作画八帧，殆绝笔也。余各题其后，有"百钱能赁钓鱼船，荇渚菱汀别有天。夹岸绿阴人载酒，荔园重过泪潸然。朝衫换却隐葫芦，卧酒吞花兴不孤。泉下也应重弥楫，先生原称住西湖"。并寓叹逝之意，常博极称之。

十月，伍崇曜入都，谭莹作《辛卯十月送伍紫垣孝廉计偕入都》。

伍崇曜于《茶村诗话》中黄言兰条下云：辛卯，与余计偕之京，同寓都门数载。

是年，谭莹出应乡试，被督学徐士芬选为恩科优行贡生。

谭莹《辛卯十月送伍紫垣孝廉计偕入都》自注：闻余闱卷亦经呈荐，后为人检去，遍觅不获。

谭祖纶《清癯生漫录》中《陈兰甫京卿》载：番禺陈兰甫京卿（澧），幼聪慧，九岁能为诗文，道光辛卯与先大父同以优行成贡，旋捷乡闱，拣选知县。

林伯桐编、陈澧续补《学海堂志·题名》：谭莹，南海人，道光辛卯恩科优行贡生，甲辰恩科举人。

汪宗衍《陈东塾先生年谱》：道光十一年辛卯，二十二岁。是年，肄业于粤秀书院。是年，乡试不中，督学徐士芬（辛庵）考选为优贡生。同举者，谭莹（玉生）、杨懋建（掌生），皆有时名。

（同治）《南海县志》卷十八《谭莹列传》：继翁任者为平湖徐侍郎士芬，阅其历年试卷，有"骚心选手，独出冠时"之誉，遂以优行生入贡。

是年，谭莹捐纳为教官。

陈澧《内阁中书衔韶州府学教授加一级谭君墓碣铭》：后督学徐公士芬以君优行贡入国子监，未赴，捐纳为教官。

容肇祖《学海堂考》：道光十一年（1831），选辛卯恩科优行贡生，入国子监，未赴，捐纳为教官。

是年，谭莹与伍崇曜始刊《岭南遗书》及《岭南遗书续编》。

谭莹《岭南遗书续编序（代）》：夫子长记史，论次廿年。太冲炼都，构思十稔。著撰之艰难可想，岁序之绵暧宜然。若乃征文考献，集逸收亡。题帖补治，推寻求访。校缀次第，损并有无。固自不同，无庸举例。然而曾非五厄，业大备而难周。不仅四期，欲速成而未可。

自辛卯以迄于今，一十有七年矣。曾与谭玉生广文，校刊《岭南遗书》第一集焉。譬九轫而掘井，止一篑而为山。顾乃赴礼闱者四度，寓京邸者六年。聚晤綦难，此事辄废。既而遂初欲赋，怀古惓然。又值戎幕频张，岛夷不靖。枕戈有愿，曾赓杕杜之诗。捧檄无因，竟废蓼莪之什。而广文亦以感遇子昂，作悼亡骑省。全家避寇，早同张翰之思吴。一第恩人，仍效陆机而赴洛。光阴逝水，聚散抟沙。千古寸心，尤重乡邦前辈。两家多故，难夸风月闲人。嗟嗟！结习所存，斯文未丧。况息壤之犹在，岂西山而可扃。

当夫山长水远，雨晦风潇。何分两地琴尊，实当中年丝竹。或传钞于延阁，或购赏于名山。或如秋水之未完，或似荆州之难借。或类编之既采，或职志之偶存。或文字舛讹，或篇第褫落。大加搜写，参订异同。类聚而求，翻缉疏录。常景耽好，以必得为期。谯周研精，或欣然独笑。复于其间有《粤十三家集》之刻焉，别集较繁也。有《楚庭耆旧遗诗》前后集之刻焉，近贤同爱也。参怀撰定，寻考指归。鸠聚沦残，縢帙充积。而第二集、第三集、第四集乃告成矣。兹以第二集书若干种，先付剞劂，永俾流闻。前序可作例言，续缉无烦觐缕。余亦年时而卒业，敢言岭海之巨观。客曰："寿均藉乎枣梨，亦谓必由斯道。谊独深于桑梓，无乃各私其乡。"余应之曰："有志未逮，业作常谈。所愿既同，肯留余憾。岭南原可达之天下，天下仍可溯之古初。庶投老以为期，惟秘籍之难觏。兹幸珠船屡获，金版新镌。独泾县之丛书，倍中州之文表。王充所论，谁独玩于帐中。崔实之书，人宜置之座侧。各各当瓣香之蓺，重重均翰墨之缘。书比左圭，奚俟后贤之广续。心如毛晋，况逢昭代之隆平。仍序此书，庶同左券。"

是年，刘广智卒。谭莹搜其遗作，竟无一存。

谭莹于《楚庭耆旧遗诗后集》中刘广智条下云：岁辛卯，往主阳山讲席，得剧病而返，竟卒于珠江舟次。黔娄有妇，伯道无儿，天胡此酷。生平喜治古文，死后搜罗，竟无一存者。

曾燠卒。

道光十二年　壬辰（1832）　谭莹三十三岁

【时事】正月，定白阳、白莲、八卦、红阳等教首从遣犯遇赦不赦例。二月，湖南瑶人赵金龙反清，旋败。广东订查禁鸦片章程。于喀什噶尔等地屯田。八月，广东八排瑶人反清，招降之。英船始侵入内河。十月，台湾天地会陈办等起事。十二月，广东香山天地会张斗起事。

九月，谭莹出应乡试，落第。

商衍鎏《清代科举考试述录及有关著作》：乡试三年为一科，逢子、午、卯、酉年为正科，遇万寿登极各庆典加科者曰恩科。清万寿恩科始于康熙五十二年登极。恩科始于雍正元年，自后沿以为例。……康熙十七年乡试以用兵故，顺天专遣官，山东、山西、陕西并河南省，湖广、江西并江南省，广东、浙江照常考试。试期九月，十五人中一，不取副榜，亦无会试。福建、广西、贵州、云南、四川，皆于十九年后补行。雍正四年浙江因查嗣庭、汪景祺案，停乡、会试各一科，六年复准考试。咸丰、同治间因军事，各直省或数科不试，或数科并试倍额取中，或一省止试数府、州、县减额取中，或其后按年补行，亦多于非科举之年行之，是为例外。

（光绪）《广州府志》选举表十四：道光十二年壬辰监临巡抚朱桂桢，江苏江宁人。正考官：翰林院侍读学士程恩泽，字春海，安徽歙县人。嘉庆辛未进士。副考官：翰林院编修邢福山，字五峰，江西新昌人。嘉庆庚辰进士。

（同治）《南海县志》卷十八《谭莹列传》：然莹声望日高，院考屡列前茅，乡场频遭眊瞙。故前后来粤典试者，如壬辰科程侍郎恩泽、癸卯科翁中丞同书，榜后太息咨嗟，以一网不尽群珊为憾。

九月十九日（10月12日），谭莹与程恩泽、曾钊等集云泉山馆宴饮。

谭莹于《楚庭耆旧遗诗前集》中李黼平条下云：殆壬辰下第，相随送程春海祭酒北还，同集云泉山馆。先生诗所谓"冒暍诸生浑不管，都将奇字问扬云"者也。不数月，先生遽作古人矣。老成凋谢，通可惜也。

仪克中《庆清朝小序》：春海师清德服人，斯文共仰。壬辰展重阳日，攀同陈范川、李绣子两山长，吴石华、曾勉士两学博作白云竟日之游，置酒云泉山馆，曩时读书处也。与斯会者，山馆主人段纫秋茂才暨梁子春明经、侯君模、谭玉生、孟蒲生文学、居少楠上舍，皆试而报罢者也。王鹤舟太守为作《蒲涧赏秋图》，师纪以长古，诸君子咸继作，因赋此词。

郭则沄《十朝诗乘》卷十五：程春海侍郎以道光壬辰典粤试，既撤棘，粤中名彦公宴于云泉山馆。酒酣，春海喟然曰："粤中今日盛极矣！然盛极必衰，后此二十余年，乱将自两粤起；再十年，且遍及天下。"有曾生（钊）者，亦谙五行之学，相与往复讨论。春海笑曰："子勿忧，吾与子皆不及见，座中见者，独谭君（莹）耳。"后果验。

十一月，梁国珍与陈澧上京城会试，谭莹作《壬辰十一月送梁玉臣孝廉计偕之京》。

是年，谭莹与陈澧、梁梅、侯康等受业越华书院。

陈澧《陈范川先生诗集后序》略云：道光中，嘉兴陈先生来粤掌教越华书院，澧从受业。……先生在粤时，与粤之名士吴石华、曾勉士常与游，其在弟子之列者：梁子春、侯君模、谭玉生、澧与兄子宗元亦与焉。先生乐之，筑亭于书院，题曰载酒亭，环植花竹，招诸名士论辨书史，酬酢欢畅。间述乾隆、嘉庆时名臣硕儒言行，感愤时事，慷慨激烈。

汪宗衍《陈东塾先生年谱》：道光十二年壬辰，二十三岁。正月，陈钟麟归杭州。是年，陈鸿墀（范川）来粤，掌教粤华书院，先生与梁梅（子春）、侯康、谭莹、兄子宗元从受业。

是年，区玉章任粤秀书院院长。谭莹读书粤秀书院，为其门下士。

梁廷枏《粤秀书院志》卷之九《师席表》：道光朝十二年，区院长玉章。

梁廷枏《粤秀书院志》卷之十二《人才表二》：区院长玉章门下南海学：黄梦兰、周佩珩、刘时修、何鼎彝、谢凤来、谭莹等。

王闿运生。
郑菜卒。
李黼平卒。
程含章卒。
王念孙卒。

道光十三年　癸巳（1833）　谭莹三十四岁

【时事】二月，四川夷人反清，旋败。五月，定禁纹银出洋条例。六月，禁广东外洋贸易以银及洋钱易货。七月，禁外官馈敬京官。是年，英国派律劳卑为驻广州商务监督。

八月，徐荣选授直隶藁城县训导，谭莹置酒相送，并作《送徐铁孙司训藁城序》。

谭莹《哭徐铁孙观察》诗自注：癸巳八月，君赴藁城司铎任。

铭岳《怀古田舍诗节钞》中《徐公传略》：癸巳，选授直隶藁城县训导。藁城去粤七千里，蹼被携一仆行。同人为诗文送之，谓国朝出省为教官，自公始也。甲午二月，到官。

谭莹《送徐铁孙司训藁城序》略云：子行矣，酹子以酒，子不能饮。别我以诗，我不能赓。暮云春树，两地相思。潭水桃花，几人相送。子仍返里，未应如楚老之悲。我即依人，仍冀勉董生之往。明春拟赋北征，未知能束装否耳？至谓先办草堂之贲，共结香山之社，则各视他年之遭际矣。

侯康作《铁孙司训藁城行有日矣作序以赠冬至前五日偕石溪玉生话别酒楼君与石溪隐志甚坚且为道吾邑萝岗洞风物之美拟结邻焉触余素怀亟订后约以前序未及此意复作长歌聊当左券以劝驾之际为招隐之辞言之不疑恃惠子知我也》纪其事。

是年，谭莹参与《南海县志》撤局宴集。

谭莹《胡道香遗集序》略云：故癸巳撤局，宴集酒酣。云门教授笑谓余曰："他日重修，惟君能与耳。"

蒋益澧生。
倪济远卒。

道光十四年　甲午（1834）　谭莹三十五岁

【时事】四月，查外商漏税，禁白银外溢及私铸洋银。五月，英人据零丁洋及大屿山盗贩鸦片。九月，以英船侵内河，治两广总督卢坤等罪。十月，清宣布对英绝交，驱逐其在清船只。十二月，禁云南流民租种苗田。是年，英输入鸦片增至二万一千余箱。

春，谭莹集同人修禊于清晖池馆。

谭莹《清晖池馆春禊序》略云：岁在甲午，谁曾宴春，日非重三，未妨用巳，乃集同人修禊于清晖池馆。

伍绍棠生。
李文田生。
王引之卒。

道光十五年　乙未（1835）　谭莹三十六岁

【时事】三月，追加外人贸易条章。山西教民曹顺等起义。清与西班牙、墨西哥、智利等国定金币兑换额。广东订防范洋人贸易章程八条。八月，以英船驶入刘公岛洋面，命沿海各省堵截。

是年，谭莹参与纂修的《南海县志》刊印出版。

邓士宪《重修南海县志序》略云：癸巳夏，五江潦决，县属围基殆遍，继以海飓为灾。余受卢制军、朱抚军命，临乡劝捐赈。而任斋詹簿复为修桑园围总理。逮甲午初夏，方蒇事。志书因是久未告竣，邑中人士企望久矣。今乙未春剞劂，乃报毕工。

吴大澂生。

卢坤卒。

道光十六年　丙申（1836）　谭莹三十七岁

【时事】二月，湖南武岗瑶人蓝正樽等起义。三月，禁漕船私带非法器械。命各省查禁"会匪"。六月，太常寺卿许乃济奏请变通鸦片条例。十月，朱嶟等奏请严禁鸦片贸易。十一月，严令英人退出广州。十二月，查理义律通告粤督就任英驻广州商务正监督。

是年，谭莹时与仪克中宴集于长寿寺中。

谭莹《仪墨农孝廉词集序》自注：岁丙申、丁酉，屡与孝廉宴集寺中。

是年，谭莹作《得徐铁孙书知已捷礼闱寄赠录二首》。

铭岳《徐公传略》：公讳荣，十七名。原讳鉴，字铁孙。……丙申应恩科会试中式第三十六名，殿试二甲第七名。

道光十七年　丁酉（1837）　谭莹三十八岁

【时事】正月，山西、陕西、甘肃灾害屡起。山西教民马刚等起义。二月，福建教民沈知等起义。六月，御史朱成烈奏广东、福建、江苏、浙江、天津等口岁出银达六千余万两。令认真查禁。十一月，英人叶利我安请自由贩运鸦片，未果。是年，英输入鸦片增至三万九千余箱。

是年，谭莹与熊景星、仪克中在长寿寺藤菜屋作半日闲会。

谭莹《长寿寺半帆作荷花生日诗序》自注：岁丁酉，与笛江广文、墨农孝廉，作半日闲会，时宴集寺中藤菜屋。

张之洞生。
张荫桓生。
程恩泽卒。
侯康卒。
仪克中卒。
潘正亨卒。

陈鸿墀卒。

道光十八年　戊戌（1838）　谭莹三十九岁

【时事】闰四月，命刑部堂官亲讯天主教案，命违禁信教而声称改悔者，跨越十字架，以昭核实。五月，林则徐奏请禁烟并拟禁止章程六条。八月，英人梅脱兰以战舰三艘威胁清朝，要求通商。十月，广州居民万人示威，反对英美贩运鸦片。十一月，命伊里布查禁云南私种罂粟。以林则徐为钦差大臣往广东查办海口禁烟。是年，英输鸦片增至五万余箱。

三月，谭莹增补为学海堂学长。

林伯桐编、陈澧续补《学海堂志·题名》：谭莹，……道光十八年三月补。

容肇祖《学海堂考》：道光十八年（1838）三月，补学海堂学长。

是年，谭莹作《禁阿芙蓉议》。

谭莹《禁阿芙蓉议》题注：道光戊戌作。

是年，谭莹作《送中丞祁竹轩师内迁大司寇还朝序》。

谭莹《送中丞祁竹轩师内迁大司寇还朝序》：我竹轩宫保师抚粤东者六年，天子命还朝为大司寇。众期奔赴，各愿遮留。卧辙攀舆，解鞯窃镫。老人独酒，释氏香花。是即可传，乌能无语。

曾钊《祁公竹轩行状》：（道光十二年）七月，盘均华窜湖南竹排冲，获之。举人吴元德亦抚降犁头山瑶千余人，广西瑶平。晋太子少保。明年调广东巡抚。……十八年，入为刑部尚书，赏紫禁城骑马。

梁梅卒。

道光十九年　己亥（1839）　谭莹四十岁

【时事】正月，钦差大臣林则徐抵广州。义律致书粤督抗议在外国商馆前执行绞刑事件。二月，林则徐传行商颁给谕帖严令外商缴烟具结包围商馆，遮断交通。英商会议决定缴烟一千零三十七箱。林则徐饬广州府查拏颠地。义律至广州召集英商会议。林则徐派弁兵巡船包围商馆断绝粮食补给。义律递禀允缴鸦片二万零二百八十三箱。四月,林则徐于虎门销毁收缴之鸦片二百三十七万六千二百五十四斤。五月,英船水手殴毙尖沙咀村民林维喜。林则徐令义律交出凶手。林则徐集粤秀、越华、羊城三书院六百四十五人借考棚观风。七月,义律拒交凶犯。林则徐命断绝居澳门英人食物,撤退华工。英人悉离澳门寄住尖沙咀船上。林则徐巡阅澳门。澳门葡萄牙总督宣布中立。义律率兵船于九龙口附近向中国水师币袭击,接仗五时后,英船退去。九月,林则徐严索林案正凶并令英船三日内具结入口或回国不得滞泊零丁洋面。澳门公布自12月6日起停止中英贸易。英兵船于穿鼻洋炮击中国水师。粤水师提督关天培督战击退英船。十月,谕断绝对英贸易。十一月,谕调林则徐督两广。十二月,林则徐接旨下令断绝中英贸易。英士密鉴舰长士密宣布封锁广州口岸。林则徐议复曾望颜之奏讲封关禁海折,力陈不可。林则徐发出致英女王照会。英国维多利亚女王在国会上发表侵华演说。

六月初九日（7月19日）,黄子高卒,谭莹为山堂诸子撰楹帖挽之,后作《黄君石溪墓表》。

谭莹《黄君石溪墓表》略云：君生于乾隆甲寅年九月二十日卯时,卒于道光己亥年六月初九日子时。年四十有六,著有《石溪文集》二卷,《知稼轩诗钞》五卷,《续三十五举》一卷,《粤诗搜逸》四卷。娶刘氏,子四：长蒙泰,次鼎泰,次渐泰,次颐泰,出嗣哲昆雪客茂才。女三：长适刘茂才锡章,余未字。即以是年十一月初三日某时,葬于某山之原。以莹知君最深,特属为墓道之表。

谭莹于《楚庭耆旧遗诗后集》中黄子高条下云：石溪与余交同骨肉,年四十六遽卒。诗文集外,著有《续三十五举》一卷,《粤诗搜逸》四卷。余为表其墓,颇极推崇。并为山堂诸子撰楹帖挽之云："技了十人,吾辈中尤艳说身名俱泰；心悬千古,后死者各惊嗟文献无征。"说者谓"唯君不愧此言"。

是年,张维屏及其妻六十双寿,谭莹代作《张南山师六十双寿序》。

金菁茅撰《张南山先生年谱撮略》载：道光己亥,六十岁。寓东园,辑《史镜》。秋,先生仲子祥鉴、侄祥芝乡试同榜中式。九月,先生暨金恭人六旬双寿,伯子祥泰偕诸弟、率诸子舞彩称觞。

吴兰修卒。

梁蔼如卒。

道光二十年　庚子（1840）　谭莹四十一岁

【时事】正月，林则徐就任粤督，邓廷桢离粤。林则派水师渔艇火攻敌船，焚毁鸦片烟船二十多只。三月，英国国会通过军费支出案。五月，英全权大臣乔治·懿律、海军司令伯麦率军舰到澳门。七月，懿律投递外相巴麦尊致中国照会。道光命琦善到天津海口与英人谈判。八月，道光命琦善为钦差大臣，赴粤查办。九月，林则徐、邓廷桢以"办理不善"革职，林则徐留粤以备查问差委。林则徐奏请带罪赴浙省随营效力。十月，两江总督伊里布遣家人张喜犒英军，索还定海。十一月，钦差大臣两广总督琦善到达广州，与查理·义律议和。十二月，在广州谈判中英军突然发动进攻，攻陷虎门外大角、沙角炮台，副将陈连升阵亡。清政府命调集兵丁预备进剿，兼令琦善督同林则徐、邓廷桢妥为办理。

元旦，谭莹作《庚子元旦试笔》。

中秋，谭莹乡试落第，作《庚子中秋闱中对月口占题壁三绝句》。

八月二十八日（9月23日），应张维屏之邀，谭莹同黄培芳、黄钊等游花埭东园，后移舟南墅集饮。

黄钊于该日作《八月廿八日张南山邀同冯虞阶太仆赞勋香石蓉石谭玉生明经莹游花埭东园移舟至南墅集饮即事六首》纪其事。

按：黄钊《读白华草堂诗苜蓿集》中诗系按年编次。

俞正燮卒。

道光二十一年　辛丑（1841）　谭莹四十二岁

【时事】正月，琦善与查理·义律订立《穿鼻草约》。清政府否认。英国舰队武力占领香港。道光下令对英宣战。清政府任命奕山为靖逆将军，主持广州战事。清政府命裕谦为钦差大臣，赴浙代替伊里布。清政府命伊里布回两江总督任，会同提督陈化成防堵江苏海口。琦善拒绝在《穿鼻草约》上盖关防。清政府命杨芳速赴广东。二月，英军自舟山撤退。英军于粤南横档岛登陆，攻陷虎门诸炮台，提督关天培率兵力战阵亡。清政府命将擅割香港之琦善革职锁拿解京，家产查抄入官。英军攻陷乌浦土炮台，总兵祥福死之。新任英陆军司令郭富率援军抵黄埔，扩大侵略。广州知府余保纯往黄埔议定停战三日。参赞大臣杨芳驰至广州。琦善离粤，锁拿解京。英军攻澳门、广州间诸炮台，准备进击广州。四月，查理·义律通告外人在日落前退出广州。奕山派兵分三路袭击英舰。清军战败，劫掠商馆。新安武举庚体群以火船三队，毁虎门外英船一只。英舰炮击广州城郊，清军退入城内。英军尽占广州城郊各炮台。英军攻击广州城。奕山在城内树白旗，派余保纯向英求和并出城议款，与查理·义律订立《广州和约》，向英军缴赎城费六百万元。英军到广州城北郊三元里抢掠，群众愤怒打死英军数人，农民韦绍光号召群众齐集三元里古庙誓师，以三星旗为"总令旗"，三元里人民鸣锣聚众迎击英军，诱敌入牛栏冈痛歼之，敌人伤亡重大，逃回四方炮台。广州一百零三乡农民及丝织工齐集包围四方炮台，陆续赶到群众达四百余乡英军司令卧乌古、全权代表义律向余保纯乞援，余用"苦劝"诱骗群众，为英军解围，群众始撤四方炮台之围。群众收复四方炮台，英军逃走。五月，清政府革去林则徐四品卿衔，并与邓廷桢均从重发往伊犁。六月，清政府命各省督抚酌量裁撤调防官兵。英全权代表璞鼎查抵澳门。清政府命遣戍伊犁已革粤督林则徐折回东河，效力"赎罪"。璞鼎查率英军北犯。清政府再令酌量裁撤防兵，以节縻费。璞鼎查率侵略军陷厦门，闽浙总督颜伯焘退同安。英舰队驶向舟山。清政府命奉天及沿海各省严整兵备。八月，英军第二次进攻定海，定海失守，总兵葛云飞为国捐躯。九月，清政府派奕经为扬威将军赴浙督战。台湾军民击退再犯台湾基隆英船。十一月，英军焚掠慈溪城。

二月，有感于时局动荡，谭莹作《辛丑二月书感六首》。

闰三月三日（4月23日），因时局关系，谭莹失约花田修禊。

谭莹《庚申修禊序》略云：岁当辛丑，闰值重三，狮海波翻，虎门星陨，独樯不靖，百堵皆空。艨艟径抵五羊，间衖分屯万马。学离家之王粲，比赁庑梁鸿。谁如桑者之闲，竟负花田之约（预订修禊花田不果）。

闰三月三十日（5月20日），谭莹约同人于学海堂饯春，并作《闰三月三十日学海堂饯春诗序》与《闰三月三十日学海堂饯春》十首。

谭莹《闰三月三十日学海堂饯春诗序》：嗟嗟！虞剑指以难回，鲁戈挥而竟落。何必李尤暮岁，悲深力士之翻。尚余陶侃分阴，倍甚圣人之惜。所以叹百年之易过，特爱余春。知一刻之难留，转怜晦日。又况月是三三，（见黄仲则诗）。重检楼罗之麻。人非七七，谁开顷刻之花。已阅九旬，又添卅日。粗知春在，牡丹占亨泰而将阑。（《牡丹荣辱志》：花亨泰，闰三月。）宛送人归，勺药分别离而谁赠。

　　学海堂者，相国阮仪征师督粤时校士地也。风雅提倡，端在名山。春秋登临，屡值佳日。某等著书之暇，倍感昔游。置酒其间，却多新作。兹以道光二十一年，岁在辛丑闰三月尽日，约同人于此饯春。维时梅子雨晴，楝花风过。雏成而双燕递教，蜜熟而群蜂懒飞。荳蔻长成，蔷薇了却。竹露侵幌，松岚拂衣。日光浮双塔之间，烟翠荡三城以外。鹧鸪啼彻，红棉吹北郭之山。蝴蝶飞齐，碧草长南园之社。无风无雨，黄鹂请而特来。半郭半郊，紫骝嘶而竟驻。则有庾郎年少，江淹恨人。或白发称诗，或金貂换酒。十分美满，天判光阴。一样暄妍，人增岁月。亦堂堂而竟去，仍脉脉以无言。怕杜宇之先啼，五更梦醒。话辛夷之未落，四月开时。分外可怜，此间谁乐。纵谓明年复有，（田锡《送春诗》："人生三万六千日，与君复有明年期。"）可似今年。亦秖九月相思，（李咸用《送春诗》："相思九个月"）未如此月。究归何处，海阔天空。难住少时，花残月缺。故是良辰美景，耐久春移。居然祖别饯离，奈何天限。被酒不醉，拈诗辄成。合座传观，停尊属和。

　　夫吾人行乐，端贵及时。何地生才，却堪投老。念此日之可惜，怅前尘之极赊。买任拚夫千金，追难恃夫十驾。亦常排日，相与为欢。竟至伤春，宛然刻意。卫洗马渡江谓："对此茫茫，百端交集。"今昔同之矣。榴花惊照眼之明，蕉叶睹伤心之碧。到处兼逢惨绿，我更何堪。偶然剩得嫣红，春还未去。谨邀同作，仍恳先书。

　　除夕，谭莹与同人到小港看桃花。作《辛丑除夕小港看桃花诗序》《辛丑除夕小港看桃花用欧阳公四月九日幽谷见绯桃盛开韵偕文缘学博》，另有《辛丑除夕作》诗八首。

　　谭莹《辛丑除夕小港看桃花诗序》：小港隔珠江二十里，而近柳桥渡，接茶滘村。通伪刘剩美人之斜，平藩建开士之宅。地原南雪，松树不存。时近东风，桃花早放。则有文章老宿，风雅总持。商略莺花之游，安排鸡黍之局。聚饮未妨乎分岁，阄韵便当乎嬉春，则道光二十一年辛丑岁除日也。

　　慨自海氛不靖，兵气才消。月影蛇蟠，风声鹤警。匆匆端午，未赏半塘地名之荷。草草重阳,谁寻破庙之菊。(数年来,天后宫菊花最盛。)福潮船泊,兰空贩乎素心。罗浮店开,梅暇探乎绿萼。破竹则惊魂甫定,惜花而凤愿相违耳。然而谈兵原易,决战綦难。惜剿抚之均非,知语默其谁是。闭门种菜,敢自托乎英雄。临水看花,聊窃伤其迟暮耳。于是船兼载鹤,客旧钓鳌。落帆沿拾翠之洲,打桨过大黄之溽。拓琴腮以当新绿,半郭半郊。张酒座以拂嫣红,一觞一咏。彤霞匝地,绛雪漫天。浪翻成锦绣之堆,溪回睹金碧之画。绿波未暖,讶鸂鶒之先知。花雨皆香,期蝴蝶之同梦。亦可谓送寒之别典,而更春之丽情矣。斯地者,甫经兵燹,逼近海隅,未修废垒而人耕,倘过战场而鬼哭。书生结客,重开细柳之营。才子从戎。便主莲花之幕。犹幸升平有象,能令我辈之重来。文献谁征,合补残年之佳话,殆可传已。

嗟嗟!落英芳草,可当武陵之津。燕麦兔葵,略异元都之观。痛饮贳酒,微哦得诗。爰走笔以成此序,属主人与同集者和焉。

谭莹《李子黼学博岁末怀人诗序》自注:在小港,旧多桃花。……道光辛丑,偕文缘学博等,各于除夕买舟诣焉。

是年,因郑献甫出《鸿爪集》初续、再续、三续各一卷,谭莹作《郑小谷鸿爪续集序》。

谭莹《郑小谷鸿爪续集序》略:维道光二十一年,象州郑君小谷比部自武昌返粤,税驾五羊,出所撰《鸿爪集》初续、再续、三续各一卷示余。谓司马之倦游屡赋,仲长之乐志难凭。结习所存,流闻敢冀。资无三径,何妨元亮之归。响到众山,且学少文之卧。笑负书其已误,宜享帚以自珍。余受以读之,而不能无言也夫。

诗至于今,伙矣!盛矣!人夸速藻,家擅英篇。才操不群,风流自赏。朝成暮遍,曾非好事所传。广座稠人,辄诩有来斯应。裴鸿胪之文在,岂必相师。沈敬子之集工,居然作贼。驱染摇襞,玲珑其声。亦有文场老宿,骚坛主盟。富艳难踪,汪洋特恣。夔牙孔翠,顾有余惭。美玉良金,无施不可。李德林之贵显,文章业谓古人。刘禹锡之秘藏,护持果须灵物。太宗屏上,写杨徽之之十联。吐谷床头,有温鹏举之一卷。曾几何时,草亡木卒。仍虞覆瓿,殆甚补袍。读尽魏侯,听而恐卧。名非羊傅,见亦不知。原难纪实于生平,第辄求工于字句已。

昔高令公为诗,人谓其"有混欣戚,遗得丧之致"。旨哉言乎?盖诗之传以其人,非以其诗也。夫韦柳并举,而柳劣于韦矣。元白齐称,而元轻于白矣。性情如子美,始独成蜀中之诗。风节若端明,差能为海外之作。

今比部早掇巍科，翕然时望。蜚声廊阁，寄兴林皋。其节概已加人一等，宜其诗兴高致远，绪密思精。隽上清刚，峥泓萧瑟。岂老妪所能解，任诸伶之迭歌。不名一家，并擅各体。求之近代，当在阮亭、初白之间。例以昔贤，饶有摩诘、浩然之趣。仍署曰"鸿爪"，均纪昔游也。吴头楚尾，子尔孤征。老带庄襟，修然独远。翠华雕辇，铁锁降幡。助亦有岳州江山，思仅在灞桥风雪。零珠屑玉，端知七宝之庄严。片甲一鳞，倏具五采之神化。殆可传已。吟袂才捧，征帆遽移。特付琬镂，聊当缟赠。或者阆仙画像，供有道士而转灵。仍虑安石碎金，为彼苍生而复出。写松牌以纪梦，海上山青。赋兰薄以招魂，江南水碧（谓家实生中丞）。轻薄谁惊，蛱蝶迥殊魏伯起之嘲。才名独艳，鹧鸪又获郑都官之集。

是年，作《兵不可一日忘论一》《兵不可一日忘论二》《兵不可一日忘论三》《兵不可一日忘论四》。

谭莹《兵不可一日忘论一》题注：道光辛丑作，下同。

潘衍桐生。
李兆洛卒。
龚自珍卒。

道光二十二年　壬寅（1842）　谭莹四十三岁

【时事】正月，璞鼎查宣布定海、香港为自由贸易港。奕经命清军三路收复定海、镇海、宁波三城之战皆败。二月，英军进攻慈溪，奕经率军望风而逃。清政府命林则徐由东河仍往伊犁效力。任耆英为广州将军。五月，英舰毁吴淞炮台，江南提督陈化成率军血战，英勇牺牲，吴淞口失陷。七月，耆英、伊里布与璞鼎查签订《中英江宁条约十三款》（即《南京条约》）。十月，广州人民遍贴反对英国侵略者入城告示。升平社学钱江、何大庆发表《全粤义民公檄》。十一月，广州明伦堂发布反英檄文，焚烧十三行洋馆。粤绅王韶光等仿升平社学，新建东平社学公所。十二月，重修《大清一统志》成。是年，魏源编著《海国图志》五十卷刊行（1847年刊行六十卷本，1852年一百卷本问世），主张"师夷之长技以制夷"。

正月初一（2月10日），谭莹作《壬寅贺新年作戏效俳体》八首、《爆竹》八首。

上春，谭莹作《壬寅上春饮酒杂诗》八首。

三月初九日（4月19日），应陈澧之招，谭莹与张维屏、梁廷枏、许玉彬等集学海堂看木棉花。

陈澧《木棉花盛开邀南山先生章冉玉生青皋芑堂研卿诸君集学海堂（癸亥）》：

半天霞气拥层峦，晓踏虚堂雨乍干。战后山余芳草碧，春来花似酒颜丹。

去年此日乡愁黯，万紫千红泪眼看。难得故林无恙在，莫辞沉醉共凭栏。

黄国声案：汪氏定此诗为同治二年癸亥之作，误。盖诗题之南山先生张维屏早于咸丰九年去世，乌得躬与斯会？张维屏《松心十集·花地集》卷三有《三月初九日，陈兰甫孝廉招同梁章冉广文廷枏、谭玉生明经莹、许青皋茂才玉彬、金芑堂孝廉锡龄、李研卿茂才应田集学海堂看木棉》诗，题旨及与会者皆同。《花地集》所收为道光十七年六月至二十六年十二月诗作，今观张诗有"烽火尚惊心"句，陈诗有"战后山余芳草碧"句，知皆作于鸦片战争后之道光二十二年也。

立秋日（8月8日），谭莹作《送两广制府阮芸台师移节云贵序后记》。

谭莹《送两广制府阮芸台师移节云贵序后记》：师督粤时，驭夷多从宽典，殆即昔人恩威并济，羁縻勿绝之意。粤人颇有微词。故莹送行时作此序，后乃知其谬也。姑仍存之，以志少年之罪过，狂僭都忘，而老成人经国远谟，不可及已。壬寅立秋日自记。

是年，谭莹与伍崇曜辑《楚庭耆旧遗诗》。

伍崇曜《茶村诗话·蔡如苹》：岁壬寅，与玉生学博同辑《楚庭耆旧遗诗》，属永庵孝廉觅其剩稿。不数月，永庵又作古人。

是年，区玉章辞粤秀书院院长，谭莹作《代区仁甫师作辞粤秀书院山长书》。

梁廷枏《粤秀书院志》卷之十六《传三》：区仁圃先生玉章，初名玉麟，得第后，改今名。南海人。……壬辰，朱公来抚粤，距先生归且十年矣，即延先生于乡，劝主是席。……首尾联席至十有一年矣。

梁廷枏《粤秀书院志》卷之九《师席表》：道光二十二年，今院长何朴园先生以是年就聘。

土先谦生。

道光二十三年　癸卯（1843）　谭莹四十四岁

【时事】正月，怡良抵台湾查办台湾杀俘事件。二月，钦差大臣广州将军伊里布病故。三月，清政府任耆英为钦差大臣，赴广州办理通商事宜。六月，洪秀全在广东花县宣传拜上帝教，进行反清传教，冯云山、洪仁玕受洗礼加入拜上帝教。《中英五口通商章程》公布实施。七月，广州开埠，一切照新章办理。八月，中英签订《五口通商章程》及《五口通商附粘善后条款》（即《虎门条约》）。九月，上海开埠。十月，英驻宁波领事罗伯鹏抵宁波。是年，英国在上海设立东方银行分行。

正月十七日（2月15日），谭莹作《癸卯正月送梁玉臣舍人入都》七律四首。

谭莹于《楚庭耆旧遗诗续集》中梁国珍条下云：岁癸卯，余送舍人还都，赋七律四首。

谭莹《癸卯正月送梁玉臣舍人入都》自注：时上元后二日。

春，谭莹与友朋聚诃林花田，共结词社。在此次结社活动中，初次结识沈世良。

谭莹《沈伯眉遗集序》略云：忆道光癸卯春，诃林花田，共结词社，始晤伯眉沈君。

二月，应许玉彬、黄玉阶之邀，谭莹与陈澧、桂文耀、沈世良等为越台词社于学海堂。作词《凤凰台上忆吹箫》（越王台春望）、《绿意》（苔痕）。

陈澧《忆江南馆词自序》略云：去岁，黄君蓉石、许君青皋邀为填词社，凡五会，而余仅成二词，两君皆谓余真词人也……甲辰新秋，章贡舟中识。

汪宗衍《陈东塾先生年谱》：道光二十三年癸卯，三十四岁。二月，许玉彬、黄玉阶（蓉石）邀先生与谭莹、桂文耀、叶英华（莲裳）、沈世良（伯眉）、徐灏，为越台词社于学海堂，月凡一会，觞咏为乐。已而俗客阑入，兢设盛馔，冠盖赫然，乃恚而归。计凡五会，因集所为词为《越台箫谱》。先生有《凤凰台上忆吹箫》词，题为《越王台春望》《绿意》词，题为《苔痕》。

三月三日（4月2日），应沈世良之招，谭莹参与花田修禊之游，同集者有黄培方、张维屏等二十余人，许玉彬因事未赴，陈澧因病未赴。

沈世良词作《台城路》小序：癸卯上巳，招诸同人花田修禊，是日为词社第二集。会者二十二人，张茶农、黄香石两先生绘《花埭禊游图》，张南山师、温伊初分撰序记，余与诸君倚声其后，以志雅游。

沈世良自注云：时谭玉生丈期而早至。

四月至初秋，谭莹先后协助岭南富商潘仕成增修省城贡院号舍和重建广州考棚，并作《代阖省绅士为潘德畬观察请增修省闱号舍并修学署考棚启》与《代潘德畬观察请增修省闱号舍并修学署考棚启》。

陈其锟《陈礼部文集》中《增修贡院号舍碑记（代）》略云：始于道光癸卯四月初吉，讫功于七月既望，縻白金一万三千余两。职其事者：曲江教谕黄元章、陵水教谕曾铭勋。分发：训导谭莹、仇干厚。委员：永安知县钱燕贻、州判陶应荣。

陈其锟《陈礼部文集》中《重建广州考棚碑记（代）》略云：是役始于道光癸卯仲夏之杪，越初秋望日落成，縻白金七千余两。董事：曲江教谕黄元章、陵水教谕曾铭勋。分发：训导谭莹。综理精密，樽节有度，诸君子一乃心力以毕，予志是不可以不书。

谭莹《代潘德畬观察请增修省闱号舍并修学署考棚启》略云：某记曾投足愿，独仔肩业，先绘图不复计值。仰邀洞鉴，期克日而俯俞。窃采乡评，冀得人而共理。董事请即委教谕黄元章、曾铭勋、训导谭莹等三人。仡见才如方朔，益励三千奏牍之能，群推德愈赞皇，独增八百孤寒之感。

（同治）《南海县志》卷四《建制略一》：提督学院署考棚，道光癸卯，番禺在籍候选道潘仕成独力重建。先是辛丑海氛，楚兵屯贡院，号舍拆毁过半。至癸卯将举行科试，时已仲春，捐修恐未及，仕成遂独任之，且增建号舍。又以考棚岁久，恐致倾圮，乃并仔肩焉。

六月，由伍崇曜辑、谭莹校的《楚庭耆旧遗诗前集》《楚庭耆旧遗诗后集》刊印。

《楚庭耆旧遗诗前集》与《楚庭耆旧遗诗后集》卷首：道光二十三年六月南海伍氏开雕。

九月，出应乡试，谭莹落第。

（光绪）《广州府志》（选举表十四）：道光二十三年癸卯监临巡抚程矞采，江西新建人。正考官：翰林院编修翁同书，江苏常熟人。道光庚子进士。副考官：翰林院编修邓尔恒，字五峰，江苏江宁人。道光癸巳进士。

（同治）《南海县志》卷十八《谭莹列传》：然莹声望日高，院考屡列前茅，乡场频遭眊瞙。故前后来粤典试者，如壬辰科程侍郎恩泽、癸卯科翁中丞同书，榜后太息咨嗟，以一网不尽群珊为憾。

是年，黄玉阶议重修抗风轩，谭莹作《重建广州城南三大忠祠暨南园前后十先生抗风轩募疏》与《瑶台第一层》。

谭莹于《楚庭耆旧遗诗续集》中黄玉阶条下云：岁癸卯，比部议重修城南大忠祠抗风轩，前明南园前后十先生旧社也。冬十一月，为张太宜人八十寿辰，余为谱《瑶台第一层》，词曰："画省香炉。烟缥缈、花迎翟茀明。欷歔谳狱，平反屡问，宜祝遐龄。笑郎君官贵，恋春晖，未返神京。学潘岳，业闲居赋罢，藉甚诗名。　　飘零。南园社复，瓣香前后十先生。弯环月照，吉祥云护，度世诗星。并慈元太后，属侍姬，同拜霓旌。捧瑶觥，更有三忠毅魄，迭降精灵。"后其事不果行。二十年前，亡友黄石溪明经曾作《游记》，且慨然太息于祀典之不修，而今益可知矣。

是年，应黄玉阶之邀，谭莹同黄钊、陈昙、温训等人集寓庐夜话。

黄钊作《秩满赴验小住穗城已将匝月清游雅集几无暇日归舟回溯杂成十二诗以志爪迹》纪其事，其中第十首云：

清时循吏合公卿，错节盘根老更成。莫怪当筵歌哭迸，古来文苑半狂生。（家蓉石邀同马止斋、陈仲卿、家嘉甫、温伊初、谭玉生夜集寓庐。）

按：黄钊诗集均按年编次。

史念祖生。

吴荣光卒。

道光二十四年　甲辰（1844）　谭莹四十五岁

【时事】正月，美使顾盛致书粤督，要求进京订约。二月，洪秀全、冯云山等离花县赴顺德等地宣传教义。四月，耆英抵广州与美使顾盛照会。五月，耆英与顾盛签订《中美望厦条约》（即《中美五口通商章程》）。九月，耆英与剌萼尼在黄埔法兵船上签订《中法五口通商章程》。香港人民为反对英国殖民当局"人头税"法案罢工，当天回到广州达三千余人（罢工坚持三个多月，香港当局被迫延缓执行）。十月，清政府批准天主教弛禁。十二月，粤督耆英出示晓谕，开放广州，禁止群众阻挠外人入城。群众反对，屡示屡毁。广州人民拒英人入城，数千群众冲入知府衙门，捣毁府署，知府刘浔逃走，耆英被迫革刘浔职。耆英允粤民请，贴出拒绝英人入城告示。

二月，谭莹先后协助岭南富商潘仕成重修广州赤冈琶洲两文塔，并作《代阖省绅士为潘德畬廉访伍紫垣观察请修赤冈琶洲两文塔启》与《代潘德畬廉访伍紫垣观察请修赤冈琶洲两文塔启》。

谭莹《为阖省绅士请修赤冈塔上列宪启》：忆重修于道光甲辰二月，遽毁于同治丁卯九秋。

谭莹《代潘德畬廉访伍紫垣观察请修赤冈琶洲两文塔启》：一切工程，同举公正绅士徐序经、黄元章、谭莹等三人督办。

八月，谭莹参加乡试，中甲辰恩科举人，名列第七十一名。时任越华书院监院与学海堂学长。

赵尔巽等撰《清史稿》卷一百八：有清科目取士，承明制用八股文。取四子书及易、书、诗、春秋、礼记五经命题，谓之制义。三年大比，试诸生于直省，曰乡试，中式者为举人。次年试举人于京师，曰会试，中式者为贡士。天子亲策于廷，曰殿试，名第分一、二、三甲。一甲三人，曰状元、榜眼、探花，赐进士及第。二甲若干人，赐进士出身。三甲若干人，赐同进士出身。乡试第一曰解元，会试第一曰会元，二甲第一曰传胪。悉仍明旧称也。世祖统一区夏，顺治元年，定以子午卯酉年乡试，辰戌丑未年会试。乡试以八月，会试以二月。均初九日首场，十二日二场，十五日三场。殿试以三月。

刘禺生《世载堂杂忆》：清初乡试以子、午、卯、酉年，会试以辰、戌、丑、未年；乡试以八月，会试以二月。殿试以三月。后定乡试以大比之年，八月初八日入头场，八月十一日入二场，八月十四日入三场。会试定三月，殿试定四月，至废科举为止。

（同治）《南海县志》卷十八《列传六》：直至甲辰科，昆明何制府桂清、临桂龙殿撰启瑞典试场中，得一卷击节赞赏，拟元数日矣。因三场策问，敷陈剀切，微触时讳，特抑置榜末，危得而几失，其蹭蹬如此。

谭莹于《楚庭耆旧遗诗续集》中陈鸿宾条下云：先生，人伦楷模。尝举孝廉方正，不就。其从子心湖孝廉，岁甲辰与余同举于乡。出《尚友堂集》问序于余，卷帙无多，然如里甫先生诗自注："君清明。"

林伯桐编、陈澧续补《学海堂志·题名》：谭莹，南海人，道光辛卯恩科优行贡生，甲辰恩科举人。

梁廷枏编《粤秀书院志》卷之十三《科名略》：谭莹，七十一名，南海县优贡生、训导、越华书院监院、学海堂学长。

张小迂《广东贡士录》：道光二十四年甲辰万寿恩科主考：何桂清云南人，乙未。龙启瑞，广西人，辛丑。监临：程矞采。七一名：谭莹，南海优贡，四五。教。

按：（光绪）《广州府志》卷四十六《选举表十五》对于该年恩科考试考官情况有如下记载：

监临巡抚程矞采，江西新建人。正考官太仆寺少卿何桂清，字耕云，云南昆明人，道光乙未进士。副考官翰林院修撰龙启瑞，字翰臣，广西灵川人，道光辛丑状元。

张小迂《广东贡士录》：道光二十四年甲辰万寿恩科题目："子曰君子而不仁"一章，"洋洋乎发育"一节，"壮者以暇日"四句。"泉声清浅出岩间（得无字）。"

钱维福《清秘述闻续》卷五：道光二十四年甲辰恩科乡试，广东考官：太仆寺少卿何桂清字根云，云南昆明人，乙未进士。修撰龙启瑞字翰臣，广西临桂人，辛丑进士。题"子曰君子者也""洋洋乎发"一节，"壮者以暇"四句。赋得"泉声清浅出岩间"得"泉"字。

八月，谭莹与龙启瑞等在粤闱中唱和，并代作《龙翰臣师粤闱唱和诗后序》。

谭莹《龙翰臣师粤闱唱和诗后序（代）》略云：当夫八月良时，五星明处。秋荷野橘，绝好光阴。鹊语蛛丝，何知消息。更续煎茶之咏，同赓对竹之歌（见《山谷集》）。仍终日以欢然，殆一时之盛事。然而鱼龙欲化，蚕蚁谁如。或李鹰之未收，或刘辉之不预。仍妨夜读（见《王介甫集》），易诮冬烘。

翰臣殿撰，冠古之才，轶群之量。星轺绛节，玉度珠衡。榜发同贺得人，诗成即题纪事。盖闱中赋七律八首，而耆介春宫保，程晴峰中丞，刘镜河、白冠仙两太守，冯玉溪、章虚谷、王恭三、毓晓云四明府与余俱次韵和焉，同襄试事者也。共诗若干首，同付琬镂。

龙启瑞《甲辰典试粤东闱中即事八首》纪其事。

是年，谭莹与同仁聚花地饯送龙启瑞。龙启瑞作《濒行诸生饯于花地赋此志别》以记之。

龙启瑞《濒行诸生饯于花地赋此志别》：

> 是邦岂吾土，小住已弥月。诸生四方志，行将赴京阙。
> 聚散讵有常，跬步视燕粤。胡为一樽酒，意等灞陵别。
> 忆昨歌《鹿鸣》，上座余幸窃。峨峨青袍彦，济济在行列。
> 大僚走相贺，兹榜尽时杰。执贽至阶下，觌面始清切。
> 会城宾客众，典谒无时辍。仓促问行第，坐席不得热。
> 今朝喜再晤，姓字犹恍惚。深秋鸿雁来，岭路梅花发。
> 悠悠行子心，剑气冲霜雪。长安壮游地，城西盛簪笏。
> 策蹇倘肯来，问字尚能说。兹行勿相送，来日多于发。
> 黄生绩学士，辛苦三十年。唐生耿介者，囊中无一钱。
> 谭生（莹）实奇杰，文字富千篇。我观诸子中，莫如三子贤。
> 觌面始一再，众美知难全。我才实粗疏，忝此一饭先。
> 常恐志节堕，科名重无缘。诸生始得举，视此若登天。
> 孰知造其途，有如寻常然。名至实不充，战栗时恐颠。
> 人生只百岁，时事多变迁。当世尚无述，来者何由传？
> 勉矣千秋业，毋为虚名牵。兹地号花田，种花如种谷。
> 耕耘所不事，利可专菽粟。想当南汉时，佳丽侈金谷。
> 珠楼连道左。画舫张罗谷。杏风卷地来，红翠纷簌簌。
> 忆昨承平久。阛阓颇丰足。笙歌夜成市，灯火照华屋。
> 天道本恶盈，何当纵人欲。比年海氛肆，繁盛非始俶。
> 招祸固有由，此理幽可烛。诸生念桑梓，讦谟想预蓄。
> 寂寂烟月地，风景何由复。他年论时事，夜坐应更仆。

是年，在海珠是岸寺淹留聆玩，谭莹得寺僧焕华上人赠送寺内古石。后将该石置于粤雅堂东偏隙地，并以此石名轩。

谭莹《还石轩记》略云：是岸寺石，润比太湖，清于灵壁。辨英州之所产，属古刹于何年。职志阙如，毫楮罕及。观其留烟宿雾，栖霞弹云。蹲螭坐狮，翔麟仪凤。共许名园之宝，谁为叠嶂之图。尖削洼剡，空明孤秀。呼宜以丈，几同米海岳之颠。宠即如仙，合作桑国侨之寿。寺僧焕华上人以余淹留聆玩，舁以赠焉，则道光甲辰岁也。种之粤雅堂东偏隙地，爰以吾石名轩。

是年，谭莹摄肇庆府学篆。

谭莹《论端溪书院人士牒》：嗟嗟！十年重到（予以甲辰摄府学篆），故我依然一事不知，儒者深耻。

是年，谭莹计偕入都应试，来回均经过浙江。

谭莹《哭徐铁孙观察》诗自注：甲辰，余计偕入都，往来皆经浙中，留君寓浃日。

廖廷相生。
缪荃孙生。
祁埙卒。
冯煦生。

道光二十五年　乙巳（1845）　谭莹四十六岁

【时事】三月，清政府命宝兴严缉四川"教匪"。六月，准比利时通商。山东曹州捻军起义。七月，中法黄埔条约在澳门换约。九月，云南永昌回民起义。福州人民痛击为非作歹英领事馆翻译官巴夏礼。十一月，英国驻上海领事巴富尔与苏松太道宫慕久划定上海英租界地，为外国资本主义在我国强划"租界"之始。

二月，谭莹应礼部会试，后下第南归，途径杭州。

徐荣《谭玉生孝廉下第南归过杭赋赠并柬熊笛江》：

杭州二月柳如烟，开到湖头学士莲。转瞬君行一万里，关心此别十三年。

名山事业容谁共，四海交游觉汝贤。不信燕台轻骏骨，赢蹄驽骆竟争先。

话到前游易怆神，山堂花竹不成春。年时旧雨非今雨，地下陈人半旧人（吴石华、仪墨农、梁子春、家梦秋、潘伯临、黄苍崖、陈任斋、陈春山、蔡鹿野、吴雁山、赵平石、谢尧山、谢二泉、黄石溪、侯君模、居少楠、郑棉舟、邓约之、林月亭诸君皆先后归道山矣）。

世事早知冰是水，乡愁亲见海扬尘。老熊当道宜高卧，同保松筠百岁身。

八月，谭莹收到徐荣作的七律二章。

谭莹《哭徐铁孙观察》诗自注：乙巳八月，寄七律二章，多伤逝语。

九月十九日（10月19日），谭莹与陈其锟至广州芳村杏林庄，并作《乙巳九月杏林庄宴集》二首和《杏林庄记》。

谭莹《杏林庄记》：杏林庄者，在珠海以南，花田之侧。水通茶滘，地属芳村。邓君荫泉炼药于此。楚江公将军爱即晋董君异故事，而因以名之者也。荫泉早通六经，独守一艺。陶贞白了如明镜，王文和变学素丝。雅擅诗名，尤精画理。沈县庆群推长者，狄梁公便作良医。惯即市而阅书，辄还山而采药。长房好道，倘遇乎神仙。伯休逃名，业知于妇孺。修然市隐，却喜村居。爰自隔河，特营小筑其地也。平田无际，雨笠烟蓑。流水一湾，桄林蕉阜。翠微环列，杜绝尘嚣。清风忽来，不畏歊暑。于是开棨木末，为堵山椒。枕带林泉，列葺房宇。梯桥架阁，岛屿回环。叠磴循廊，楼馆幽邃。并山池则宅原十亩，让水竹而屋剩一分。列怪石于座隅，激清湍于阶下。桐杨夹植，花药成行。殊富芰莲，迭生兰菊。斜峰丛薄，颇觉登眺之佳。花坞竹洲，原贵往来之适。时或掉轻舟，蹑游屐。儴方校石，读画弦诗。技本了乎十人，心独悬乎千古。白侍郎之池上，书库琴亭。王摩诘之斋中，茶铛药臼。游侠处士，交称隐者之通。离垢先生，业有终焉之志。

每当余花晚笋，早雁初莺。怅望停云，欢联旧雨。烹龙炰凤，挈鹭提鹇。擘蕉叶以留题，折松枝而讲义。别开诗境，一水绵蒙。相对画禅，万花飞舞。兰亭之会，有兴公而不妨。莲社之游，无靖节而奚乐。僧珍宅在，买邻皆宋季雅之俦（闻南山师议卜邻于此）。辋川墅幽，和作独裴秀才之辈。褎然成集，合付手民。嗟嗟！遗子孙以花木，将相能游。迎仙释于楼台，宾佐罕见。赤墀青琐，连里竟街。或故主之未归，或雅人所难到。转逊画成大第，何如记览名园。倏已凋零，能无感喟。

仆吟袂才捧，华筵叠陪。人如橘井之仙，此亦香山之社。诗人绝技，可同老蘗（傅山）生平。壮岁卧游，仍约少文登陟。别庐冠绝，学刘琨而赋诗。瑞室岢然，继钟嵘而作颂。

陈其锟作《乙巳九月十九日偕罗蒲州张清湖谭玉生三学博放船至芳村杏林庄主人命酌酒罢赋此》亦纪其事。

是年，谭莹代作《张母王太夫人六十寿序》。

谭莹《张母王太夫人六十寿序》略云：维道光二十有五年，岁次旃蒙大荒落，为皇太后七帙大庆。越明年，柔兆敦牂，为张太师母王太夫人六袠寿辰。

是年，谭莹为子聘梁氏，作《为孝儿聘梁氏新妇启》。

谭莹《为孝儿聘梁氏新妇启》略云：今乍返于都门，幸践旧盟。

谭莹《与梁玉臣舍人书一》：春初录别，怅望美人。秋末遣愁，言思公子。未完婚嫁，敢论五岳之游。转念生平，仍作千秋之想。玉臣二兄文章盖代，著撰等身。职掌艳说乎神仙，仪望足矜乎台省。科名累载，独海内之交推。词翰一家，仅岭南之独擅。

莹犹然下第，决计杜园。拟储卖文之钱，仍刊问世之集。草堂之赀谁赠，香山之社倘还。小儿忝荷陶甄，当劳训迪。幸承凤诺，诣京邸而毕婚。翩尔长征，附公车而奉谒。星期遥递，冰语先传。深惭碧鹳之知，切盼青鸾之信。不胜鹤望，敬仁鸿辉。遥布悃忱，全藉昭晰。不宣。

谭莹《楚庭耆旧遗诗续集》卷二十八：梁国珍，字希聘，一字玉臣，番禺人。道光庚子进士，官内阁中书，著有《守鹤庐诗稿》。谭玉生云："玉臣舍人与余缔交总角，申之以婚姻。"

梁序镛卒。
凌扬藻卒。

道光二十六年　丙午（1846）　谭莹四十七岁　谭宗浚一岁

【时事】三月，英人击伤乡民林森森，福州人民捣毁洋馆。耆英、德庇时在虎门订立《英军退还舟山条约》。以林则徐为陕西巡抚。六月，英军退出，舟山收回。九月，江苏昭文县金得顺起义。

春，谭莹参与张维屏主持的新春宴游集会，并作唱和诗《春游次南山师韵》，同集者有金菁茅、陈澧、陈良玉、邓大林、陈其锟、鲍俊、梁信芳、黄培芳、李长荣等五十余人。

张维屏作于道光二十六年春社前一日的《新春宴游唱和诗序》：少壮之岁月安在哉？草草劳人，忽有老态。滔滔逝水，孰障狂澜？知我者谓我心忧，爱我者云何不乐。于是琼筵羽觞，召太白之烟景。青蛾皓齿，放少陵之楼船。况乎烽火虽经，夏屋无毁，海氛既息，春台可登。赏花岂待邀头，呼酒适逢婪尾（闻乡间诗会以"婪尾春"命题）。乐彼之园（庆春园、怡园），式歌且舞。沿彼流水（珠江），驾言出游。风中二十四信，开到鼠姑（牡丹咸开）。水上三十六鳞，招来鱼婢（谓花舫众花）。鱼龙曼衍，依然富庶规模（城内城外皆出龙灯）。箫鼓喧阗，洵属升平景象。

且往观夫，亦既觏止。今夫有张有弛，王道于此寓焉。斯咏斯陶，天机于此畅焉。何不鼓瑟，且以喜乐风所以永日也。神之听之，终和且平雅所以求友也。且饮食宴乐，见于易象。藏修息游，著于礼经。得朋有庆，既排日以宴游。矢诗不多，遂挥毫而倡和。意兴所至，何妨或速或迟。形迹胥忘，不问谁宾谁主。抛砖引玉，贱子请作前驱。连臂张弓（昔人谓作七律如挽强弓）。诸君同为后劲。存诸此日，窃比康衢击壤之声。传之他时，或助里社衔杯之兴。

闰五月十三日（7月23日），谭宗浚生。

谭宗浚《荔村草堂诗钞》中《入塾集》题注：起咸丰丙辰十一岁迄辛酉，诗一百一十九首。

唐文治《云南粮储道署按察使谭先叔裕生墓碑》：公以道光丙午年闰五月十三日生。

朱彭寿《清代人物生卒年表》：谭宗浚，闰五月十三日生，字叔裕。广东南海人。享年四十三。

顾廷龙主编《清代朱卷集成》中同治甲戌科《谭宗浚履历》：原名懋安，字叔裕。行三。道光戊申年五月十三日吉时生，系广东广州府南海县监生民籍，钦加内阁中书衔。妻许氏，广东补用府文深长女，四品衔花翎工部都水司郎中府衍树、广东盐大使府衍枚、福建候补同知府衍栋、候选县丞府衍楸、府衍森胞姊。男祖纶（幼学）、祖楷、祖任、祖澍。女三、一适陈庆龢。

按：《清代朱卷集成》中所载谭宗浚生年有误。

秋，谭莹作《黎烟篷孝廉听秋阁帖体诗序》。

谭莹《黎烟篷孝廉听秋阁帖体诗序》略云：岁庚辰，莹与烟篷孝廉黎君同受知于长州顾耕石先生。……迄今丙午秋，二十有七年矣。将赴礼闱之征，忽睹高轩之过，出其所刻帖体诗八卷，署曰《听秋阁外集》焉，问序于莹。莹受而读之，而不能无言也。

是年，全庆出任广东学政，谭莹作《全小汀学使药洲秋月图跋》。

梁廷枏《粤秀书院志》卷之十八《长官表》：学政：全公庆二十六年任。今学使许公。

是年，何桂清出任山东学政，谭莹作《贺何根云师督学山左启》。

王钟翰《清史列传》卷四十九：何桂清，……道光二十六年，提督山东学政。

是年，梁国珍卒。

谭莹于《楚庭耆旧遗诗续集》中梁国珍条下云：迨丙午还都，而遽作古人矣。

招子庸卒。
邓廷桢卒。

道光二十七年　丁未（1847）　谭莹四十八岁　谭宗浚二岁

【时事】二月，云南云州回民起义，清廷命李星源镇压。英香港总督德庇时率军舰突入广东省河，要求入城。耆英与德庇时密订二年后入城，英舰离去。三月，清政府调李星源为两江总督，林则徐为滇督。四月，英人在广州河南洲头咀地方插旗丈量。广州河南四十八乡三千余群众至十三行洋馆示威，并将《致英国领事官信稿》交由通事转递。德庇时收到《致英国领事官信稿》后表示："本大臣禁止本国人不得强占尔地。"九月，湖南新宁、广西全州交界处，天地会首领瑶族雷再浩、汉人李辉、陈名机等率领农民起义，后失败。十月，广州黄竹岐地方人民愤起殴毙杀害当地人民之英人六人。十一月，英香港总督德庇时以殴毙英人六人，驾兵船来广州示威，清廷命耆英严拿"正凶"。

七月十七日（8月27日），谭莹应张维屏之邀，与陈澧、温训、徐灏等集听松园唱和。

萧谏作《丁未七月十七日张南山太守维屏之招同陈兰甫澧温伊初训谭玉生莹三孝廉徐子远集所筑听松园太守首倡一诗仅次原韵奉呈二首》纪其事。

张维屏《松心诗集》癸集《草堂集》卷一：《七月十七日，温伊初训、谭玉生莹、陈兰甫澧三孝廉，徐子远灏、萧榄轩思谏两上舍同集听松园。谭、徐、萧三君入城，余与伊初、兰甫坐月，话至三鼓》诗。

九月，因有感于物无常聚，谭莹还古石于是岸寺寺僧，并代作《还石轩记》。

谭莹《还石轩记》略云：即以丁未九月畀还寺僧，业为吾石者三年矣。仍构小轩，榜曰还石。

是年，谭莹任曲江县教谕，作《谕曲江人士牒》。

谭莹于《楚庭耆旧遗诗续集》中梁序铺条下云：丁未，余摄篆曲江教谕，先生宦游地也。行箧中适携剩稿三册，读《邵阳杂咏》诸作，不觉黯然。

（光绪）《曲江县志》卷一：谭莹，南海人。举人，（道光）二十七任。梁绍训，南海人。举人，二十八年任。升琼州教授，加光禄寺署正衔。以上教谕。

是年，由谭莹、伍崇曜辑校的《岭南遗书》及《岭南遗书续编》始刊印。

谭莹《岭南遗书续编序（代）》略云：夫子长记史，论次廿年。太冲炼都，构思十稔。着撰之艰难可想，岁序之绵暖宜然。若乃征文考献，集逸收亡，题帖补治，推寻求访，校缀次第，损并有无，固自不同，无庸举例。然而曾非五厄，业大备而难周。不仅四期，欲速成而未可。自辛卯以迄于今，一十有七年矣。曾与谭玉生广文校刊《岭南遗书》第一集焉。

林伯桐卒。

道光二十八年　戊申（1848）　谭莹四十九岁　谭宗浚三岁

【时事】二月，上海青浦地区漕运水手痛打英国传教士。英国驻上海领事阿利国封锁海口，不许漕船出口。六月，清政府命耆英留京管礼部军务，实授徐广缙两广总督钦差大臣，以叶名琛为广东巡抚。十一月，英领事与沪道议定扩大上海英租界。

二月，两广总督耆英入京觐见，谭莹作《恭送宫保中堂述职入觐》（四首）以送行。

丁彦和《恭送介春节相入觐并序》：道光戊申二月，介春相国述职入都，粤东人士绘图送行，并竞作诗文，颂扬德政，事皆纪实，言必由中，足征公论愈彰，去思同切矣。

孟春，谭莹游花地，作《戊申上春花地纪游六绝句》。

六月，时逢广东巡抚叶名琛之父叶志诜七十岁生日，谭莹相继代作了《叶东卿封翁七十寿序一》《叶东卿封翁七十寿序二》《叶东卿封翁七十寿序三》。

谭莹《叶汉阳师相五十寿序二》：维咸丰六年冬十一月，为我宫保爵帅中堂汉阳公五十诞辰，距道光二十有八年，夏六月，封翁东卿先生七十诞辰九载矣。

七月，应张维屏之招，谭莹与陈澧、温训等至听松园赏月夜话。

黄国声、李福标著《陈澧先生年谱》：道光二十八年戊申（一八四八）三十九岁。七月，张维屏招先生与温训、谭莹等至听松园赏月夜话。

十月，谭莹代广东巡抚叶名琛作《拟重修南海神庙碑》。

谭莹《拟重修南海神庙碑》题注：戊申十月代昆臣中丞作。

是年，陈澧落第，谭莹作《寄陈兰甫同年诗二首》慰之。

汪宗衍《陈东塾先生年谱》：谭莹有《寄陈兰甫同年诗二首》。
黄国声、李福标著《陈澧先生年谱》：谭莹有《寄陈兰甫同年诗二首》，于先生落第颇致慰解之意。

黄遵宪生。

徐士芬卒。

道光二十九年　己酉（1849）　谭莹五十岁　谭宗浚四岁

【时事】正月，广州人民自行武装保卫省城，反对英人进入广州。两广总督徐广缙抵虎门会见英使文翰，拒绝其入城等要求。三月，葡萄牙封闭粤海关监督驻澳门办事处，强占澳门。英使文翰带舰队到虎门口外，要求履行二年前耆英私许入城"密约"，广东人民坚决反对英人入城，准备决一死战。文翰被迫布告洋商，罢广州进城议。七月，英香港总督文翰声明，否认放弃入广州城要求。十月，湖南新宁天地会首领李沅发率众起义，杀新宁知县，占据县城，立号称王。后进入广西，各地山堂纷纷响应。

正月初三日（1月26日），应蔡锦泉之招，谭莹与里中旧游诸子雅集。

谭莹于《楚庭耆旧遗诗续集》中蔡锦泉条下云：太史以己酉岁朝后二日，招余及里中旧游诸子雅集，剧谈畅饮。抵暮送客，登阁醉眠。旋与造化者游矣，无疾而逝。与潘伯临比部同说者谓："其数年前曾题吕仙祠楹帖云：'因果证殊难，看残棋局光阴，试问转瞬重出来，几见种桃道士。黄粱炊渐熟，阅遍枕头世界，乐得饱餐一顿，做成食饭神仙。'"竟成语谶。

二月，谭莹继室，谭宗浚生母梁氏卒。

顾廷龙主编《清代朱卷集成》中同治甲戌科《谭宗浚履历》：父谭莹，字兆仁，号玉生，晚号豫庵。辛卯恩科优贡，甲辰恩科举人，钦加内阁中书衔，覃恩敕授儒林郎琼州府教授加一级。历任化州训导，历署曲江、博罗县教谕、嘉应、直隶州训导、肇庆府教授。例赠儒林郎翰林院编修加一级前管，粤秀、端溪、越华书院监院，学海堂学长。著有《乐志堂诗集》十二卷，《续集》一卷，《文集》十八卷，《续集》两卷。又著《豫庵随笔》《校书札记》二种未成，藏于家。行谊详载《南海县志》《广州府志》本传。妣氏黄，敕赠孺人，晋赠太安人，叠赠太孺人。继妣氏梁，敕封孺人，晋赠太安人，叠赠太孺人。庶母氏王（永感下庶慈侍下）。

谭宗浚《清故优贡生梁公事状》略云：公生于乾隆戊申，卒于道光戊戌，春秋五十有一。著有《寒木斋诗文集》，藏于家。公弱岁时，文名甚噪，其攀附声气者，恒不乏人。至晚年，渐已疏阔。迄今三十年间，举其姓氏恒有不能记忆者。宗浚于公为外孙，公无子，女一人，即先孺人也。公卒后八年，而宗浚始生。又四年，而先孺人遽卒，故于公之行事不及知其详，谨就其文艺之卓卓者胪列之，以俟立言之君子。

谭莹《六十初度四首》其一：

帘旌半故独愁予，绣佛长斋旧索居。岂必能言如月好，却惊残病逼春初（余以已酉二月悼亡），联床风雨如兄弟，孤棹弓刀返里间（谓辛丑二月避虏事）。半臂寒添劳嘱咐，药烟名阁总怜渠（见《二樵词集》）。

五月，谭莹作《嘉禾颂》。

谭莹《嘉禾颂序》：维道光二十有九年春二月，英夷议进粤城，谓践旧盟，冀如凤约。我制府仲升徐公、中丞昆臣叶公谋先震叠，道本怀柔。不烦立碣，以分蛮酋。弭伏共叹，转圜之妙。阖境讴歈，海晏山明，人和岁稔。迨夏五月，芳颖既擢，嘉禾遂生。始自近郊，迄于邻县。睹祥花之濯露，协穗殊茎。羡香稼之摇风，一稃二米。夫诗歌后稷，书纪元公。丹雀衔于炎帝之时，白鸾翔于燕昭之世。黄龙县改，神爵郡同。赞有郑元，讴惟曹植。权德舆之所表，韩退之之所陈。类皆归美宫庭，荐馨郊庙。我朝不矜瑞应之图，谁进征祥之说，真如往牒，奚敢上闻。至谓鲁恭拜中牟县令，实产庭间。谢承迁吴郡督邮，乃生部属。郭汾阳之在宁朔，经宿复生。梁彦光之刺岐州，乍形连理。又若《后汉书·南蛮传》云：板楯数反蜀郡，赵温恩信降服。于是宕渠，出九穗之禾，尤其明验者矣。乃两公且闻之而若惊，并却焉而勿受。然而碑刊德政，岭海所同心也。颂献中和，儒生之本业也。此日亭名喜雨，神功均让之太空。他时阁上凌烟，轶事并之不朽。当与雁门太守，殊恩进北地荣封。定偕羊石仙人，妙绘擅南州佳话。乃作颂曰：

觥觥两公，绥安南服。稻本三时，禾原九熟。载睹新苗，迭生嘉谷。厚载休征，太和同福。违言奏赋，讵愿名书。灾祥待志，职贡先图。丰穰足庆，颂祷非谀。九重恩渥，五穗灵符。

九月十九日（11月3日），谭莹参加白山云秋禊，并作《白云秋禊序》。

谭莹《白云秋禊序》自注：时道光己酉九月十九日，原唱《和陶己酉九月九日韵》二首，同集者俱和作焉。

是年，谭莹作《绿阴》四首。

张维屏《学海堂三集题识》：自道光乙未年《学海堂二集》刻成后，制府、中丞、学使课士如旧。阅己酉年积卷既多，叶相国命选刻《三集》。维屏等选为一帙，厘为二十四卷，呈请鉴定，以付梓人。会有兵事，今乃告竣，续于《初集》《二集》之后，而印行之。

是年，应叶名琛之父叶志诜之邀，谭莹与何绍基一同游宴。

谭莹《赠何子贞太史二首》自注：昔己酉君典试粤东，榜后，叶东卿太翁邀同游宴，有《白云秋禊图》，余尝序之。又余《补题程春海侍郎蒲涧赏秋图诗》，尝及君龙树检书图事。

是年，谭莹作《代阖省人士为两广总督徐公广东巡抚叶公征诗文启》。

谭莹《代阖省人士为两广总督徐公广东巡抚叶公征诗文启》：是以屠维纪年，夹钟旅月。

自是年起至咸丰七年，谭莹出任肇庆府端溪书院监院。

傅维森《端溪书院志》卷五《师儒》：谭莹，字玉生，南海人。举人。道光二十九年任监院。胡敬修，字道五，一字安卿，番禺人。咸丰七年任监院。

阮元卒。
蔡锦泉卒。

道光三十年　庚戌（1850）　谭莹五十一岁　谭宗浚五岁

【时事】正月，道光帝卒。咸丰帝即位。五月，李沅发起义失败。六月，清政府命徐广缙等镇压两广会党。洪秀全发布总动员令，命各地拜上帝会群众到广西紫荆山前金田村"团营"。英国在上海出版英文《北华捷报》周刊。九月，清政府命林则徐为钦差大臣，赴广西镇压人民起义。九月，林则徐在赴广西途中病故于广东普宁县。十二月，洪秀全等领导金田起义，建号太平天国元年，讨伐清政府。

二月，由伍崇曜、谭莹辑校的《楚庭耆旧遗诗续集》刊印。

《楚庭耆旧遗诗续集》卷首：道光三十年春六月南海伍氏开雕。

是年，谭莹作《清远文木对》与《上翁邃庵侍郎师笺》。

谭莹《清远文木对》略云：又越一年，庚戌，我中丞师特统重兵，刚临斯土。攻心原易，著手非难。刁斗森严，旌旗变换。灵运第疑山贼，清河原是江神。许作孙卢，翕然羊杜。纠虔奸蠹，搜荡林渊。暂开细柳之营，旋定断藤之峡。由是清歌吹籥，璧沼环林。海晏山明，陆慑水栗。具诸葛公之相术，养范文正之人材。大儒致之中朝，纯孝配于县社。定如宋瑞，始贺得人。复见昌黎，原当荐士。风猷至粹，崇化励贤。能不忆大树而谒将军，抚甘棠而依召伯者哉。然后叹扶成教义，济养黎元，演迪斯文，阐扬景业他日者。总百辟而法清人贵，赞万机而道一风同。必先文教，非漫然者。灵仅钟于连理，恩弥溥于合欢。敢作甘言，谁工粉饰。

谭莹《上翁邃庵侍郎师笺》略云：莹之藉庇二十有五年矣。

按：（同治）《南海县志》卷十八《谭莹列传》载：道光六年，常熟相国翁心存以庶子督学粤东，岁考以《棕心扇赋》试诸生，莹居首列。自道光六年算起，至此时恰为二十五年，故系此文于本年。

是年，谭莹与陈澧晤谈。

陈澧《复梁章冉书》：愚弟陈澧顿首，章冉仁兄大人足下：月之十一日归抵里门，晤玉生同年，知吾兄乡旋尚未来省，即拟奉启敬问起居。兹接手书，慰藉殷勤，感谢，感谢。弟此行原不敢望巍科鼎甲，第以十年奔走，窃冀挑得一官，而此时县令殊不易为，不若广文冷官，转有痛饮高歌之乐，今竟得之，复何所恋而不为归计乎！或舍侄秋闱获隽，亦未尝不可同赋《北征》，否则不作春明之梦矣。月翁留省一事，前在玉生兄处匆匆尚未谈及，俟再询之也。

按：陈澧于信中言"弟此行原不敢望巍科鼎甲，第以十年奔走，窃冀挑得一官"，检阅汪宗衍撰《陈东塾先生年谱》知，陈澧先后于道光十二年、十四年、二十年、二十三年、二十九年、咸丰三年共六次北上会试，而清代会试通常三年举行一次，考期一般在第二年春季进行，故系陈澧此信作于此年。

沈曾植生。

罗文俊卒。
钱仪吉卒。
林则徐卒。

卷三　咸丰时期

文宗咸丰元年　辛亥（1851）　谭莹五十二岁　谭宗浚六岁

【时事】二月，清政府命广州副都统乌兰泰帮办广西军务。三月，清政府派赛尚阿为钦差大臣，赴湖南办理防堵事宜。七月，清政府被迫与俄国签订《伊犁塔尔巴哈台通商章程》。闰八月，太平军占领永安州。十月，太平军在永安封王建制，封杨秀清为东王、肖朝贵为西王、冯云山为南王、韦昌辉为北王、石达开为翼王，西王以下各王俱受东王节制。十二月，太平天国颁行天历。

一月，谭莹代作《顺德金竹乡黄姓联寿序》。

谭莹《顺德金竹乡黄姓联寿序》略云：维咸丰改元，岁次辛亥，月在孟春，为我鹤如年丈九旬晋二揽揆之辰寿。

八月，谭莹代作《陈母高太宜人九十寿序》。

谭莹《陈母高太宜人九十寿序》略云：维咸丰改元，重光大渊献之岁，日月会于寿星之次，为我诰封太宜人陈母高太宜人九袠大庆之辰。

小除夕（1852年2月18日），谭莹作《辛亥小除夕祭灶文》。

按：顾禄《清嘉录·小年夜大年夜》：祀先之礼，相沿用昏，俗呼"大年夜"。或有用除夕前一夕者，谓之"小年夜"，又曰"小除夕"。此处小除夕，即指腊月二十九。

是年，谭莹始任化州训导。

（光绪）《化州志》卷七《职官表》：咸丰朝训导：谭莹，南海人。举人。元年任。有传。同治朝训导：伍运浚，文昌人。岁贡。七年任。

是年，何桂清出任实录馆副总裁，谭莹作《贺何根云师署吏部侍郎仍入值南书房兼充实录馆副总裁启》。

王钟翰《清史列传》卷四十九：何桂清，……咸丰元年五月，服阕，署吏部右侍郎，命仍在南书房行走，充实录馆副总裁。

陈昙卒。
温训卒。
方东树卒。

咸丰二年　壬子（1852）　谭莹五十三岁　谭宗浚七岁

【时事】正月，赛尚阿率清军以大炮轰击永安城。三月，湖南郴州天地会陈代伟起义。五月，太平军占领道州，湖南会党纷纷响应。太平军发布《奉天讨胡檄布四方谕》等三篇檄文，声讨清政府，号召人民。十月，捻军张乐行起义于安徽亳州。十二月，清政府命礼部侍郎曾国藩在湖南湘乡原籍帮同办理本省团练。太平军攻克武昌。清政府以陆建瀛为钦差大臣进防江皖，以琦善为钦差大臣进防信阳。

正月，因斋头牡丹盛开，刘子乐连日招饮，谭莹与熊景星等人与会，并作《刘子乐十二兄招同赏牡丹》。

熊景星《壬子春正月刘子乐斋头牡丹盛开连日招饮次谭玉生韵》：细雨轻飔净路尘，名花春到玉楼新（以玉楼春一种为最）。樽倾白堕频中圣，笔写黄筌倍有神。金带围腰唐宰相，锦帷障面卫夫人。书生篱落渐寒俭，日似流莺过比邻。

是年，谭莹参加顺德龙山诗会，并作《儒将》十首，《猛将》十首、《迎梅》诸诗，中有四诗获张维屏称赏。

张维屏《听松庐诗话·癸集》略云：咸丰壬子十一月初四日，顺德龙山乡华显堂主人温子树寄诗卷，属余评阅。卷凡四千有奇，定取二百名，期以十五日到取。余以诗卷既多，为期太促，夜长醒早，五鼓即起，披阅至夜。见有警句，随笔录之。至全首佳章，未能多录。阅卷既毕，摘所录警句汇存之，平奇浓淡，各著所长，既可见诗人用心之不同，亦以记诗家一时之韵事云尔。珠海老渔识。

是年，谭莹司训化州石龙。

谭莹《赖园橘颂序》略云：仆以咸丰壬子，司训石龙。土宜橘红，州廨称最。衙斋所生，亦足媲于园令。学博之俸，宜兼署乎橘官。乃以芜秽弗治，收成转歉。则有楚颂亭主人赖君者，业治生以灌园，乐倾盖为知己。以比邻之冷宦，作村田之寓公。恰逢啖荔之期，略遂看花之愿。则见香团野露，色炫江星。素里离离，朱栾的的。一枚比叶，谢井水以疗人。十载连阴，届园霜而馈岁。阳羡三百本，坡老亲栽。武陵一千株，李衡足用。且也麟毫表异，凤尾叶祥。知名共说伯休，奏效殆如苏泽。大李白声价，固藉韩荆州之品题。园有阮文达师撰记，而褒城芜残，弥增孙可之之感喟。知培植之有自，幸遭逢之可娱。货殖传成，独说渭川之竹。神仙乐在，仅饵商山之芝。乃作颂曰：

岂惟南交，献称瑞橘。灵药所需，瑰异特出。亭犹楚客，园比苏仙。侯封千户，树种百年。谢傅文传，庾郎寓久。敢唤木奴，便呼橘叟。辣同姜桂，珍倍参苓。园林之宝，益寿延龄。

是年，何桂清出任江苏学政，谭莹作《寄江苏学政何根云师书》。

王钟翰《清史列传》卷四十九：何桂清，……（咸丰二年）八月，提督江苏学政。

是年，好友徐荣年届六十一，谭莹作《徐铁孙太守七帙开一寿序》。

铭岳《徐公传略》：公生于乾隆五十七年壬子十一月十九日巳时，殉难于咸丰五年乙卯二月初三日辰时，……享年六十四岁。

谭莹《徐铁孙太守七帙开一寿序》：元默纪年，黄钟旅月，为先生七帙开一揽揆之辰。

（宣统）《南海县志》卷四：称寿者率以十为数，其以一为数者取预数以侈屏障之称美耳，如五十一，则文之曰六帙开一。六十一，则文之曰七帙开一，皆举多数为言乡里尚齿，犹见古先民之遗风。

廖平生。
林纾生。

咸丰三年　癸丑（1853）　谭莹五十四岁　谭宗浚八岁

【时事】二月，太平军攻克南京外城，击毙两江总督陆建瀛。斩江宁将军祥厚。

以两江总督衙门为天王府，改南京为天京，正式建都。钦差大臣向荣率军在天京城外孝陵卫建立江南大营。三月，上海各国领事及全体外国人会议，布置租界防御工事。钦差大臣琦善抵扬州城外五台山屯兵数万驻扎，建立江北大营。五月，清政府调御前大臣僧格林沁马队、步军统领花沙纳督办京城防务。并命各省广办团练。是年冬，太平天国颁布《天朝田亩制度》。

三月三日（4月10日），谭莹返自化州。后应李长荣之邀，谭莹与张维屏、黄培芳等人参与柳堂春禊。是日，黄培芳作图，谭莹作《咸丰癸丑柳堂春禊序》。

谭莹《咸丰癸丑柳堂春禊序》略云：维咸丰三年暮春直初，席帽山人返自化州，久寓街谈老屋。……同集者：张南山先生、黄香石舍人、艾至堂明府、喻少白参军、杜洛川学博，主人则（李子黼）茂才也。

张维屏作《咸丰癸丑三月三日李子黼广文长荣招同艾至堂大令畅黄香石舍人培芳喻少白参军福基谭玉生孝廉莹杜洛川广文游集柳堂修禊香石作图玉生撰序余与诸君赋诗》纪其事。

六月，谭莹作《寄侍讲龙翰臣师书》。

谭莹《寄侍讲龙翰臣师书》自注：癸丑六月。

八月，谭莹作《复侍讲龙翰臣师书》。

谭莹《复侍讲龙翰臣师书》题注：癸丑八月。

秋，应张南山之招，谭莹与陈澧、金醴香、许玉彬、李长荣两茂才集听松庐。

倪鸿作诗《秋日张南山师招同陈兰甫学博谭玉生舍人莹金醴香员外许青皋李紫黼两茂才集听松庐》纪其事。诗云：

耄龄意气尚飞扬，招得群贤集草堂。三径白衣秋送酒，双鬟红袖夜添香。

琴樽风月耆英会，丝竹亭台翰墨场。难得俊游陪末座，少年惭愧杜黄裳（时座中惟余年最少）。

十一月，谭莹作《寄江苏学政何根云师书》。

谭莹《寄江苏学政何根云师书》题注：癸丑十一月。

是年，谭莹与陈澧等结东堂吟社。

黄国声、李福标著《陈澧先生年谱》：与谭莹等结东堂吟社。

沈泽棠《忏庵随笔》卷一云：咸丰癸卯、甲寅间，谭玉生莹、陈兰甫澧、金芑堂锡龄、许涑文其光、徐子远灏诸先生结东堂吟社。今按：咸丰朝无癸卯年，当是癸丑之误。

是年，谭莹作《谕端溪书院人士牒》。

谭莹《谕端溪书院人士牒》略云：嗟嗟！十年重到，予以甲辰摄府学篆。故我依然一事不知，儒者深耻。

是年，谭宗浚诵读宋代三苏策论。

谭宗浚《眉州谒三苏祠八首》：八岁诵苏策，十岁吟苏诗。

是年，谭宗浚作《人字柳赋》，为时人传诵。

(宣统)《南海县志》卷十四：年八岁，作《人字柳赋》，即为时所诵。

是年，谭莹幼子谭熙安生。

谭宗浚《哭幼弟一百四十韵》略云：呱呱文褓中，识者叹英物。逾岁值甲寅，粤省聚苞蘖。揭竿满城郊，邻县多陷没。斗米几百钱，洋船亦难达。君时尚童卯，哺养恐长乏，忍渴斧冰糜，耐饥饱糠籺。辗转风尘间，惝恍少欢悦。

汤贻芬卒。

咸丰四年　甲寅（1854）　　谭莹五十五岁　谭宗浚九岁

【时事】正月，曾国藩率湘军一万七千人，督带炮船自衡州出犯，镇压太平军。

三月，英使包令来粤。次日，美使麦莲来粤，致函两广总督叶名琛，申请修改条约。太平军于湖南靖港大败湘军水师，曾国藩欲投水自杀。五月，广东天地会何禄等占领东莞起义。广东天地会陈开等占领佛山起义。六月，广东天地会李文茂起义围攻广州。九月，湘军攻陷武昌。十一月，广东天地会陈开退出佛山。十二月，石达开率军大败曾国藩湘军水师。

二月，谭莹由水路去化州，作《将之化州舟中作二十四首》。

五月，谭莹代作《甲寅五月报友人书一》与《甲寅五月报友人书二》。

八月，谭莹作《后东皋草堂歌》。

谭莹《后东皋草堂歌》自注：《吴梅村集》有《东皋草堂歌》，前明南海陈氏别墅亦名"东皋草堂"。甲寅秋八月，偶访遗址作歌。

按：《后东皋草堂歌》又名《秋日访东皋遗址吊陈忠简》（见《学海堂四集》）。

闰七月十五日（9月7日），谭莹作《闰中元赋》。

谭莹《闰中元赋序》略云：咸丰甲寅闰秋，久住愁城，再逢笑节，羁栖何地，平居仍荷佛缘。槁饿有人，望治几同鬼趣。悯而代为之赋。

冬，为避寇，谭莹作《消寒杂忆十首》与《论骈体文绝句十六首》。

汪宗衍《陈东塾先生年谱》：咸丰四年甲寅，四十五岁。六月，贼陈显良等攻广州。

谭莹《论骈体文绝句十六首序》：甲寅冬仲，避寇兀坐寓楼。

小除夕（1855年2月15日），谭莹参与南园旧社祭诗活动并作《拟小除夕南园旧社祭诗记》。

是年，谭莹作《甲寅书事十五首》与《黄慎之守戍纪功诗》。

陈廷辅《黄守戍纪功序》：吾粤自甲寅六月贼氛骚扰，忽而各乡各县络驿报闻，而省垣佛山其祸更烈。继而北城以外，乌合尤多。大吏守御严密，昼夜防虞，群凶不能蠢动。倏久，闻贼以西关为膏腴之地，旋生觊觎。遂于六月廿六日，群贼由西邨直扑青龙桥，用火焚圾汛卡。斯时，正慎之守戍在草场汛镇抚之候也，奋不顾身，亲冒矢石，所带兵勇不过百五十人，杀贼无算，夺其器械多件，众贼寒心，莫不披靡。良以师允在和，不在众。

守戍生平以信服人，故兵勇无不用命。叱咤指挥，贼胆已破，威风赫濯，贼势已孤。故西关一带地方，悉资保障，固为大吏贺得人之庆，亦皆守戍视国如家，视人犹己，其待兵勇，披肝胆同甘苦之所致也。

昔闻盖嘉运为右威特军，人称其忠，而能毅智则有谋，拟之守戎，有过之无不及。其荣秩屡迁，宜也，非幸也。耳闻其名，心为佩服。及得亲炙，言皆真挚，品极和平，不敢以功自居，躬饲然有儒者气象。人惟有此根器，建之功业所以大过乎人也，诚为乡城内外之大有倚赖者。缙绅父老绘图制诗，以纪功绩，真足为从戎者劝。

曾钊卒。

桂文耀卒。

咸丰五年　乙卯（1855）　谭莹五十六岁　谭宗浚十岁

【时事】正月，清军陷连镇，北伐军林凤祥被俘，后于北京遇害。二月，清政府赏助攻上海城之法军白银万两。八月，广东天地会陈开、李文茂占领广西浔州，建"大成国"，改浔州为秀京。九月，贵州苗民拥张秀梅、高禾起义，攻克丹江城。清政府命湖广总督官文为钦差大臣，督办湖北军务。十一月，曾国藩急调军防守南昌。

春，谭莹作《乙卯春连雨排闷作十首》。

正月十七日（3月5日），应沈世良之邀，谭莹于听松庐拜倪高士生日，并作《乙卯正月十七日沈伯眉广文招同集听松庐拜倪高士生日》。

七月十五日（8月27日），谭莹作《乙卯中元作一首》。

是年，谭莹校刊宋代王象之《舆地纪胜》。

谭莹《重刊宋王象之舆地纪胜序（代）》略云：维咸丰五年秋八月，校刊宋王象之《舆地纪胜》书成，而续弁其首曰：自《禹贡》列于《夏书》，《职方》纪于《周礼》。辨方经野，宜溯权舆。起例发凡，岂容摹仿。又况汉代艺文之志，隋室经籍之书，不乏图经，只存目录。至若李宏宪《元和郡县》，遂涉古迹。乐子正《太平寰宇》，兼采文人。纪载迭详，体例尽变。

是年，谭宗浚始诵宋代三苏诗。

谭宗浚《眉州谒三苏祠八首》：八岁诵苏策，十岁吟苏诗。

马其昶生。

徐荣卒。

咸丰六年　丙辰（1856）　谭莹五十七岁　谭宗浚十一岁

【时事】正月，法神甫马赖非法潜入广西桂林传教，作恶多端，被西林县地方官拿获正法。四月，云南哀牢山彝族李文学发布起义檄文。五月，石达开、秦日纲捣毁孝陵卫清军江南大营，解天京围。七月，东王杨秀清在天京逼天王封其万岁。八月，清政府命江南提督和春为钦差大臣，督办江南军务。九月，广东水师在中国船"亚罗号"上搜查逮捕船上海盗及水手十二人。英广州领事以"亚罗号"事件为借口，无理向叶名琛提出三项要求。叶名琛送还所捕亚罗号水手九名。巴夏礼向叶名琛送交最后通牒，要求叶名琛道歉，并放还全部水手。叶名琛被迫答应全部条件。英水师提督西蒙率军舰突入广东省河，攻破广州外城，第二次鸦片战争爆发。英军炮毁外城督署，粤督叶名琛退入内城，命伍崇曜出城讲和。天王率天京合朝文武同心共诛韦昌辉，秦日纲亦被派兵带回处死。十月，石达开被召回天京"提理政务"。十一月，英法侵略军头子额尔金、葛罗向两广总督叶名琛照会，要求入广州城等项，被叶名琛驳斥。广州人民进袭英军占据之十三洋行商馆，将其焚毁。是年，西藏地方政府在驻藏大臣主持下，同尼泊尔订立和约，尼泊尔军撤走。

正月十七日（2月22日），应倪鸿之邀，谭莹与张维屏等于寄园拜倪高士生日，并作《倪云衢上舍招同集寄园拜倪高士生日》。

汪宗衍《陈东塾先生年谱》：正月十七日，倪鸿（云癯）招同张维屏、黄培芳（香石）、梁廷枏、谭莹、李长荣（紫黼）集寄园，祝倪云林生日，先生有诗纪之。

八月，因朝廷特旨补行乙卯大科，谭莹相继撰写《丙辰补行大科代省中各宪请王鸿胪典试入帘启》《丙辰补行大科代省中各宪请张侍御典试入帘启》。

八月二十六日（9月24日），谭莹参与西堂吟社第二集，并作《即事感赋得诗十二首》。

谭莹有诗《西堂吟社第二集即事感赋得诗十二首时丙辰八月二十六日也》。

汪宗衍《陈东塾先生年谱》：秋，与谭莹、许其光、沈世良、金锡龄、徐灏结西堂吟社。

十一月，为庆贺广东巡抚叶名琛五十岁生日，谭莹代作《叶汉阳师相五十寿序一》《叶汉阳师相五十寿序二》二文。

谭莹《叶汉阳师相五十寿序一》略云：维柔兆执徐之岁，月在仲冬，为我汉阳节相昆臣叶公五十揽揆之辰，封翁东卿先生年七十有八矣。

岁末，谭莹全家避兵于荔枝湾、南岸等村，离会城约三十余里。

谭宗浚《旅寓京邸杂忆粤中旧游得诗二十首》自注：丙辰岁秒，避兵于荔枝湾、南岸等村，离会城约三十余里。

是年，谭莹因《代阖省人士为两广总督徐公广东巡抚叶公征诗启》一文而致祸。

谭莹《代阖省人士为两广总督徐公广东巡抚叶公征诗启》后注：此文原不必存，然实丙辰致祸之由也，仍录之自记。

自是年起迄咸丰十一年，谭宗浚入塾学习。

谭宗浚《荔村草堂诗集》中《入塾集》题下自注：起咸丰丙辰迄辛酉，诗一百一十九首。

于式枚生。
文廷式生。
陈衍生。
梅曾亮卒。
熊景星卒。

咸丰七年　丁巳（1857）　谭莹五十八岁　谭宗浚十二岁

【时事】五月，清军胜保等攻占捻军根据地三河尖，张洛行走霍邱，守正阳关。六月，英法海军舰队封锁广州口。俄使普提雅廷乘船抵沽口。十月，英法联军侵占广州对岸河南地方。十一月，英法联军给叶名琛最后通牒，限四十八小时交出广州。后英法联军攻陷广州，叶名琛被俘，广州将军穆克德讷竖白旗降。英法联军囚广东巡抚柏贵，广州将军穆克德纳于观音山。十二月，广东巡抚柏贵就伪职，巴夏礼等三人组成委员会管理广州。清廷革叶名琛职，命黄宗汉为钦差大臣补授粤督。

春，谭莹同樊封、陈澧等登学海堂。

黄国声、李福标著《陈澧先生年谱》：咸丰七年丁巳（一八五七）四十八春，同樊封、谭莹、金锡龄、陈良玉、潘继李等登学海堂。

徐灏作《春日同樊昆吾谭玉生陈兰甫金苣堂陈朗山潘绪卿登学海堂》纪其事。其诗云：

榕阴石磴晓冥冥，路入王山草木青。丛竹春深围涤荡，红棉日暖照沧溟。

天南文献存同调，海上烽烟罢说经。老去徐陵空太息，堂前犹有几晨星。

二月，谭莹作《丁巳二月祷海神文》。

三月二十三日（4月17日），应陈昌潮、陈起荣之邀，谭莹与张维屏等八人参与广州城北容园环翠亭补禊，并作《三月二十三日容园补禊序》及《容园补禊》。

谭莹《三月二十三日容园补禊序》：上巳修禊，古来綦重，吾辈特宜。所谓良辰美景、赏心乐事也。兹以丁巳之年，建辰之月，夷舶渐退，戎幕犹张。俟诣阙以请缨，拟渡江而击楫。移家安往，避地仍还。逢佳日而不知，忆旧游其若梦。亦偶偕钓游之侣、稼圃之农，相与挹清流、抚白石、绕疏竹、荫长松，意兴萧然，毫楮斯辍。则有笛舫、奎垣、两陈子以二十三日，邀余展上巳于城北之容园，环翠亭而补禊焉。

天惜余春，犹当韶景。人忘元巳，敢负雅游。便拟紫兰香径之行，宛然老树遗台之感。嗟嗟！被发类戎，屑仿伊川之祭。搤喉杀狄，终睹驹门之埋。而乃芙蓉此醉，陡作腥风。罂粟犹香，偏含毒雾。霹雳敢斗，艨艟若飞。草木皆兵，矢石同下。鸟龙蛇虎，猿鹤虫沙。铁飓嶙峋，铜炮抵流花桥外。银涛飑闪，锦帆张得站台前。遘此不祥，被除宜亟斯园也。

宜烟宜月，半郭半郊。楼对远山，门临流水。蕉竹成列，菱莲早香。室迩人遐，池平树古。苍苔半亩，偏逢梦得之来。寒菜一畦，合诵兰成之赋。亦复犀渠鹤膝，缓箭强弓。狐妨夜啸丁泽中，虎虑日行于市上。三城无恙，重镇巍然。报狮子之洋，襜舻气夺。望大王之滘，画角声消。濯故洁新，齐心同愿已。舞如意以命酒，抚干将而作歌。丽人不来，谁拟闲情之赋。战场非古，终妨变征之音。纵云风景不殊，河山如故。无烦戮力，而感慨系之矣。花竹换风尘之警，英雄屑儿女之悲。既惭颜延年王元长之序，体工对扬。复愧裴逸民张茂先之谈，旨契元妙。抚时感事，聊以记言。峻岭崇山，倘如内史之畅。新蒲细柳，略异杜陵之哀尔。

同集者，张南山、陈棠溪两先生，陈鹿苹孝廉、倪云衢、桂笙陔两上舍、两主人暨余凡八人。

谭莹弟子陈起荣作《丁巳三月二十三日与家笛舫广文昌潮招同仪部家棠溪太夫子其锟司马张南山师维屏孝廉家鹿苹师廷辅学博谭玉生师莹倪云癯少尹鸿桂笙陔参军均集容氏园再展修禊》亦纪其事。

九月，谭莹作《秋荫四首》。

谭莹《秋阴四首》自注：丁巳九月作。

程裔采卒。
魏源卒。

咸丰八年　戊午（1858）　谭莹五十九岁　谭宗浚十三岁

【时事】正月，英、美、法驻沪领事照会两江总督，清政府派钦差大臣赴上海会议。二月，清政府谕俄事由黑龙江将军办理，英、法、美事由粤督办理。广州附近各县为抵抗英、法侵略军，纷纷组织团练。三月，英法舰队抵大沽口外。英、法、美、俄四国使臣照会清政府，要求派全权大臣谈判。四月，英法军侵占大沽口炮台，随即直扑天津。黑龙江将军奕山与俄西伯利亚总督穆拉维约夫签订《中俄瑷珲条约》。广州新安乡勇击毙英军百余人，北路乡勇袭击四方炮台英军。五月，中俄、中美、中英、中法分别签订《天津条约》。十月，陈玉成、李秀成大败湘军李续宾部于安徽三河镇，歼灭湘军大部精锐，阵斩李续宾，解安庆之围。十二月，英军千余攻击三元里牛栏冈等地，被乡民击退。后英军再犯，仍被击退。

九月初九日（10月15日），谭莹作《补题程春海侍郎蒲涧赏秋图》。

谭莹《补题程春海侍郎蒲涧赏秋图》题注：程春海侍郎《蒲涧赏秋图》作于壬辰，九月同集者十一人，今惟余在耳，梁馨士仪部购得，嘱补题，时戊午重阳日也。

是年，谭莹、谭宗浚避兵于南海之和顺村何氏园林。谭宗浚作《和顺乡何氏园林》。

谭宗浚《旅寓京邸杂忆粤中旧游得诗二十首》自注：戊午岁，余侍先教授公避兵南海之和顺村何氏园林。地临水，多鱼，有竹树之胜。

谭宗浚《和顺乡何氏园林》：江曲辄成村，江云深到门。帆樯津估集，箫鼓社神尊。族尽宋元古，风犹怀葛存。战尘飞不到，小住即桃源。

谭宗浚《哭幼弟一百四十韵》：五岁又避兵，海夷肆猖獗。侨寓小金焦，兹实山水窟。君骑竹马来，躯体正轻捷。钓虾循水涯，弹鸟登木末。未识离乱悲，啼笑屡喧聒。颇遭群兄呵，或受阿嫛挞。

潘飞声生。
康有为生。
叶名琛卒。
耆英卒。
龙启瑞卒。

咸丰九年　己未（1859）　谭莹六十岁　谭宗浚十四岁

【时事】二月，清政府撤江北大营，以江北"督剿"无功革钦差大臣德兴阿职，钦差大臣和春节制江北军务。四月，洪秀全封洪仁玕为干王，总理天国朝政。五月，英、法、美三国公使率舰队到大沽口外，要求赴京换约。直隶总督恒福照会各国公使，请由北塘赴京。英法军舰向大沽炮台进攻，大沽守军击败敌军，英舰队司令贺布受重伤。美使华若翰递送照会，愿由北塘进京换约。是年冬，洪仁玕提出《资政新篇》。

二月，谭莹作《六十初度四首》

谭莹《六十初度四首》：

堂堂岁月惯相催，初度今朝懒举杯。樗栎年华谁屑道，萍蓬踪迹转堪哀。

打钟扫地枯禅悟，识字耕田不世才。鼓击回帆容易学，小金焦觅钓鱼台。

久判身世系匏瓜，鸡犬图书屡挈家。少壮光阴仍逝水，神仙眷属总抟沙。

偶居法护曾移竹。前度刘郎且看花。转忆村场多乐事，斜阳樽酒话桑麻。

帘旌半故独愁予，绣佛长斋旧索居。岂必能言如月好，却惊残病逼春初（余以己酉二月悼亡），联床风雨如兄弟。孤棹弓刀返里间（谓辛丑二月避庱事），半臂寒添劳嘱咐，药烟名阁总怜渠（见《二樵词集》）

事到伤心不可言，卅年去住各销魂。论交四海黄金尽，访旧三城白发存。尚拟人山随李广，何当落水怨章惇。宦游又触天涯感（拟作高凉之行），无地诛茅学灌园。

九月，因前任广东巡抚毕曼年告养旋里，谭莹代作《送前署中丞毕曼年方伯告养旋里序》。

谭莹《送前署中丞毕曼年方伯告养旋里序》略云：维咸丰屠维协洽之岁，月在季秋。前署广东巡抚曼年毕公，以广东布政使司告养旋里。

十二月，广州大雪，又逢重编《丙丁龟鉴》，谭莹作《大雪》与《丙丁龟鉴跋》。

是年，谭莹以劝捐出力，上官奏加内阁中书衔。

陈澧《内阁中书衔韶州府学教授加一级谭君墓志铭》略云：咸丰九年，上官委劝捐出力，奏加内阁中书衔。

是年，陈澧长子宗谊卒，谭莹叹曰"广东无福"，并请李碧舲劝慰陈澧。

陈澧《长子宗谊墓碣铭》：番禺陈澧丧其长子宗谊，将葬，痛哭而书其碣曰：宗谊，字孝通，道光十九年十一月二十九日生，咸丰九年九月十五日死。年二十一。呜呼惜哉！宗谊性孝，凡余言，笃信谨守，出于至诚。……张南山先生病将死，闻其死也，手书挽辞，比以颜子。余同年谭君玉生问其《读论语日记》，余举其说云："圣贤之学在安贫，士不安贫，足以乱天下。"谭君叹为名言。余悲泣自悼无福，谭君曰："广东无福。"

陈澧《寄杨浦香书》：月日，澧顿首浦香老兄阁下。去冬大世兄在粤一病不起，不审老兄老嫂闻此凶耗摧恸何如。弟长子死，今将十年，偶一念之，犹为泪下，何况老兄此时，虽有相爱者劝以勿过伤痛，然此岂可劝也。弟当时伤痛亦不可劝，请为老兄述之。当是时，所见之物皆有悲态，所闻之声皆为悲音，渐至竟夜不寐，以酒取醉，乃暂得合眼。食饭减半，食后数刻化为酸水上涌，以手自搦两胏，如布囊而空中。一夕，仰卧至五更，披衣起作自序一篇，念门人最老者张瑞墀，付之刻我墓石。偶见朋友，语言恍忽。樊昆吾告人曰："与兰甫相好者宜及今与相见。"谭玉生谓李碧舲曰："君宜劝之。"碧舲遂与澧书云："君之子死而君痛之如此，如君死，君之父在地下其痛何如？君念子，可不念父耶？"弟得书，惊起自责，为书谢碧舲、玉生。此后渐自排解，类于放旷之所为。又得陈晓村所赠鹿茸丸药方，制而服之，两胏内复实，能饮能食。然精神不能复旧，以至于今，事事忘记，观书三两日即忘矣，俗事一日半日即忘矣。嗟乎！哀痛之伤人如此。澧遭此事时五十岁，况老兄六十岁遭此，年更老，气血更虚，岂能当此耶？可不自排解耶？敢述碧舲之言，请老兄每痛念大世兄时即念老伯大人，则哀痛自减。弟听碧舲言可知也。晓村丸药方并写寄，人之脏腑不同，则用药亦不同，然老年不得不亲药物则同矣。幸酌而试之。

是年，谭莹始刊《乐志堂诗集》与《乐志堂文集》。

梁鼎芬生。
张维屏卒。
黄培芳卒。

咸丰十年　庚申（1860）　谭莹六十一岁　谭宗浚十五岁

【时事】二月，英法照会清政府，要求道歉、赔军费，并准其驻京、进京换约等项。四月，英法军侵占山东烟台，清政府以曾国藩署两江总督。六月，英法联军舰队抵大沽口外。沙俄舰队侵占我海参崴。清政府实授曾国藩为两江总督，钦差大臣，督办江南军务，大江南北水陆各军悉归节制。七月，英法侵略军攻占大沽炮台，侵入天津。清政府派大学士桂良抵天津议和。后改派怡亲王载垣、兵部尚书穆荫为钦差大臣，往通州与英法联军议和。八月，英法联军白天津向北京进犯。钦差大臣怡亲王载垣与巴夏礼通州谈判决裂，捕囚巴夏礼等人，后释放。通州八里桥之战，僧格林沁、胜保军失败，英法联军侵占通州。清政府命奕䜣为钦差大臣，向侵略者接洽投降。咸丰帝自圆明园逃往热河。英法联军侵占圆明园，大肆劫掠。九月，中英、中法《北京条约》签字，中英、中法《天津条约》互换，第二次鸦片战争结束。十月，沙俄强迫清政府签订《中俄北京续增条约》。十二月，清政府于京师设立总理各国事务衙门，办理对外交涉。

二月，应陈良玉之邀，谭莹与同人集会浮邱寺，并作诗。

徐灏《陈朗山孝廉招集浮邱寺》自注：樊昆吾、谭玉生、陈兰甫、萧榄轩、刘荔坛、吕拔湖、倪云癯诸君同集。

倪鸿亦作《二月十日陈朗山孝廉良玉招谭玉生舍人陈兰甫学博樊昆吾明经徐子远上舍灏吕拔湖孝廉洪刘荔坛明府承缘萧榄轩谏集浮邱寺》纪其事。

汪宗衍《陈东塾先生年谱》：有《二月陈朗山孝廉招集浮邱寺》四首。

三月初三日（3月24日），应李长荣之邀，谭莹参与柳堂修禊，同集者有徐灏、樊封、邓大林、倪鸿和陈起荣七人。修禊后，谭莹于役高凉。后又多次修禊，并应李长荣、谭寿衢之请作《庚申修禊集序》《赏雨楼展上巳诗序》及《赏雨楼展上巳为家博泉作》。

谭莹《庚申修禊集序》：岁当辛丑，闰值重三。狮海波翻，虎门星陨。独檐不靖，百堵皆空。艨艟径抵五羊，间衖分屯万马。学离家之王粲，比赁庑之梁鸿。谁如桑者之闲，竟负花田之约（预订修禊花田，不果）。禊事不举，春光遂阒。兹喜庚申，再逢元巳。人间何世，天下皆春。事记廿年，候鸿来而燕去。春添三日，仍柳媚而花明。如击钵以催诗，合典裘而贳酒。然而鲸鲵偃蹇，痛城郭之寂寥。豺虎披猖，盼津沽之消息。复苦萑苻之肆扰，倘赠芍药而将离。浃岁悬军，弥年避寇。大江南北逋亡，屡破坚城。吾粤东西故老，第思飞将。敢为欢而排日，仍刻意以伤春已。则有总持风雅，妙解文章。迭捧敦盘，各张旗鼓。烹龙炮凤，挈鹭提鹓。典远溯乎周秦，旨各参乎易老。洁新濯故，问兵燹之余生。续魄招魂，作水天之闲话。楼罗历在，转忘斐尾之期。文字饮豪，争作邀头之会。莺花局判，选客矜严。樱笋厨新，阅时变换。均入竹林而把臂，谁诣莲社以攒眉。惜弹指之光阴，压伤心之怀抱。谢公陶写，渐多哀乐之年。裕之生平，最有登临之兴。或忙于黄蝶，或闲似白鸥。度度扶归，各各治具。纵无情而有恨，折柳安问废兴（见《瓠剩》）。唯有醉而无名，借花特供排遣耳。

三月三日，柳堂修禊，主之者李子黼广文也。十三日，补禊，主之者家博泉少尹也。居如陶亮，锻岂嵇康。花竹修然，旧是郎君之谷。琴书独拥，恒多长者之车。亭濯缨而特宜，交总角而耐久。三月三日长寿寺修禊，主之者罗六湖廉访也。半帆去住，一钵因缘。月待弯环，潮听呜咽。王阮亭之宏奖，耆旧遍交。曾直指之风流，图卷犹在。闰三月一日，诃林预作。闰上巳，主之者倪云衢少尹、晬昌上人也。二十三日，展闰上巳，主之者潘鸿轩茂才也。建德荒园，仲翔遗庙。幡动殆缘心动，塔存依旧发存。轩访授经，倘识西来之意。池留洗砚，缅怀南徙之哀。闰三月三日，杏林庄修禊，主之者邓荫泉中翰也。药炉丹灶，经卷绳床。白舫青帘，玉缸金戟。门无虎守，亭有鹤飞。大隐而妇孺知名，卧游则溪山如画。闰三月十三日，赏雨楼展闰上巳，主之者亦家博泉少尹也。谈多稼穑，农丈人同。话到松楸，义田庄好。风烟台榭，城市山林。能诗当谥松圆，顾曲群推竹屋。莫不奇情迭邕，逸兴遄飞。随地绿阴之堂，淹旬玉照之局。花笺叠贡，笋屐重来。琴襦画盂，竹洲花屿。笔床砚匣，散帻斜簪。曾题落木之庵，夕阳春草。日醉飞英之会，骤雨新荷。业栀子之芬菲，复榴花之照灼。遂舞鹡鸰，且食蛤蜊。戒蟋蟀之太康，日月其逝。虞鸥鹭之或侮，风雨所漂。其人如季札子房，此地岂残山剩水。张翰云："人生贵适意耳。"及时行乐，不约而同。良可慨已。幽赏未罄，清吟纷来。凡有所赠，各著于篇。诗画文词，都为一集。纂辑者，则子黼广文、博泉少尹也。仆深杯不辞，前席间与。桐花客舍，陆渭南怅临川之行（余修禊后于役高凉）。杨柳春旗，庾开府梦华林之射。序工曲水，才曷愧于延之。景异新亭，感实深于内史。恰如小杜禅榻，扬茶烟落花而睠然（余未与长寿寺禊饮。半月后，开书局，乃移寓寺中）。曾赋水边丽人，哭细柳新蒲而谁谓。岂良时之不再，非胜会之靡常。此亦桃源之图，题惭韩愈。盍仍蒲涧之集，赋忆刘桢。

徐灏《三月三日李子黼学博柳堂修禊二首》自注：樊昆吾封、邓荫泉大林、倪云癯鸿、陈奎垣起荣同集。

陈奎垣《庚申三月三日柳堂修禊序》略云：同集者，舍人谭玉生师、樊昆吾封翁、徐子远上舍、邓荫泉中翰、倪云癯少尹、主人及余，凡七人，各有诗。

谭莹《赏雨楼展上巳诗序》：嗟嗟！定销魂地，倍易句留。特称意时，胥令孤负。生平雅集，惯触抚时之悲。朋辈遗诗，多缘吊古之作。若乃喜吾宗之忧国，恒愿丰年。与众乐而及时，固当排日。谈多稼穑，阴晴占九十之春。住即林皋，觞咏惜重三之节，此谭子博泉所以新筑赏雨楼，落成约同人而展上巳也。

溯自岛夷构衅，戎府宣威。幸保安全，争虞亢旱。王山师海，忆杀气之崚嶒。寒食清明，痛韶光之抛掷。愁心撩拨，逐芳草以俱生。乐事因仍，随落花而共减矣。犹喜珠崖铜柱，咸知道路之难。朔雪炎风，共仰忠良之翊。博泉居比软红，年犹惨绿。气豪湖海，迹托神仙。风尘契花竹之缘，城市得山林之趣。一邱一壑，原称楼居。半郭半郊，特开诗境。杜门却轨，日埋头于树阴。课雨量晴，岁关心于谷价。楼名之署，概可知己。爰邀古欢，共结良会。鲙江鱼以入馔，征林鸟以作歌。尚届莺花之辰，不徒鸡黍之约。王孝孙云："沧海横流，到处不安。"王司州云："人情开涤，日月清朗。"抚今忆昔，意兴略殊矣。

珠江春禊，屡结胜缘。炫服靓妆，叠舟单舸。颇乖岁暮无荒之旨，宜致日中则昃之占。若斯会者，城埋地僻，案牍身闲。敢渝风浴之盟，谁管安危之局。余花晚笋，散髻斜簪。笠屐同来，作水天之闲话。轮蹄几度，谈北地之壮游（座中张南山先生、罗崧生封翁，多述都门旧事）。羽檄未停，锦帆犹在。东风如旧，干卿事以重提。春月将圆，称诗家而共语。惭坡老而作记，喜雨宜名。继司空而品诗，买春复醉。

同集者曰："是不可以不志于是。"人各阄韵赋诗，余特泚笔以为之序云。

半月后，因书局补刊《皇清经解》，谭莹移寓长寿寺，与陈澧、郑献甫等同任该书总校。谭宗浚随侍。

《皇清经解》卷首《咸丰十一年补刊皇清经解在事衔名》：总校：在籍刑部象州郑献甫、内阁中书衔化州学训导南海谭莹、前任河源县学训导番禺陈澧、候选道南海孔广镛。

劳崇光《皇清经解补刻后序》：右部千四百卷，书百八十余种，人七十余家，前广帅阮文达相国所刊《皇清经解》也。

考据之学至本朝而精，故撰著之书至本朝而盛。文达公备出原书，刊为总部，厥费巨矣，厥功伟矣。板藏学海堂中，咸丰七年毁于兵燹。后二年，崇光晋督两广，搜之灰烬，完者十之四，残者十之六。戎马空偬，公私竭蹶，势固卒卒不暇，然念此巨书顿成缺典，此亦帅兹土之憾也。乃与同志捐资补刻之，以卷计者，凡数百。以页计者，凡数千。鸠工阅一岁而书完，已有前序，故谨为后序，志其岁月于此。

谭莹《仪墨农孝廉词集序》自注：咸丰庚申夏四月……时余寓长寿寺书局。

李征霨《南海县志后序》：庚申，劳文毅公崇光督两粤，筹款补刻《皇清经解》。

汪宗衍《陈东塾先生年谱》：闰三月，总督劳崇光（辛阶）聘总校补刊《学海堂经解》事，乃归省城。设局西关长寿寺（遗诗）。同总校者郑献甫、谭莹、孔广镛（怀民）。

谭宗浚《旅寓京邸杂忆粤中旧游得诗二十首》自注：庚申，劳文毅公补刻《学海堂经解》，延先教授公暨郑小谷、陈兰甫两师总校，开局于长寿寺，余年弱冠，亦随侍焉。

四月，应仪克中之子之请，谭莹作《仪墨农孝廉词集序》。

谭莹《仪墨农孝廉诗集序》略云：咸丰庚申夏四月，仪墨农孝廉哲嗣思山、羲琴昆仲，刊孝廉词集成，嘱为之序。

六月二十四日（8月10日），应陈起荣之邀，谭莹与同人集于长寿寺半帆亭，并作《荷花生日诗》与《长寿寺半帆作荷花生日诗序》。

谭莹《长寿寺半帆作荷花生日诗序》略云：咸丰庚申夏六月二十四，陈子奎垣约词人于长寿寺半帆作荷花生日焉。

夫泉明种秫，净社偏同远公。水芝作花，寿辰恰继欧九（欧阳公，六月二十一生日）。八月羡牡丹之祝，说恐无征。三旬记子竹之移，邀同此醉。相与举碧筩之杯，饷碧芳之酒。偶飯绀宇，合住瑶池。地仍莲子之湖，人媲莲须之阁。生烦咒钵，佛图澄别有因缘。祠过露筋，王渔洋略得神韵（半帆为渔洋旧游地，故及之）。红云明镜，韩吏部之文章。翠蕤金支，元裕之之感慨。

忆卅年之胜会，洲燕荔支。话半日之闲缘，屋编藤菜（岁丁酉，与笛江广文、墨农孝廉作半日闲会，时燕集寺中藤菜屋）。赏荷听雨，可如万柳当年。雪藕调冰，岂共百花生日。

同集者共七人，人各赋诗。余亦和作并序焉。

陈澧《六月二十四日陈奎垣招同玉生朗山特夫集长寿寺》：

假山磊落水周遭，傍水阑干卍字牢。萍叶舞翻龙雨猛，荷花擎出佛楼高。

邀僧食肉真无碍，对酒谈兵也自豪。难得主人延伫久，冲泥来往莫辞劳。

汪宗衍《陈东塾先生年谱》：有《六月二十四日陈奎垣（名起荣）招同

谭玉生、陈朗山、邹特夫集长寿寺》诗。

八月，谭莹参与长寿寺半帆亭修禊，并于该月十五日于羚羊舟次作《庚申八月上巳长寿寺半帆修禊序》与《八月上巳长寿寺秋禊诗未成舟中补作》。

谭莹《庚申八月上巳长寿寺半帆修禊序》：曾南城直指赏雨茅屋，集有《长寿寺半帆春禊序》焉，则嘉庆二十年乙亥春三月上巳也。而阮文达师《揅经室集》复有《兰亭秋禊序》焉，则嘉庆二年丁巳秋八月上巳也。师序有云："倦心既往者，抚韶景而亦悲。撰志咏归者，临萧节而弥适。"各如是者，非偶然矣。

方今风尘未息，海水群飞。累载嚣然，殊方多难。鱼龙寂寞，蛇犬分明。都尉之刁斗森严，临淮则旌旗变换。威重谁如卫霍，功名端轶范韩。然而露版到迟，侧闻宵旰。星轺任重，实寄安危。

吾粤则山楼粉堞，隐奏胡笳。水驿戈船，交驰兵檄。珠湄依旧明月，能燕中秋。玉山亦有黄花，谁作重九。纵契易老之旨，亦切彭殇之哀。典溯鲁都，感同逸少耳。

半帆者，清聆钟梵，净阅巾瓶。初地庄严之基，诸天功德之水。云霞凝座，心并肃然。风雨搅林，兴何可败。（时有达官，适来寓此。）则见树咽残蝉，园警癯鹤。疏竹成韵，崇兰播芳。惊碧梧叶落以报秋，睹红藕花残以知闰。非南楼而连榻，效北海以携尊。参妙偈于散花，证前因以煨芋。孤松偶抚，比栗里之隐沦。丛桂乍闻，学晦堂之了悟。宛泛茱萸之酒，避厄宜先。谁赓芍药之诗，饯离何亟。嗟嗟！金狮子吼从北地，氛净战场。黄蝴蝶飞遍西园，旧结吟社。秋凉如水，室净无埃。鸿雁初飞，音书偏滞于畿辅。鲈鱼正美，幞被又抵乎高凉。袁宏独自咏诗，应真虚无捧剑。目瞑意倦，聊复序焉。

主斯会者家博泉少尹，同集者共八人，时咸丰十年庚申秋八月上巳也。越七日中秋，序于羚羊峡舟次。

十一月，应仪克中之子之请，谭莹作《仪墨农孝廉诗集序》。

谭莹《仪墨农孝廉诗集序》略云：咸丰庚申夏四月，仪墨农孝廉哲嗣思山、羲琴昆仲，刊孝廉词集成，嘱为之序。冬十一月，复刊其诗，以余知孝廉最深，仍嘱序焉，辞不能已，受而读之，而不能无言也。

是年，因补行岁科试，谭宗浚参加应试，后下第。

谭宗浚《旅寓京邸杂忆粤中旧游得诗二十首》自注：咸丰庚申岁，补行岁科试，时贡院已毁，两首县暂借海幢寺为试院。余亦逐队应试焉。

自是年起，谭宗浚读书粤秀书院、长寿寺半帆亭，几及四五年。

谭宗浚《旅寓京邸杂忆粤中旧游得诗二十首》自注：余十五岁后，多侍先教授公读书粤秀书院。

谭宗浚《荔村草堂诗钞》之《抵金陵寓妙相庵凡五日》自注：余十五岁，随先教授公读书长寿寺半帆亭，寺于去年（1881）被毁。

谭祖纶《清癯生漫录》（长寿寺半帆亭）：长寿寺在粤东省城西，规模宏壮……咸丰庚申，劳文毅公崇光节粤时，延先大父暨郑小谷、陈兰甫先生为总校，开局于寺内半帆亭，亭外有离六堂，为王文简公旧游处，亭颜为徐虹亭太史所署，曾宾谷中丞尝修禊于此。先大夫年弱冠时，曾随先大父读书亭中，几及四五年，故先大夫有诗云："离六堂前清昼长，谈经亲侍鲁灵光"是也。

是年，沈世良卒。谭莹作《沈伯眉遗集序》与《哭沈世良四首》。

谭莹《沈伯眉遗集序》：忆道光癸卯春，诃林花田，共结词社。始晤伯眉沈君，交岂忘年，才原名世。寄愁与月，刻意伤春。镇日呕心，仍爱锦囊之贮。毕生低首，宁徒宝剑之篇。微云疏雨之章，联吟激赏。野火春风之什，行卷交推。耿介壹郁，楚人之意实伤。磊落抑塞，王郎之才谁拔。郎中三影，平子四愁。生平实类邹阳，精采颇同宋玉。迨咸丰甲寅冬，叠鼓厌闻，高轩忽过。似刘琨之伤乱，谓钟期之赏音。出《祇陀庵集》，特命序焉。

好人讥弹，使仆润饰。病同吴质，懒甚嵇康。元晏著论，窃愧太冲之赋。君苗焚砚，缘见士衡之文。迁延因循，曾未属稿。遂乃论园陈局，开径款门。拜倪高士之生辰，复吴清翁之旧社。山堂读史，讲院称诗。住岭海而忧生，诣高凉而录别。以至沧海横流，芜城共赋。家家赁庑，各各移居。沈下贤屡梦小敷，李博士曾逢豪客。访罗含之废圃，兰菊丛生。谒坡老之遗台，松篁无恙。小山桂树，随地留人。潭水桃花，伊谁送汝。合称才子，贺季真醉掷金龟。癖誉娇儿，王僧绰能堆蜡凤（谓小儿懋安）。管幼安藜床可坐，白帽修然。杜子美草堂未营，春衣日典。各卖珠而易米，仍裁帖以乞花。问校石与雠方，话标灯而环炭。星辰落落，今雨浔浔。怆绝昔游，宛然隔世。虎啸风生，珠伤月死。献岁已延穗帐，兼旬乃造版门。

椒花之颂不闻，柏叶之觞谁酹，雷霆未作，霜雪载零。芙蓉之镜匣无光，苜蓿之盘飧曾饫。三生杜牧，坐禅榻而溘然。三绝郑虔，办青毡而竟夭。记法华之在手，殉尧典以同棺。玉树长埋，金荃有集。呜呼痛哉！

犹忆端居多暇，竟夕听诗。谓愁苦之易工，以悲哀而为主。酷如亡友（谓徐君梦秋文学），业作古人。绝怜骚屑之音，人有苍凉之感。宜焚绮语，永保遐龄。讵料狂言，竟犹古谶。

嗟嗟！少时常恐难逾知命之年，微疾可痊，遽赴修文之职。宿草将列，春兰易萎。泉壤既邈若山河，星霜殆倏如露电。怆怀逝者，太息斯人。孔少府之遗著渐湮，马文园之丛稿谁觅。夙诩后来王粲，罕逢当代桓谭。存诗若干卷，筱泉司马特校刊焉，原君耐久交也。间沿宋格，实具唐音。殆衍派于曲红，仍导源于太白。振奇俪乎石鼎（二樵），撷艳等于梅村。霜辛露酸，风恬月淡。元裕之得幽并之闲气，弁冕中州。高季迪还初盛之旧观，针砭北地。例以国初诸老，殆宋荔裳、查初白之继声。律以岭外词人，亦孙西庵、黎瑶石之嗣响。洵可传矣。风流顿尽，梗概犹存。醴陵之锦段如新，谢傅之碎金无泯。祝旗常分再世，托铅刊以千秋。琴宛听兮雍门，笙倘吹于缑岭。知梁伯鸾之穿冢，葬近要离。恤任彦升之遗孤，论烦刘峻。仅玉杯而问世，同锦琴之擅场。遗书满橱，宜续兰台之史。悬剑空垄，宛报秣陵之笺。

容肇祖《学海堂考》：沈世良卒咸丰十年正月初一日（1860）。年三十八。

是年，梁同新卒。谭莹作《代同人公祭梁矩亭京兆文》。

陈澧《原任顺天府尹梁君墓表》：君讳同新，字应辰，别字矩亭，番禺人也。……（咸丰）十年正月十二日卒，年六十一。以其年十一月葬于白云山了哥陇之原。

谭莹《代同人公祭梁矩亭京兆文》略云：某等或耐久交深，或齐年谊笃，或同作寓公，或居邻比屋，或申以婚姻，或爱如骨肉。窃冀还丹，频歌采绿。游踪琴剑，惯论煨芋之缘。梦境簪裾，殆结拈花之局。看镜勋名，送灯风俗。君以上元前三日长逝。远道音书，明廷奏牍。一尊相对，眷言排日之欢。一笔容勾，仍念举家之哭。呜呼哀哉！

凤麟远胜，鹤雁纷飞。执法华而竟逝，殉尧典以能知。台忆黄金而遽讣，楼成白玉以奚为。宣室之谈了悟，灵洲之到依稀。颂献椒花，艳传生日。羹调莼菜，曾订归期。倘思范式之来，素车白马。共设桥元之奠，斗酒只鸡。五岭有光，比张曲红而不愧。九原可作，与随武子以同归。呜呼哀哉！

是年，谭莹《乐志堂诗集》与《乐志堂文集》第二次刊印。

戴熙卒。

咸丰十一年　辛酉（1861）　谭莹六十二岁　谭宗浚十六岁

【时事】二月，外国公使始驻北京。五月，沙俄炮制《中俄勘分东界约记》，强迫清政府签字。七月，咸丰帝病死。十月，那拉氏斩肃顺、载垣、端华均赐自尽。同治帝载淳举行登极礼。清政府命曾国藩统辖苏、皖、赣、浙四省军务，所有四省巡抚、提镇以下各官，均归节制。十一月，两太后于养心殿垂帘听政。曾国藩在安庆设立军械所，制造洋枪洋炮，洋务运动开场。十二月，清政府任命左宗棠为浙江巡抚，彭玉麟为水师提督。调李续宜为安徽巡抚。

六月二十四日（7月31日），谭莹因《乐志堂文集》与《乐志堂诗集》第三次刊印，作《乐志堂诗集序》。

谭莹《乐志堂诗集序》：余幼耽吟咏，夙嗜讴歈。间涉杂文，尤喜俪体。懵然门径，绝鲜津梁。拥邢邵之误书，奋沈璞之速藻。迨遭家难，竟废读以弥年；欲咏时名，即求工而鲜暇。因循所寄，作辍靡常。幸获擅场之誉，实非颛门之诣。屡致巨公悬重，哲匠交推（谓阮文达、翁常熟两师相暨程中丞月川师、徐侍郎煜庵师、祁恭恪竹轩师）。书夸慧地，文心句赏。乐天行卷，比和鲁公之凤望。特许传衣，岂王侍中之逸才？猥蒙倒屣，遂如冯妇之搏虎，实异僧繇之画龙。时下笔而不休，业丛稿之如束。顾值群鸥日至，社燕频来。事悔缚于莲丝，心苦穿于棘刺。投溷惨异，胠箧意同。鹤声之句不存，马蹄之注亦窈。高凉司铎，漓濑回帆。陆氏庄荒，米家船返。李博士吟诗江上，知豪客而能回；谢皋羽沈波间，诣钓台而未哭。行庵清閟，往牒编摩。岂有大名，断疑宿构。谭景升之化书仍盗，原未成仙；沈休文之别集定传，公然作贼。

嗟嗟！游惟畿辅，助鲜江山。读未罄四部之图编，交未遍一时之豪杰。辄称作者，便诩传人。加以嵇康性懒，烛武精亡。獭祭未工，虎头痴绝。频呼驵卒以对酒，屑诣王门而鼓琴。蚕蟇之生计转忙，莺花之闲局间预。买赋群推园令，草檄径许陈琳。鹭文难冀草堂之赀，撇笛定按苹洲之谱。时弹毫而信手，与我周旋。频属稿而悭心，代人撰著。犹多累句，殆鲜英篇。江醴陵之锦缎曾贻，鬼偏求索。李樊南之襕襦谁割，已亦挦撦。且也匪偕计吏于中年，犹然落第。拌作闲居之拙宦，连赋悼亡。卫玠工愁，刘琨伤乱。赁庑遂无鸿妇，移家能比鹿门。沧海不流，牢记桑田之谶语。武陵安在？辄写桃源之画图。穿冡定近要离，逃禅暂学苏晋。杜园无术，仰屋奚为？时抱膝而学吟，辄转喉而触讳。睡有游仙之好梦，闻非破虏之捷音。来日大难，停云在望。觅干将而说剑，卜谟觞以蓄书。未构小亭，容编野史。敢称名士，且读离骚。瘦争壁沼之羊，饱任羽陵之蠹。已然而结习仍在，摧烧忍言。赋异太冲，敢索序于元晏。文如敬礼，拟求定于东阿（谓常熟师相暨何宫保根云师）。聊当钞胥，统付厥氏。

海隅多难，天下皆兵。敝帚自珍，堕瓶谁顾。伍紫垣方伯悠扬意寓，奖借性成。不哂梨灾，屡促梓就。品题实过，藏弆偏多（数十年来，嘱书旧作及投赠者，尚藏箧衍，特检还补入）。喜逢当代桓谭，自比生前张翰。都为一集，覆校弥惭，纵覆瓿以奚言，如造车而摩合。存稿逮六旬初度，转不及少作流闻。瓣香惟百粤先贤，曾未有随如风范（南宋词认刘随如镇居丛桂里（见黄佐《广东通志》），余久寓此，故及之）。

咸丰十一年，岁次辛酉夏六月荷花生日，自序于长寿寺挈经丈室，南海谭莹玉生。

七月初五日（8月10日），应李长荣之邀，谭莹与潘恕等集柳堂拜黎遂球生日，并作《七月五日同集拜黎忠愍公生日诗序》。

谭莹《七月五日同集拜黎忠愍公生日诗序》：花入曝衣之楼，瓜筵预设。柳认回车之巷，栗里工吟。龙生日而谁知，曾偕竹醉。蝉报秋而共赏，特借花开。此咸丰十一年秋七月五日，李子黼学博所以集同人而寿前明黎忠愍公也。

夫金孔雀之征祥，黄牡丹之品藻。合著思贤之咏，原推冠古之才。当此金戈铁马，中外骚然。锦石珠湄，音容宛在。英雄殉国，任侠谈兵。敢托异代之交，特溯诗星之降。刀弓自动，往还疏叶湖庄。像设斩新，供养莲须阁主（郑纪常通守摹公集中小像）。状元何愧，即文信国之生平。宗伯可哀，偕郑元勋而陟降。人归香界，地近菂园。结新吟社而总持，吊古战场而不必。说干将而催酒，击如意而按歌。铁板铜琶，原是周郎人物。阵云边月，竟作睢阳鬼雄。坟补百花，诗境荐寒泉秋菊。堂仍万柳，神弦谱骤雨新荷。

同集者若干人，人各赋诗，余诗未成，先序焉。

潘恕《（壬戌）三月十六日崔嵩生别驾俊良卢柬侯比部福普招郑小谷比

部献甫谭玉生广文莹廖鹿侪太守甡李紫黼广文长荣暨余集梁园海棠花馆祝张丽人生日》题注：去秋七月五日，紫黼招集柳堂拜黎忠愍公生日。

七月二十六日（8月31日），应高继珩之邀，谭莹与郑献甫等相聚河楼买醉。

黄国声、李福标著《陈澧先生年谱》：本月应高继珩之邀，与郑献甫、朱鉴成等相聚河楼买醉。

高继珩《培根堂集》卷十一有《辛酉七月廿六日，约同郑小谷山长、朱眉君光禄、王兰汀醛尹、陈兰甫、谭玉生莹、李子虎三学博、倪云臞少尉鸿河楼买醉赋此应教》诗。

八月，谭宗浚以国学生中辛酉科本省乡试第四十七名举人。

谭宗浚《劳文毅公补经图志》：宗浚以辛酉年举于乡。时公适监临秋闱，例当执贽为弟子，顾以年齿太穉，未及趋谒门墙。殆逾岁南归，则公又移节黔中矣。

张小迂《广东贡士录》：咸丰十一年辛酉并补戊午科。主考：沈桂芬，丁未，顺天人。周恒祺，壬子，湖北人。监临：劳崇光，壬辰，湖北人。四七：谭懋安，南海，监生，廿一。题目："齐之以礼"二句，"故天之生物"三句，"卿以下"一节。"木落参差见寺楼（得□字）"

（光绪）《广州府志》（选举表十五）：咸丰十一年辛酉并补戊午科（是科戊午七十一名，加永额四名。辛酉七十五名，加永额六名，又加广额四名，共一百六十名。）监临：巡抚劳崇光，湖南长沙人。正考官：内阁学士沈桂芬，字经笙，顺天宛平人。道光丁未进士。副考官：编修周恒祺，湖北孝感人。咸丰壬子进士。

钱维福《清秘述闻续》卷六：咸丰十一年辛酉科乡试。广东考官：内阁学士沈桂芬，字经笙，顺天宛平人，丁未进士。编修周恒祺，字福陔，湖北黄陂人，壬子进士。题"齐之以礼"二句，"故天之生"一句，"卿以下必"一节。赋得"木落参差得寺楼"得"游"字。解元冯秩清，鹤山人。

按：张小迂于《广东贡士录》中记载谭宗浚中举时的年龄为二十一岁，有误。劳崇光为湖北人，亦有误。

小除夕（1862年1月28日），谭莹偕郑献甫等人游杏林庄看杏花。

谭莹《李子黼学博岁末怀人诗序》：岁月不居，风雨如晦。送穷罕乞米之帖，援例比探梅之诗（"岁华书户笔，年例探梅花。"范成大《新岁书怀》语）。此李子黼学博《岁暮怀人诗》，所以裒然成集也。

较送炭而敢笑清寒，若镂冰而同钦风雅已。况复论交四海，匪藉赏誉于公卿。执业三城，咸羡推崇乎老宿。昌谷才隽，同柱高轩。柳恽辞工，特书团扇。未面以古人相俪，弱龄为后进所宗。莫愁知己之无，同恨识君之晚。加以脂田粉碓，不乏替人。佛屋仙山，旧多吟侣。鸡林有客，惯索白香山之诗。吐谷何人，亦解温鹏举所撰。萝袳一致，笺缯凤闻。又谢庭则儿女工吟，苏门独弟兄有集。宜其雅怀并遂，逸兴遄飞。宛睹各各之音容，闲缀人人之行检。购楼罗之历，兼致吟笺。书郁垒之符，复研新墨。仿陆清河之奏赋，稍俟迎年。效贾长江之祭诗，或待饯岁。所怀共若干人，存死兴替。《师友录》比得七言绝句共若干首，意有未尽者，益以五言长律各一首，共三首。仍如禁体之诗，矜严选客。分寄忘形之契，珍重编年，殆可传已。

仆醴陵才尽，平子愁多。吟止八哀（谓阮文达、翁文端师相等），病靡七发。曩者访桃花于是岸（寺名，在小港，旧多桃花。嘉庆己卯偕梦秋茂才等，道光辛丑偕文缘学博等，各于除夕买舟诣焉），旧雨都非。烧竹笋于半帆（十年前，每元旦偕崧生太翁、笛江学博诣长寿寺僧寮），晨星亦尽。鹧鸪啼早，红杏在林。（咸丰辛酉小除夕，偕小谷比部、小琴太守游宴杏林庄，看杏花）蝴蝶（花名）开先，新萍泛沚（谓数十年来，人日花埭之游）。竹枝歌歇，柏叶罍空。城郭不殊，楼台半圮（谓紫垣方伯远爱楼，廿年来，小除夕迄上元，辄同张宴于其上）。屡弹毫而竟辍，频抚卷而弥惭已。定怀宰相，迥殊胜国山人。滥及阿蒙，预订今年禊事。棉红旧刹，聿新文献。词坛（同人购得红棉寺故址，议建诗龛，祀吾粤曲江而下各词人）草碧方畦，载泐君臣冢碣（旧作《柳堂春禊序》暨《君臣冢碑》，学博诗并及之，故云）。

是年，谭莹重获《广州乡贤传》，为之喜慰。

谭莹《重刻广州乡贤传序》：咸丰辛酉，戎氛渐息，营葺郡庠。怀旧思古，修废举坠。园似布金而遒就，主非砦石而靡存。名宦业待为搜罗，先贤仍劳考覈。文献不足，职志阙如。重获是书，不禁狂喜。

是年，广州官绅重刻阮元修《广东通志》，推举谭莹与陈澧、史澄任总校，谭宗浚任收掌。

（道光）《广东通志》卷首《重刊广东通志职名》：总校：日讲起居注

官翰林院编修前右春坊右中允实录馆纂修国史馆纂修本衙门撰文臣史澄、内阁中书衔拣选知县化州训导臣谭莹、截选知县前任河源县训导臣陈澧。收掌：举人臣谭懋安。

史澄、梁纶枢、谭莹与陈澧于目录后附识云：右《广东通志》三百三十四卷，嘉庆戊寅总督阮文达公所修，道光壬午刊成。阅三十六年，咸丰丁巳岛夷之乱，其板毁焉。辛酉重建贡院，惠济仓出资助成之，工既毕而资有余，澄请于官，重刊《通志》，同治甲子刊成，爰记其事于目录之后。

是年，廖甡与劳光泰拟请谭莹、邹伯奇、李征霨续修《南海县志》。

李征霨《南海县志后序》：明年辛酉，又丁大比之期，修贡院，拓考棚，百废俱举。时余方教谕端州，而邑先进廖观察甡、劳刺史光泰二公寓书促余来省。洎余谒见问故，则曰："志版毁于火，余欲删改翻刻之。况从前修志到今日已卅余年，贤士夫之嘉言懿行补入者当无限也。各乡倡团练、诘戎兵，以御盗贼，及义夫节妇捐躯赴难者不少也，可听其淹没乎？余欲照旧志分类增入。"属余与谭学博莹、邹征君伯奇典其事。

是年，时邑人廖甡与番禺梁纶枢有撤广州城北粤秀山有观音阁观音像之说，谭莹与陈澧均不以为然。

谭宗浚《荔村随笔》：广州城北粤秀山有观音阁，明指挥花英所建也。粤秀山为粤垣之主山，建阁在永乐时，嗣后科名始盛，然流俗相传谰说，有绝可笑者。……迨咸丰辛酉，洋人退出省城。时南海廖鹿侪观察甡、番禺梁星藩封翁纶枢，均有"撤去观音像，别供文昌"之说。时先君子暨陈兰甫先生均不以为然，顾迫于众论，亦姑听之。卒以寺中有御赐匾额，不敢擅动。丰神灵之香火，未遽澌灭欤。抑俗说矫诬，固非神所佑欤。录此，以质后之君子。

补刊《皇清经解》蒇事。

张其淦生。
梁廷枏卒。

卷四　同治时期

穆宗同治元年　壬戌（1862）　谭莹六十三岁　谭宗浚十七岁

【时事】正月，曾国藩向清政府力荐李鸿章，并命李鸿章赴庐州招募淮勇。英水师提督何伯、法水师提督卜罗德布在上海联合布防，抗拒太平军。二月，"洋枪队"改名为"常胜军"，任苏松太道吴煦为督带，华尔为管带。江西南昌教案发生，群众愤毁天主教堂。五月，曾国荃督湘军进逼天京，扎营雨花台，天京第二次被围。七月，清政府设立京师同文馆，培养翻译人才。八月，太平军大败"常胜军"于浙江慈溪，毙"常胜军"领队华尔。十月，石达开军渡金沙江进逼四川叙州。十一月，清政府命多隆阿为钦差大臣，督办陕西军务。是年，李鸿章在上海设洋炮局。

正月初二日（1月31日），谭莹参与杏林庄看桃花活动，并作《杏林庄看桃花诗序》。

谭莹《杏林庄看桃花诗序》：粤本无杏，庄署杏林，因前典已。主人荫泉中翰，寿世韩康，嬉春杜牧。灵通造化，癖嗜讴歈。村庄同白鹿之原，佣保尽橐驼之辈。端居多暇，著手成春。务察实而听声，念顾名以思义。杜鹃烂漫，难令顷刻之开。箨龙寻恒，未决平安之报。蓄移花之奢愿，致伐木之深情。则有携向江南，接从蓟北。马蹄秋水，珍重远书。鸦嘴夕阳，经营初试。鱼苗涨腻，燕子泥融。仍恐吴质不眠，旋斫月中之桂。王维偶托，随写雪里之蕉已。

园林瑞应，花草精神。摘艳双身，贻芬万里。同俟开田时序，倘占及第征祥。蕴藉生香，业著书之人老。横斜疏影，笑吹笛于天明。待招美人之魂，素馨谁俪。似闻仙子之降，玉蕊新开。护似海棠，春意闹以犹后。醉同罂粟，诗意发以无前。去住证槁木之禅心，香逾蒼卜。隆贵预飞英之公宴，开近酴醾。红杏在林，幽赏未已。

仆半生跌宕，曾翻种树之书。十载因循，屡爽咏花之约。咸丰辛酉小除夕后三日，小琴通守朋邀耐久，船唤总宜。兼北海之壮怀，仿西园之雅集。白鸥前导，紫蝶先知。人疑水部观梅，客诓子猷看竹。酒家何处，须问牧童。词客有灵，先榜旧墅。则见酥匀似白，粉重仍红。绛雪团枝，彤霞绽萼。东风芳草，王孙之不归可知。流水桃花，渔者之偶来何暮。堂究异于绿野，居然碎锦坊如。谁同凭于玉楼，宛晤湔裙人醉。红笑一品（蛮花有名"一品红"者，园林是处有之），任相倚于名园。艳随四时，许同卖乎深巷。登欢喜地，仍闻太息之声。问奈何天，盍作无遮之会。

嗟嗟！牡丹芍药，浃岁南来。木棉刺桐，谁与北徙。选花船驶，载抹丽兮年年。种石阶闲，供水仙兮度度。晋吕仲悌云："植橘柚于元朔，蒂华藕于修陵。"伤之者至，岂偶然哉。固当与松自洛移，孝元手植。荔矜闽产，文简怀归。轶事并传，详补职志已。

犹忆弭檝吴门，碎琴燕市。冰天雪窖，梵宇琳宫。逸兴遄飞，昔游如梦。等身之金，难买七宝庄严。著脚之土，全非三生了悟。似无烦于剩稿，又可负乎佳花。矧以丽曲清辞，讽高历赏。聊偿绮语，僭饷弁言。谷董羹宜，作腊之酒能罄。楼罗历尽，编年之诗复增。敬谢花神而上帆，同付梓人以锓版。白头骑马，有虞学士之闲缘。红烛挥犀，即宋尚书之艳福。莲夸百子，屑伦蛮岛之花。桧寿千龄，祝比僧寮之树（谓大通寺桧寺与庄邻，故及之）。

一月，林昌彝赴粤，谭莹与陈澧邀其饮于学海堂。

黄国声、李福标著《陈澧先生年谱》：正月元旦，林昌彝来粤，初识先生，推重备至。先生旋与谭玉生要昌彝叙饮学海堂。

林昌彝《衣䜱山房诗集》卷八《渡海》《陈兰甫澧、谭玉生莹二广文招饮学海堂》。

一月，谭宗浚与仲兄谭崇安计偕北京，从海路入京，作《览海赋》。

谭宗浚《荔村草堂诗钞》卷二《将之京师述怀四首》其二自注：时仲兄同行。

谭宗浚《荔村草堂诗钞》卷二《将之京师述怀四首》其五自注：时订于上元后启行。

唐文治《诰授中议大夫云南粮储道谭叔裕先生墓表》：壬戌岁，先生计偕公车。时中英和约初定，俯仰时事，凭眺山川，作《览海赋》以寄慨，凡数万余言，都人士交口称诵。

二月二十五日（3月25日），谭宗浚在京城拜见翁同龢。

陈义杰点校《翁同龢日记》：同治元年壬戌（1862）二月廿五日（3月

25日）晴。晨出城，见金子梅师。回横街。陕西门人吴性善、陈楫先后来见。广东谭懋安辛酉举人，其父莹，学海堂名士。来见，年廿三，甚秀发。拜客未晤。母亲渐愈，惟饮食尚未复元。

按：《翁同龢日记》所载"年廿三"有误。

二月二十六日（3月26日），翁心存收到谭莹所寄书。

《翁心存日记》：同治元年壬戌（1862）二月廿六日（3月26日）谭玉生之子懋安去年中式，为之欣喜，携来玉生书、陈兰浦书并兰浦所著《声律通考》二册。

三月，谭宗浚参加会试，落第。

顾廷龙主编《清代朱卷集成》中同治甲戌科《谭宗浚履历》：受知师：王少鹤夫子，印拯，辛丑进士，通政司通政使署左副都御史，壬戌科会试同考官，蒙荐卷备中。

谭宗浚《学书轩记》：余素不工书，年十七初应礼部试。

三月十六日（4月14日），谭莹同卢福普、崔俊良、郑献甫等人集于梁国琦家粤海棠花馆，一起拜前明岭南名妓张乔生日，并作《三月十六拜前明张丽人生日诗序》。

谭莹《三月十六拜前明张丽人生日诗序》：酹花冢于荒阡，白云刹古。访菂园之旧墅，明月桥通。鸳鸯之社可寻，燕子之楼何在。诵黄牡丹之篇什，如谱神弦。借粤海棠之园亭，仍补禊饮（主人以上巳邀同集双桐圃修禊）。同治改元春三月十六日。卢简侯比部、崔崧生司马于梁小韩提举里第，集同志以拜前明张丽人生日焉，相传黎忠愍所居遗址也。

博白绿珠，恰同故里。汝南碧玉，不称（去）小家。杜牧品题，薛涛著撰。愿为红拂，合比清娱。二献祠同，六如亭圮。冢留青草，精魂知夜月春风。斜傍素馨，涕泪阁残山剩水。昔同金爵，窃伤婪尾之杯。谁醉红裙，早却缠头之锦。堂仍玉笑，如闻铁拨铜琶。洞有香迷，久住云阶月地。渡非桃叶，暂将团扇以徘徊。阁本莲须，仍侍锦袍而跌宕。玉卮下降，返列仙班而偶来。金缕频歌，惜少年时而不必。湔裙节近，载展花朝。拥髻人同，定祈松寿。忏前生之艳福，倚竹忘寒。悟绝代之才名，散花同幻。银筝象板，甲帐珠帘。红烛乌丝，花冠云帔。兼邀宗伯，居邻蔬叶湖庄。暂供麻姑，坛亦梅花村舍。龙宫一去，届桃熟而开筵。鸾驭千春，续莲香而撰集。人各赋诗，余当属和兼作序焉。

崔俊良作《壬戌三月十六日同卢崬侯比部福普招郑小谷比部献甫王兰汀大使家齐谭玉生舍人莹李子黼广文长荣潘鸿轩茂才恕集梁小韩国琦提举粤海棠花馆祝张丽人生日》、潘恕作《三月十六日崔嵩生别驾俊良卢崬侯比部福普招郑小谷比部献甫谭玉生广文莹廖鹿侪太守甡李紫黼广文长荣暨余集梁园海棠花馆祝张丽人生日》均纪其事。

七月十五日（8月10日），谭莹作《重刻广州乡贤传序》。

谭莹《重刻广州乡贤传序》：同治改元，壬戌之秋，七月既望，谭莹撰于粤秀讲院东斋研经纂志之堂。

十一月，朝廷特命劳崇光持节黔中即办夷务，谭莹作《送劳辛阶制府持节黔中序》。

谭莹《送劳辛阶制府持节黔中序》：使当波恬尘靖，海晏山彝。祭遵不废雅歌，景丹修然。卧理诗书，礼乐谋元。帅合将中，军智名勇。功拜征南，癖耽左氏。至南海业如召虎，圭瓒尔厘徂东山。窃比姬公，斧斨无缺。谁娴手笔，具载口碑。卧辙攀舆，寻恒事耳。

若乃郑公却房，仍议金缯。魏绛和戎，特赐钟磬。前身忠武，喜韦皋不愧边材。江左夷吾，见王导何忧时局。虎负嵎而竟去，鸿遵渚以同歌。久若巨鳌之戴山，实惮老黑之当道。人如平仲，北门之锁钥专司。地即宝陀，南裔之衣冠弥盛。效承平而谁知用意，补造化而未屑言功。第持重以安边，经年罢战。定风流而作相，去日弥思己。

若我辛阶制府劳公者，江汉英灵，崧岳诞降。襟期公辅，位业神仙。学洞天人，材兼文武。祥远逾于麟凤，贵早兆乎貂蝉。旧著威名，郁为时望。粤西扬历，仙佛缘深。岭右拊循，华戎福溥。溯自烧香潜聚，滋蔓难除。称同白水真人，驱止绿林散卒。警急似围玉璧，精神如破贝州。局总万难，事容再误，陈昭公之守广汉，以功曹为腹心。邢伯子之在中牟，实邯郸之肩髀。扼其冲要，授以机宜。并将臧宫傅俊之兵，孤羸当恤。遂平渤海胶东之寇，捕获实多。奋怯完残，披艰扫秽。雁子之都辄破，鸦儿之军若飞。卒使坚城获完，余孽几尽。三年血战，地惊鱼齿之平。一品头衔，帝锡雀翎之丽。恩私稠叠，仪望高华。相期赤县兵销，谁唱玉关人老。鹿辂久驻，龙节近移。仍拜中丞，即晋开府。李凉国递迁六镇，陶威公兼督八州。玉帐牙旗，风船火舰。共冀其文移诅楚，书草吓蛮。便斩月支，旋攻日本。而不知曲逆佐汉，未绝匈奴。灵武兴唐，且藉回鹘。博容孤注，弦可更张。纵材气之无双，业时势之迥异。属国归晚，曾闻一雁之空飞。令公位尊，未妨单骑以相见。遂乃比应真之伏虎，学刘累之豢龙。班超原万里之才，褚褒备四时之气。意存谨慎，道寓怀柔。材具足抵万兵，度量能容百辈。羊太传之出镇，敌悦推诚。裴中令之论兵，自言忍事。谓青州之存活，远胜中书。仵蛮峒之廓清，业来新建。指挥若定，诩陈汤斩馘之奇功。擒纵能操，用马谡攻心之上计。公履赤舄，德音不瑕。臣木布衣，大事可托。卒使阵蛇奔穴，旅燕辞巢。事异尉佗，翕然朝汉。论烦江统，业庆徙戎。化此辈为孝子顺孙，千帆远扬。奠吾粤若泰山盘石，百堵皆兴。闾阎皆老佛祇园，阛阓尽拾遗广厦。伊谁化鹤，城郭依然。随地咒龙，楼台涌现。昔之殇魂鬼火，剩水残山。今则兼巷竞街，望衡对宇。绿墀青琐，金版玉箱。软绣亭邮，青香池阁。桃林蕉埠，万户皆春。荔社花墟，三城不夜。黄花白饭，沿江远听。渔讴驯雉，生犀合市。递输蛮货，具见转圜之妙。无烦请箸，而筹语曰为边。不可以常智观也，公之谓矣。磨牙吮血，走魅奔魍。摘伏惩奸，陆慴水栗。若夫仍校艺于横舍，俾述学于山堂。改建节楼，重修琐院。补仪征之《经解》，复刻丛编。撰延佑之壶铭，宛留铜柱。则又揆文奋武，知著察微，无遗憾已。

同治改元冬十一月，天子特命持节黔中，即办夷务。蛮花犵鸟，梦有封章。檀几素屏，富惟图籍。悬知大宏，恩信酋豪。帖然悉泯，诈虞遐迩。壹体殆所优为已，独是事总推袁。愿仍借寇编氓，偎偬文士讴愉。绘浚仪之画图，勒广平之碑版。饯离祖别，显德标功。缘道花香，忍送卢潜之去。弥年谷贱，仍期李岘之还。琴鹤如仙，钟鱼祈佛。至如莹者，行能无算，笑语曾陪。拟赋芜城，复居环堵。桐几半死，老大可知。竹本孤生，平安谁报。猥蒙奖借，实荷生成。感遇酬知，弥增凄恋。所冀平章之雨，沛然文昌之星。复照金爵帝赍，命黄霸之重来。竹马僮偕。迎郭伋而恐后，苍生属望。海隅之邑诵弥殷，元老壮猷。宋代之堂名预兆，窃愧丹青。引作难绘，英风回思。赤白囊驰，永消浩劫。振宗风于南国，端赖韩苏。绍相业于西京，殆师黄老。似韩雍之方略，大藤早平。俟皋陶之赞襄，有苗渐格。交南底定，仗马新息之逸材，天下乂安，总范希文之责任。出将入相，为一代之宗臣。旋乾转坤，易九夏之殊俗。

十二月，应汪瑔之嘱，谭莹作《汪芙生秋城夜角图书后》。

谭莹《汪芙生秋城夜角图书后》：同治改元，岁次壬戌，冬十二月，芙生汪君嘱题其《秋城夜角图》，仆畏友也。受而读之，抚时感事，而不能无言矣。

是年，邑人复议移建节孝祠，谭莹先后作《新建南海节孝祠募疏（代）》与《重修南海节孝祠碑记》。

（同治）《南海县志·建制略一》：节孝祠，旧遵《会典》，建于学宫后，迁石马槽，复迁粤秀山三元宫旁。道光丁未，诏天下郡县汇建总坊，众议改建于学宫西偏训导署前隙地，总坊屹然。咸丰辛酉，复议于学宫照墙外购北向民房，移建祠及坊，原祀与前后汇请者并入焉。

谭莹《新建南海节孝祠募疏（代）》略云：吾邑节孝祠，现在三元宫侧，九眼井旁。屋仅数椽，地无半亩。秋霜春露，谁曾爇以瓣香。上雨旁风，渐且鞠为茂草。幸值我史父台特扇清芬，普彰奇烈。夫旌善表操，长吏之权也。搜潜采幽，吾儒之责也。业已汇呈清册，固当改建合阊。仁看纶绋恩隆，死存均感。庶使梅檀供肃，新旧同符。原议于南海学宫西偏隙地，特营杰构，永播芳徽。酌寒泉以荐馨，耆贞石以传后。独是亟宜斧木，仍待布金。庄严同圣女仙姑，功德过庵园塔寺。影堂一例，是所望于儿孙。行路慨然，原无分于彼此。练群缟帨，共谱神弦。月地云阶，实司阴教。恍如刘氏之阙，百咏流闻。合仿汉朝之碑，一钱胪列。殿非渍血，宛然来往精灵。祠亦露筋，更有颂扬篇什。

谭莹《重修南海节孝祠碑记》略云：经始于壬戌同治改元某月日，即以是年某月日落成。时设局修志，布金者众。特拨银二千余两，拓地重建此祠。住香界以修然，与玉山而不朽已。

自是年起，谭莹亲自教授谭宗浚读《文献通考》，并让其安心在家读书十年。

马其昶《云南粮储道谭君墓表》：而教授君以君齿幼也，戒读书十年，毋遽求仕，授以《文献通考》诸书，略能成诵。

容肇祖《学海堂考》：咸丰十一年（1861），中辛酉科举人，莹课令十年读书乃许出仕，授以《文献通考》，略能记诵。

按：谭宗浚于《谒京集》题注云：登公车凡四次。除此次外，谭宗浚后来分别在同治七年、同治十年、同治十三年三次入京应试，间隔时间均没超过十年。

是年，谭莹将家从广州城西丛桂坊迁至广州城西集贤里。

谭宗浚《旅寓京邸杂忆粤中旧游得诗二十首》自注：余家以同治壬戌岁移居集贤里，里前有大观桥，跨临西濠，颇称壮伟。有明碑一通，梁郁州相国文也。

是年，谭宗浚作《出门集》。

谭宗浚《荔村草堂诗集》中的《出门集》题下自注：起同治壬戌正月迄八月，诗一百首。

梁树功卒。
廖甡卒。
劳光泰卒。
翁心存卒。
何桂清卒。

同治二年　癸亥（1863）　谭莹六十四岁　谭宗浚十八岁

【时事】正月，左宗棠军攻陷浙江金华。二月，僧格林沁攻陷皖北捻军根据地雉河集。捻军首领张乐行因叛徒出卖被俘，后遇害。英国军官戈登接统"常胜军"。四月，石达开在四川大渡河全军覆灭，石达开被俘，后就义于成都。）八月，上海英美租界正式合并为公共租界。十一月，清政府以攻陷苏州，赏李鸿章太子少保衔穿黄马褂，赏戈登白银万两。

一月，谭莹作《潘鸿轩双桐圃诗钞序》。

谭莹作《潘鸿轩双桐圃诗钞序》：同治二年，岁次昭阳大渊，南土中秋令节，连雨竟日，玉生序于沧桑小阁之楼。

二月，谭莹作《李子黼广文柳堂师友诗录序》。

谭莹《李子黼广文柳堂师友诗录序》略云：同治癸亥仲春展花朝日，谭莹玉生序于豫庵。

三月，谭莹与何绍基、陈澧、金芑堂、林昌彝、金伯惠等集于学海堂，祭祀阮元，作《赠何子贞太史》二首。

何绍基作《同年陈兰浦谭玉生金芑堂门人林芗溪金伯惠招集学海堂，拜阮太傅师木主于启秀堂，即事作》纪其事。其诗云：

诘经精舍圣湖旁，岭外仍开学海堂。节钺几人崇学术，典型百世永馨香。

新模重启珠江秀，堂系重修，地势雄阔。后启弥增壁府光。诸生多来见者。籑盍暂欣群彦集，海天琴思人苍茫。芍溪画吾两人小像卷，余为题"海天琴思"四字。

郭明道《阮元评传》：同治二年三月，何绍基偕同陈澧、谭莹、金芑堂、林昌彝、金伯惠等集会学海堂，举行祭祀阮元的活动，于粤秀山启秀山房奉阮元神位于其中，榜于门曰"阮太傅祠"。每年春祭以正月二十日，秋祭以八月二十日，以此表示对阮元的敬仰和怀念。

谭莹《赠何子贞太史》二首自注：时修学海堂落成，邀同游宴，君亦文达师相门下士也。

九月初八，应倪鸿之招，谭莹与陈澧、韩钦等人集学海堂。

倪鸿作《重阳前一日招同韩螺山舍人钦陈兰甫学博蒋春甫司马震举华小览大令本松桂海霞茂才蒋古林少尹德鋐谭玉生舍人集学海堂》纪其事。

按：倪鸿《退遂斋诗钞》按年编次，此诗写作年份为癸亥年。

十月二十二日（12月2日），伍崇曜卒。后应伍绍棠之请，谭莹先后作《覃恩诰授通奉大夫一品封典晋授荣禄大夫布政使衔候选道紫垣伍公神道碑文》与《覃恩晋荣禄大夫紫垣伍公墓志铭》。

谭莹《覃恩诰授通奉大夫一品封典晋授荣禄大夫布政使衔候选道紫垣伍公神道碑文》：公生于嘉庆庚午年二月初五日酉时，卒于同治癸亥年十月二十二日亥时，年五十有四。即以同治癸亥年十二月初一日，葬于大北门外金钱岭之原，礼也。

十二月二十二日（1864年1月30日），谭莹赴柳堂参加消寒会，补祝东坡生日。

钱官俊《柳堂寿苏七古有序》序云：南海李子黼学博长荣，风雅士也。学博别墅名柳堂，常集岭内外诗人作柳堂诗社，极一时唱和之盛。癸亥秋，予自山右之岭南，以诗识子黼。子黼因于嘉平二十二日招赴柳堂举消寒会，补祝东坡生日。悬《坡翁负瓢行田间像》，配以《朝云诵偈图》（《负瓢图》系顺德老画师苏枕琴六朋绘。《诵偈图》，枕琴之妾镜香女史余菱画也，俱极精妙）。同人郑纪常别驾绩、黄二山秀才承谷、王兰汀大使家奇（郑，新会人。黄，合肥人。王，金华人。郑与黄俱擅山水人物）、笑平、观中两长老（笑平住狮子禅林，善山水。观中主光孝寺，能琴）宴集赋诗，余诗既成。后至者，又有谭玉生舍人莹、倪云癯少尹鸿、潘鸿轩秀才恕、颜子虚布衣熏、李伯容少尹光表（谭、颜，南海人。潘，番禺人。倪，桂林人。伯容，子韍侄也）。是日，在会共十一人。诗毕，各以书画相酬答，洵足乐也。呜呼！自桂林兵起，东南士大夫流离琐尾，不能乐此者比比矣。余以七千里行客，得与此乐，且获方外交。余曾有句云："诗名但愿入海岛，何必冠军万户侯。"今与岭海诸君子诗酒唱酬，一消鄙吝，如是亦足矣！虽封侯何为哉？

是年冬日，学海堂重修落成，谭莹与陈澧、陈璞等集会对酒作诗。

陈璞作《癸亥冬日学海堂重修落成周秩卿大令谭玉生陈兰甫李梦畦陈朗山四学博李恢垣员外金苣堂孝廉对酒余为图题诗其上诸君皆有作》纪其事。

陈澧作《题古樵学海堂重开对酒图》，汪宗衍加按语云：先生自记：壬戌冬修学海堂落成。

黄国声案：汪氏据东塾《自记》定此诗作于同治元年壬戌，未合。《东塾集》外文《重修学海堂碑记》云："同治元年修葺堂宇，七月之朔，圮于风灾。二年，重修落成。"则《自记》云云，或有误记。又陈璞（号古樵）《尺冈草堂遗诗》卷六有《癸亥冬日，学海堂重修落成，同周秩卿大令，谭玉生、陈兰甫、李梦畦、陈朗山四学博，李恢垣员外，金苣堂孝廉对酒，余为图题诗其上，诸君皆有作》诗，则东塾此篇，即当时题图之作。癸亥为同治二年，亦与《碑记》合。

是年，谭莹作《徐子远诗集序》。

谭莹《灵洲山人诗录序》（又名《徐子远诗集序》）略云：莹获交卅年，相期千古。昌黎联句，能拟孟郊。白傅工吟，偏推元九。嗣以壹志穷经，历观遍览。钻坚挈微，钩元提要，成《通介堂经义》若干卷。观王辅嗣之注《老子》，平叔爽然。阅卢子行所撰碑铭，刘松未解。殆疑其合全力以搏象，谓小技若雕虫。何邵公无愧经神，讵世儒所企及。杜子美夙称诗史，等余事于寻恒耳。乃今读《灵洲山人诗集》若干卷，而窃叹其具万夫之禀，通四部之全。乃许兼材，皆臻绝诣。……同治二年冬十二月大寒前二日，南海谭莹玉生谨序。

自是年起至同治六年，谭宗浚作诗集《过庭集（上）》。

谭宗浚《荔村草堂诗集》中《过庭集（上）》题下自注：起癸亥迄丁

卯，诗一百三十首。

同治三年　甲子（1864）　　谭莹六十五岁　谭宗浚十九岁

【时事】正月，曾国荃进逼天京太平门及神策门外，合围天京。四月，天王洪秀全病逝。六月，曾国荃督湘军猛攻天京，天京沦陷。九月，《中俄勘分西北界约记》签订，沙俄割占我西部领土四十四万平方公里。

一月，应倪鸿之招，谭莹与孙廷璋、桂海霞等人于文星楼宴饮。

倪鸿作《送春前三日招同谭玉生舍人孙莲畤廷璋桂海霞茂才饮文星楼题壁》纪其事。

按：倪鸿《退遂斋诗钞》按年编次，此诗写作年份为甲子年。

二月，重刻阮元修《广东通志》蒇事。

五月，谭宗浚作《送吴少村方伯擢抚湖北序》。

谭宗浚《送吴少村方伯擢抚湖北序》：凡送行者皆有诗，都为一集。时同治三年龙集甲子之夏五月也。

八月十五日（9月15日），谭宗浚偕同人玩月于学海堂。

谭宗浚《辛巳八月十五夜学海堂诗序》：余自甲子以迄癸酉，每居中秋，恒偕同人玩月于此。

谭宗浚《辛巳八月十五夜学海堂诗序》：追今岁南归，重联胜举。题襟共叙，折柬相招。而昔之曾与斯会者，若邓君啸笎维森、陈君奎垣起荣、冯君伯蓉葆廉、彭君莪村学存、赵君子韶齐婴、梁君竹贤葆干、梁君虞皋以赓等。

十月十五日（11月13日），谭莹作《熊笛江广文遗诗序》。

谭莹《熊笛江广文遗诗序》：同治三年冬十月之望，谭莹玉生序于豫庵。

是年，梁绍献招集邑绅于南海明伦堂议定纂修《南海县志》事，确定分纂者为谭莹、邹伯奇、李征霨与邓翔四人。

李征霨《南海县志后序》：又明年甲子，余于科后偶至省垣。时同年梁侍御绍献主讲羊城，而同年梁教授绍训暨区训导光藻以劝捐京米事开局于明伦堂。区与侍御交最密，乃进言于侍御曰："凡修志乘，刊遗书，表章先贤，嘉惠来哲，此在籍缙绅责也。廖、劳二公既启其端，子盍竟其绪乎？"侍御亦以难筹款为疑。训导笑曰："此何难，吾邑自军兴以来，各行户之抽分，各殷富之捐输，及红巾乱，各村堡设公局，办团练，捍乡闾，公私破耗，指不胜屈矣。然则力出于吾邑，非吾邑所能尽用也，大半以济通省之支绌，洎邻邦之协饷耳，岂用于人者？千百万而有余用，于己者三五千而不足乎？"侍御憬然，乃招集邑绅于明伦堂。先议经费，众未有以对也。……而修志经费已定，由是议总纂。佥谓："梁侍御为倡议之人，冯州牧、游教授为最老宿，此二公可也。"又议分纂，侍御曰："廖观察前所定三人，无容更易矣。然照前议，则功夫多，宜增一人。但吾邑多才，难于抉择，正如贫人见珠贝，晃炫不能自审矣。兹拟举一年高者，必董率之，如凤皇将九子可乎？"遂增邓孝廉翔一人，时年八十余矣。

同治四年　乙丑（1865）　谭莹六十六岁　谭宗浚二十岁

【时事】四月，清政府命钦差大臣曾国藩赴山东进攻捻军。又命曾国藩督办直、鲁、豫三省军务，防甘肃溃勇窜入陕西。五月，清政府命奕䜣筹办京城防范事宜，所有京城旗绿各营，均归节制。闰五月，李鸿章派道员潘鼎新率淮军十营，自上海乘船至天津，防捻军北上。八月，清政府命左宗棠驻粤，节制赣、闽、粤三省军队。是年，上海成立江南制造总局，为近代军事工业中规模最大之工厂。李鸿章在南京建立金陵机器局。

四月十五日（5月9日），应陈璞之请，谭宗浚作《唐骈体文钞跋》。

谭宗浚《唐骈体文钞跋》：海昌陈受笙孝廉，道光初曾作粤游，寓阮文达公节署中最久。尝自刻所辑《唐骈体文钞》，共十七卷，携归浙中。比年武林兵燹，其板不知尚存否也。窃谓骈俪之文，自以沈任徐庾为枢则，善学沈任徐庾者，莫若唐人，虽蹊径稍殊，而波澜莫二。即至寻常率意之作，其气体渊雅，自非北宋以后人所能。

我朝《钦定全唐文》，鸿篇巨制，裒集大成。然卷帙浩繁，下里寒儒，难于购觅。是编选择精审，中如四杰温李，采撷较多。要归丽则，窥豹一斑，拾鸾片羽。学者而欲由唐人以进，窥沈任徐庾阃奥，则此为嚆矢矣。

陈丈古樵重镌是书，因嘱浚雠校。鲁鱼亥豕，芟削遂繁。其中有原本缺误者，据《全唐文》《英华》《文粹》诸书及原集原碑补正，非敢肆意臆改。后有读者，谅无资焉。同治癸酉四月既望南海谭宗浚识。

夏，谭莹晤李光廷，后接其来书。

李光廷《与谭玉笙学博书》：玉笙十兄足下：夏间一晤，解维径发，山川跋涉，时劳萦想。昨得金苎堂来书，始知文旌已旋，学使久返，乃迟迟吾行何濡滞也。迩当秋雨洗瀁，金飚奏凉，伏惟起居，定多佳胜。

弟课士之暇，间搜端人著作。日从友人借得《温氏家集》及德庆温陶舟孝廉遗书，其门人高要陈扶初文学所辑，并其先德庄亭明经诗文附梓者。孝廉所著，有《宜善堂诗钞》三卷，《文钞》一卷，《系辞说》一卷，《书序辨》一卷，《古本大学解》一卷，《附论大学》一卷，《经义》一卷，《冠以先集》三卷，梓于咸丰元年，板留书肆，七年夷乱毁于火。孝廉三世家学，诗文真朴高洁，取法贵上。

八月十五日（10月4日），谭宗浚偕同人玩月于学海堂。

九月，应徐灏之邀，谭莹与倪鸿、李长荣等集水南楼宴饮。

倪鸿作《九日徐子远京兆招同文树臣观察星瑞张翰生都督谭玉生舍人李紫黼广文林五峰参军集水南楼》纪其事。

按：倪鸿《退遂斋诗钞》按年编次，另外，该诗题目中"九日"应为"九月"，属印刷失误。

是年，谭宗浚作《二十初度》。

自是年起，谭宗浚每卖文，有余钱，则与廖廷相、梁起等人狂饮于育贤坊之酒楼。

谭宗浚《旅寓京邸杂忆粤中旧游得诗二十首》自注：余自廿岁后，每卖文，有余赀，辄与陈孝直、张瑞毂、王峻之、邓啸篔、廖泽群、梁庚生，郑玉山诸君醵饮于育贤坊之酒楼。对门为陈独漉先生故宅，杭大宗诗所谓青贤坊。路近者也。

是年，谭宗浚长子谭祖纶生。

谭祖纶《清癯生漫录》（油污衣诗）：余光绪丁丑岁，年十三岁，由京师随宦至蜀道，经河南彰、卫、怀等府。

赵齐婴卒。

梁绍献卒。

翁同书卒。

同治五年　丙寅（1866）　谭莹六十七岁　谭宗浚二十一岁

【时事】正月，新疆回民起义军占领伊犁大城。二月，清政府派前知县斌椿率同文馆学生，随赫德出国游历。四月，滇督劳崇光进驻昆明。五月，左宗棠奏请设船政局于福建，试造轮船，清政府批准所请。潮州设义安总局，镇压人民反英斗争，英领事进入潮州。八月，清政府命崇厚筹办天津机器局，制造军火。十一月，清政府命曾国藩回南京就任两江总督，授李鸿章为钦差大臣，节制湘淮各军，专办"剿捻"事宜。清政府命沈葆桢总理闽省制船事务。

六月初九日（7月20日），应倪鸿之请，谭莹与陈澧、王拯等拜李东阳像赋诗。

倪鸿作《六月九日为李文正公生日招同王定甫通政刘松堂观察印星谭玉生舍人陈兰甫学博周鼎卿太史冠陈云史孝廉文瑞郑纪常别驾设祀寓斋拜像赋诗》纪之。

八月十五日（9月23日），谭宗浚偕同人玩月于学海堂。

是年，谭莹参与续修《南海县志》。

谭莹《胡稻香遗集序》：道光庚寅，纂修邑乘，共事者：谢里甫、邓鉴堂两先生，梁云门教授，曾勉士、熊笛江两广文，张问鸿孝廉，胡稻香茂才暨余，时余年最少。故癸巳撤局，宴集酒酣，云门教授笑谓余曰：他日重修，惟君能与耳。是以咸丰辛酉，余题教授遗集，有职志刊成。过廿年，重修语谶，谅无缘之句。曾几何时，春鹃秋蟀，落凤伤麟，良可慨已。同治丙寅，续修邑乘，余获与焉。

同治六年　丁卯（1867）　谭莹六十八岁　谭宗浚二十二岁

【时事】正月，清政府授左宗棠为钦差大臣督办陕甘军务。四月，清政府允琉球国子弟入监读书。六月，岑毓英等攻陷贵州猪拱菁，苗军首领陶新春被俘遇难。十月，清政府派美国卸任公使蒲安臣为清政府出使大臣，赴有约各国办理中外交涉事宜。

四月，谭莹作《重建广州城南三大忠祠暨南园前后十先生抗风轩募疏》。

谭莹《重建广州城南三大忠祠暨南园前后十先生抗风轩募疏》：从古兴亡，讵乏忠荩。或激昂陷阵，或悲愤投江，或驰惶纳肝，或仓猝断脰。植纲常于沦丧，通肸蠁于幽微，享祀不忒宜已。若乃朔南一辙，臣仆千春。相期百折以不回，窃比三仁而弥惨。残山剩水，谁问奈何之天。金盌玉鱼，曝然干净之土。仙掖殉波臣而去，鬼雄知狱吏之尊。业箕尾之各骑，兆香头而待斫。著黄襕而无愧，咏霓裳而喜同。（文陆二公与谢叠山同举宝佑四年进士）。贞节苦心，成仁取义。履洁含忠之素，流风余韵之存。焚楮奠椒，乌容已已。

尝窃谓宋室三忠之烈，洵足增吾粤五管之光者也。略殊江右，惟祀二山。（文山、叠山）。遥望厓门，屹然双庙。左有抗风轩，为前明前后十先生坛坫旧址。并庙祀焉。迭修社事，信买邻居。萃海峤之英灵，益忠良之涕泪。异刘郎之怀古，敢说降幡。如宋玉之招魂，各工楚些。牙旗玉帐，飙马云车。粥鼓斋鱼，笔床茶灶。闽中十才子，或许联镳。岭南三大家，均其嗣响。礼簪裾于异代，总盘敦于三城。理学名标，英雄事去。撷新绿之田蘅，供晚香之寺花。黄蝴蝶之飞来，锦鹧鸪之啼彻。此钦贤之灵宇，亦征雅之丽区也。

言时称代，曾录打碑。累载兼年，谁赓考室。兹以同治丁卯夏四月，烈风陡作，零雨绵蒙。栋折榱崩，石烂瓦碎。业垣墉之尽圮，即坊表而靡存。两地毗连，一朝零落。丹楹旧容蝼蚁，玉座时走伊威。堂皇埃芜，香火阒寂。谁访议郎之宅，雪意微茫。似闻正则之祠，滩声呜咽。载怀兴葺，佥议捐输。志士幽人，夙怨嗟其际会。孀机嫠纬，亦布施以锱铢。（恤嫠局银旧于此给发）。勿行不舍之檀，巧藉能炊之米。现庄严于空际，各有因缘。肃名教于海隅，原关风化。伫见棉红榕碧，句有纱笼。蕉黄荔丹，鼓亦铜范。菩提新种，访诃林而先拜仲翔。柏树倘存，咏閟宫而弥思葛相。太平宰辅，瓣香兼风度之楼。正命君臣，仙驭谒慈元之殿。抗疏埒文溪之直，营庙同时。镂名仿炎汉之遗，出钱咸列。此亦表忠之观，端明作碑。焕然大雅之堂，浮邱复社。

八月十五日（9月12日），谭宗浚偕同人玩月于学海堂。

是年，谭莹担任《续修南海县志》分纂，负责纂录《舆地略》《建置略》《金石略》和《杂录》，分纂《职官表》《选举制》，与李征霨合作分纂《艺文略》。谭宗浚则担任该志编校。

陈善圻《续修南海县志序》：志乘于今伙矣、赜矣。……余以丁卯仲春，摄篆南海，时邑人士方续修志乘，设局胶庠。

（同治）《南海县志》（职名）：分纂：举人内阁中书衔琼州府教授谭莹。编校：举人内阁中书衔谭宗浚。

李征霨《续修南海县志后序》略云：谭学博曰："世人喜考证金石，谓其可以验枣木传刻之讹，订史传时日之错也。而风气所尚，《邑志》多列此一门，独不思百里区区古物有限，不得已则取神坛社庙之断碑烂碣充之。文字既鲜雅驯，笔札尤为恶劣。如前志广收佛山祖庙各碑，中有令人不可向迩者。况地无所得载，及家藏，岂知鉴别不精，赝鼎居半。而朝秦暮楚，转盼不知落在何方，尚能据为吾邑金石哉？我今续此一门，慎之又慎，不敢以杂乱为宏博也。"

曾习经生。
劳崇光卒。
骆秉章卒。

同治七年　戊辰（1868）　谭莹六十九岁　谭宗浚二十三岁

【时事】正月，京师戒严，清政府命恭亲王奕䜣会同神机营王大臣办理巡防事宜。命钦差大臣左宗棠总统直隶清军，防堵捻军。三月，清政府以捻军入山东，命李鸿章总统山东各路清军。闰四月，清政府授都兴阿为钦差大臣，管理神机营事务，赴天津等处会同李鸿章、左宗棠围攻捻军。六月，西捻军被包围于黄河、运河、徒骇河之间，在山东茌平失败，梁王张宗禹等死难。历时十六年之捻军抗清斗争失败。七月，清政府以平捻，左宗棠、李鸿章加太子太保衔，并命李鸿章以湖广总督协办大学士。八月，山东巡抚丁宝桢将外出招摇之太监安德海正法。英、俄、德、美、法公使于北京订立《上海公共租界土地章程》。十月，美教士丁韪良任京师同文馆总教习。十二月，清政府命湖广总督李鸿章驰赴贵州，督办军务。

是年，应礼部试，谭宗浚下第，获挑取誊录。

谭宗浚《荔村随笔术验·吕仙祠签》：余戊辰公车下第后，祈签于京师琉璃厂吕祖祠。得签云："潜藏自有光明日，守耐无如待丙丁。龙虎两番生运会，春风一转渐飞惊。"窃意："丁丑年或可望捷南宫也。"及甲戌年，射策以第二人及第。其小传胪为丙日，大传胪为丁日，灵应不爽如此。

钱维福《清秘述闻续》（卷七）：同治七年戊辰科会试

考官：吏部尚书朱凤标字桐轩，浙江萧山人，壬辰进士。兵部尚书董恂字韫卿，江苏甘泉人，庚子进士。工部尚书文祥字博川，满洲正红旗人，乙巳进士。副都御史继格字述堂，满洲正白旗人，壬子进士。

题"畏大人畏"二句，"君子未有"二句，"以予观于"二句。

赋得"千林嫩叶始藏莺"得"藏"字。

顾廷龙主编《清代朱卷集成》中甲戌科会试《谭宗浚履历》：赵朗甫夫子，印曾同，壬子翰林，现任浙江金华府知府，戊辰科会试同考官，蒙荐卷挑取誊录。

八月十五日（9月39日），谭宗浚偕同人玩月于学海堂。

自是年起至同治十年，谭宗浚作诗集《过庭集（下）》。

谭宗浚《荔村草堂诗集》中的《过庭集（下）》题下自注：起戊辰迄辛未，诗二百一首。

同治八年　己巳（1869）　谭莹七十岁　谭宗浚二十四岁

八月十五日（9月20日），谭宗浚偕同人玩月于学海堂。

十一月，王拯归里。

汪宗衍《陈东塾先生年谱》：十一月，王拯归里，约先生与倪鸿（云渠）话别，同登粤秀山学海堂探梅玩月，先生有诗赠之。

按：王拯为谭宗浚业师。

是年，谭莹、谭宗浚开始参与纂修《广州府志》。

戴肇辰《重修广州府志序》：爰禀陈大宪，商同绅士，于同治己巳仲冬在省城府学宫开局重修，延聘史穆堂中允、李恢垣铨部为总纂，周秩卿司马等或司分纂，或司图说，或司采访，究心旧志，续增新事，益前人所缺，略广后日之见闻，庶几哉他日按籍而稽举十四属之舆图、人物，展卷了然。而自乾隆修辑以后，广州百数十年之事迹，灿然悉备，所以成一郡之掌故，而佐全粤之治理者，胥在是矣。

《重修广州府志职名》：分纂：进士同知衔山东临武县知县周寅清、举人内阁中书衔化州训导谭莹、举人内阁中书衔高要县教谕李征霨、举人截取知县金锡龄、举人升用同知江西安福县知县陈璞、侍讲衔翰林院编修四川学政谭宗浚。

邹伯奇卒。
梁士诒生。
陈庆龢生。
按：陈庆龢为谭宗浚受业子婿，尝校定《希古堂集》。

同治九年　庚午（1870）　谭莹七十一岁　谭宗浚二十五岁

【时事】二月，清政府命李鸿章带兵先赴陕西，俟陕事平后，仍即驰赴贵州督办军务。五月，天津教案发生。清政府命直隶总督曾国藩赴天津"查办教案"。六月，清政府命工部尚书毛昶熙驰赴天津，会同曾国藩查办天津事件。八月，清政府调曾国藩督两江，李鸿章补授直隶总督。十月，清政府命刘铭传督办陕西军务。十一月，李鸿章奏扩建天津机器局

八月十五日（9月10日），谭宗浚偕同人玩月于学海堂。

是年，谭宗浚从应元书院肄业。

谭宗浚《学书轩记》：余素不工书，年十七初应礼部试。……越九年，肄业应元书院。

朱汝珍生。
邓翔卒。

同治十年　辛未（1871）　谭莹七十二岁　谭宗浚二十六岁

【时事】四月，李鸿章奏改筑大沽北塘炮台，清政府允准。五月，俄国借口"安定边境秩序"，出兵侵占伊犁地区，野蛮屠杀当地中国居民。

三月，谭宗浚与冯葆廉计偕入京应礼部试，落第。

谭宗浚《癸酉十二月约同人计偕之京时丁外艰甫服阕登公车凡四次矣

述哀感旧情见乎词集杜句得诗五首》其二自注云：辛未岁下第南归，旋丁先教授公忧，近始服阕。

谭宗浚《伤逝铭》自注：余辛未与君同计偕入京。

五月初一日（6月18日），应张之洞之邀，谭宗浚在京师参与龙树寺集会，并作《龙树寺宴集序》与《潘伯寅侍郎祖荫张香涛太史之洞招游龙树寺同集者董研秋观察文焕胡甘伯郎中澍秦谊亭主政焕文阁□□太史乃犹王壬秋闿运赵一甫之谦李莼客慈铭桂皓庭文灿张子馀预陈一山乔森王子裳咏霓孙仲容成让袁爽秋步蟾诸孝廉率赋长歌一首》，到者凡十六人。次日出都南归。

胡钧重编《张文襄公之洞年谱》卷一：同治十年，五月初一日，与潘文勤觞客与龙树寺，到者十六人。无锡秦谊亭作雅集图。王代公述《清王湘绮先生闿运年谱》：同治十年五月，潘侍郎伯寅以世家高科久居京师，主持坛坫。张编修香涛新从湖北学政归，提倡风雅。因府君入京，乃以朔日招集四方英彦，约饮龙树寺。无锡秦谊亭炳文、南海桂皓庭文灿、绩溪胡荄甫澍、吴县许鹤巢赓飏、元和陈培之倬、会稽李莼客慈铭、会稽赵㧑叔之谦、长沙袁鹤舟启豸、洪洞董研樵文焕、遂宁陈亦山乔森、黄岩王子裳咏霓、钱塘张子虞预、福山王莲生懿荣、南海谭叔裕宗浚、瑞安孙仲容诒让、朝邑阎进甫乃犹，集者十七人。

刘禺生撰《世载堂杂忆》（龙树寺觞咏大会）：南方底平，肃党伏诛，朝士乃不敢妄谈时政，竞尚文辞，诗文各树一帜，以潘伯寅、翁瓶叟为主盟前辈。会稽李莼客，亦出一头地，与南皮张香涛互争坛坫。时李、张二人，文字往还，犹未发生龃龉也。张、李有隙，始于香涛督湖北学政时，延莼客入幕，莼客为香涛作酬应信十余通，酬少事多，大不高兴，乃扬长辞馆而行。入京以后，颇对香涛有违言。时李莼客自称赀郎，屡试不中进士，乃迁怒于当时之翰林，谓大半皆不学之徒，有人指为对香涛而发。不知莼客来往最密者，如朱肯甫迨然、张子虞预等，亦皆翰林，莼客亦不过独发牢骚而已。但彼最恨者；前为周季贶，后为赵㧑叔。周曾荡其京官捐纳之赀，赵又夺其潘门入幕之席，文人心仄，私恨遂深。同治十年辛未，香涛湖北学政任满回京，与潘伯寅觞客于龙树寺，其周旋于李莼客、赵㧑叔之间者，仍无微不至。足征张、李二人，直至斯时，尚未显裂痕也。

同治末造，朝官名士，气习甚盛，推奉祭酒。当时香涛发起觞客于龙树寺，刻意邀集莼客，莼客亦以潘伯寅为盟主之故，许来参与，并允与赵㧑叔不当筵为难。此咸、同以来，朝官名宿第一次大会也。今取龙树寺大会之人物及其始末，补录于后，斯亦一重掌故也。

香涛发起龙树寺大会，先致潘伯寅一函云："四方胜流，尚集都下，不可无一绝大雅集。晚本有此意，陶然亭背窗而置坐，谢公祠不能自携行厨，天宁寺稍远，以龙树寺为佳。"又函云："承教命名续万柳堂，有大雅在，人无敢议，晚等为政，恐不免耳。方今人少见多怪，使出自晚一人，则必姗笑随之。若翁叔平丈能出领名，则更妙矣；晚只可为疏附之人耳。"

又调停李（莼客）、赵（撝叔）之间，复函潘伯寅谓："李、赵同局，却无所嫌，两君不到，则此局无色矣。莼客，晚嘱其不必忿争，彼已许纳鄙言；执事能使撝叔勿决裂，度万不至此，则无害矣。若清辩既作，设疑问难，亦是韵事。毛西河、李天生曾于益都坐上喧争，又某某在徐健庵处论诗，至于攻击，岂不更觉妩媚乎？想李、赵二君，亦当谅晚奔走之苦心也。"

是日与会者，有无锡秦炳文，南海桂文灿，元和陈倬，绩溪胡树，会稽赵之谦、李慈铭、吴赓扬，湘潭王闿运，遂溪陈乔森，黄岩王咏霓，钱唐张预，朝邑阎乃竑，南海谭宗浚，福山王懿荣，瑞安孙诒让，洪洞董文焕。由秦炳文绘图，王壬秋题诗，桂文灿作记。李莼客、赵撝叔，均未著一字。炳文题图云："时雨乍晴，青芦瑟瑟，纵论古今，竟日流连，归作此图，以纪鸿爪。"

当日置酒宴客，潘伯寅以为张香涛必备酒宴，张香涛以为潘伯寅必携行厨；不意宾主齐集，笑谈至暮，酒食未具，仍各枵腹。故叶鞠裳即席赋诗，有"绝似东坡毳字谜，清谈枵腹生槐龙"之句（自注：未携行厨，客至无馔，嗣召庆余堂，呫嗫立办）。

同治末造，时局大定，朝中诸老辈，以宏奖风流自任；所谓各怀意见，亦皆学术文字之攻击，初非植党逞私之倾轧也。观龙树寺大会，尚有承平气象。

自同治末迄光绪初，此数年间，乃为南北清流发生最大磨擦之关键。闻之樊樊山曰：南派以李莼客为魁首，北派以张之洞为领袖，南派推尊潘伯寅，北派推尊李鸿藻，实则潘李二人，未居党首，不过李越缦与张之洞私见不相洽，附和者遇事生风，演成此种局面耳。越缦与予（樊山自称）最善，予以翰林院庶吉士从彼受学，知予亦香涛门人，对予大起违言，由其满腹牢骚，逼仄所至，不知实有害于当时朝士之风气也。按两派之争，越缦殊郁郁不得志，科名远不如香涛，所以执名流之牛耳者，不过本其经史百家诗文之学，号召同俦。至于体国经野，中外形势，国家大政，则所知有限，实一纯粹读书之儒，不能守其所长，乃以己见侈谈国事，宜香涛诸人不敢亲近。但越缦则自以为可以左右朝政，乃与邓承修诸御史主持弹章，声应气求，藉泄其愤。乃身为御史，反无丝毫建树，讥之者，谓越缦得此官，愿望已足矣。综观《越缦日记》，大略可征。

张之洞于同治九年，始与陈弢庵宝琛、王廉生懿荣订交，皆一时文学侍从之臣。十二年，即任四川学政。光绪二年回京，乃与丰润张佩纶，因穆宗升祔位次一折相识而论交，自此以后，李、张更势成水火，不复有回旋余地，清流名号，遂为越缦攻击之口头禅。清流党者，呼李鸿藻为青牛（清流同音）头，张佩纶、张之洞为青牛角，用以触人；陈宝琛为青牛尾，宝廷为青牛鞭，王懿荣为青牛肚，其余牛皮、牛毛甚多。张树声之子，为牛毛上之跳蚤（此亦樊山述越缦之批评）。香涛、弢庵诸人，连同一气，封事交上，奏弹国家大政，立国本末，此越缦派人所不能为，故嫉忌愈甚。

二张与陈所上奏折，如：穆宗升祔疏，黄漱兰陈时政得失疏，抑宦官疏，四川诬民为逆疏，直言不宜沮抑奏请修省弭灾疏，陈俄约贻害请修武备疏，治崇厚罪疏，请派曾纪泽赴俄另议疏；奏陈练兵筹饷策，奏陈边防疏，中俄割界疏，海防江防疏，劾刘坤一疏，慎重东南疆寄西北界务疏等，多香涛、弢庵诸人合议之作。未几，香涛任山西巡抚，后调两广总督，弢庵任南洋军务会办，降级。清流党皆出京，攻击者亦从此告止。越缦则交接言官，主持朝政，气量狭小，终无所建白。

谭宗浚《潘伯寅侍郎祖荫张香涛太史之洞招游龙树寺同集者董研秋观察文焕胡甘伯郎中澍秦谊亭主政焕文阁□□太史乃梡王壬秋闿运赵一甫之谦李莼客慈铭桂皓庭文灿张子馀预陈一山乔森王子裳咏霓孙仲容成让袁爽秋步蟾诸孝廉率赋长歌一首》自注：余以翌日出都。

八月十五日（9月29日），谭宗浚偕同人玩月于学海堂。

九月，谭莹病卒。

谭祖纶《清癯生漫录·先兆》：事有先兆，莫知其然。先大父教授公于咸丰辛亥除夕祭灶文有云：无患无灾，更保二十年之算。是时，先大父五十二岁矣，竟于同治辛未九月弃养，恰值二十年岂非气机已伏于廿年前欤？

朱彭寿《清代人物生卒年表》：谭莹，内阁中书衔，原任化州训导。九月卒，年七十二。入国史馆文苑传。

是年，谭宗浚作《掷砚亭吊李子长先生文》。

谭宗浚《掷砚亭吊李子长先生文》：先生，讳孔修，字子长，南海人。明白沙陈文恭公高弟子。尝应试至贡院，苦搜捡苛碎，因掷砚而去，遁隐西樵山中，以画自给，方文襄、霍文敏皆重其为人。今山中有高士祠，即先生读书处也。余辛未岁，被摈春官，返里后踟蹰。北城有亭岿然，云先生掷砚遗迹。意有所感，遂发愤而献吊云尔。

同治十一年　壬申（1872）　谭宗浚二十七岁

【时事】三月，清政府以奉天边民越界入朝鲜滋扰，命盛京将军严禁查拿。英人美查创办《申报》于上海。六月，俄使允还伊犁，要求修改塔城所定边界，并要求乌鲁木齐、哈密等六城开为商埠。七月，清政府批准上年曾国藩、李鸿章所派容闳、陈兰彬率领第一批广方言馆毕业生梁敦彦、詹天佑等三十人赴美留学。十一月，李鸿章奏请在上海试办轮船招商局，官督商办。是年，商人陈启源在广东南海县创办继昌隆机器缫丝厂。

七月十五日（8月18日），谭宗浚作《梅窝词钞序》。

谭宗浚《梅窝词钞序》：同治壬申七月既望，南海谭宗浚序。

八月十五日（9月17日），谭宗浚偕同人玩月于学海堂。

十二月，谭莹被安葬于广州城东荔支冈，其墓志铭由陈澧撰、李文田书、史澄篆盖。

陈澧《内阁中书衔韶州府学教授加一级谭君墓碣铭》：岭南自古多诗人，而少文人。阮文达公开学海堂，雅材好博之士蔚然并起，而南海谭君莹最善骈体文，才名大震。君之字曰兆仁，别字玉生。少时，宴集粤秀山寺，为文悬壁上。阮公见而奇之。时方考县试，公告县令曰："县有才人，宜得之。"令问姓名，公不答。已而得君所为赋，以告公。公曰："得之矣！"取第一人入县学。翁文端公督学政时，回部叛乱，公以克复回城贺表命题，君文千余言，援笔立就，公评其卷曰："粤东隽才第一。"后督学徐公士芬以君优行贡入国子监，未赴，捐纳为教官，学海堂推为学长。

道光二十四年，中举人。咸丰九年，上官委劝捐出力，奏加内阁中书衔。前后署肇庆府学教授，曲江、博罗县学教谕，嘉应州学训导，选授化州学训导，升授琼州府学教授，以老病不赴。

生平博考粤中文献，凡粤人著述，搜罗而尽读之，其罕见者，告其友伍君崇曜汇刻之，曰《岭南遗书》五十九种，三百四十三卷；曰《粤十三家集》一百八十二卷，选刻近人诗曰《楚庭耆旧遗诗》七十四卷。又博采海内书籍罕见者汇刻之，曰《粤雅堂丛书》一百八十种，共千余卷。凡君为伍氏校刻书二千四百余卷,为跋尾二百余篇。君之淹博,略见于此。

所为诗文有《乐志堂集》三十三卷,初以华赡胜,晚年感慨时事,为激壮凄切之音。性真率不羁,饮啖兼人,杯酒间谈笑无所避。晚年目疾,颓然静坐,默诵生平所读古诗文,日恒数十百篇,其强记如此。

同治十年九月卒,年七十二。有子五人:鸿安、崇安、宗浚、宗翰、宗熙;孙三人:祖贻、祖纶、祖沅。明年十二月,奉君柩葬于广州城东荔支冈之原。

君与澧同举优贡,同为学海堂学长,交好数十年。君之子请为铭,铭曰:

> 文人之福,惟君独全。生于富家,慧于童年。才名震暴,文酒流连。聚书校刊,其卷盈千。自为诗文,其集必传。寿逾七十,其子又贤。饱食坐化,泊如登仙。我不谀墓,此皆实言。酹君斗酒,质君九泉。

十二月初十日(1873年1月8日),谭氏族人重修广州城内迁粤始祖祠落成,谭宗浚为之撰《重建谭氏宏帙公祖祠碑记》。

谭宗浚《重建谭氏宏帙公祖祠碑记》略云:是役也,经始于辛未八月丁丑日,落成于壬申十二月庚申日,又用形家言,改建文昌方阁上。其前壁之未正者拓之,其正殿之稍庳者增之,其祠旁之渠旧由祠东去者,疏汇而潴蓄之。并建试馆数十间,俾子孙应试者,咸有所集处。先后縻白金二万余两,倡建者:裔孙海观、伯筠、国恩、若珠、时珍、锡鹏、汝舟。董役者:裔孙训诰、绍勋、启贤、国恩、曦光、耀堃、继桢、秩然、灼文、锡龄、炳章、蓬坤、泽南、湛瀛、仁定、衡汝、信世、然树、声金、钊以、忠瀚、文信。其尤出力者:训诰、绍勋、启贤、泽南也。

宗浚愚憨不能文,谨述其缘起,以绍来者。铭曰:

> 水流以涓,木壮以栱。厥势孔长,岁祀绵暧。
> 图籍散佚,罔知厥纲。末俗寝薄,各惊而散。
> 近识远忘,厥有祠祀。追孝敦睦,古谊用彰。
> 猗我先祖,清爽欻忽。肇安斯堂,新之营之。
> 栋宇华炳,艳然有章。春秋吉日,酒旨殽脂。
> 嘉谷苾芗,灵兮来下。周览慰怿,攡繣卷裳。
> 凡在裔姓,仰瞻在上。屑若在旁,自今以始。
> 滂福溶祉,俾蕃且昌。各恭尔事,无作神恫。
> 以迓吉羊,敢铭丰碑。昭告来祀,寿之靡疆。

是年，因续修县志的主要参与者相继去世，应李征霨之请，谭宗浚为之赞助，（同治）《南海县志》告竣。

李征霨《续修南海县志后序》略云：商榷既成，自揆四年全书可毕。不料丁卯开局至戊辰两年间，诸采访之以册来者，十无一二。而梁侍御先于丙寅十月卒，冯州牧于丁卯十月卒，游教授于戊辰四月卒。明年己巳五月，邹征君卒矣。其十月，邓孝廉以老病辞馆。庚午三月则又卒矣。余乃将邹君未成之书代为编排，而邓书之凌乱者，属谭君力为厘定。而谭君以景迫桑榆，恒有时不再来之叹，而谭果以辛未九月卒。并先后管理局务诸君如梁教授、卢明经皆以是冬捐馆矣。余时孤鸣嘐嘐，胸怀作恶，加以神疲目眊，校雠之审，非所克堪，乃请谭君哲嗣叔裕为之赞助。全书乃告成焉。然是役也，余分题得列传，故所撰独多，而宁繁毋简，宁华毋朴，疏于考古，详于述今，多窃取文史通义之恉。虽不敢自信其无可讥也，然余之从役于斯也，固尽心焉耳矣。

书共二十六卷，外有《氏族纪》若干卷，乃欲编《氏族志》而未成者。然吾邑土著之民某家阀阅最盛，某姓丁口繁滋，亦考见涯略，不忍焚弃，故附于志书以行，而另为卷帙焉。同治十一年十月李征霨识。

郑献甫卒。
何曰愈卒。
曾国藩卒。

同治十二年　癸酉（1873）　谭宗浚二十八岁

【时事】正月，同治帝载淳"亲政"。五月，清军占腾越厅城，云南回族运动失败。八月，清政府派陈兰彬去古巴，查明华工受虐待情况。九月马文禄等投降，清军占肃州，入城后残酷屠杀回民。十月，安邺率法军占领越南河内。十一月，刘永福督黑旗军与法军激战于河内，击毙安邺。

八月十五日（10月6日），谭宗浚偕同人玩月于学海堂。

十二月，谭宗浚作《癸酉十二月约同人计偕入京时丁外艰甫服阕登公车凡四次矣述哀感旧情见乎词集杜句得诗五首》。

岁末，谭宗浚与廖廷相、梁金韬、何济芳及钟砺乾五人一起北上应试。

廖廷相撰《爱古堂文集诗集序》略云：及癸酉岁冬，计偕北上。君与余皆惮海行之险，相约取途内地，籍览山川之体势，访区域之名胜。同行者则谭君叔裕、何君济芸、钟君砺乾也。溯浈水而上，度庚岭、下赣江，泛棹吴越之区，驱马齐鲁燕赵之野。凡百有余日，始抵都门。五人者，舟车无事，晨夕纵谈。

自是年十二月迄光绪元年七月，谭宗浚作诗集《谒京集》。

谭宗浚《荔村草堂诗钞》之《谒京集》自注：起癸酉十二月迄乙亥七月，诗一百五首。

何绍基卒。

同治十三年　甲戌（1874）　谭宗浚二十九岁

【时事】三月，日本陆军中将西乡从道照会闽督李鹤年，借口台湾杀琉球船民事，准备出兵侵略台湾，清政府派沈葆桢带领兵船，以巡阅为名，前往台湾查看。四月，清政府以沙俄不交还伊犁，命左宗棠催令出关诸军，迅速西进。清政府命沈葆桢为钦差大臣，办理台湾等处海防兼理各国事务大臣。五月，清政府向柳原公使抗议日本出兵台湾。七月，清政府授乌鲁木齐都统景廉为钦差大臣，督办新疆军务。《中国教会新报》改为《万国公报》。八月，日本全权大臣大久保利通在北京与奕䜣开议台湾事件。九月，中日定议台事专约三款及凭单。十月，日军撤出台湾。十一月，李鸿章奏呈练兵、简器、筹饷、用人、持久、轮船管见六条。十二月，同治帝卒。

二月，谭宗浚应礼部会试，中试第二百七十五名，覆试一等第十五名。

《清代朱卷集成》中《谭宗浚履历》：甲戌科会试中试第二百七十五名，覆试一等第十五名。

钱维福撰《清秘述闻续》（卷七）：

考官：礼部尚书万青藜字藕黔，江西德化人，庚子进士。刑部尚书崇实字朴山，满洲镶黄旗人，庚戌进士。工部尚书李鸿藻字兰生，直隶高阳人，壬子进士。吏部侍郎魁龄字华峰，满洲正红旗人，壬子进士。

题"子曰君子坦"一句，"自诚明谓之性"，"孟子曰君不义"。

赋得"无逸图"得"勤"字。

会元秦应逵字鸿轩，湖北孝感人。

状元陆润庠字凤石，江苏元和人。榜眼谭宗浚字叔裕，广东南海人。探花黄贻楫字济川，福建晋江人。

陈义杰点校《翁同龢日记》：同治十三年甲戌（1874）三月廿九日（5月14日）阴。题次侯《旧山楼图》，作一词。得筹儿三月十七日函，场中安静，试作未寄来。得仲复赆函。任福来。夜宝生，咏春在此小饮，另款厚斋、云亭、士吉等三昆仲。是日蔡孟云送席，钱稚庵兄弟送席，故分饷客也。夜小雨。会试头场题："君子坦荡荡"，"自诚明"二句；"孟子曰君仁莫不仁"一句。

四月，谭宗浚在保和殿应殿试，举进士，以一甲第二人及第，授翰林院编修，加侍读衔。

商衍鎏《清代科举考试述录及有关著作》：清初二月会试，三月发榜，四月初殿试；后改三月会试，四月发榜，五月初殿试。乾隆十年改四月二十六日殿试，五月初十传胪，二十六年定四月二十一日殿试，二十五日传胪，遂为永制。光绪癸卯、甲辰两科会试，因借闱河南，改为五月二十一日殿试。若康熙癸巳（[校注：五十二年]）及雍正元年、二年于十月殿试，则皆因恩科、春乡试秋会试之故，非常例也。殿试初试于天安门外，顺治十四年礼部梁上国等请试于太和殿之东西阁阶下，遇风雨试于殿东西两庑。雍正元年殿试在十月二十七日，时天甚寒，因命试于殿内，令銮仪卫军校代携考具，并赐食物与炉火，策士列坐殿内，盖昉于此。乾隆五十四年始试于保和殿，后沿为例。

《清代朱卷集成》同治甲戌科《谭宗浚履历》：甲戌科殿试一甲第二名，钦授翰林院编修。

唐文治《诰授中议大夫云南粮储道谭叔裕先生墓表》：甲戌，应礼部试，举进士，以第二人及第，授职编修。

商衍鎏《清代科举考试述录及有关著作》：二十五日在太和殿传胪，典礼甚为隆重。……传胪后，颁上谕第一甲第一名某授职翰林院修撰，第二名某、第三名某授职翰林院编修，俗称第一为状元、第二为榜眼、第三为探花。

谭宗浚《四月二十四日引见蒙恩以第二人及第恭纪》：玉殿句胪唱奏

终，丹墀拜舞十人同。烟痕细浥螭头碧，日彩高悬雉尾红。敢诩巍峨登上第，勉期献替效微忠。天门谹荡人亲到，始识熙朝养士隆。

谭宗浚《（四月）二十五日胪唱纪恩诗四首》：

《传胪》：丽日开三殿，祥云捧九霄。鸣钟听汉跸，按曲奏虞韶（是日殿上奏乐）。伏地兢惶切，瞻天拜舞遥（是日礼部官宣诏：状元等三人闻唱名即出班谢恩。状元、探花在东班，榜眼在西班，行三跪九叩礼）。不才疲荼甚，何以慰嘉招。

《送榜》：送榜中门出，骈阗万象看。贴黄传已遍，淡墨写才干。水阔鱼龙迅，风高鹏鹗搏。抚衷弥自憬，勿愧读书官。

《赐宴》：献爵仪才肃，张筵意未阑（三鼎甲出午门时，礼部尚书及顺天府尹丞结彩棚于长安门外，行献爵礼，随即上马到顺天府尹衙门赴宴。翌日二十六，复赐宴于礼部衙门，名"恩荣宴"）。何期小人腹，频餍大官餐。法酒香浮斝，仙梨重饤盘。转思贫贱日，粗粝耐儒酸。

《归第》：骏马健嘶风，凭鞍意气雄。才辞双阙下，倏走六街中。官道鸣驺过，宫花插帽红。眷怀主恩厚，归骑莫匆匆。

五月十七日，谭宗浚被蒙恩召对。

谭宗浚《五月十七日蒙恩特旨召对乾清宫恭纪》：鸡筹晓唱侍枫宸，伏陛亲聆圣训询（召见时，垂询家世甚详，并询及臣身子结实不结实）。清白夙承先世训，驽骀敢效壮年身。幸叨异数真稠渥，愧乏嘉谟效矢陈。归向田园夸盛事，获瞻尧颡似高辛。

《申报》1874年7月9日："五月十七日京报全录"：谭宗浚、黄贻楫预备召见。

七月，谭宗浚被授外职，并作《送李若农前辈乞假终养序》。

《申报》1874年7月1日："新科进士授职单"：一甲进士三名陆润祥、谭宗浚、黄贻楫业经授外职。

谭宗浚《送李若农前辈乞假终养序》：同治十三年七月，翰林院侍读学士前辈若农李公乞假终养。

是年，谭宗浚探花及第喜报传粤后，陈澧作书及联语以贺之。

陈澧《与谭叔裕书（一）》：自喜报到粤，士林翕然均庆，非独世交私心欢抃也。老拙手书一联，命儿子送府上为贺，其句云："手笔真能学燕许，科名不愧似洪孙。"又阅邸钞，知蒙召对，此似昔时鼎甲所未有，从此渥承圣卷可知矣。近得来函，礼恭词挚，无异晤言。秋冬间荣归，把晤不远。仆自春间腹疾，入夏渐止，而脚肿气喘，转加气痛，今通亦止，而肿处时消时长。姜桂之药，日日不离，羸弱不堪。草此奉覆，不能多述，遥颂大喜不尽。

澧再拜。仆购求《陈后山文集》，久不得，都中如有之，祈代买为荷。《水道提纲》粤中近日无之，都中想不难得，亦祈买归。

是年，谭宗浚评定香山榄溪菊花会诗歌比赛名次。

李文泰《海山诗屋诗话》卷九：同治甲戌，香山榄溪菊花会，诗题为《登风度楼怀张文献公》七律。谭叔誉太史评定，取黄芑香为第一，时有"菊花状元"之目。诗云："风度三唐世莫同，岭南全璞独思公。故宫黄叶空凝碧，古宅青山尚曲红。独步文章词客冠，千秋事鉴老臣衷。封章倘遂诛庄贾，便是中兴李郭功。""归燕高飞瘴海东，玉堂回首画梁空。早愁胥史登前席，谁遣胡儿乱后宫。谷口车铃还夜雨，箧中羽扇已秋风。可怜积善高门后，谣诼蛾眉一样同。""开元闻道急图功，章疏金函礼眷隆。三杰诗同酬宋璟，四方馆俨待姚崇。如何私语金钗密，不共高谈宝座雄。孤愤岂徒伤曩日，宴安从古误深宫。""牛李纷纷气焰雄，抚时深慨古今同。论才公亦无门阀，裂土谁真有战功。伊吕道侔期后起，羯胡尘扫望孤忠。重来九鹤都鸾凤。鹰隼相猜往事空。"太史谓其诗骨秀气苍，于环玮典丽之中仍有浑灏流行之致；末首感喟淋漓，则又吊古况今之微旨也。芑香名绍昌，香山廪生。近余所识才人无逾芑香者，然犹困一衿，异矣。

《菊花会诗集》佳作极多，余爱李子虎广文，联云："望高台辅翱翔际，态在君王寤寐中。"切定风度楼著想，尤为老手。文雪门员外结句云："但愿臣言终不验，禄山忠顺立奇功。"亦是夷匪所思。

杨荣绪卒。
罗惇衍卒。
瑞麟卒。
蒋益澧卒。

卷五　光绪时期

德宗光绪元年　乙亥（1875）　谭宗浚三十岁

【时事】正月，英使馆翻译马嘉理由缅甸回滇，抵永昌府属盏达副宣抚司地被杀（史称"马嘉理案"）。光绪帝即位。慈禧太后再度垂帘听政，宣告中外。二月，英使威妥玛正式向总署提出六项要求，就马嘉理事件向清政府进行交涉恫吓。日使无理照会总署，琉球来华进贡应请命日本，并请命该使至日本使署备询。三月，清政府命左宗棠为钦差大臣，督办新疆军务。四月，清政府派李鸿章督办北洋海防，沈葆桢督办南洋海防。五月，清政府派湖广总督李瀚章往云南查办"马嘉理案"。六月，日本内务大丞松田道之命琉球与中国断绝关系。七月，英使威妥玛向李鸿章提出滇案六项，借端要挟。八月，清政府命丁日昌督福建船政。十月，清政府允丁宝桢请于烟台、威海卫、登州府筑炮台，设机器局。十二月，慈禧太后派内阁学士翁同龢、侍郎夏同善授皇帝读书于毓庆宫。日使森有礼照会总署，声明凡事起自朝鲜、日本间者与中日条约无关。

十月，谭宗浚所送谭莹骈体文及广东新刊《古经解汇函》八套为翁同龢收到。

陈义杰点校《翁同龢日记》：光绪元年乙亥（1875）十月初九日（11月6日）晴。晨到阁批本，五件。出访乌达峰拉喜崇阿谈，归寓始忆今日是先祖妣许太夫人忌，驰归横街设奠，毕，访晤黄孝侯，又访兰孙，值其睡，未见。入城，倦极，张同年元益来，辞之。始裱糊厅东厢为书室，于我已侈矣。谭君宗浚，甲戌榜眼，玉生之子。送玉生骈体文并广东新刊《古经解汇函》八套。

是年，谭宗浚为父母请封赠。

谭宗浚《荔村随笔·术验》：先教授公年十八，尝诣里中石秀才推算禄命。石颦蹙曰："君科第迟滞，须七十六岁，乃入词林。"闻者咸笑之。时熊笛江孝廉景星亦在座，戏曰："姜西溟、沈归愚，后得子鼎足而三矣。"迨同治辛未，教授公见背，年七十二。越三年，甲戌，宗浚登第。旋值乙亥年，今上龙飞大庆，始为父母请赠文林郎、翰林院编修，得领恩轴，计之适七十六岁也。然则身后褒赠，亦可推测而知耶？噫！异矣！

是年，谭宗浚乞假南归，经由上海、香港抵广东广州。

谭宗浚《止庵笔语》：余新得鼎甲，同人或劝余往上海、香港措资，可得数千金，余笑而不答。过上海时，只留数日，投刺者仅旧识一二人。抵香港，住船中，并不上岸，足不践其地。同乡或怪余以拘傲者，不恤也。

是年，谭宗浚请陈澧为其父《乐志堂文略》《乐志堂诗略》作序。

陈澧《乐志堂诗略序》：谭玉生舍人《乐志堂文集》十八卷、《诗集》十二卷暨《续集》三卷，尝自言在精不在多，欲删汰之，别为一集。年既老，未及为之而没矣。有子五人，皆能读父书。叔子以进士及第，乞假归与昆弟聚，谋成先人之志，录集中文若干首为四卷，诗若干首为二卷，题之曰《文略》《诗略》，奉以来请商榷之。余与舍人交好四十年，不可辞。舍人之才，沈博绝丽，晚年忧时感事，愈郁勃而不可遏，读此集足以见之矣。欲览其全，则有十八卷、十二卷暨续集三卷者在。光绪元年六月陈澧序。

自是年八月起，至次年八月，谭宗浚创作《散馆集》。

谭宗浚《荔村草堂诗钞》之《散馆集》自注：起乙亥八月至丙子八月，诗五十五首。

光绪二年　丙子（1876）　谭宗浚三十一岁

【时事】正月，总署照复日使，声明朝鲜与中国关系，日本不可稍有侵越。闰五月，清军刘锦棠部克复乌鲁木齐。六月，清政府派李鸿章为全权大臣，与威妥玛会商一切事务。七月，李鸿章与英使威妥玛订立《烟台条约》。九月，清政府制定出使各国章程。十月，使英大臣郭嵩焘、副使刘锡鸿等自上海出洋赴英。十二月，李鸿章奏派李凤苞率福建船政学堂学生严复、萨镇冰等三十人，分赴英、法学习制造驾驶。

正月，广东三水王乃棠生病，谭宗浚亲往探视。

谭宗浚《伤逝铭》自注：君病喉症，卒于丙子年正月。余往视，君犹拱手致谢。翌日,而君卒矣。

四月,谭宗浚散馆考试,获一等。

秦国经主编《清代官员履历档案全编》:谭宗浚:光绪二年四月,散馆一等。

赵尔巽等撰《清史稿》卷一百八:凡用庶吉士曰馆选。……三年考试散馆,优者留翰林为编修、检讨,次者改给事中、御史、主事、中书、推官、知县、教职。其例先后不一,间有未散馆而授职编、检者。或供奉内廷,或宣谕外省,或校书议叙,或召试词科,皆得免其考试。凡留馆者,迁调异他官。有清一代宰辅多由此选,其余列卿尹膺疆寄者,不可胜数。士子咸以预选为荣,而鼎甲尤所企望。

王德昭《清代科举制度研究》:庶吉士肄业三年期满,经考试散馆,三鼎元已授编修、修撰者亦须与考。考在前列者留馆,内二甲出身者授翰林院编修,三甲出身者授翰林院检讨,其余改用部属或知县。

商衍鎏《清代科举考试述录及有关著作》:定制庶吉士肄业三年期满,于下科考试,旧在体仁阁,后皆在保和殿,谓之散馆,若逢恩科,则散馆之期提前。……文理优者留馆,二甲授翰林院编修,三甲授翰林院检讨,散馆第一者,并保送派武英殿协修。余改用部属与知县。

《申报》1876年5月30日:"恭录论旨":四月二十八日,奉上谕,此次散馆之修撰陆润庠、编修谭宗浚业经授职。

六月十五日(8月4日),谭宗浚邀同潘衍桐、陈序球、吕绍端、麦宝常、钟文藻、罗家劝、王国瑞集陶然亭赋诗,并作《六月十五日邀同潘峄琴衍桐陈天如序球吕冕士绍端诸前辈麦蕴硕铨部同年宝常钟祖香农部文藻罗奖朋舍人家劝王峻之孝廉国瑞集是年陶然亭迟蔡吕房宗瀛易兰池学清两农部不至》。

七月二十七日(9月14日),谭宗浚接待郭嵩焘来访。

郭嵩焘《郭嵩焘日记》第三卷:七月廿七日。诣吴春海贺寿。便过万藕龄、陈小舫、桑柏斋三前辈、许竹篔、谭叔裕、吴子章、喻筱舫、萧屺山、唐斐泉、黄瑟庵、蔡与循、蒋少穆、易汉乔、潘孺初、缪小珊、陈伯平、李少卿(旁注:安徽通判)、陈伯平(三字重出)、吴子重。其夏宝生、陈仲英、陈荪石、黄再同四君,则皆已出京矣。

八月，谭宗浚结束散馆，蒙恩督学四川，充四川学政，郭嵩焘为其饯行。

《清实录·德宗景皇帝实录》卷三十八：光绪二年丙子八月己丑朔：命工部左侍郎何廷谦提督顺天学政，大理寺少卿杨鸿吉提督安徽学政，国子监祭酒吴仁杰提督江西学政，礼部左侍郎黄倬提督浙江学政，詹事府詹事孙诒经提督福建学政，翰林院修撰梁耀枢提督湖北学政，翰林院侍讲朱逌然提督湖南学政，翰林院侍讲学士瞿鸿禨提督河南学政，詹事府右春坊右庶子钮玉庚提督山东学政，翰林院编修朱福基提督山西学政，编修陈翼提督陕西学政，编修谭宗浚提督四川学政，编修张登瀛提督贵州学政，甘肃学政许应骙、云南学政李岷琛、江苏学政林天龄、广东学政吴宝恕、广西学政欧阳保极、奉天府府丞兼学政杨书香俱留任。（现月）

秦国经主编《清代官员履历档案》：光绪二年八月，充四川学政。

谭宗浚《江南乡试录后序》：自丙子散馆后，即蒙恩命视学蜀中。

谭祖纶《清癯生漫录·火浣布》：先大夫光绪丙子年督学四川，余曾随任。

陈义杰点校《翁同龢日记》：光绪二年丙子八月朔（1876年9月18日）竟日大风，甚寒。照常入，卯正二刻上至书房，辰初入，巳初二退，读写皆好，余稍有倦色。退至署治事，广西司邵梦善者屡以铜事抵牾，今因钱局请发原奏，竟称此系云南司事，极不堪矣。午访王孝凤谈。诣荫轩处饭，陪汪泉孙，坐有袁小午兄弟、黄济川，薄暮散。夜广西司主稿文琦来画稿，催云南铜批，此稿余以先行未画，今以各堂画齐来，仍驳之，因与原奏内专备采铜一语不符，且此等索钱事徒贻笑外省，故不欲行。文琦屡磨，乃勉强改数语，令其于第二起二批再解。各省学政：云南李岷琛；江苏林天龄；广东吴宝恕；广西欧阳保极、奉天杨书香，均无庸更换。顺天何廷谦、安徽杨鸿吉、江西吴仁杰、浙江黄倬、福建孙诒经、湖北梁耀枢、湖南朱逌然、河南瞿鸿禨、山东钮玉庚、山西朱福基、陕西陈翼、四川谭宗浚、贵州张登瀛。

《申报》1876年9月29日"钦放各省学差"：上谕：本年值更换学政之期，除甘肃学政许应骙先期简放云南学政、李岷琛甫经简放江苏学政、林天龄广东学政、吴宝恕广西学政、殴阳保极奉天府府丞兼学政、杨书香毋庸更换外，顺天学政着何廷谦去，安徽学政着杨鸿吉去，江西学政着吴仁杰去，浙江学政着黄倬去，福建学政着孙诒经去，湖北学政着梁耀枢去，湖南学政着朱然去，河南学政着瞿鸿禨去，山东学政着钮玉庚去，山西学政着朱福基去，陕西学政着陈翼去，四川学政着谭宗浚去，贵州学政着张登瀛去。钦此。

赵尔巽等撰《清史稿》卷一百十六：提督学政，省各一人。以侍郎、京堂、翰、詹、科、道、部属等官进士出身人员内简用。各带原衔品级。掌学校政令，岁、科两试。巡历所至，察师儒优劣，生员勤惰，升其贤者能者，斥其不帅教者。凡有兴革，会督、抚行之。

郭嵩焘《郭嵩焘日记》第三卷：八月廿六日。为黄恕皆、朱肯甫，梁斗南、谭叔裕、瞿子久饯行，恕皆、肯甫、斗南俱不至。

九月，光绪皇帝与慈禧太后召见谭宗浚，事后，谭宗浚即刻离京赴四川就任。

《申报》1876年11月3日"光绪二年九月初二日京报全录"：四川学政谭宗浚请训。召见军机、谭宗浚、梁耀枢、醇王。

《申报》1877年4月4日"光绪三年二月初四日京报全录"：四川学政臣谭宗浚跪奏为恭报微臣到任日期叩谢天恩仰祈圣鉴事，窃臣荷蒙任视学四川，九月初二日跪聆圣训，当即星驰就道，于十一月十七日行抵四川省城。

十一月二十日（1877年1月4日），谭宗浚到任。

中国第一历史档案馆编《光绪朝朱批奏折》第二辑《内政职官》：光绪二年十二月，时任四川总督文格奏称：

再查各省学政考试有无劣迹应由督抚□年□陈奏：兹查四川学政臣谭宗浚于本年十一月二十日甫经到任，尚未考试，现无事迹可陈，容俟该学政开考后留心查察核办，理合附片陈明，伏乞圣鉴，谨奏！

朱批：军机大臣奉旨知道了，钦此。

是年，谭宗浚作《重刻真氏大学衍义邱氏大学衍义补序》。

谭宗浚《重刻真氏大学衍义邱氏大学衍义补序》：宗浚束发入塾，先君子即授之以《真氏大学衍义》《邱氏大学衍义补》，曰："此体用兼备之学也。"既而南北往返，或索其书于坊肆，则有不能尽得者，呜呼！盖正学之不明久矣。今年督学来蜀，晤云阳大令叶君诚斋，知邑人郭部曹方拟刻是书，而乞余为序。

是年，谭宗浚收到陈澧来信，得悉《东塾读书记》一、二卷已刻成。

陈澧《与谭叔裕书（二）》：话别以来，悠然远想，此际瀛洲已到，翔步蓬山，堪为慰忭。兹有恳者，郭筠仙侍郎去秋见寄一函，方欲寄复，而闻已入都，旋又外放，又擢侍郎，将出使者。今草一函，祈为代致，想尚可及也。仆所著《读书记》，近得刘融斋中允书，劝以即所成者先刻，未成者将来为续编。今从其说，近日修改得一二卷付梓矣。余无可道矣。病躯如常，惟科场后又有阅卷之事，不能不食其田而芸人之田矣。专此奉恳，即颂佳祉不尽。

汪宗衍《陈东塾先生年谱》：是年，刘熙载来书，劝以将《东塾读书记》已成者先刻，未成者为续编，先生从其说，修改一二卷付梓。（《与谭叔裕手札》）

赵尔巽等撰《清史稿》卷四百四十六《郭嵩焘列传》：光绪元年，授福建按察使，未上，命直总署。擢兵部侍郎，出使英国大臣，兼使法。

郭嵩焘《郭嵩焘日记》第三卷：光绪二年九月十五日。具折请训，并保举出洋随员：参赞二人：张自牧、黎庶昌；翻译二人：德明、凤仪；文案四人：汪树堂、张斯栒、李荆门、罗世琨，其英人马格玛（理）及曾恒忠、舒文标、张咏清、罗照沧应行咨调各员不另开列。已蒙召对，六额驸景寿带见。太后问："何日启程？"对："约以十日为期，不出廿五日。"问："几时可到？"对："由天津而上海而香港，始放大洋，计期四十五日可抵英国。"问："此事当为国家任劳任怨。"对："谨遵圣旨。"问："汝二人须要和衷。"对："是。"问："到英国一切当详悉考究。"对："英国无多事可办，专在考求一切，此是最要紧事。"

是年，谭宗浚就成都尊经书院事与张之洞书信往来。

张之洞《致谭叔裕》（光绪二年十一月）：一再谈宴，温克过人。浅学粗材，不觉倾倒。顷奉到骈文两册，即亟秉烛展读数首。闳丽之观，方驾芥子，宕逸之气，足药谷人。近世当家，已足高参一坐。明日早起，从容卒业，瞠目挢舌，抑可知也。惜会办严，未获款洽，相见殊晚，蕴结而已。

张之洞《致谭叔裕》（光绪二年十一月二十四日）：束装悾惚，未得尽言，寸心耿耿。到新都县，为琐事勾留一日。余日皆夜半抵寓，篝镫倦眼，不能竟书。今始作就奉览。

凡七单，原交单三，原交单面典吏经制字单内批抹，皆夏书也，续出单一，公事单一，碎事单一，泾渭单一，皆红折也。续出单者，前人未言及，本任始查出。路门同年除付原交三单外，更无一字一语。今辱下问，竭诚奉献。行旅疲茶，搜索辏集，想不责其迟也。其实公私一应事体，皆在高明裁决，此荃蹄耳。"泾渭"云云所不言者，非不记也，秘密为要，请一一见而试之，参以谘访，鄙说不足据也。泾渭无定，在上转移。裁汰各条，当时盖有所不得已而然，亦知过当。然有明文者，皆指本任而言，文无定法，惟其是耳。

执事家学渊源，文章淹雅，海内曾有几人？前闻旌节之来，逢人辄道蜀士有福。所望大雅宏达，为弟弥阙救过，涤烦除苛，实为原幸。身虽去蜀，独一尊经书院倦倦不忘。此事建议造端，经营规画，鄙人与焉。根底浅薄而欲有所建立，诚知其妄。今日略有规模，未臻坚定；章程学规，具在精鉴；章程有稿存案，《书院记》即学规。斟酌损益，端赖神力。他年院内生徒各读数百卷书，蜀中通经学古者能得数百人，执事之赐也。

此次语言文字不能尽者，具在三年案牍，如不嫌污秽澄观，六寸之簿，两日可毕。各房稿簿，有牌票簿、咨揭薄、札文簿、同详薄、呈词簿、挂牌告示簿、题目簿之属。弟于文学，雅非所长，独于吏事，颇为究心。然以钝根人办细碎事，自知可笑。亦如欧公在夷陵，通阅旧时案牍，聊为执事遣日之助耳。

三月条奏，请向五、六月邸钞中寻之，便以存案。行箧不能检，检得亦不能钞也。旧稿有不能载者，或事体繁碎，或原委曲折，或规矩、法令不能形诸笔墨者。吏问之赖何；书问之龚焕然、陈肇仁、谭玉昆、谢思泽、吕友仁；经问之刘级升、车积章。此数人皆常侍侧承令而较明瞭者也。通省佳士岂能搜拔无遗，就目力所及者言之，大率心赏者尽在书院，请饬吏将历年调院者，无论正、备，总开一折，分注籍贯，随棚验之。惟涪州陈骧瀚能文通算，因知其处馆未调。

丁稚翁前辈到镇后，必谋山长，可仍旧委员，或定议延聘，或议而未决，敢请驰书相告，幸甚幸甚。此为官也，非为私也。

更有两细事，极不能忘。院署本甚湫隘，厅事之前则台榭障蔽，内衙之后则朽壤山积。弟锐意划除，劳人伤财，顿为一快，遍种棕花竹数百本，充塞无罅，四时芳馥，稍有佳趣。房廊池亭，略有改作，灌溉培植，是所翘望。厅事东偏新造碑廊，以庋弟访得石刻三种，汉一唐二，汉石尤希异足珍。若得时一按行，勿令残毁？何幸如之？

舍亲朱必禄，广西临桂人。试用典史，无以为家，前已缕陈恳派巡捕，此事乃本衙门为政者。渠与弟至戚，非若葭莩之比，东西两粤亦同附乡。

幸惟推爱，感何可言？如可，便请速定；如必不可，亦请明白告彼知之，以便报弟早为设法，拜祷拜祷。入署想已诹吉，遥贺迁喜。

十一（年）（月），二十四日亥正左绵公馆作

再启者，刘步云事已更正否？经制因此人差事出色、场内公事弟多令其指挥，遂惭嫉而恶之。典史糊涂，公然听从，其他皆饰说也。昨在新都，询问林肇棠情形，桀骜答云："早年无此名目，课绩房乃照旧案开造。"试思天下衙门，岂有舍现行事例不用而远引数十年前之老例旧案者哉？若必以例言报部，止有承差，何从别有经制耶？何朝俊者，乃何子贞前辈时考列四等革逐之人，即系交替时蒙混擅自添入，弟早已查出。始念其老房，又无多事，勉令备员。乃渠因素不为弟所喜，遂敢如此。乃悟五鼓送册职是之由天下之恶一也。若交替时一切如此，国无政矣。但此两人，林、何。本属糊涂，或由无心，弟所望于报事者更正而已，不望深究也。万勿深究，切祷切祷。深究则若辈积怒，必一切阴坏弟之成法旧案、沮挠新政矣。

再，本日翻经承册，又得一误。承差尹国藩，乃弟于九月半亲笔谕令提升、名列第四者，为其稳练差使勤，以顶戴鼓励之也。今底册仍在原处，殊不可解。是弊是误，均不可知。特将九月由弟亲笔更改名次之册封呈，请查询众经承便知。但问尹国藩何以顶戴入谢，顾文焕何以并无顶戴，即显然矣。种种疏舛，实深愧报，惟希更正。若原无此说，弟尽可称荐其人，恳提名次，不致诬吏书也，年鉴之。

是年，谭宗浚作《眉州谒三苏祠八首》。

谭宗浚《眉州谒三苏祠八首》：八岁诵苏策，十岁吟苏诗。侵寻今廿载，鞠脂瞻崇祠。

自是年八月迄戊寅十二月，谭宗浚作《使蜀集（上）》诗歌二百四十首。

谭宗浚《荔村草堂诗钞》之《使蜀集》（上）题注：起丙子八月，迄戊寅十二月，诗歌二百四十首。

是年，三子谭祖任生。

江庆柏编著《清代人物生卒年表》：谭祖任（1876—？），篆青。广东南海。

朱彭寿《清代人物大事纪年》：光绪二年，谭祖任，九月二十五日生，享年六十八。

按：容肇祖在《学海堂考》中认为谭祖任生于光绪四年，有误。

是年，谭宗浚一女卒。

谭宗浚《哭幼弟一百四十韵》略云：前年小女亡，我泪甫盈睫。君时相慰存，劝我善解拨。

樊封卒。
王拯卒。

光绪三年　丁丑（1877）　谭宗浚三十二岁

【时事】二月，清政府命各省垦荒田，禁械斗。赈直、鲁、晋、豫、皖、赣、闽等省还籍饥民。四月，阿古柏在库尔勒服毒自毙。七月，总署奏准左宗棠专办新疆中俄交涉。十一月，清军刘锦棠部相继收复喀什噶尔、叶尔羌城、英吉沙尔。

二月，谭宗浚作《为恭报微臣到任日期叩谢天恩仰祈圣鉴事折》。

《申报》1877年4月4日"光绪三年二月初四日京报全录"：四川学政臣谭宗浚跪奏为恭报微臣到任日期叩谢天恩仰祈圣鉴事，窃臣荷蒙简任，视学四川。九月初二日跪聆圣训，当即星驰就道，于十一月十七日行抵四川省城。二十日，准前学臣张之洞委成都府学训导薛华将关防书籍文卷齐送前来，臣恭设香案，望阙叩头，祗领任事讫。伏念四川界接岷峨，境连汉沔，地灵所毓，人杰斯多。文风固贵乎振兴，士习尤贵乎整饬。如臣梼昧，惧不能胜，惟有矢慎矢公，实心实力，讲求训诂，俾胶庠尽识通经，砥砺廉隅，使缝掖咸知植品，庶申蚁悃，稍答鸿慈，用仰副圣天子作人之雅化所有。微臣到任日期，除恭疏题报外，理合专折具奏，伏乞皇太后、皇上圣鉴。谨奏。军机大臣奉旨：知道了，钦此。

六月，四川总督丁宝桢会同谭宗浚合词附陈，请朝政府对节妇沈三姑予以旌表。谭宗浚作《为恭报成都岁试完竣情形仰祈圣鉴事折》。

《申报》1877年7月31日"光绪三年六月初七日京报全录"：丁宝桢片：再据布政使程豫详据候补知县胡圻、孙开嘉等禀称，四川试用盐茶库大使沈炳之胞妹沈三姑，系已故知县沈敦培之女，许字浙江萧山县人、四川候补知县来祖鲲之子宝良为妻，尚未迎娶。光绪二年正月三十日，宝良病故。三姑闻讣痛哭，绝粒不食，誓以身殉。其母同戚党反复劝导，并许以过门守贞，女意稍解。于是两姓定议，迎女过门，庙见成服，治丧尽礼。十月初六日，宝良葬事完毕，女言"人事已了，死可无憾。"乘举家未经防范，于初八日夜仰药自尽，时年二十一岁。似此节烈性成，从容赴死，凡在亲族，莫不哀其志而钦其节。因原籍相隔太远，未能呈报。职等谊关桑梓，不忍听其湮没，造具册，结事实，由司核明详请，旌表前来。臣查近年寄寓在川节烈妇女均奏，奉谕旨准其旌表在案。今沈三姑矢志守贞，舍生殉节，核与请旌之例相符相应，仰恳天恩，准其旌表，以阐幽潜而维风化，除册结咨部外，理合会同学政臣谭宗浚合词附陈，伏乞圣鉴训示，谨奏。军机大臣奉旨：着准其旌表。礼部：知道，钦此。

四川学政臣谭宗浚跪奏《为恭报成都岁试完竣情形仰祈圣鉴事》：窃臣恭承恩命，视学西川。自上年十一月二十日后接任视事，时值成都府试未毕。嗣于今年正月十五日始扃门考试，成都合属及八旗驻访文武生童，其外属之资州、锦州、松潘厅、□藩厅、茂州皆在省垣附考，以四月十五日蒇事，大抵内属文风以成都、华阳、汉州、简州、崇庆州、郫县为最。外属文风以资州、绵州为最。武艺亦然，中惟灌县、崇宁、理藩厅各处，武特佳，足与成都等县相垺。惟是人才既盛，弊窦亦滋，甚者健讼逞刁，藉端滋事。臣自开考以来，场规尚未安静，先后惩办枪手十数名，黜革廪生并文武生几二十名，每逢发落日，辄饬诸生以安分书，勿干预词讼，并择其淹通经史文章、有根柢者奖励，而优异之士子颇知振奋。臣现在清理案牍，俟五月朔后即按试眉州各属，谨将省垣岁试情形先行具奏，再成都自入春以来，雨泽调匀，人情安□，堪慰圣怀，合并附陈。伏乞皇太后、皇上圣鉴。谨奏。军机大臣奉旨：知道了，钦此。

十二月，四川总督丁宝桢对谭宗浚一年政绩予以评定，并上奏。

中国第一历史档案馆编《光绪朝朱批奏折》第二辑《内政职官》：光绪三年十二月，四川总督丁宝桢奏称：谨将四川省学政谭宗浚政绩开列清单敬呈御览：一、该学政衡文以清真雅正为主，去取公允，士论翕然。一、该学政校阅认真，衡文每夜以继日，不辞劳苦，克尽厥职。一、该学政共延幕友六人，俱系品端学裕之士，分校甚为勤速，去取仍自主持。一、该学政按试各属，轻车减从，地方一切毫无滋扰需索之弊。

是年，谭宗浚接获张之洞来信。

张之洞《致谭叔裕》（光绪三年正月初六日）：绵州奉布一笺，谅登签掌。辰维春和煦物，衡鉴延厘。即迓芝纶，良殷藻颂。

弟北行以来，天寒晷短。入秦境后，时有风雪，祀灶后方达西安。开正六日换车前发，承派护送承差、快手等一路极为勤慎，甚觉得力。长途鞍瘁，劳勤备尝。兹令其回蜀销差，务祈录其微劳，酌加鼓励，以为激劝之助，是所感祷，缘向来陆路送差，未有如此达行者耳。

至承差尹国藩卯册错误一节，前函业已缕布，伏望俯赐更正，幸甚。盖承差名次先后，无关实际，其顶缺不系乎此。渠经拔升后顶出入，众目共睹，务望饬还其原列第四之名次，免致弟以口惠抱惭，则幸甚矣。

年　月初六日西安倚装

补录前三单未及数条：

一、幕友断不必用本省候补人员。

一、内巡捕、常巡捕，断不必用。

一、夔州府三节皆有节礼。

蜀才甚盛，一经衡鉴，定入网罗。兹姑就素所欣赏者，略举一隅。

五少年：

杨锐　绵竹学生。才英迈而品清洁，不染蜀人习气，颖悟好学，文章雅赡，史事颇熟，于经学、小学，皆有究心。

廖登廷　井研学生。天资最高，文笔雄奇拔俗，于经学、小学极能挈索，一说即解，实为仅见，他日必有成就。

张祥龄　汉州学生。敏悟有志，好古不俗，文辞秀发，独嗜经学、小学、《书》笃信古学，不为俗说所惑。

彭毓嵩　宜宾学生。安雅聪悟，文藻清丽，甚能探索经学、小学。

毛瀚丰　仁寿学生。深稳勤学，文笔茂美。

以上五人，皆时文、诗赋兼工，皆在书院。美才甚多，好用功者亦不少，但讲根柢者，实难其人。此五人未能深造，尚有志耳，已不易矣。此五人皆美质好学而皆少年、皆有志古学者，实蜀士一时之秀。洞令其结一课互相砥砺，冀其他日必有成就，幸执事鼓舞而教育之，所成必有可观。

四校官：

杨　聪　鄞都教谕，杨锐之兄，博雅好学，文章遒丽。

萧□□　雅安县教谕，尚属博洽，好学不倦，读书细心。

李星根　署茂州训导，读书不俗，好古能文，诗才尤佳。

谭焕廷　梁山教谕，风雅善画，其尊人石门先生是绩学。

是年，谭宗浚在四川酉阳督察考试。

谭宗浚《试院无事购菊数百本迭成屏风九层绚烂可爱戏作诗三首》其三自注：余自丙子出都，丁丑试酉阳。

光绪四年　戊寅（1878）　谭宗浚三十三岁

【时事】五月，清政府派崇厚为全权大臣便宜行事，使俄办理接收伊犁及签订中俄新约事。八月，驻日公使何如璋关于琉球问题向日本提出抗议，要求恢复朝贡。广东琼州起义。九月，清政府命左宗棠统筹新疆方略。

十二月，四川总督丁宝桢对其一年政绩，出具评语，并密缮上奏。

中国第一历史档案馆编《光绪朝朱批奏折》第二辑《内政职官》：光绪四年十二月，四川总督丁宝桢奏称：谨将四川省学政谭宗浚政绩出具考语密缮清单恭陈御览：一、该学政衡文以清真雅正为主，去取公允，绩学之士翕然心服。一、该学政勤于阅卷，每夜以继日，不遗余力。一、该学政所延幕友六人襄校文艺，均系品端学裕之士，一切去取，仍自主持。一、该学政按临各属，均轻车减从，地方毫无扰累。

是年，谭宗浚在四川宁远督察考试。

谭宗浚《试院无事购菊数百本迭成屏风九层绚烂可爱戏作诗三首》其三自注：余自丙子出都，丁丑试酉阳，戊寅试宁远，盖不见黄花已三年矣。

按：谭祖纶《清癯生漫录·古槐》载：光绪戊寅，余随先大夫由蜀返都。谭耀华主编《谭氏志》载：清光绪四年戊寅，裔孙宗浚、见田、金铭、沃君、国健等，将翁墓重修。此两处时间记载有误。

是年，以幼弟病卒，谭宗浚伤心不已。

谭宗浚《答梁庚生茂才书》略云：去岁舍弟亡殂，弥增悯恻。鹊飞玉碎，蜯裂珠沈。昔同帝帷，今隔泉壤。垣山之鸟，甫振其羽，遽剪其群。寒谷之条，既披其枝，又悴其干。凡在识面犹切惨悲，矧在同气，能无酸鼻。每至寒日凄沮，狞飙怒号。窗外竹梧，萧骚作响。鬼车鸣于座侧，阴火出于檐端。四顾屏营，潸然泪下。当此之时，虽复陈丝竹，餍牲牢，加我以五釜之荣，炫我以七貂之贵，亦奚味哉！亦奚味哉已矣。……此余己卯作也。

潘曾莹卒。
冯焌光卒。
魁龄卒。

光绪五年　己卯（1879）　谭宗浚三十四岁

【时事】三月，日本宣布琉球废藩置县（冲绳县）。五月，总署照会日使，反对废琉球改为冲绳县。八月，总署奏美国前总统格兰特在日本调处琉球事，拟分该岛为三部，中、日、琉各得其一。崇厚于里瓦机亚与俄使签订《交收伊犁条约》及《陆路通商章程》。引起全国反对，要求改约，惩办崇厚。十一月，清政府以刘坤一为两江总督兼南洋大臣。十二月，清政府将崇厚革职，交刑部治罪。

正月，谭宗浚作《哭幼弟一百四十韵》与《法云庵诣亡弟厝棺处》。

二月，为祝陈澧七十寿辰，谭宗浚作《陈兰甫夫子七十寿序》。

汪宗衍《陈东塾先生年谱》：为先生七十寿辰，谭宗浚自四川寄骈体寿序一篇。

十月，谭宗浚编选《蜀秀集》，由成都试院刻印出版，并作《蜀秀集序》。

谭宗浚《蜀秀集序》：光绪五年十月提督四川学政侍读衔翰林院编修谭宗浚序。

十二月，新任四川学政陈懋候到任，谭宗浚离任回京，作《将解任留别蜀中士子八首》

中国第一历史档案馆编《光绪朝朱批奏折》第三辑《内政职官》：光绪五年十二月，四川总督丁宝桢奏称：再向例各省学臣考试政绩均由督抚于年底开具清单，恭呈御览。兹四川学政陈懋候于十一月底甫经到任，尚未按临考试，无凭开具政绩，谨附片具陈，伏乞圣鉴。谨奏。

  谭宗浚《四川试牍序》：宗浚以光绪二年秋八月，奉命视学四川。抵任后，凡试府十二、直隶州八、直隶厅四。逮五年秋七月，岁科皆毕。

  按：秦国经主编的《清代官员履历档案全编》载：六年三月，差竣。此处记载当有误。

  是年，在四川捐助赈项，谭宗浚获赏加侍读衔。

  秦国经主编《清代官员履历档案全编》：（光绪）五年，因在川捐助赈项，奉旨赏加侍读衔。

  是年，谭宗浚在试院叠菊花屏风，邀朋僚作赏菊之会，并作《试院无事购菊数百本迭成屏风九层绚烂可爱戏作诗三首》。

  谭祖纶《清癯生漫录》卷二《菊花》：先君子尝在蜀试院中购菊数千，叠为屏风，邀朋僚作赏菊之会，并有诗纪之。

  是年，谭宗浚晤黎培敬前辈于云阳舟中，作《过清江浦见营堠整肃云皆前漕师黎简堂前辈培敬旧规也忆己卯岁晤前辈于云阳舟此辱托下交闻于前月溘逝感念存死情见乎词》以纪之。

  是年，谭宗浚作《尊经书院十六少年歌》。

  谭宗浚《尊经书院十六少年歌序》：余甫至蜀，张香涛前辈之洞语余云：蜀才甚盛，当以五少年为最，谓绵竹杨锐、井研廖登廷、汉州张祥龄、仁寿毛瀚丰、宜宾彭毓嵩也。嗣余校阅所及，又得十一人。因仿古人八仙九友之例，为尊经书院十六少年歌，其有绩学能文而年过三十者，均不在此数。凡诸生所作文字，具见余近刻《蜀秀集》中。

  是年，谭宗浚作《答梁庚生茂才书》。

  谭宗浚《答梁庚生茂才书》自记：此余己卯作也。越岁乞假南归，有终焉之志，卒以人事牵迫孟浪出山。初志不坚，当为良朋所讪笑矣。存之以志吾过。

  是年，谭宗浚作《周福陔中丞夫子六十寿序》。

  谭宗浚《周福陔中丞夫子六十寿序》：时值圣天子嗣服之五载，万物芃兰，八方清晏。繄维秦晋，迭告祲饥。山东僻近灾区，昆连畿辅。俗成呰窳，吏习惰偷。

  《清实录·德宗景皇帝实录》：光绪五年闰三月，以直隶布政使周恒祺、为山东巡抚。

钱实甫《清代职官年表》：光绪五年山东巡抚：周恒祺，闰三，甲申，直布迁。

自是年正月迄庚辰六月，谭宗浚作《使蜀集（下）》诗歌七十一首。

谭宗浚《荔村草堂诗钞》之《使蜀集（下）》自注：起己卯正月，迄庚辰六月，诗七十一首。

是年，谭莹、谭宗浚参与纂修的《广东府志》告竣并刊刻。

徐灏卒。

光绪六年　庚辰（1880）　谭宗浚三十五岁

【时事】正月，清政府命曾纪泽充出使俄国钦差大臣。清政府致书俄国，声明上年九月崇厚所议条约，违训越权，窒碍难行。二月，李鸿章奏议购铁甲舰两只，以壮声威。五月，清政府命曾纪泽将崇厚暂免斩罪知照俄国。七月，日本驻清公使犬户玑与总理衙门谈判琉球案件开始。十一月，清政府命许景澄为出使日本国大臣。是年，李鸿章创立上海机器织布局，官督商办。

七月，应冯栻宗之请，谭宗浚作《海目庐诗草序》。

谭宗浚《海目庐诗草序》：光绪六年七月，同邑年愚弟谭宗浚序。

八月，应同人之邀，谭宗浚游西湖，并作《八月初一日同人招游西湖归途遇骤雨作歌》。

十月，谭宗浚补为学海堂学长。

容肇祖《学海堂考》：光绪六年（1880）十月，（谭宗浚）补为学海堂学长。

是年，谭宗浚自四川抵京后，寓米市胡同，作《抵京寓米市胡同庭前隙地颇多遍栽花木红紫烂然因取东坡语自署所居曰最堪隐斋》

谭宗浚《抵京寓米市胡同庭前隙地颇多遍栽花木红紫烂然因取东坡语

自署所居曰最堪隐斋》：平生傲睨忘华簪，城居境比山居深。近除硗确草三径，忽放红紫花满林。赏玩转添留客局，护持犹是爱才心。携锄赖有吴刚共（时与吴星楼比部同寓），不用东篱步屧寻。

是年，谭宗浚充本科会试磨勘。

唐文治《诰授中议大夫云南粮储道谭叔裕先生墓表》：庚辰、癸未两科会试磨勘官，教习庶吉士。

是年，谭宗浚与陈澧书信往来，告知由水路至上海。

陈澧《与谭叔裕书（三）》：近得手书，知由水路至上海，想彩云千里已过万重山矣。宝眷亦俱安善为颂。三年来教士抡才，蜀人何幸而得此大宗师。又闻小儿云：来函有"作文更有进境"之语，此得江山之助也。仆去年有胃气痛之病，时发时止。今春幸不发作。所著《读书记》刻成九卷，惟《三礼》及《郑学》各卷，取材既博，用力倍劳，不知今年能写定否。又《切韵考外篇》三卷，亦刻成，宗侃到京时可送阅，祈将疏误处示知改定，为望，不可存客气也。时事不胜忧叹，孟子所云"明其政刑，制挺可挞坚甲利兵"，斯为根本之计，然闻此论者必笑其迂拙。彼之所为，吾亦笑之。彼亦一是非，此亦一是非，此之谓也。余不多及，敢问安棋不一一。澧顿首。

作此书，久未寄，昨阅邸抄。知已到京为慰。

是年，龚义门卒，谭宗浚作《故处士义门龚先生墓志铭》。

谭宗浚《故处士义门龚先生墓志铭》：光绪六年某月某日，南海处士龚义门先生卒于里第，春秋五十有九，其受业弟子谭宗浚为志其墓。

自是年八月起至次年九月止，谭宗浚作诗集《看山集》。

谭宗浚《荔村草堂诗钞》之《看山集》自注：起庚辰八月，至辛巳九月，诗五十六首。

李光廷卒。

光绪七年　辛巳（1881）　谭宗浚三十六岁

【时事】正月，曾纪泽于俄京签订《中俄伊犁条约》、《中俄改订陆路通商章程》附件。三月，慈安太后猝死。八月，广东南海县西樵三千手工缫丝工人捣毁裕昌缫丝厂机器。是年，商人梁雪汉在广州设肇兴公司，经营海外航运。

三月初六日（4月4日），时值清明节，谭宗浚邀陈澧、陈宗侃、陈宗恂、陈宗颖等泛舟大滩尾，看桃花，并作《三月初六日邀陈兰甫师暨孝直宗侃孝彬宗恂孝坚宗颖三世兄刘星南昌龄梁庚生起陶春海福祥王峻之国瑞姚峻卿筠泛舟大滩尾看桃花作歌》。

是年，谭宗浚游罗浮山，寓酥醪观数日，作《罗浮杂咏》与《酥醪酒歌》等诗。

八月十五日（10月7日），谭宗浚招张嘉澍、李启隆、俞守义等集山堂玩月，并作《八月十五日招同张瑞毂嘉澍李湘文农部启隆俞秀珊孝廉守义刘星南昌龄李邵初肇沅陈孝彬宗恂孝坚宗颖诸茂才集山堂玩月》。

是年，谭宗浚作《辛巳八月十五夜学海堂诗序》。

谭宗浚《辛巳八月十五夜学海堂诗序》：迨今岁南归。
按：谭宗浚已自去年八月南归。

是年，陈澧嘱谭宗浚从伍崇曜之子处借观《金文最》。

陈澧《金文最序》：昔谭玉生舍人告余，昭文张月霄氏有《金文最》一书，南海伍紫垣方伯得之甚喜，欲刻版而遽没。
余属舍人之子叔裕侍读从方伯之子子升比部借观，既而刘星南秀才来，以此书见示，且曰比部今将付刻，请为序。余阅之数日，叹张氏此书必传于世，得伍氏父子传之，其名亦与张氏俱传矣。张氏为此书，劳且久而后成，其搜罗编次之详审，见其自为序例及阮文达公以下序四首，不必赘论。独慨夫庸俗之书，多为世人所喜，金源一代之文，自一二大手笔外，其余无过而问者。张氏乃致力于此，为世人所不为之书，固难得矣；伍氏父子刻世人所不刻之书，又难得也。余草草阅此，但知其梗概，比部刻成，必以印本见赠。余虽衰老，尚欲读一过，惜谭舍人已作古人，不得与共欣赏，因作序而三叹也。光绪七年九月番禺陈澧序。

是年，谭宗浚与马其昶定交。

陈祖任编《桐城马先生年谱》：光绪七年辛巳，先生二十七岁，始游京师，痛世风之偷靡。由于在上者不能化民成俗，作《风俗论》以箴之。与郑东父、孙佩兰（仲垣）、谭叔裕、吴季白定交。郑名果，直隶迁安人，光绪庚申进士，刑部主事；孙名葆田，山东荣城人，进士，刑部主事；谭名宗浚，广东南海人。

是年，沈桂芬卒。谭宗浚作《祭座主故相国沈文定公文》。

谭宗浚《祭座主故相国沈文定公文》：维光绪七年，岁次辛巳仲春月，受业弟子南海谭宗浚谨以庶羞清酌致祭于中堂夫子谥文定沈公之灵。

朱次琦卒。

陈良玉卒。

光绪八年　壬午（1882）　谭宗浚三十七岁

【时事】三月，法军侵占越南河内。六月，丁汝昌等带领兵船三艘到达仁川港。八月，清政府命云南布政使唐炯出关，联络刘永福抗法。法使宝海函询总署，驻越清军是否前往，或仍前进或撤回。九月，中俄订立《伊犁界约》。十月，法使宝海向李鸿章提出越事办法三条。十一月，清政府命翁同龢在军机大臣上行走。

六月，谭宗浚充江南乡试副主考官。

秦国经主编《清代官员履历档案全编》：（光绪）八年六月，充江南副考官。

《申报》1882年8月8日：本馆自己接到电音：本馆于昨日接到在津友人专发电音到本馆，内有六月二十二日谕旨三道，敬谨译登。

六月二十二日，奉旨：江南正考官着许庚身去，副考官着谭宗浚去，钦此。同日，奉旨：陕西正考官着邵曰濂去，副考官着李士彬去。钦此。同日，奉上谕：兵部奏遵议统兵大员处分一折，宁古塔副都统德平阿着照部议，降三级录用，不准抵销。钦此。谨按：本年夏季，爵秩录今科江南乡试正主考许，现官礼部右侍郎，浙江仁和人，壬戌进士。副主考谭，现官翰林院编修，广东南海人。甲戌榜眼。陕西正主考邵，现官内阁侍读学士，浙江余姚人，戊辰进士。副主考李，现官掌江南道御史，湖北蕲州人，乙丑进士。本馆附识。

七月初二日（8月15日），谭宗浚出都，典试江南，所拔多知名士，作《蒙恩典试江南七月初二出都口述》。后编选是科江南士子试卷为《江南乡试录》，并作《江南乡试录后序》。

谭宗浚《江南乡试录后序》：光绪八年壬午，直省乡试，礼臣以江南考官请，得旨命臣许庚身往典厥事，而以臣谭宗浚副之。伏念臣岭南下士，学识迂疏。自丙子散馆后，即蒙恩视学蜀中。兹复渥荷丝纶，持衡江左，谨偕臣许庚身骁征就道，斋祓入闱，矢慎矢公，得士如额，择其言尤雅者，缮呈御览，臣例得缀言简末。

唐文治《诰授中议大夫云南粮储道谭叔裕先生墓表》：壬午，与仁和许恭慎公同奉命典试江南，甄拔多知名士。

陈衍《辽史纪事本末诸论序》：旋典试江南，所拔皆知名士，若冯梦华、朱曼君辈，未易悉数。蔚芝唐先生，尤其年最少者也。

陈融《读岭南人诗绝句》帙之十二：典试江南，亦称得士。冯梦华、袁渭樵、张仲仁等皆出其门。

九月十八日（10月29日），应左宗棠等招饮莫愁湖，谭宗浚作《九月十八日左湘阴师相宗棠、希赞臣将军元将暨诸僚属招饮莫愁湖赋呈五古》以记之。

《申报》1882年8月8日《江督辕门抄》：九月二十五日，正主考许庚身，副主考谭宗浚均辞行。

十月，谭宗浚到京请安。

《申报》1882年12月19日"光绪八年十月廿七日京报全录"：江南副考官谭宗浚到京请安。

自是年正月至甲申十二月，谭宗浚作诗集《僦屋集》。

谭宗浚《荔村草堂诗钞》之《僦屋集》自注：起壬午正月，迄甲申十二月，诗九十六首。

是年，徐桐充翰林院掌院学士。

《静海徐相国传》：八年，充翰林院掌院学士，稽察京通十七仓，顺天乡试正考官。

陈澧卒。

丁日昌卒。

全庆卒。

光绪九年　癸未（1883）　谭宗浚三十八岁

【时事】二月，法军陷越南南定，礼部奏越南王阮福时请求援。三月，刘永福带队往越南山西，与越南统带黄佐炎商办防剿。清政府命李鸿章迅往广东，督办越南事宜。四月，刘永福带黑旗军于河内击败法军，于怀得府纸桥击毙法将李威利。五月，清政府命李鸿章即回北洋大臣署任。六月，清政府命李鸿章署理直督兼署理北洋通商事务大臣。七月，粤民聚众焚沙面洋商房屋。清政府命云南招商集股，开采境内各矿。曾纪泽以解决越事办法六条致函法国外交部，法拒绝谈判。法迫使越南政府签订《顺化条约》，越南成为法国保护国。八月，法军与刘永福军、越南军激战于丹凤。九月，清政府发银十万两，资助刘永福抗法。十一月，晋抚张之洞奏议主战，提出"争越、封刘、战粤、防津"四项主张。法将孤拔率军攻占越南山西，刘永福、唐景崧军突围退屯兴化。

是年，谭宗浚充本科会试磨勘官。

唐文治《诰授中议大夫云南粮储道谭叔裕先生墓表》：庚辰、癸未两科会试磨勘官，教习庶吉士。

刘启瑞著《续修四库全书总目提要（稿本）》中《蜀秀集》：庚辰、癸未两科会试磨勘官。

是年，谭宗浚与缪荃孙派充国史馆总纂，作《拟续修儒林文苑传条例》。

缪荃孙《艺风老人年谱》：自辛巳潘文勤师总裁，廖穀似寿丰为提调，奏办《儒林》《文苑》《循良》《孝友》《隐逸》五传，张幼樵佩伦、陈伯潜宝琛为总办。壬午荃孙传到，即充分纂。穀似外简，王小云贻清为提调，幼樵署副宪，改派钱馨伯。伯潜出为江西学政，改派汪柳门鸣銮。癸未潘文勤师丁忧，徐相国桐为总裁。小云丁忧，柳门出为山东学政，馨伯辞退，改派李芯园端棻、邓莲裳蓉镜为提调，谭叔裕宗浚及荃孙为总纂。

缪荃孙《缪荃孙日记》中《戊子日记》：自辛巳总裁潘伯荫师、提调廖穀似奏办《儒林》《文苑》《循良》《孝友》《隐逸》五传，派张幼樵、陈伯潜属总办。壬午荃孙传到，即派分纂。榖似外简，换王小云为提调。幼樵署副宪，改派钱馨伯。伯潜得江西学政，改派汪柳门。癸未潘师丁忧，换徐荫轩为总裁。小云丁忧，柳朗得山东学政，馨伯辞退，改派李苾园、邓莲裳属提调，谭叔裕及荃孙为总纂。

[宣统]《南海县志》卷十四：时方奏修国史儒林、文苑传，派充总纂，手定条例，博访遗书，阐扬幽隐。以前传所录多大江南北、两浙、山左诸人。因采山陕、河南、四川、两广、滇黔等省文学出众者，补入传中，以著熙朝文治之盛。

是年，谭宗浚整理藏书，藏书数量达十二万余卷。

谭宗浚《后希古堂书目自序》：余癸未岁，既自编所藏书，凡十二万余卷。

是年，庶常馆开课，谭宗浚任分教。

陈义杰点校《翁同龢日记》：光绪九年癸未（1883）七月初一日（8月3日）阴欲雨，傍晚西南风甚大，雨数点。军机一起，放三道缺。给事中邓承修请为陈国瑞建祠，并开复原官，其折有应回避字，今日尚在花衣期内，邸意颇怒？费唇舌矣。退后即诣庶常馆开课，睦莘出题，史有三长赋；川广同源，川。自辰正抵未正始毕，实到七十八人，丁仁长报感冒。翻译二人，分教：王文锦云舫、屠仁守梅君、郑嵩龄芝岩、陈文騄仲英、谭宗浚叔荃、鲍临敦大、黄国瑾再桐、吴树梅燮臣。翻译分教长麟石农。庶常馆提调国炳星垣，其一即王云舫也。饭两桌，其余约十余桌，共六十金，交堂馆李姓承办。此次睦莘出，他日关门课乃余作主。从前皆五十金，近来添。归后甚乏。

按：《翁同龢日记》中的"谭宗浚叔荃"应为"谭宗浚叔裕"。

是年，谭宗浚作《重修粤东义园记》。

谭宗浚《重修粤东义园记》略云：今去同治甲子仅二十载，而义园倾圮已如是，然则所望于后人踵修勿替者为何如乎？是役也，糜白金若干两，其费皆同乡人之宦于京朝，及各行省者醵助之。又以见吾粤人敦任恤之谊，宏施济之仁，有非他处所及也，故乐为书之。凡所有出钱姓氏，具列如左。

光绪十年　甲申（1884）　谭宗浚三十九岁

【时事】二月，清军开始大举进攻，陷越南北宁、太原。三月，慈禧太后黜奕䜣首席军机大臣以及军机大臣翁同龢、李鸿藻等，以礼亲王世锋、额勒和布、孙毓汶为军机大臣，令奕譞会同商办军机要政。四月，清政府命李鸿章办理中法和议。闰五月，法军至观音桥令清军撤让，清军拒绝。法军开炮，遭清军大创。清政府命直隶提督刘铭传赏给巡抚衔，督办台湾事务。因法使照会总署请和，清政府命潘鼎新饬令前敌各营全行调回谅山老营，岑毓英各军仍扎保胜按兵不动，不准轻进开衅。六月，法兵船轰毁台湾基隆炮台。七月，法船队轰击福建马尾船厂，福建舰艇全部被毁。清政府下诏对法宣战。赏刘永福记名提督衔，令力图恢复法侵占之越地。唐景崧加五品卿衔。八月，法舰攻基隆、沪尾，刘铭传全力守沪尾，弃基隆。法舰攻淡水，台湾军民痛击法国侵略者。清政府命刘铭传激励绅民，驱逐法国侵略者，以复基隆等地。九月，清政府出国库金五万赏刘永福军。新疆改建行省，置巡抚布政使各一。十月，朝鲜"甲申政变"。袁世凯率清军在朝鲜与驻朝日使竹添进一郎所率入宫日军交战，击退日军。清军败法军于纸作社，刘永福战法军于宣光附近。十一月，日本以外相井上馨为全权大臣，率舰赴朝。清政府派北洋会办大臣吴大澄查办朝鲜事宜。日本与朝鲜订立《汉城条约》。十二月，潘鼎新焚谅山退守镇南关。法军陷谅山。

  六月，谭宗浚作《书内阁拟驳请开艺学科奏稿后》和《记梦诗》。

  谭宗浚《书内阁拟驳请开艺学科奏稿后》：此内阁某君所拟驳同年潘峄琴前辈《请开艺学科奏稿》。近世士大夫溺于时文科，只以科名自尊，不肯究心时事，故持论如此。

  夫政治为本，技艺为末，是说也，余往年亦笃信之，后始知其空言无实也。今试问所为本者，不过曰明政刑、曰练军实、曰振士气、曰固民心而已，方今朝政清明，各省刑案亦皆详慎，政刑岂有不明乎？自平发捻以来，悍卒劲兵，所在多有，军实岂有不练乎？国家二百年来，厚泽深仁，沦肌浃髓，虽闾里小民，无不激昂忠义，敌忾同仇，士气岂有不振，人心岂有不固乎？然将卒怯懦，甘受外人之要求恫喝不敢轻战者，何也？船炮未精故也。或又谓，宜用计谋破敌，不专恃船炮者，此说较为近理。然狭径深林，可用计谋之地少，巨川旷野，不能用计谋之地多，且沿海口岸数十区弁将官，岂能人人皆有奇策。即使计谋已定，将遂徒手搏之耶？抑仍有藉于船炮耶？至开科一节，辄以"背圣学，更祖制"为言，尤非事实。

  夫文事必有武备，尼山之言也。膺狄惩荆，子舆之论也。使孔孟复生，睹夷狄之横恣，亦必思所以制之，不徒以帖括自诩而已。余见原折，但比照翻译科之文字，果足于圣学并尊乎？如谓人心见异思迁，恐艺学兴而圣学遂废，则吾未闻。武科之一谈，亦深文巧诋矣。

又恭查国初造船于吉林，至今地名船厂，又尝铸红衣大炮？煌煌祖制，原无不许造船明文，第非如西洋式样耳。然精益求精，何妨集思广益。议者又谓艺学科为列圣所未设，不宜妄增。不知从前海内又安，西洋未尝为患，奚必置此科，以滋纷扰哉？今强邻狡寇，近在户庭，岂可不因时制宜，以精制造者，为练兵之用。

考武科，始于唐，推广于明，国朝特因其旧制。若翻译科，则从古所未有，国朝始创行之。当时用兵西陲，恐文报往来，廷臣不能尽识，故不特创为科目，兵词臣之聪隽者，亦必令肄习之，盖大圣人之视军务如此其重也。今西洋之患，剧于西陲，船炮之致用，急于文报。然则仿照武科、翻译科，特开艺学科，正所以善法祖谟，并非变更祖制也。至近时同文馆、机器局、船政局、出洋大臣、全权大臣，亦皆祖制所未有，奚独于艺学科之有裨军政者，而必痛诋之哉？

至疏末谓责成同文馆考试，可无遗才，试思考于南北洋，尚无善法，考于同文馆有善法耶？亦相率为敷衍而已矣。

总之，以政治御敌者，此探本之论也，然空言也，非实事也。以技艺御敌者，此逐末之论也，然实事也，非空言也。御敌不徒恃船炮，然御敌亦断未有舍船炮者也。时宿雨初晴，又闻南洋议歇，龃龉未定，慨然感叹，爰杂书鄙见于后，以俟识者折衷焉。光绪甲申六月既望荔村农后识于槐市寓斋

谭宗浚《荔村随笔·术验》：余于甲申六月，梦人示一诗卷，读之颇不惬意。其人曰："此君前生所作也。"余问："仆前生是何人？"其人曰："江南邓孝威。"按：邓汉仪，字孝威，江都人，康熙中荐举鸿博，以年老改中书舍人。著有《诗观》等集。尝有"人马盘空小，烟霞返照浓"之句，为王渔洋所称，然亦未见大过人处，岂余前生即此君耶？醒后记以诗云："衮衮飘轮度劫尘，忽从絮果证缘因。分明记得前身事，头自江南老舍人。"

是年，谭宗浚代作《赠资政大夫吉公暨继配王夫人合葬墓志铭》。

谭宗浚《赠资政大夫吉公暨继配王夫人合葬墓志铭（代）》略云：韩城县北门外某某山之原，有坟翼然者，曰赠资政大夫吉公之墓。公卒在咸丰元年四月二日，葬在某年某月某日，年五十有六。越三十三载，而公继配王夫人卒于里第，实光绪十年闰五月十八日，年七十有九。公子观察君

灿升将启公窆而合葬焉，礼也。余曩抚山东，观察君尝襄军务，又稔其叠膺剧任，有循声。今辱以圹中之文请，不敢辞，为序而铭之。

是年，应缪荃孙之请，谭宗浚作《翰林院编修缪君妻庄宜人诔》。

谭宗浚《翰林院编修缪君妻庄宜人诔》：维年月日，江阴缪君筱珊淑配庄宜人，卒于京师，春秋三十有七。越数日，筱珊以所撰事略见示，且言曰："愿有纪也。"宗浚颙仰芳徽，备聆懿行。表德之制，所不敢辞。

缪荃孙《艺风老人年谱》：十年甲申，年四十一岁。五月，庄宜人中痰，一昔而逝。十七年夫妇顷刻分别，并无一语，伤哉！

是年，谭宗浚寓北京宣武门外槐市斜街，作《移寓槐市斜街得诗六首》。后有感于院内野鸦攫雏鹊，与斗不胜，雄鹊飞走，雌鹊因护雏而战死，作《瘗鹊铭》《悼鹊》以志之。

谭宗浚《瘗鹊铭》：光绪甲申，余寓宣武门外槐市斜街，相传汪云壑先生故宅。近时，则王小山侍郎发桂亦尝寓此焉。庭中有三大槐，郁郁森森，连阴弥亩，皆数百年物。夏月坐此，如张翠帷。树故有双鹊巢其间，一日，野鸦来攫雏，与斗不胜。雄者飞去，雌者以护雏死焉。嗟夫！栖不乱群，义也；庇雏以徇，仁也；奋争格斗，勇也；舍命不渝，贞也。有是四德，又可訾乎。虽慧逊智禽，而愤愈义鹘。余命童子瘗于宅之东隅，弁系以铭。

是年，谭宗浚被翰林院掌院徐桐荐为京察一等，并作《释讥》。

谭宗浚《释讥序》：光绪十年，举行京察大典。时翰林院汉学院学士徐公以余名荐，余再三辞焉，弗允。定章：凡京察记名皆外任。时谈者多讥余读书虽博，而不能通于政事，因撰《释讥》以解之。

是年，谭宗浚与时任直隶总督兼通商大臣李鸿章书信来往。

李鸿章《致翰林院编修谭宗浚》：桃符饯腊，瞻燕寝之祥凝；梅鼎调元，喜凤城之春早。敬维叔裕世兄老夫子大人履端笃祜，泰始延厘。珥笔西清，春满瀛洲之草；宣纶北阙，人簪禁苑之花。引企乔晖，式孚藻颂。弟畿符忝领，岁钥频更。跋浪千寻，窃愿沧溟息警；朝正万国，遥知绮阁熙春。专泐敬贺年禧，祗颂台祺，诸惟霁鉴。不具。通家世愚弟。光绪十年十二月初八日。

赵之谦卒。

桂文灿卒。

光绪十一年　乙酉（1885）　谭宗浚四十岁

【时事】正月，法军侵占镇南关。日本全权大臣伊藤博文抵津。二月，岑毓英、刘永福等收复临洮等地。冯子材等大败法军于镇南关外，收复文渊州。法将尼格里受重伤。谅山收复。清政府下停战令。金登干与法国外交部签订停战撤兵草约于巴黎。三月，李鸿章与伊藤博文于天津订立《中日朝鲜撤兵条约》三款。四月，清政府派李鸿章与法使巴德诺在天津订立《中法会订安南条约》，承认越南为法保护国，中法战争结束。五月，刘永福军撤入云南。九月，福建巡抚改为台湾巡抚，常驻台湾。台湾改为行省。闽抚由闽督兼理，刘铭传任台湾巡抚。清政府设海军衙门。袁世凯以知府分发加三品衔驻扎朝鲜，总理交涉通商事宜。十一月，日本伊藤内阁成立，井上馨为外务大臣，任命盐田三郎为驻清公使。

二月十四日（3月30日），谭宗浚夜梦迁居，始以"止庵"自号。

谭宗浚《止庵笔语》：余于乙酉二月十四日夜梦迁居，颇有园池之胜，旋有馈纸百番者，觉而占之曰："迁居者，迁秩也。纸者，止也。言当知止而休也。"翌日，即蒙恩记名以道府用。自惟官至四品，亦不为不显。惟未能报称涓溪，斯可愧耳。与其尸位素餐，不如守周任陈力就列之训。洁身早退，或不至妨贤路乎？余以止庵自号，自是年始。

二月二十五日（4月10日），谭宗浚任京察一等，蒙恩记名以道府用，出任云南粮储道。

《清实录·德宗景皇帝实录》卷二百三：光绪十一年乙酉二月：引见京察一等圈出人员得旨除庆蕙、彭銮、韩文钧、王廉、李培元、刘宗标、涂庆澜、缪荃孙、周信之、良弼、凌行均、世杰、王景贤、徐树钧、锡光、垫岫、福善、王遵文、隆斌、伦五常、宗室溥善、庆秀、阿彦泰、丁振铎、恩霖、陈维周、吴传缙毋庸记名外，宗室寿荫著以四五品京堂补用，宗室松安着仍以五品京堂补用，鹤山、马恩培、裕祥、邓蓉镜、陈秉和、张曾扬、谭宗浚、陈才芳、吴锡璋、张仁黼、庆熙、成治、善承、李端遇、文悌、塔奇魁、奎顺、高梧、吴协中、李耀奎、恩良、英文、耆安、荣堃、舒惠、王鸿年、党吉新、普津、承厚、德泰、雷榜荣、赵舒翘、陈惺训、廷杰、成桂、三音布、迈拉逊、启绍、凤林、夏玉瑚、觉罗存振、达崇阿、吉庆、安祥、文海、陈锦谭、承祖、赵尔巽、铎洛仑、诚勋均着交军机处记名以道府用，长有着记名以关差道府用。（现月）

唐文治《诰授中议大夫云南粮储道谭叔裕先生墓表》：乙酉，京察一等，记名以道府用。初，尚书吴县潘文勤公祖荫总裁国史馆，属先生纂修《儒林》《文苑》两传，先生博稽掌故，阐扬幽隐，方脱稿而简放云南粮储道命下。

容肇祖《学海堂考》：光绪十一年（1885），京察一等，记名道府。时方奏修国史儒林文苑传，派充总纂，因采山、陕、河南、四川、两广、滇、黔等省文学出众者，补入传中。以伉直为掌院所恶。

五月初六日（6月18日），谭宗浚奉上谕，蒙恩召见养心殿。

谭宗浚《于滇日记》：奉上谕：云南粮储道员缺，著谭宗浚补授，钦此。臣闻命之下，感悚难名，当于初七日趋诣谢恩，蒙召见养心殿。皇太后首垂询："汝到过四川否？"臣谨对："从前曾任四川学政。"又问："四川考试弊窦甚详。"又云："闻汝能整顿否？"臣谨对曰："试场作弊，防不胜防，惟能弊去其太甚而已。"又问："云南路程极远？"臣未敢对。又问："到云南是否皆陆道？"臣谨对："官站皆陆路。若走辰沅一带，水道亦通。"又谕云："迩来官场习气甚深，汝到时务宜力加整顿，事事皆当认真，以期共济时艰，毋得因循贻误。"臣谨对："以当恪遵。"圣谕又问："起程在何日？"臣谨对："以领凭后即起程。"少顷，谕令退出。

五月初七日（6月19日），谭宗浚被光绪帝召对养心殿，并上折奏谢。

谭宗浚《于滇日记》：召对养心殿，恭纪：光绪乙酉夏六合咸雍熙。帝曰："汝宗浚督储西南陲。"臣浚九稽首，鞠躅升玉墀。臣质实椿昧，恐复瘝厥司。帝曰："吁汝往搘挶，毋固辞。汝昔督蜀学，声名朕所知。莘莘缝掖辈，至今口碑垂。汝才实干济，自可持旌麾。"臣闻六诏地，古号邛筰夷。开道始汉武，神驹产雄姿。六朝暨唐宋，驯叛恒羁縻。完颜始隶籍，拓亩耕畲畬。国家大德广，文轸通滇池。华颠及齠稚，沐化咸娱嬉。呜呼咸同际，户限生貙豼。探丸互仇杀，白刃锋差差。县官不敢问，养痈蠆自始。奸民村社聚，悍帅山泽资。几成藩镇势，部署由偏裨。王师迅电埽，鼓势擒蛇豨。手持日月镜，再烛西南维。七擒孟获阵，三冢蚩尤尸。边氓稍苏息，忭颂歌圣涯。迩来岛夷狡，又复窥藩篱。越裳既被绐，有类口由欺。边关近合市，贩鹭来侏离。纵云被纯缋，岂易防漏卮。自古驭边吏，所重清节持。黄金纵如粟，讵可渝素丝。灾黎当拯恤，猾吏当穷治。羸兵当减汰，远裔当抚绥。宸衷夕厪注，缕析询无遗。悬知苴兰外，若戴春台曦。玉音复垂问，抵任当何时。长途犯霜露，谷岭多险巇。小臣听天语，涕下交颊颐。誓捐肝脑报，遑恤顶踵私。驰驱万程驿，一一皆圣慈。昔臣侍禁近，稠叠承恩施。（誓将宣主德，铺藻攡鸿词。勉成一代制，高义述皇羲。上之陈愔史，俾补金镂贻。下之谕愚鲁，刻颂同籀斯。汗青苦未就，丛稿多觚离。）忽持绣衣斧，四牡行逶迤。睠睠望紫阙，喜极翻成悲。菲材实驽钝，敢诩追锋驰。文章矢报国，致效惟毛锥。愿陈圣功德，永勒钟鼎彝。试摹出师颂，并广盘木诗。

谭宗浚《奏谢奉旨补授粮储道员折》：新授云南粮储道臣谭宗浚跪奏：为恭谢天恩，仰祈圣鉴，本月初六日内阁奉上谕：云南粮储道员缺，著谭宗浚补授，钦此。窃臣粤东下士，知识庸愚，词馆备员，滥膺上考。涓埃未报，兢惕方深。兹复渥荷温纶，补授今职，自天闻命，倍切悚惶。伏念滇省为边要之区，道员有监司之责，如臣梼昧，惧弗克胜，惟有吁求宸训，敬谨遵循。俾到任后，于一切应办事宜，矢慎矢勤，以冀仰答高厚鸿慈于万一，所有微臣感激下忱，谨缮折叩谢天恩，伏乞皇太后、皇上圣鉴。谨奏。光绪十一年五月初七日

五月初八日（6月20日），谭宗浚谒见枢府各位。

谭宗浚《于滇日记》：越日谒枢府各位。阎丹初协揆迎谓余曰："君作外吏，京城少一博古之人，外省多一办事之人矣。"先是余在翰林，资俸已深，计今年可得坊局。曾向掌院力辞京察，而掌院徐桐必列余名。或云徐公有意倾陷，故京朝官多代余惋惜者。其实京官外官皆朝廷雨露之恩，余亦何敢稍为歧视。惟是京官已为熟手，外官诸多未谙，且近年著述粗有端绪，今一行作吏，此事遂废，将来拾遗补坠又不知何时，此则余所耿耿不忘者耳。

五月二十六日（7月8日），谭宗浚到鸿胪寺谢恩。

谭宗浚《于滇日记》：五月二十六日，诣鸿胪寺谢恩。

七月初二日（8月11日），谭宗浚赴吏科领凭，晤李元度。

谭宗浚《于滇日记》：赴吏科领凭，晤李次青廉访。

是年，谭宗浚借京城长椿寺屋三楹，用以藏书。

谭宗浚《后希古堂书目自序》：迨乙酉岁，掌院徐尚书送余京察。遂奉督粮滇南之命。度道远不能载书以行，而朋好中旅寓无有可藏书者。因假长椿寺屋三楹，庋书其间，并汰其重复及易购者售之，仅存八万余卷。

七月二十八日（9月6日），谭宗浚将行李书籍发往通州。

谭宗浚《于滇日记》：先发行李书籍往通州。

八月初二日（9月10日），谭宗浚起程，友人及门人送别，作《赴任滇南留别诸同人得诗六首》《燕歌行》和《别故居》诸诗。

谭宗浚《于滇日记》：起程，陈天如、廖泽群、何云裳、崔夔典、孔伯韶、崔次韶、区鹏霄、吴星楼、伦梦臣均送余至长椿寺，惘惘而别。戴少怀学使，适谢恩未及来送，四川江南诸门人亦多来送者。江南诸君送至蟠桃宫，又出城里许，始挥别。情意肫挚，尤可感也。是日晴凉，惟雨后土路尚有沮洳者。晚抵通州宿。

陈义杰点校《翁同龢日记》：光绪十一年乙酉八月朔（1885年9月9日）晴，西北风。丑正起，未及寅初登车，才三刻到国子监，恩中堂已到，在致斋所坐谈，同人皆集，而盛祭酒未来，盛后殿承祭，不能不候之，寅正一刻多始来，即入行礼，卯初二刻毕，承祭者下堂凡五次。更衣驰入，卯正二矣，遇松寿泉，知今日上感冒，撤书房。至月华门遇孙、张两公，至戈什爱班处坐候，闻传医生，未见方，旋闻叫引见，遂出，时辰正一刻。三起。径归小憩，午设奠，先五兄忌日也，八年倏忽，百事放纷，吾生何为也？写数行予鹿侄。始闻学政姓名。入署。出城，送谭叔誉，而彼来辞相左，未得一见，可恨。谒晤醇邸，谈一时始归。己酉同年黎春兰。广西候补道。

按：该日日记后附有《赴任滇南留别诸同人得诗六首》《燕歌行》和《别故居》。

八月初三日（9月11日），谭宗浚午后开船，晚泊马头。作《出都口述》。

谭宗浚《于滇日记》：晴凉，午后开船，晚泊马头，近二鼓矣。

按：该日日记后附有《出都口述》。

八月初四日（9月12日），谭宗浚过香河，抵蔡村下数里泊。作《季弟来书知伯兄以四月四日病死今已三阅月矣人事牵迫无暇追挽舟次潞河乃和泪哭述四章以志哀感悲恸痛切情见乎词》。

谭宗浚《于滇日记》：晴凉，晨过香河，午后顺风，薄暮雷雨大作，抵蔡村下数里，遂泊。

按：该日日记后附有《季弟来书知伯兄以四月四日病死今已三阅月矣人事牵迫无暇追挽舟次潞河乃和泪哭述四章以志哀感悲恸痛切情见乎词》。

八月初五日（9月13日），谭宗浚抵天津。

谭宗浚《于滇日记》：晴暖，午抵天津。

八月初六日（9月14日），谭宗浚与张绍华观察同年行馆畅谈。中午拜谒李鸿章，随后会见吴大澂、季邦桢、胡燏棻等官员。晚回寓所，与张绍华观察、戴鸾翔前辈叙谈。

谭宗浚《于滇日记》：晴暖，晨起过张筱传观察同年（绍华）行馆畅谈，时观察方奉檄守侯高丽大院君于天津试院。大院君年近五十，貌清癯，能画兰竹。时廷议将遣之归国，故观察在此与之周旋也。

午谒合肥师相，随晤吴清卿星使（大澂）、季土周都转（邦桢）、万莲初（培因）、周玉珊（馥）、胡芸楣（燏棻）三观察、章琴生编修同年（洪钧）、王蕴山观察同年（嘉善）、于晦若比部（式枚）。

晚返寓，张观察偕戴连溪前辈（鸾翔）过谈。

八月初七日（9月15日），谭宗浚应诸官员招饮，晚赴李鸿章宴。

谭宗浚《于滇日记》：晴暖，季都转及张、戴、周、万诸观察皆招饮，晚饮合肥师相节署。

八月初八日（9月16日），谭宗浚赴胡观察、吴星使宴。

谭宗浚《于滇日记》：胡观察、吴星使招饮。

八月初九日（9月17日），谭宗浚与廖廷相相逢，同寓旅店。

谭宗浚《于滇日记》：晴暖，廖泽群编修适由京来，遂同寓旅店。

八月初十日（9月18日），谭宗浚于旅店候船。

谭宗浚《于滇日记》：仍在旅店候船。

八月十一日（9月19日），谭宗浚坐顺和轮船启行，出海口，夜遇大风。

谭宗浚《于滇日记》：巳刻，坐顺和轮船。未刻，启行，出海口。时水涸，甚为回折。晚四更后，暴风陡发，如钲鼓声。

八月十二日（9月20日），谭宗浚过烟台。

谭宗浚《于滇日记》：晨起，风狂益甚。船簸撼竟日。晚始风息，过烟台。

八月十三日（9月21日），谭宗浚过黑水洋。

谭宗浚《于滇日记》：晚过黑水洋，澄镜不波，洒然可喜。

八月十四日（9月22日），谭宗浚过长江口，晚宿上海。作《驿柳》《留别廖泽群偏修》《悼鹊》诸诗。

谭宗浚《于滇日记》：巳刻，过长江口，骤雨如注。晚抵沪寓客店，已曛矣。

按：该日日记后附有《驿柳》《留别廖泽群偏修》《悼鹊》。

八月十五日至二十四日（9月23日至10月2日），谭宗浚均在旅店候船。其中，二十二日（9月30日），赴邵友廉、苏元瑞两观察宴。

谭宗浚《于滇日记》：俱在客店候船，内弟许风生茂才（衍模）于二十日先返芜湖。廿二日，邵筱村（友廉）、苏伯赓（元瑞）两观察招饮。

八月二十五日（10月3日），谭宗浚派人送眷属坐船返粤，自己坐元和轮船往镇江。

谭宗浚《于滇日记》：晴暖，遣伯彤中表偕眷属坐北京轮船回粤，而余坐元和轮船往镇江，均于是晚开行。

八月二十六日（10月4日），谭宗浚过江阴，晚遇大雨。

谭宗浚《于滇日记》：阴寒，午过江阴，晚后骤雨大作，船为水中浮木所结，扰攘竟夕。

八月二十七日（10月5日），谭宗浚泊船镇江，拟至扬州拜访冯誉骥，以大风遂止。

谭宗浚《于滇日记》：晨起，泊镇江。雨甚，行李尽湿。余拟访冯展云师于扬州，因别雇一小红船，而风大不能行，仍在镇江小河泊。三更后，北风如虎，颠簸异常，念眷属今日方过福州洋，猝遇此飓风，必遭惊怖，为之辗转不寐。吁余以薄佑被构逯人，远宦边陲，妻孥阔别。每见船中长年三老辈，犹得篝灯促膝与孩童稚子戏谑为欢，胜余辈多矣。

八月二十八日（10月6日），谭宗浚午后渡江，晚宿瓜洲口。作《镇江守风》《舟中咏八贤诗》《梦亡兄》诸诗。

谭宗浚《于滇日记》：仍在镇江守风。午后稍晴，遂渡江，泊瓜洲口宿。

按：该日日记后附有《镇江守风》《舟中咏八贤诗》《梦亡兄》。

八月二十九日（10月7日），谭宗浚抵扬州，拜谒冯誉骥，并作《闻粤东水灾感赋》。

谭宗浚《于滇日记》：晴暖，巳刻，抵扬州。午谒展云师于行馆，谈京华事甚悉。

按：该日日记后附有《闻粤东水灾感赋》。

九月初一日（10月8日），谭宗浚赴冯誉骥宴，午后返船启行，晚宿三岔河口关卡下，作《过扬州谒冯展云中丞师即承招饮赋呈一首》。

谭宗浚《于滇日记》：巳刻，展云师招饮，谈燕甚欢。午后返船，即启行。晚泊三岔河口关卡下宿。

按：该日日记后附有《过扬州谒冯展云中丞师即承招饮赋呈一首》。

九月初二日（10月9日），谭宗浚过瓜洲口，抵镇江，夜宿江孚轮船。

谭宗浚《丁滇日记》：晴暖，晨过瓜洲口。饭毕，渡江。碛岸回接，晴澜不波，文鳞仰窥，喧鸟群戏。王司州云："云日开朗，山川荡涤。"此景庶几仿佛矣。午抵镇江，候船，酷暖殊甚。是夜四鼓上江孚轮船宿。

九月初三日（10月10日），谭宗浚至金陵，会见张源溱、金士翘两大令。夜过芜湖。作《过金陵》。

谭宗浚《于滇日记》：晴暖，巳刻，启行。未刻，抵金陵。晤张汝南（源溱）、金曙潭（士翘）两大令。夜过芜湖。

按：该日日记后附有《过金陵》。

九月初四日（10月11日），谭宗浚午抵安庆，夜过九江。

谭宗浚《于滇日记》：晴热，午抵安庆。晚过小孤山，耸秀可爱。夜过九江。

九月初五日（10月12日），谭宗浚到汉口镇，宿于益记栈。

谭宗浚《于滇日记》：晴暖，申刻到汉口镇，在益记栈宿。

九月初六日（10月13日），辰刻，唐廉观察、李毓森司马招谭宗浚饮电报局。是晚益记栈主人庄亦琴招谭宗浚饮酒。

谭宗浚《于滇日记》：辰刻，唐泉伯观察（廉）、李仲平司马（毓森）招饮电报局。是晚益记栈主人庄君亦琴招饮，余仲嫂之弟也。是夜北风如吼。

九月初七日（10月14日），风大，谭宗浚仍寓客栈。

谭宗浚《于滇日记》：晨起，风甚。拟渡江不果，仍寓客栈。

九月初八、九日（10月15、16日），谭宗浚仍寓客栈。

谭宗浚《于滇日记》：均寓客店。

九月初十日（10月17日），谭宗浚渡江拜见周恒祺师，并晤庄则敬。

谭宗浚《于滇日记》：晴暖，渡江谒周福陔漕帅师，并晤庄丽乾大令（则敬）。

九月十一日（10月18日），谭宗浚拜谒裕寿山制府。

谭宗浚《于滇日记》：晴暖，谒裕寿山制府，并晤蒯蔗农方伯年丈（德标）、黄子寿前辈（彭年）、高勉之学使（钊中）、李香园太守（有棻）。余俱未得晤。

九月十二日（10月19日），谭宗浚会见承墨庄、朱蓉生以及瞿廷韶、陈富文。

谭宗浚《于滇日记》：各当道均回拜，并晤承墨庄、朱蓉生两星使，瞿赓甫观察（廷韶）。同乡琼山陈兰渠大令（富文）来谒。

九月十三日（10月20日），谭宗浚见李增荣、司徒衮，晚饮黄彭年前辈署。

谭宗浚《于滇日记》：同乡信宜李赓仙（增荣）、开平司徒翼庭（衮）均来谒。午后大雨，晚饮黄子寿前辈署。

九月十四日（10月21日），谭宗浚应邀赴周恒祺、高钊中、蒯德标宴。

谭宗浚《于滇日记》：周漕帅、高学使、蒯方伯均招饮。

九月十五日（10月22日），谭宗浚应同乡公请，午后往汉口。

谭宗浚《于滇日记》：同乡公请，主人庄丽乾（则敬）、冼幼樵（廷瑜）、杨习之（学源）、陈兰渠（富文）、李赓仙（增荣）、司徒翼庭（衮）也。午后移船往汉口。

九月十六日（10月23日），谭宗浚见云南委员惠山。

谭宗浚《于滇日记》：表兄沈伯彤、内弟许风生均到汉。云南委员惠问泉（山）来谒。

九月十七日（10月24日），谭宗浚寄家书，晚后，同人来送。

谭宗浚《于滇日记》：写家书，寄回广东。晚后，庄君偕同人来送。

九月十八日（10月25日），谭宗浚抵江汉关。

谭宗浚《于滇日记》：开船而南风甚大，不数里抵江汉关下泊。

九月十九日（10月26日），谭宗浚抵金口，作《望晴川阁》《南楼》诸诗。

谭宗浚《于滇日记》：晴暖，晓过鹦鹉洲、晴川阁等处，午经沌口，晚抵金口，宿离汉阳六十里。

按：该日日记后附有《望晴川阁》《南楼》。

九月二十日（10月27日），谭宗浚抵邓家口，作《泊邓家口》。

谭宗浚《于滇日记》：晴暖，行七十余里，抵邓家口泊。

九月二十一日（10月28日），谭宗浚抵码头。

谭宗浚《于滇日记》：晴暖，午过簰洲，晚抵码头泊。夜有雨，淅沥竟夕。

九月二十二日（10月29日），谭宗浚抵嘉鱼县。

谭宗浚《于滇日记》：晴暖，舟行甚缓，晚泊嘉鱼县。

九月二十三日（10月30日），谭宗浚抵绿溪口。

谭宗浚《于滇日记》：晴暖，晚泊绿溪口。

九月二十四日（10月31日），谭宗浚抵新堤，作《读王右军传》。

谭宗浚《于滇日记》：晴暖，晚泊新堤，有雨。

按：该日日记后附有《读王右军传》。

九月二十五日（11月1日），谭宗浚抵岳州，作《登岳州城楼》。

谭宗浚《于滇日记》：晨起，有微雨，北风大作，扬帆行一百余里，抵岳州泊。

按：该日日记后附有《登岳州城楼》。

九月二十六日（11月2日），谭宗浚抵君山。

谭宗浚《于滇日记》：晴暖，行七里，阻风，遂泊君山下。

九月二十七日（11月3日），谭宗浚至团山外一沙滩宿。是夜，飓风大作，与同行诸君清谈达旦。因颂东坡诗而流涕。

谭宗浚《于滇日记》：晴暖，行廿五里许，至团山外一沙滩宿。晚二更前，飓风大作，黑云如盘。遥闻波涛汹涌，翻簸之声，令人震骇，我舟为风所撼，搁浅在沙滩下，幸得无恙。至五更，刁调犹未息也。是夜与同行诸君，燃烛清谈达旦。每诵东坡诗，我生类如此，无适不艰难，为之流涕，意造物以余性乖戆，宦海风波或未深悉，故以此尼其行耶？

九月二十八日（11月4日），谭宗浚仍泊沙滩上。

谭宗浚《于滇日记》：辰刻后，风始息。以修船，仍泊沙滩上。

九月二十九日（11月5日），谭宗浚仍泊沙滩侧，作《过洞庭遭飓风效玉川子体》

谭宗浚《于滇日记》：阻风不能行，仍泊沙滩侧。厨人以断炊告，借舟子米食之。

按：该日日记后附有《过洞庭遭飓风效玉川子体》。

九月三十日（11月6日），谭宗浚晓起放船，晚泊湖心。

谭宗浚《于滇日记》：晓起，放船，午后微有风。晚泊湖心，四面水云无际。惟闻浪声阘鞳如钲鼓而已。

十月初一日（11月7日），谭宗浚抵孝感庙泊。

谭宗浚《于滇日记》：晴暖，晓起开船，午后抵孝感庙。适阻风遂泊。

十月初二日（11月8日），谭宗浚仍在孝感庙泊。

谭宗浚《于滇日记》：晴暖，仍阻风孝感庙。

十月初三日（11月9日），谭宗浚辰刻启行，午后顺风出湖口，晚抵南嘴下数里泊。

谭宗浚《于滇日记》：晴暖，辰刻启行，午后顺风出湖口，晚抵南嘴下数里泊。是晚骤寒，北风狂吼，闻船桅终夜猎猎有声。

十月初四日（11月10日），谭宗浚至刘清塘遂泊。

谭宗浚《于滇日记》：阴寒，行三数里至刘清塘，阻风，遂泊。晚有寒雨，遥见水面皆作烟气，如吹釜然。

十月初五日（11月11日），谭宗浚抵大树湾宿。

谭宗浚《于滇日记》：丑刻，闻篷背雨雹淅沥声。晨起，大雪无际，水气所结，疑为轻绡，林断窅然，若戛寒玉，信奇观也。午后启行，沿途竹树青葱，微有佳致。晚抵大树湾宿。是日，行三十里。

十月初六日（11月12日），谭宗浚从龙阳县出发，晚抵牛皮滩泊。

谭宗浚《于滇日记》：晴寒，晨，龙阳县。晚抵牛皮滩泊。

十月初七日（11月13日），谭宗浚抵常德府城外泊。作《泊常德府》。

谭宗浚《于滇日记》：晴寒，沿途水色，纯作皱纹，青磨愈妍，绿净难唾，遥见石塔。再转，则常德府城也。晚抵城外泊。

按：该日日记后附有《泊常德府》。

十月初八日（11月14日），谭宗浚前往镇江。

谭宗浚《于滇日记》：晴暖，雇船二只，大者价五十千，小者二十九千，前往镇江。

十月初九日（11月15日），谭宗浚谒杨岳斌宫保于舟中，并见武陵令李友兰同年。晚饭后，至县署茶话。

谭宗浚《于滇日记》：晴暖，是日移船，并谒杨厚庵宫保（岳斌）于舟中，武陵令李友兰同年（宗莲）来见。晚饭后，登岸至县署茶话。城中市易繁盛，较胜岳州也。

十月初十日（11 月 16 日），谭宗浚晚泊河佛山。

谭宗浚《于滇日记》：阴寒，有微雨。辰刻放船，沿路长堤曲岸，多作环玦形，泓净如尘，似铺素练，绵暖不绝，若曳青罗。蓬窗纵观，饶有佳兴。晚泊河佛山。

十月十一日（11 月 17 日），谭宗浚过桃源县，晚抵张家湾宿。作《寄季弟》。

谭宗浚《于滇日记》：微阴，午过桃源县，有小市，买鳜鱼，食之甚美。未刻，经岩净崖，岩壑渐奇，林篁益秀。沿途诸峰，如笏如屏，如针如釜者，错立环峙，绿叶萧疏，于水次丹林，艳赫峦巅，信奇景也。晚抵张家湾宿。晚有微雨。

按：该日日记后附有《寄季弟》。

十月十二日（11 月 18 日），谭宗浚过孟慈滩、虾蟆滩、来子滩等处。作《季弟书来知伯兄以四月四日病死今已三阅月矣人事牵迫无暇追挽舟次潞河乃和泪哭泣四章以志哀感悲恸痛切情见乎词》《雁》诸诗。

谭宗浚《于滇日记》：晴暖，卯刻起行。午过孟慈滩、虾蟆滩、来子滩等处。是日，峰渐奇，山渐峭，文石斐亹，青林联绵，颇与粤东曲江、始兴诸山相类。晚泊渔网溪，有巨石二，横矗水中，既类张帆，亦疑拂扇，真奇观也。惜无善画能绘之者。

按：该日日记后附有《季弟书来知伯兄以四月四日病死今已三阅月矣人事牵迫无暇追挽舟次潞河乃和泪哭泣四章以志哀感悲恸痛切情见乎词》《雁》。

十月十三日（11 月 19 日），谭宗浚泊白沙溪。

谭宗浚《于滇日记》：晴暖，午微有顺风，过海螺岩，耸然一卷，近插霄汉，若教呼吸，则帝座可通矣。是日，凡经望山滩、子高滩、瓮子洞滩、诗游滩、鹭尾滩。而瓮子洞滩，石色尤斑斓可玩。晚泊白沙溪。

十月十四日（11 月 20 日），谭宗浚泊马步溪。

谭宗浚《于滇日记》：晴暖，巳刻过清浪滩。榜鼓初发，舟疑蹈空，前峰陡迎，后石斜撄，瞬息十里，风霆浩然，挟奔星以前驱，凌飞浪以无际。固已险逾巫峡，危甚吕梁矣。晚泊马步溪。晚有凉雨。

十月十五日（11月21日），谭宗浚泊杨家塘

谭宗浚《于滇日记》：晴寒，是日过结滩、褚滩、马踉滩、滚龙滩、回则滩，凡五十里，水皆作黝绿色，石悍而怒，又与前所经不同矣。晚泊杨家塘，有雨。

十月十六日（11月22日），谭宗浚泊辰州，晤李子丹编修、王可庄殿撰。作《辰州》。

谭宗浚《于滇日记》：阴寒，是日过横石滩、九溪滩、连州滩、高立洞、白衣滩。而横石、连州两滩，尤为奇险也。沿路丹黄杂树，偶有可观。晚泊辰州，晤李子丹编修、王可庄殿撰。

按：该日日记后附有《辰州》。

十月十七日（11月23日），谭宗浚经土地滩、沙金滩、三洲滩、五里滩，过泸溪县。晚宿油房湾。

谭宗浚《于滇日记》：阴寒，经土地滩、沙金滩、三洲滩、五里滩，过泸溪县。县城僻陋，与山村等耳。是日，岸既平迤，水亦漫流，盖渐近辰州府城，故境多夷旷，亦形家之论也。晚泊油房湾宿。

十月十八日（11月24日），谭宗浚经白沙滩、马嘴崖、登瀛滩等处，遂泊。

谭宗浚《于滇日记》：阴寒，晨经白沙滩、马嘴崖。崖峭削万仞，中有方洞，人迹所不到。遥见中有竹几、木柜。传云仙人所遗。理或然也。再行经登瀛滩、毛家滩、邱汉强家滩，又过浦市，小泊。廛肆颇殷赈，设通判驻马。未刻，骤雨，再行经马子滩、鱼滩，遂泊。

十月十九日（11月25日），谭宗浚过辰溪县，经宁水崖、三高滩、袁家崖等处，晚抵水江口。

谭宗浚《于滇日记》：晴暖，丑刻开船，晚过辰溪县，尚曛黑，未办城堞也。旋经宁水崖、三高滩、袁家崖、白石崖、虎耳滩、定月岩等处。白石崖，石均作缟素也，嶙峋见巉岈，望之如晶。晚抵水江口宿。江旁有小河，云可通溆浦县。

十月二十日（11月26日），谭宗浚经杨桥滩、茶湾滩、小虎滩诸滩，晚抵凉水井。

谭宗浚《于滇日记》：晴暖，经杨桥滩、茶湾滩、小虎滩、辰州滩、鹭鸶滩、朱崖滩、铜鼓滩、狮子崖滩。鹭鸶滩为尤险云。晚泊凉水井。

十月二十一日（11月27日），谭宗浚经庙湾、铜湾、石榴滩诸处。晚抵木东河。

谭宗浚《于滇日记》：晨起，寒甚。遥望白云亘山，悬若横带。午后骤暖，岂杜公所谓元冥祝融气或交者耶？是日，经庙湾、铜湾、石榴滩、卧龙滩、新路河、小奇滩、大奇滩、青铜港、上河滩、大王塘诸处。晚泊木东河宿。

十月二十二日（11月28日），谭宗浚过黄丝滚滩、艾灵滩、凤篷滩等处，晚抵沙湾宿。

谭宗浚《于滇日记》：晴暖，晨起，过黄丝滚滩，滩驶而长，石横似綦，波激如箭。篙师歌云："百马清浪未是滩，黄丝滚滩是滩王。"可想其湍悍矣。又经艾灵滩、三角滩、六高滩，到安江稍泊，市集颇盛，有巡检驻马。复行经凤篷滩、宁波滩、明桥滩、牛皮渡。晚抵沙湾宿。旁有石塔，然已就圮矣。

十月二十三日（11月29日），谭宗浚经太平溪滩、升子崖、范氏崖等处。抵红江泊。

谭宗浚《于滇日记》：晨起，有雨，然天气殊暖。经太平溪滩，滩水亦湍驶。又经大、小服司滩、升子崖、范氏崖。未刻抵红江泊。市廛栉比，不减辰州也。是日，止行三十里。

十月二十四日（11月30日），谭宗浚经大湾、连州、大鹭鸶、分水诸滩，晚泊黔阳县。作《黔阳舟次》和《何事》。

谭宗浚《于滇日记》：荫翳，晓行经大湾、连州、大鹭鸶、狗拉崖滩、新店、白马阁、分水诸滩。惟大鹭鸶及白马阁尤恶。午后，舟人失缆，惶怖片刻方定，殊有垂堂之戒马。自是后，水益惊湍，石逾悍布，与夔、巫诸峡相等矣。晚泊黔阳县。

按：该日日记后附有《黔阳舟次》和《何事》。

十月二十五日（12月1日），谭宗浚经白米滩、马蚁塘、兰溪等处，晚泊西汊。作《久客》。

谭宗浚《于滇日记》：晴暖，经白米滩、马蚁塘、兰溪、红崖山、桐木洞、高立洞、长滩，而高立洞尤险。舟人云：幸天色晴朗，向来过去未有不惊怖者也。晚泊西汊。

按：该日日记后附有《久客》。

十月二十六日（12月2日），谭宗浚经竹站、顺风滩、油箩滩等处，晚泊水口塘。作《得家书知庚生秋闱获隽喜赋长句奉简并寄卢梓川甥乃潼》。

谭宗浚《于滇日记》：寅刻，骤雨如注，继以震雷，亦异事也。辰刻开船。午后复晴暖，凡经竹站、顺风滩、中方白崖塘、鸭子崖、枫木塘、栗木塘、鸡公崖、油箩滩等处，山皆开豁，水亦漫流。沿路溪桥，略似元人小景。晚泊水口塘宿。是夜大雨。

按：该日日记后附有《得家书知庚生秋闱获隽喜赋长句奉简并寄卢梓川甥乃潼》。

十月二十七日（12月3日），谭宗浚经石灰窑、鱼梁滩等处，晚抵埋桥。

谭宗浚《于滇日记》：晨起，雨仍未止。放船经石灰窑、鱼梁滩、猪肘滩、鹅娘滩，惟猪肘较湍急云。午抵马公平驿，适大雨，小泊，未复开船。经道人滩、富田塘、巴州，晚抵埋桥宿。

十月二十八日（12月4日），谭宗浚过杨起河、磨房滩、炮塘湾等处，遂泊。

谭宗浚《于滇日记》：阴，有雨。晨起，过杨起河、磨房滩、炮塘湾等处。遥见长桥亘空，长如蟛蜞，俗呼为江西桥。再过则沅州矣。是日，仅行十里，遂泊。

十月二十九日（12月5日），谭宗浚经北门滩、螺丝滩、马王滩等处，晚在滩口宿。

谭宗浚《于滇日记》：阴寒，大雨。辰刻起行，经北门滩、螺丝滩、马王滩、长滩、石灰滩、鱼溪口、小贯洞滩、大贯洞滩、小恶滩。晚即在滩口宿。

十一月初一日（12月6日），谭宗浚过大恶滩、柑子坳、黄石滩等处，晚抵小兹滩宿。

谭宗浚《于滇日记》：阴寒，无雨。晨过大恶滩，惊湍骇浪，已足怖人。午过柑子坳、乌龟滩、王八滩、打卦滩、白猫洞滩、老猎洞滩，滩均峻驶。旋到便水驿，市集稍盛，有司官署在焉。又过晒谷滩、黄花楼滩，滩尚平迤。最后为满天星滩，黄石滩，滩喷起数尺，如云际梯，中含长风，内荡高壁，鼓棹前进。殆疑溟波飞扬簸摇，震骇颠眩，生平所未睹也。土人复筑鱼汕其上，累柴石为之，致使水益怒猛，行旅至此，多断篙折缆之虞，此亦斯土者所宜属禁也。晚抵小兹滩宿，夜大雨不止。

十一月初二日（12月7日），谭宗浚过大兹滩、白水滩、磨狗滩等处，抵龙溪口宿。

谭宗浚《于滇日记》：晴寒。晨起，过大兹滩，其险峻略与黄石滩等而稍杀之。随经铜槽铁研滩、白水滩、虾子滩、磨沙坪、波州曹家溪、三名滩、磨狗滩。申刻抵晃州厅，厅无城郭，居人寥落百余家，不及南中一市镇也。旋再行数里，抵龙溪口宿。

十一月初三日（12月8日），谭宗浚过新安塘、鸡爪崖、九莲塘等处，晚泊保洞。

谭宗浚《于滇日记》：晴暖，晨起，过新安塘、鸡爪崖、九莲塘、铜板滩、大姑塘，过去则为贵州境矣。又经宁辽卫、分州滩、鲢鱼槽、观音滩、马蚁塘、磨州滩。晚泊保洞宿。保洞，一名饿鬼滩，泊处风涛震骇，终夕不寐。嗟呼！鸣钟落叶，逐臣所以伤心。黑塞青枫，骚人于焉殒涕。仆也见谗彼妇，远涉蛮荒，凄闻巫峡之猿，愁对长沙之鹏，得不衰同楚些，怆甚越吟也耶？夜即梦与泽群编修谈话、握手甚欢。

十一月初四日（12月9日），谭宗浚抵玉屏县，复行经北门滩、流莺觜滩，晚抵河口泊。

谭宗浚《于滇日记》：晴暖，经青鱼滩、三汊滩、二汊滩、狗仔滩，到玉屏县，小泊。复行经北门滩、流莺觜滩，晚抵河口泊。薄暮，狂飙骤起，山岳震摇。少顷，猛雨如万弩齐飞，继以雷震。迨二更稍止。至四更，风雨又作，视前洞庭时，尤为骇人。斯固羁人逐客所为危涕坠心者也。是夜，四鼓始寐。

十一月初五日（12月10日），谭宗浚经显灵滩、越家塘滩、响水滩等处，晚泊清溪县。

谭宗浚《于滇日记》：骤寒。晨起有雨，经显灵滩、越家塘滩、响水滩、神仙裆滩、白老虎滩、雷打崖、问道滩、桥口滩。晚泊清溪县。闻戴少怀学使将至。至晚有雨。

十一月初六日（12月11日），谭宗浚过下横梁、阎王滩、将军崖等处，晚泊棉花溪。

谭宗浚《于滇日记》：阴晦。晨起，过下横梁、阎王滩、将军崖、上横梁、敲梆滩、蒲田滩、丸老滩等处。连日路中，居人多以碎石拦水，置车轮其旁，激之转旋，为灌田春稻之用，与江右赣州一带风景相同，然行旅则殊碍也。晚泊棉花溪，狂风如虎，夜有微雨。

十一月初七日（12月12日），谭宗浚经大、小金瓶滩、罗汉溪滩等处，晚泊万家庄。作《过峡》。

谭宗浚《于滇日记》：阴暖，经大、小金瓶滩、罗汉溪滩、杨柳溪滩、皮马塘、稿花滩、蕉溪、八流滩、二王滩、大王滩、龙抱滩、三名滩，惟大王滩最险恶。舟子至此，亦有戒心焉。晚泊万家庄宿。

按：该日日记后附有《过峡》。

十一月初八日（12月13日），谭宗浚经曹水溪、老王洞、板滩等处，至镇远府。

谭宗浚《于滇日记》：晴暖。晓行经曹水溪、老王洞、板滩、月亮坪、打崖陇，水均平迤。将至镇远府，有大桥横亘，与沅州相似，而滩势湍急则过之。舟子脱桅而过。再至一板桥，则登陆矣。城有二：一为府城；一为卫城，市集不甚旺。城外中元洞、青龙洞、来山寺，风景耸秀，颇可观。镇远县张寿征大令（本闽）遣人来候，并馈食物。晚有微雨。

十一月初九日（12月14日），谭宗浚往拜刘湉焵太守、和耀曾军门暨张大令。午后，太守过谈。

谭宗浚《于滇日记》：晴暖，往拜刘新琴太守（湉焵）、和融轩军门（耀曾）暨张大令。午后，太守过谈。

十一月初十日（12月15日），应和耀曾招，谭宗浚饮于镇署。

谭宗浚《于滇日记》：晴暖，和军门招饮镇署。刘太守亦以十一日招饮，未能赴也。

十一月十一日（12月16日），谭宗浚未能赴刘湉煝太守宴。出城，经文德关、相见坡，午抵刘家庄，晚宿施秉县。夜二鼓与县令吴镜澄叙谈。

谭宗浚《于滇日记》：晓起，大雾弥漫，遥望对江诸山，秀泽单椒，皆冥茫莫辨。出城时，和军门、刘太守均率属来送，军门复遣弁送至沿路各站，意可感也。登文德关，山势之高，与风岭鸡头关相类。再过为相见坡，萦纡有致，而山粗恶无可观。午抵刘家庄。晚宿施秉县，县令吴幼臣（镜澄）曾掌教蜀中少城书院，故旧识也。夜二鼓来谈，并馈酒馔数事。是日起程稍迟，兼之石荦确难行，未至施秉十里，已上月矣。施秉为偏桥土司故地，明偏沅巡抚每岁分驻此城，外有小滩，水急而悍，过渡亦殊有戒心焉。

十一月十二日（12月17日），谭宗浚出城，午抵兰桥尖，晚住黄平州客店。

谭宗浚《于滇日记》：晓行，大雾尤甚。吴大令送至城外。午抵兰桥尖。饭后，行数里至飞云洞。洞门翠柏森□，闻泉声锵洋，已洗尘耳。再折至洞口，石皆垂注，势如卷云。俗云："左青狮，右白象。"盖皆取其象形也。洞亦有泉，惜天寒渐竭耳。洞后复有小洞，僧人云："窈深莫测"，不申果否？诗碣甚多，皆恶笔无足观。览内有和相国（珅）诗碣，岿然独存，此当与浙中飞来峰贾似道题名相仿矣。再过十里，为玉虹桥，林木翁郁，泉流其间，亦殊有致。晚住黄平州客店，湫陋殆如牛宫，又无椅桌可坐。晚后，陈镜秋司马（澐）来谒，以地隘辞之。司马遣人馈菜，品则已晚餐后矣。

十一月十三日（12月18日），谭宗浚晨起时，与陈澐司马谈。午在重安江，晚抵大风洞宿。

谭宗浚《于滇日记》：阴晦，午有微雨。晨起时，陈司马来谈，并送至城外。再出门，即缘峻岘，层坡叠嶂，皆粗恶无可观者。午在重安江，饭毕即渡江，过一小铁锁桥。遥望江水绿如油泼。晚抵大风洞宿，客舍湫隘尤甚。是日，途中遇苗民甚多，其项皆系一银圈。苗妇则以五色布为裙，长曳至地。

十一月十四日（12月19日），谭宗浚晨遇李菊圃中丞于道上，午抵清平县尖，晚抵阳老驿。平越知州杨兆麟馈赠食物。

谭宗浚《于滇日记》：阴寒。晨起，遇李菊圃中丞前辈道上，匆匆略谈数语而别。午抵清平县尖，县城仅数十家，贫瘠可想。饭毕，经云溪洞，林木荟郁，山石亦殊秀峭。再隃岭方罫坦平，炊烟掩映，则阳老驿也。有驿丞驻此。平越知州杨君（兆麟）遣人来候，并馈食物。晚有骤雨。

十一月十五日（12月20日），谭宗浚午抵马场坪尖，晚宿酉阳塘。杨兆麟两遣人送酒馔。

谭宗浚《于滇日记》：晨起，阴晦，微雨。道上殊泥泞难行。午在马场坪尖。晚宿酉阳塘。杨州牧两遣人送酒馔。余属叨地主之惠，殊不安也。晚微雨。

十一月十六日（12月21日），谭宗浚午在黄丝驿尖，晚宿贵定县，寓破店中。

谭宗浚《于滇日记》：晨起启行，大雨，阴寒殊甚。午在黄丝驿尖。饭毕，经珠淄湾、飞泉瀺瀺，奔送于篁稍、松鬣之间，殊足一砭俗耳。是日，路荦确而泥潦又多。晚宿贵定县，县有行台，为一新任豪令所踞，余寓破店中，溲溺纵横，如入鲍鱼之肆。晚大雨。

十一月十七日（12月22日），谭宗浚晨至牟珠洞，午在新安驿尖，晚宿龙里县。作《牟珠洞》。

谭宗浚《于滇日记》：阴寒，雨虽不大而终朝淅沥有声。晨起，行二十里至牟珠洞。洞在寺后，内一石作璎珞下垂状，屹然当中。僧人就以为佛像，供之其旁，石乳如缀佩，如累萘，璀璨万状。闻洞中深数里，未审是否？寺左修竹檀乐鸣泉闒鞳，旁近洞壑甚多。若稍加修治，当不减浙中飞来峰，吾粤观音岩也。午在新安驿尖，晚宿龙里县。是日路颇长，复多泥淖，再卸装而天曛黑已，仆瘁马瘏矣。

按：该日日记后附有《牟珠洞》。

十一月十八日（12月23日），谭宗浚抵贵州省城。

谭宗浚《于滇日记》：阴暖，午抵谷脚尖。饭毕，行路殊泥淖，晚抵贵州省城，寓客店中。

十一月十九日（12月24日），谭宗浚谒潘伟如中丞，并晤曾纪凤方伯，李元度廉访，黄元善、吴自发两观察，杨文莹学使。未几，员凤林太守、林品南大令，均来谒。并会粤省同乡诸多官员。晚上员太守、林大令均送酒馔。

谭宗浚《于滇日记》：晴暖，谒潘伟如中丞，并晤曾挚鸣方伯（纪凤），李次青廉访（元度），黄让卿（元善）、吴诚斋（自发）两观察，杨雪渔学使（文莹）。未几，员梧冈太守（凤林）、林舜琴大令（品南），均来谒。时同乡寓此者，惟林因之观察（福培）为素交，颜子布观察（培鼎）为夏廷师堂弟，以乞病假，未得晤也。其余东省同乡有刁省斋副将（士枢），吴月楼（占先）、程益三（友胜）两参戎，许瑞生（钧鸿）、何云门（龙祥）、陈枚臣（廷佐）、江鼎臣（动和）诸牧令；张卿珂通判（骧），张星池县丞（焕奎）；西省同乡李晓雯（锦华）、徐逊斋（士谦）、梁华堂（宗辉），官峙韩（三杰）、张茹华（邦熙）、陈芝生（葆恩）、龙腾之（得云）诸牧令；姚小泉通判（善澍）均来晤谈。晚饭时，员太守、林大令均送酒馔，甚盛。晚有微雨。

十一月二十日（12月25日），谭宗浚晨见谭瑶林、谭希杜两大令。午刻，潘伟如中丞招饮。申刻，同乡公请。另有谭瑶林大令、吴观察送酒馔。

谭宗浚《于滇日记》：阴晦，晨起，湖南谭竹村（瑶林）、谭伯闾（希杜）两大令均来见，竹村复送余酒馔，情致可感也。午刻，中丞招饮节署。申刻，同乡公请，在两广会馆，地颇宏壮，略有竹树之胜。吴观察送酒席。

十一月二十一日（12月26日），谭宗浚抵清镇县，署令周庆芝出城相迎并馈酒馔。

谭宗浚《于滇日记》：辰刻起行，中丞亲到馆过谈，并赠弁兵十人以资护送。刁副将、员太守、林大令复送至城外驿亭，同乡亦有十余人出城郊送者，惜匆匆未能细谈，然乡谊正不薄也。午在狗场驿尖，晚抵清镇县宿。是日路皆平坦，且站亦不长，到馆犹落景半遥城也。清镇县市集颇盛，署令周君紫峰（庆芝）出城相迎，供馔颇丰腆，出京以来，此为最矣。又晤邑人张荔园太守（辅新），蜀中故交，近缘事镌职，茶话久之。

十一月二十二日（12月27日），谭宗浚抵安平县宿。县令何铨来迎，并赠酒馔。作《安平遇雪》。

谭宗浚《于滇日记》：晨起，骤寒，繁霜满瓦，手指欲僵。午抵楼梯哨尖。饭后，晴暖，晚抵安平县宿，县令何选斋（铨）来迎，并赠酒馔。

按：该日日记后附有《安平遇雪》。

十一月二十三日（12月28日），谭宗浚抵安顺府城。普定县令吕缉光来迎，并馈酒食。作《石版房》《途中杂咏十首》。

谭宗浚《于滇日记》：晴寒，辰刻后狂风尤甚。午抵石版房尖，居人多叠石为墙，厚薄适均，质洁可爱。晚抵安顺府城，城中颇殷赈。普定县令吕杭之（缉光）来迎，并馈酒食。惟客店殊恶劣，秽浊不堪，竟不许余住行台，亦可异也。是夜，梦至都中与诸同好角酒论诗，醒而忆之，不胜玉堂天上之感。

按：该日日记后附有《石版房》《途中杂咏十首》。

十一月二十四日（12月29日），谭宗浚至镇宁州，州牧郭廷玙来迎。晚间，留郭牧共饭。

谭宗浚《于滇日记》：晴寒，大风。午抵腰铺尖，晚至镇宁州宿。是日，路既坦平，兼之循山麓而行，无跻陟之苦。山不甚高，然多在平地拔起，秀挺可观。州牧郭瑟如（廷玙）（四川隆昌人，余门人郭人彤之侄孙也）出城来迎，时郭牧未接篆，办差者为曾君树德，郭牧眷属。亦寓行台。晚间，余留郭牧共饭。薄暮有微雨。

十一月二十五日（12月30日），谭宗浚宿安宁州坡贡，州牧何德馨遣人来候。作《黄角树》《道旁见野花璀璨可爱》诸诗。

谭宗浚《于滇日记》：阴雨，午抵黄角树尖。饭后，行半里，见水帘二道澎湃异常，殊足一洗嚣尘之耳。晚宿坡贡，地属安宁州。离州城八十里，州牧何君（德馨）遣人来候。是日，山色颇佳，然路危狭难行，又兼以雨后，泥泞不免劳者之歌焉。

按：该日日记后附有《黄角树》《道旁见野花璀璨可爱》。

十一月二十六日（12月31日），谭宗浚抵郎岱厅宿，厅同知伊凌阿到公馆来谈。作《郎岱道中》。

谭宗浚《于滇日记》：大雨，午刻，丁老塘尖，晚抵郎岱厅宿。厅同知伊礼庭（凌阿）到公馆来谈。是日，路皆崎险。

按：该日日记后附有《郎岱道中》。

十一月二十七日（1886年1月1日），谭宗浚夜宿毛狗塘客店。作《半坡塘》。

谭宗浚《于滇日记》：阴寒，无雨。晨起，即上大坡，坡顶有打铁关，上有"岩疆锁钥"四字。复循坡逶迤而下，险仄殆不可铭状。午抵半坡塘尖，饭后仍下坡。又数里，过一石桥，倾陷者屡矣。昔之武溪毒瘴，戍卒哀吟；陇水流离，征人呜咽。仆今所遇，殆犹过之。观一石，状如华蚨，上写"莲花岩"三字。将至驿前，路稍平坦。夜宿客店，地名毛狗塘，市集寥寥数处。是日，尖宿处均粗粝不能下咽，惟煮豺食之。晚有雨。

按：该日日记后附有《半坡塘》。

十一月二十八日（1月2日），巳刻，谭宗浚至阿都田尖，安南县令王懋祖遣人馈酒食。晚宿花贡，王凤鸣副将遣队伍来接。

谭宗浚《于滇日记》：阴晦。午后，骤晴。巳刻，在阿都田尖。安南县令王君勉斋（懋祖），遣人馈酒食。晚宿花贡，王副将（凤鸣）驻军于此，遣队伍来接。是日，路虽敧仄，然视昨日殊胜，又沿山多杂树，丹黄烂然，非从前童赫者可比矣。

十一月二十九日（1月3日），谭宗浚午抵白沙地尖，普安县杨藻大令遣人送酒馔。晚抵贯子窑宿。

谭宗浚《于滇日记》：清晨，大雨如注。起行时，雨稍止。沿路层峰叠岭，屡转不穷，泥滑途敧，舆夫屡踣。下山视所行处，几在霄际矣。吾粤郭藕江太守《蜀道中》诗云："青天已足底，再上当何之。一笑谓山灵，尔何戏我为。"叹其状物之妙。午抵白沙地尖，普安县杨玉雯大令（藻）遣人送酒馔。饭毕，路仍崎险，然视晨早较胜。晚抵贯子窑宿。居人墙壁颇峻整。惟街衢及房室均溲溺纵横，如入秽人之国。晚所居店，尤垢浊不堪。虽焚迷迭之香，泡蔷薇之露，而秽气未尝少减也。村中竟无白粲，仍煮面食之，已数日矣。

十一月三十日（1月4日），谭宗浚抵杨松宿。作《上寨驿》。

谭宗浚《于滇日记》：阴寒，晨起，路殊平坦。巳刻，抵上寨尖。饭后经天心坡，颇高峻难行。晚抵杨松宿。是日，沿路采煤者特多。

按：该日日记后附有《上寨驿》。

十二月初一日（1月5日），谭宗浚午抵刘官屯尖，婉言辞谢普安厅署余云焕惠鸡鸭。晚至两头河宿。

谭宗浚《于滇日记》：晨行，大风殊甚。午抵刘官屯尖，署普安厅余君（云焕）遣人惠鸡鸭，婉词谢之。晚骤晴，至两头河宿。是日，坡岭虽不高，而沮洳硗确。舆夫蹇踬，如鲍家骢马缓步难工。虽行四十五里，其艰滞，殆不啻七八十里，乃知俗云："过郎岱后，三驿便平坦者"，谬也。连日村醪皆恶劣，无一滴可沾唇者。

十二月初二日（1月6日），谭宗浚在亦资孔宿，平彝县令刘树勋遣铺兵来迎。

谭宗浚《于滇日记》：晴暖，然大风殊甚。巳刻，抵海子铺尖。晚在亦资孔宿，平彝县令刘君绍田（树勋）遣铺兵来迓。是日，路皆平阔，稍异往观。

十二月初三日（1月7日），谭宗浚至滇南境界，刘树勋县令偕汛弁迎于关帝庙。晚抵平彝县公馆。见抽厘局委员崇谦州同，晚后与刘树勋同酌。作《初入滇界》《抵平彝作》。

谭宗浚《于滇日记》：晴寒，巳刻，大雾殊甚。将至滇南境，有二峰如龙土入云，雨龙主黔，旱龙主滇，斯盖与零陵阴阳之石相类矣。未几，至界牌，有额曰："滇南胜境"。刘令偕汛弁迓于关帝庙，即小坐茶尖。复行，沿路见梅花甚多，繁簇如雪，益令人思庾岭、罗浮也。晚抵平彝县公馆，即在县署。抽厘局委员崇益堂州同（谦）来谒，晚后留刘令同酌。

按：该日日记后附有《初入滇界》《抵平彝作》。

十二月初四日（1月8日），谭宗浚抵白水驿宿，南宁令皮尔梅来迎。

谭宗浚《于滇日记》：晴寒，晨起，刘大令、崇州同均来送。巳刻，多罗铺茶尖客店，庳陋殊甚。未刻，抵白水驿宿，日常未下舂也。南宁令皮君治卿（尔梅）来迓，是路平适可喜。

十二月初五日（1月9日），谭宗浚抵沾益州，州牧冉谦率随员来迎。

谭宗浚《于滇日记》：晨起，阴晦。饭毕，始起行。午抵沾益州，州牧冉君吉皆（谦）率吏目、教官、把总来迎，公馆即在州署。到时，日尚亭午也。午后，骤晴，然风狂吼不息。

十二月初六日（1月10日），谭宗浚午抵三岔河。在小庙尖晤曲靖府施之博太守前辈。饭后抵马龙州宿。知州高其崿率随员来见，并赠爨宝子碑。作《晤施济航太守前辈》。

谭宗浚《于滇日记》：晨起，寒甚。午抵三岔河，在小庙尖晤曲靖府施济航太守前辈（之博）。厘局委员光君进德太守知余有玉堂天上之感，互为慰藉，余亦不觉黯然也。饭后抵马龙州宿，州城穷僻殊甚。知州高卓吾（其崿）率教官、吏目来见，并赠爨宝子碑，高君为勉之同年堂弟，河南人。

按：该日日记后附有《晤施济航太守前辈》。

十二月初七日（1月11日），谭宗浚午至草鞋板桥尖，晚抵彝龙宿。知州阮泰以考试事不能来谒。

谭宗浚《于滇日记》：晨起，行五十余里，至草鞋板桥尖。客店甚陋，长沙舞袖不能回旋，无足怪也。饭后行三十里路，甚敧仄。晚抵彝龙宿。是日，站最长，晨晚地均属寻甸州，知州阮君（泰）以考试事不能来谒，惟巡检及外委来见于行辕。

十二月初八日（1月12日），谭宗浚午在河口尖，晚抵杨林宿。嵩明州牧叶如桐暨委员周廷瑞太守来谒。

谭宗浚《于滇日记》：晴寒，午在河口尖，晚抵杨林宿。是日，路益平豁，已近南中景象矣。嵩明州牧叶君（如桐）暨委员周太守（廷瑞）来谒。而粮道署书差尚未见来迓，公事废驰如是，可叹也。

十二月初九日（1月13日），巳刻，谭宗浚在长坡尖，沾益州牧陈燕来谒。午后，谭宗浚抵板桥，鸣泰大令前辈率僚属来迎，并见于行馆。

谭宗浚《于滇日记》：晴暖，巳刻，在长坡尖，沾益州牧陈仲平（燕）

来谒。午后抵板桥，鸣升九大令前辈（泰）率僚属来迎，并见于行馆。

十二月初十日（1月14日），谭宗浚抵任所，拜当道各位。

谭宗浚《于滇日记》：五鼓，起行，大风寒冽。九点钟入城，汤幼庵（聘珍）、钟厚堂（念祖）两观察迎于南门旅次，省中张中丞以下均遣人来迎，僚属亲迓者百余人。抵城，寓荣华栈。是日，即拜当道各位。

十二月十七日（1月21日），谭宗浚接篆视事。

中国第一历史档案馆编《光绪朝朱批奏折》第四辑《内政·职官》：云南巡抚张凯嵩于光绪十一年十二月上的奏折称：谨将云南省司道知府考语密缮清单恭呈御览：粮储道谭宗浚，年三十八岁，广东进士，光绪十一年十二月十七日到任。该员甫经到任，例不加考。

是年，谭宗浚获李鸿章复信。

李鸿章《复新授云南粮道谭》：前读邸钞，欣闻口简，方迟笺贺，先荷书来。辰维叔裕世仁弟老夫子大人玉尺名高，绣衣秩峻。碧鸡道里，是词臣持节之乡；金虎宫邻，正督护飞刍之日，口念边城之重，人看口禁之才，即盼莺乔，莫名凫藻。鸿章谬当要镇，忝附通家。六诏遥瞻，喜得南中之保障；双旌戾止，犹堪北道之主人。良晤匪遥，尺书先复。敬贺升祺，附完口版。不具。馆世愚兄鸿章顿首。光绪十一年七月初六日。

是年，谭宗浚作《抵滇寄广州兄弟书》。

杨锐中举。
左宗棠卒。

光绪十二年　丙戌（1886）　谭宗浚四十一岁

【时事】二月，中法订立广西关外各关界约。三月，李鸿章与法使订立《中法滇粤边界通商章程》十九条。四月，醇亲王奕譞与李鸿章等自大沽乘轮赴旅顺、威海卫、烟台查阅各处炮台、水陆操练、机器局、武备学堂。六月，曾国荃扩建金陵火药局竣工，是日开工制造火药子弹。七月，丁汝昌率北洋舰队定远、镇远、威远，济远四舰赴日本修理。八月，慈禧太后批准奕譞奏，请皇帝亲政后再行训政数年。续修《大清会典》书成。

四月十五日（5月18日），谭宗浚与纂修《云南通志》的同仁集莲华寺海心亭，作《海心亭宴集记》。

谭宗浚《海心亭宴集记》：余以光绪十一年冬督储滇南，逾年大吏檄总纂重修通志局事。粤以夏四月望日，提调陈昆山太守同年灿，收掌王云五大令廷栋暨搢绅倪翰卿太守年丈藩、罗星垣太史同年瑞图、李心斋司马兆松、刘湘兰定芳、张品三镒、王海珊继珍、朱荫堂樾四广文、朱晓园庭珍、黄亦陶华、孔璧亭昭谷三明经、张子蕴孝廉琼、朱竹虚茂才芬觞余于莲华寺海心亭，皆预修志乘者也。

十月初三日（11月28日），谭宗浚与诸司道一起晋见巡抚，商榷公务。

岑毓英于光绪十二年十月十四日上的《抚臣因病出缺请旨简放折》称：奏为抚臣因病出缺，请旨迅赐简放，以重边疆，恭折驰陈，仰祈圣鉴事。窃据署云南布政使史念祖、兼署云南按察使粮储道谭宗浚、署盐法道汤聘珍禀称：本年十月初三日，抚院衙参之期，司道晋见，商榷公务，言论如常。忽于亥刻骤患风痰，当即会同趋视，命医诊治，渐觉轻减，而左手左足终觉运动维艰，至初五日舌本更形蹇涩，神思昏迷，医药屡投，迄无效验，竟至初七日丑刻因病出缺。据该家丁禀，经司道督饬同城文武将身后事宜妥为照料，并将印信要件交由藩司史念祖暂存藩库；禀请饬遵等情前来。

十一月，谭宗浚与诸司道一起晋见云南巡抚，接受查访灾情公务。

岑毓英《查明滇省灾区分别赈恤来春毋庸接济折》（十一月二十八日）：据署布政使史念祖、粮储道谭宗浚、署盐法道汤聘珍会详前来，臣仍当督同司、道悉心查访，届时如有应行调剂之处，自应仰体圣慈，再行筹款办理。

冬，谭宗浚兼权臬使篆，于历年积案多所平复，然精力过耗，气血日虚，得胀肿症，于是引疾乞退。

唐文治《诰授中议大夫云南粮储道谭叔裕先生墓表》：丙戌冬，兼权臬使篆。于历年积案多所平反，然精力过耗，气血日虚，得胀肿症。于是引疾乞退，而上游方资倚畀，绅民攀辕固留，不获。已复回本任，设古学以课士，开堰塘以灌田，办积谷以备荒，增置普济堂以惠孤寡。百废举兴，勤劳更甚，而体不支矣。

丁宝桢卒。

光绪十三年　丁亥（1887）　谭宗浚四十二岁

【时事】正月，光绪帝亲政，颁诏天下。二月，醇亲王奕譞等奏准在天津大沽等处试办铁路，以便商贾而利军用。三月，中法订立广东、广西、云南中越交界界约。五月，清政府命前内阁学士洪钧充出使俄、德、奥、和（荷兰）四国钦差大臣。大理寺卿刘瑞芬充出使英、法、义（意大利）、比四国钦差大臣。直隶候补遭李兴锐充出使日本国大臣。中法续定界务，商务专条。六月，张之洞奏请开办广东水师学堂各一所。八月，黄河南岸郑州之下汛十堡处决口三百余丈，全河断流，下游大水成灾。十月，中葡订立通商条款及洋药缉私专约。是年，英国苏格兰长老会教士韦廉臣在上海成立"广学会"进行文化侵略。

二月，就文闱乡试帘官员数事，谭宗浚与诸官员晋见云贵总督岑毓英，并作《希古堂集乙集序》。

岑毓英《酌定文闱乡试帘官员数请旨立案折》（光绪十三年二月初二日）：兹据署布政使史念祖、兼署按察使粮储道谭宗浚、署盐法道汤聘珍会详称：云南承平办理科场卷宗，前因兵燹毁失。迨军务戡定，举行同治庚午科乡试，经前藩司宋延春等仅检获道光二十四年甲辰恩科题名录一本，内载内外收掌试卷官各一员，受卷官七员，弥封官三员，誊录官四员，对读官三员。是科即仿照调派。又以停办多年，事等创始，诚恐生疏，贻误间复，酌添一二员。嗣后癸酉，乙亥各科，亦经照派，虽办理递有参差，究属因时损益。至甲辰科所派员数，因何与定例未符，从前曾否奏准，卷牍既失，案无可稽，惟参酌今昔情形，碍难酌减，且尚有应行酌添之处。兹洋加复议，拟请嗣后云南文闱乡试帘所内收掌试卷官、受卷官、弥封官、誊录官、对读官即照道光甲辰恩科员数调派。其外收掌试卷官事务较繁，并请定为两员，俾敷办理而资遵守，等情洋请具奏前来。

臣覆查无异，相应请旨敕部立案，纂入条例，俾得永远遵行。除题名录原奉送部查核外，所有查明酌定帘所各官员数缘由，谨恭折具陈，伏乞皇太后，皇上圣鉴训示。再，云贵总督系臣本任，毋庸会衔，合并陈明。

谨奏。

谭宗浚《希古堂集乙集序》：光绪十三年二月，南海谭宗浚自识。

八月，谭宗浚得疟疾，未几渐愈，而元气大亏，变为两骽酸软。

谭宗浚《旋粤日记序》：余在词垣，素不欲外任，为东海徐尚书中伤忌嫉，强以京察一等保送。乙酉五月，遂拜督储滇南之命。是年十二月，接篆视事，然眷眷恋阙之意，未尝忘也。先是在京时，友人或云粮署风水不利者，余弗深信。及抵任，见公事不能大有作为，而郁郁独居，遂婴痼疾。上书移病者屡矣，而为绅民所留，上游亦弗允。迨丁亥八月，得疟疾，未几渐愈，而元气大亏，变为两骽酸软。

是年，谭宗浚再权按察使，后饬回本任。

中国第一历史档案馆编《光绪朝朱批奏折》第五辑《内政职官》：光绪十三年十二月，云南巡抚谭钧培会同云贵总督岑毓英附片具奏称：再云南按察使史念祖，现已升授贵州布政使，遗缺查有粮储道谭宗浚堪以兼署。再新授云南布政使曾纪凤，现已抵滇，应即饬赴新任，以重职守。其原署藩司之按察使史念祖，原署臬司之粮储道谭宗浚，署粮储道之准补迤西道陈席珍，均饬各回本任。

陈璞卒。
李元度卒。

光绪十四年　戊子（1888）　谭宗浚四十三岁

【时事】正月，英军侵略西藏，攻毁西藏隆吐兵房。清政府命驻藏大臣升泰撤兵，不许向英军开仗。二月，清政府重修清漪园，改名颐和园。七月，倪文蔚奏黄河自郑州决口，豫省下游被水者十五州县，待赈者一百八、九十万人。九月，康有为至京上万言书，极言时危，请及时变法，未达（第一次上书）。十一月，北洋海军成军，拥有军舰二十二艘，共四万余吨，命丁汝昌为北洋海军提督，林泰曾、刘步蟾为左右翼总兵。十二月，郑州黄河决口合龙。

正月，谭宗浚患脚气病，行步蹒跚。决然作归计。

谭宗浚《旋粤日记序》：至戊子正月，脚气益甚，行步蹒跚，尝衔参须两人扶持，上游始有怜悯之意，滇省医生又无能辨病源者。或益以粮署风水为词，余于是决然作归计矣。

二月初一日（3月13日），谭宗浚向云南按察使邓华熙移交臬司印信文卷。

《申报》1888年6月17日"光绪十四年四月廿八日京报全录"：云南按察使臣邓华熙跪奏为恭报微臣到任日期叩谢天恩仰祈圣鉴事：窃臣前于云南迤南道任内蒙恩补授今职，当即具折谢恩，恳请陛见拜折。后于光绪十三年十二月初八日交卸迤南道篆务，起桂回省。奉督臣岑毓英、抚臣谭钧培会檄，饬赴任。光绪十四年二月初一日准兼署臬司，粮储道谭宗浚将臬司印信文卷移交前来，臣恭设香案望阙叩头谢恩，祇领任事。

二月初五日（3月17日），谭宗浚移疾。

谭宗浚《旋粤日记序》：以戊子二月初五日，移疾。

二月初八日（3月20日），谭宗浚奉宪檄开缺回籍。

谭宗浚《旋粤日记序》：二月初八日，奉宪檄，准其开缺回籍，并委松晴涛观察（林）来署粮篆。

《申报》1888年5月18日"光绪十四年四月初一日京报全录"：岑毓英等片：再新授云南按察使邓华熙已交卸迤南道篆务，抵省，臬司为刑名总汇，应即饬赴新任，以重职守。粮储道谭宗浚因病禀请开缺回籍调理，除另折请旨简放外，所遗粮储道篆务，自应先行委员接署，以专责成。查有候补道松林年富力强，办事稳练，堪以委令署理。除分檄饬遵外，谨合词附片具陈，伏乞圣鉴，谨奏。

中国第一历史档案馆编《光绪朝朱批奏折》第五辑《内政职官》：光绪十四年正月，云南巡抚谭钧培上奏折称：粮储道谭宗浚因病禀请开缺回籍调理，除另折请旨简放外，所遗粮储道篆务，自应先行委员接署，以专责成。查有候补道松林，年富力强，办事稳练，堪以委令署理，除分檄饬遵，外谨合词，附片具陈。伏乞圣鉴，谨奏。朱批：吏部知道。

光绪十四年二月二十一日，云贵总督岑毓英与云南巡抚谭钧培联名上奏称：奏为道员因病呈恳开缺，请旨迅赐简放，以重职守恭折，仰祈圣鉴事。窃据云南粮储道谭宗浚禀称：入滇以来，缘水土不相宜，屡撄疾病。去年闰四月间，得血亏怔忡之症，曾禀请开缺，未蒙批准。迨八月后，疟疾兼旬，元气大亏，变而为两骸酸软，直至今年二月初旬，尚未痊愈。近且精神短少，步履蹒跚。据医者云，非息心调养一两年不可。窃惟粮署事务殷繁，转瞬又须办科场文件。若使孱躯恋栈，必将陨越误公，禀恳开缺回籍调理，并请先行委员接署等情前来。臣等查该道谭宗浚品端学粹，才富年强。自到任以来，修理河渠，督劝开垦，励精图治，政有本原。两权臬篆，尤能遇事认真清厘，不谭艰辛。上年因病禀请开缺，臣等批饬安心调理。兹复以病难速痊，坚请开缺回籍调理，并请委员接署前来。臣等覆查该道所呈，情词恳挚，并非捏饰，未便强留，不得不据情接署，外合无仰。恳天恩赏准开缺，俾得回籍调理。所遗云南粮储道员缺紧要，相应请旨迅赐简放，以重职守。所有道员呈恳开缺缘由，谨合词恭折具奏，伏乞皇太后、皇上圣鉴训示。谨奏！朱批：另有旨。

二月十九日（3月31日），谭宗浚起程回粤。朱庭珍作《送观察谭叔裕先生宗浚解组归粤东》。

午后经黄土坡，晚抵七旬宿。

谭宗浚《旋粤日记序》：于十九日起程，是日辰刻，同乡诸君在两广会馆公饯，意可感也。巳刻出城，曾挚民方伯（纪凤），邓小赤廉访（华熙），汤幼庵（聘珍）、松晴涛（林）、邓乐君（在镛）三观察，桂香雨太守（霖），乐燮臣大令（理莹）暨诸僚属并各营员弁，送者近百人。督抚、学宪皆遣人来送。

余濒行，贫不能办装。西林宫保、序初中丞由志书局拨千金，余始得任脂车之役。出门后，感上游之德，意为之恻然。

又余在滇南，无善可称，惟究心水利，倡修官渡河，又增普济堂孤贫二百名，添建房屋七十所，及设古学以课士，办积谷以备荒，是三年来所稍称意者。是日，河工绅士率官渡河绅士、绅民焚香跪送者数百人，山长罗星垣庶常同年（瑞图）、倪翰卿太守（藩）亦率诸生数十人来送。内石屏朱筱园（庭珍）、昆明李垕盦（坤）皆课中高足美才也。办积谷委员吴彬卿大令（申佑）、绅士缪竹湖孝廉（嘉言）亦同到，可知滇民人情尚厚，而余政绩不能上媲龚黄，滋疚恧耳。

午后经黄土坡，叠岭绵亘，升降为劳。晚抵七旬宿，地属呈贡。李竹琴大令（明）遣人馈酒食在店楼上居，亦颇爽垲。曾蔚江刺史（树荣），王云甫大令（廷栋），吴琢辅（清彦），姚敬儒，赵萝孙（励昌）三参军，门人杨东屏明经（鲁），均至七旬相送，晚后过谈。是日，晴暖，傍晚有雷雨。

唐文治《诰授中议大夫云南粮储道谭叔裕先生墓表》：二月，再请开缺，回籍调理，始获请顾。贫甚，不能具资斧，大吏拨志书局费千金以赠，始得脂车以行。盖先生固兼任志书局总纂，平日不受薪费者也。

朱庭珍《送观察谭叔裕先生宗浚解组归粤东》：

> 远凌贾郑宗程朱，文章余事兼欧苏。华年簪笔游蓬壶，奇才屡闻天子呼。
>
> 学视西蜀文衡吴，手支铁网罗珊瑚。公门桃李栽千株，春风化雨群沾濡。
>
> 绣衣持节昆明湖，力兴水利丰储胥。民生休养滇流舒，挢扬风雅逢公余。
>
> 披植杞梓开榛芜，吹嘘崿崟冬回枯。平生忤俗嗟迂疏，蒙公交契忘羁孤。
>
> 东坡心折黄鲁直，永叔雅爱梅圣俞。感公知己敦古谊，愧我才不前贤如。
>
> 秋风忽起思莼鲈，归隐五羊勤著书。迩来法兰复通市，交趾弃与维州殊。
>
> 东山未许便高卧，艰难时事须真儒。望公出展济时手，再为文苑收吾徒。

二月二十日（4月1日），谭宗浚早行七星坡，午抵汤池尖，晚宿宜良城外客店。

谭宗浚《旋粤日记》：晓晴，早行七星坡，坡势陡折，峭险异常。甫下坡，忽黑云如磬，震雷狎至，急依大树下避之，殊形震骇也。午复晴，抵汤池尖。其地有温泉，以脚痛不暇过访。宜良王议臣大令（绩盛）来迎于此。午后经脑袋坡，山耸拔而路迤长，视前两坡尤为劳顿。自汤池至宜良，皆西林宫保起家带兵获胜处也。至今父老犹能言其事。是日余轿坠地，受惊。古人云：奔车之上，无伯夷。余省此言，辄破涕为笑。晚宿宜良城外客店，足疾殊甚。

二月二十一日（4月2日），谭宗浚午抵新哨尖，州牧陈先溶具酒馔来迎。夜宿天生阁，州牧杜凤保遣人办站。

谭宗浚《旋粤日记》：晴寒，甫出门数里，甚平迤。旋渡铁池河，俗名小渡口。过河，即上山，坡陡险峻，令人出门即有津梁、疲倦之叹。其地名青山坡，俗呼为灵官庙坡，盖路南州境也。午抵新哨尖，州牧陈春泉（先溶）具酒馔来迎。午后起行，石多奇峻，遥见峰耸秀可爱，如千铓矗插，如万笏骈攒，上有佛殿，土人呼为峨眉阁，殆斯境与蜀中大峨小峨相类也。晚行沙砾中，满地皆顽石，如乱羊，颇仿佛泛舟赣江、沅江诸滩光景。夜宿天生阁，地属陆凉州，州牧杜君（凤保）遣人办站。客店陋劣殊甚。

二月二十二日（4月3日），谭宗浚午抵新哨尖，晚宿马街。厘金委员金元勋司马来谒。

谭宗浚《旋粤日记》：晴暖，午抵新哨尖，寓严氏宅，微有园亭花木之胜。晚宿马街，廛市颇盛。寓一古庙中，厘金委员金静生司马（元勋）来谒。是日，路稍平迤，然无景可观，尖宿皆陆，凉州所预备也。

二月二十三日（4月4日），谭宗浚午抵阴凉箐，晚抵师宗县，以考棚为行馆。县令同乡李鸿楷率随员来迎谒。

谭宗浚《旋粤日记》：晴寒，大风，晓行里许，即登大坡，盘折而上，至阴凉箐，其地本尖站，而地方官无设站者，然计只得一茅屋，亦万不能供张也。余馁甚，食蒸饼数枚以充饥。再过层冈叠岭，升降甚多，沿路杜鹃花烂然如锦。晚抵师宗县，县令同乡李君法南（鸿楷），故旧识也，率教官、典史、武弁来迎谒，以考棚为行馆。

二月二十四日（4月5日），谭宗浚仍寓师宗行馆，与李鸿楷大令叙谈都门旧事。

谭宗浚《旋粤日记》：仍寓师宗行馆。午后，李大令过谈，话都门旧事，殊款款也。晚大风。

二月二十五日（4月6日），谭宗浚午抵大偏山，晚宿于此。

谭宗浚《旋粤日记》：晓行，李大令偕僚属来送。午抵大偏山，本尖站也。而罗平杜牧遣人云"废多罗店舍尤劣，请即在此作宿站"，亦姑听之。所居为一破屋，然屋后有牡丹数株，土人不识，等于野花。"一种国香天不管，任教流落野人家。"诵涪翁诗，可三叹也。是日，初出门，路殊平迤，惟将至店时，稍有坡涧耳。

二月二十六日（4月7日），谭宗浚过废多罗县，未刻抵罗平城。州牧杜志成、守备莫雄谋、吏目戴恩偕武弁来迎。

谭宗浚《旋粤日记》：晴暖，沿路荦确殊甚，舆夫颠踣者屡矣。过废多罗县，县差备办尖站不及。余以离罗平仅二十五里，遂催趱前行，未刻抵城。州牧杜君（志成）、守备莫君（雄谋）、吏目戴君（恩）偕武弁来迎。莫君，同乡东莞人。戴君，莲溪大前辈之孙，余旧派河工委员也。是日，供意颇丰。杜君、莫君复遣差兵送余出滇境，至黄草坝，余尤感之。

二月二十七日（4月8日），谭宗浚经三道沟，抵板桥。候澍棠迎谒，并馈土仪。晚在店楼宿。

谭宗浚《旋粤日记》：晴暖，起程时，杜大令等均来送。沿路均平坦。至三道沟，峰峦微有可观。午抵板桥，厘金委员侯君（澍棠）来迎谒，并馈土仪，是日，即在店楼宿。午后大风。

二月二十八日（4月9日），谭宗浚午抵清水河尖，晚抵江底。罗平牧杜君遣人办站

谭宗浚《旋粤日记》：晓行，有雨，侯大令出郊相送。已刻，骤晴。午抵清水河尖，饭毕复行。忽震雷虢虢，急趋大树下避之。是日沿路碎石极多，舆夫蹇劣如寿陵之步。由清水河至江底，本三十里，然自巳至酉始达，亦云瘁矣。晚复有雨，罗平牧杜君遣人办站，此尤可见情谊之厚。

二月二十九日（4月10日），谭宗浚过八达河，午抵小狗场尖，晚寓黄草坝客栈。

谭宗浚《旋粤日记》：晨起，骤寒。虽重裘，犹觉其冷。甫出门过八达河，此为滇黔界分界处也。渡河后，即上高坡数十处，盘旋曲折，如玒天门。午抵小狗场尖，饭后多下坡而行。将至黄草坝前，厘金委员邓馨山太守（庭桂）与义县刘霞村大令（杭）及教官典史来迎于道左。余自寓客栈中。是日，吕功甫州牧（调阳）、况鼎山职员（御卿）邀余主其家，余力辞乃已。黄草坝为国朝爱星阿吴三桂袭永明王入滇处，及吴世璠据滇叛，将军穆占、赵良栋亦由次进兵，先后兴亡，如出一辙。今则廛市繁盛，为两粤入滇通衢，不复知有战场废垒矣。晚骤雨。

三月初一日（4月11日），谭宗浚仍寓黄草坝客栈中。饭后，往各处答拜。

谭宗浚《旋粤日记》：阴晦，是日仍寓黄草坝客栈中。饭后，往各处答拜。邓太守招饮，弗能赴也。刘令馈酒食，以途中不复骚扰却之。

三月初二日（4月12日），谭宗浚宿马毕桥尖顶哨。

谭宗浚《旋粤日记》：晴暖，马毕桥尖顶哨宿。是日路平站短，到站时仅午正耳。沿路水田颇修治，村落亦多植桑菓，可知黔民之勤，远胜滇民之惰也，或滇中官吏督课未勤欤。

三月初三日（4月13日），谭宗浚辰刻在正滕尖，晚抵马鞭田宿。

谭宗浚《旋粤日记》：晴暖，辰刻在正滕尖。正滕村落颇修洁，兼有弦诵之声。闻乱前为一巨镇，今十不逮一矣。晚抵马鞭田宿，热甚，夜不能寐。

三月初四日（4月14日），谭宗浚住三道沟。

谭宗浚《旋粤日记》：晴热，甫出门，即行坡岭数十重，沿路皆荒田，无垦辟者，与前数日所见绝异。舆夫又不识路，屡屡迷途。家人从小水井办尖站，而舆夫从山上过，遂至相左。余馁甚急，催赶至三道沟，始得脱粟饭之计。是日，路程应住小水井，而驮夫欲住三道沟，计行约九十里，已车殆马烦矣。晚酷热。

三月初五日（4月15日），谭宗浚宿山脚客店。

谭宗浚《旋粤日记》：晨起，狂风如吼，急披数裘，然抵山则风不甚大。又下坡盘旋，路益低，天气益热，行三十里至坡脚，遂止不行。尖宿皆在此客店，与佣保杂坐，又近豕圈，秽杂殊甚。惟旁有小门，俯瞰小溪，树色波声，风泉满听，凭几静对，意惬久之。薄暮大雷雨。

三月初六日（4月16日），谭宗浚循包茅河而行，经白沙坝，午抵板□，在此住宿。

谭宗浚《旋粤日记》：循□水而行，俗名包茅河。路皆仄险，殊形劳倦，经白沙坝，小憩。午抵板□，尖宿皆在此。

三月初七日（4月17日），谭宗浚午抵板篷，并住宿。

谭宗浚《旋粤日记》：仍循□水而行，俗又呼为辇水河。路昨日相仿佛，午抵板篷，尖宿皆在此。二更，震雷大作，继以雨风霹雳之声达旦。

三月初八日（4月18日），谭宗浚抵八渡尖，晚宿西隆旧州土。

谭宗浚《旋粤日记》：晓起，大雨如注，然余决意起行。及出门数里，雨亦旋上。仍沿□水循坡麓而行，凡卅里，遂渡□水，抵八渡尖。尖后多循浅沟深涧而行，沮洳可厌。晚宿西隆旧州土，州判谢君（棣芳），电白人也，来谒，以客店破陋不得见。此处廛市颇盛，粤人为多，有粤东会馆。

三月初九日（4月19日），谭宗浚巳刻至秧芽尖。午后至板桃宿。

谭宗浚《旋粤日记》：晴暖，巳刻，秧芽尖。午后，板桃宿。客舍之劣，殆非人境，真粪土墙也。闻初尚繁盛，遭火后遂残废云。

三月初十日（4月20日），谭宗浚至潞城。

谭宗浚《旋粤日记》：晴热，行坡麓中，意甚平适，黄土坡小憩。午至潞城，尖宿皆在此，热不可忍。

三月十一日（4月21日），谭宗浚至罗里。

谭宗浚《旋粤日记》：晴热，在风洞尖借书塾为之。晚宿罗里。酷热非人堪，客店无墙，以苇泊为之。邻人童号妇聒皆可听，嚣杂殊甚。

三月十二日（4月22日），谭宗浚至竹篷。

谭宗浚《旋粤日记》：晴热，至竹篷，尖宿皆在此。是日购得鳜鱼食之而美，然颇觉热气攻人，非孱躯所能支矣。

三月十三日（4月23日），谭宗浚至新店宿，左足跛。

谭宗浚《旋粤日记》：毒热非人境，至新店宿。时值风流街事之期，兼有梨园六博，主人仅让半屋，而其姻娅来赶高会者数十人，热至不可刻忍。余左臂感暑无力，然尚无大碍。迨三鼓后，左腿筋络猛跳异常，急服补药镇之，然不可止。侵晨起来，则左足跛矣。

嗟呼！东海尚书忌才陷善，一至于此。设余非外任，又何至奉父母之躯而行此播州非人居之地耶，为之泣下。

三月十四日（4月24日），谭宗浚在皈乐宿公馆。

谭宗浚《旋粤日记》：炎热，在皈乐宿公馆，颇高澈。同乡周星伯太守

（德溥）为余办站于此，可感也。然余病跛，惟水窗高卧而已。

三月十五日（4月25日），谭宗浚抵百色厅，晤周德溥太守、黄鸿材州同、夏敬颐刺史等。

谭宗浚《旋粤日记》：晓行卅里，抵百色厅。是地廛市骈集，皆粤人。各当道知余病跛，皆差人来迎，余亦甚乐也。抵船，晤周星伯太守（德溥）、黄北葵州同（鸿材）。周君供亿丰腆，余深愧之。黄州同偕顺德谭韵南来视，为余开饮子。午后，夏养良刺史（敬颐）过谈。

三月十六日（4月26日），谭宗浚入城辞谢当道各位并同乡会馆首事，后至南宁。

谭宗浚《旋粤日记》：晓起，入城拜当道各位并同乡会馆首事，邀请会馆移住，不能从也。夏直牧馈酒食，并派炮船护送至南宁。

三月二十八日（4月27日），谭宗浚卒于广西隆安，后葬于广州城东河水乡之原。

唐文治《诰授中议大夫云南粮储道谭叔裕先生墓表》：（公）以光绪戊子年三月二十八日卒，春秋四十有三，葬于广州城东河水乡之原。生子四：祖纶，国学生，安徽亳州知州；祖楷，邑附生，出嗣胞叔幼和君后；祖任，邑廪生，光绪庚子科优贡，邮传部参议厅员外郎；祖澍，邑附生，早卒。孙：长序、长庚、长耀、长薿。

朱彭寿《清代人物大事纪年》：谭宗浚，原任云南粮储道。以病回籍。三月二十八日卒于广西隆安旅次，年四十三。

八月五日（9月10日），获悉谭宗浚病卒消息后，李鸿章、冯煦均作文悼之。除撰写祭文外，史念祖还作诗挽之。

李鸿章《复唁前云南粮道谭少爷》：世兄礼次：前见粤报，惊闻尊甫大人隆山途次恶耗，痛悼良深。世兄方望归舟，猝闻旅殡，见星期迫，溯江路遥，至性真纯，摧剥弥念。尔时未审丹旐何日东旋，顷接赴书，益增振触，山川逾迈，日月渐遒，尚希顺变应时，节性以礼，勉抑哀思，慎持大事，是为企属。春间得滇帅书，即知尊公有引疾之请，默念强仕甫逾，物望正美，大府推重，舆诵翕然，高衢方骋，急棹遽还，既慕禫期，尤惜材器。曾无几日，凶变流传。尊公本鲜宦情，外转尤非所乐，回翔馆阁，已近宫坊，平流进取，便致通显，如此人才，置之台省，岂惟令仆德言之重，亦是后进文学之归。雅志忽违，一官万里，牵引宿疾，遂夭天年，谁实为之，能无追恨。然而三年治行，上达九宸，两世文章，遍传五岭，不朽之业，已足千秋，极贵长生，又何足羡。盈书床笫，流泽方长，是望诸世兄善承先志矣。鸿章阅世久忌，越疆未得，惊壮盛之凋落，痛善人之不长，不独逝者之悲，兼有世道之感。道远未由致奠，寄去赙仪百金，并附幛联，借抒积悼。专泐，奉唁至孝，诸惟珍慎。不尽。李鸿章顿首。

冯煦《祭谭叔裕师文》：呜呼哀哉！仪征秉节，粤学元胎。东塾得之，亦奇亦侅。韇韇先德，绝业以恢。并象文明，犹杓于魁。我师竺生，父教师教。颢门既传，亦劭庭诰。大放厥辞，惟妙惟徼。风涛惊滂，云汉垂曜。丁年射策，声弥周庐。帝用嘉之，上第是除。校经金匮，掞文石渠。颇际同列，蝉噪蝇呋。左岷右嶓，江漾所会。卿云代兴，艺林扬旆。师提其衡，拔尤掺最。前有南皮，莫能两大。名满宙合，忌亦随之。一鹤孤骞，刺天群飞。将欲挤之，乃先推之。匪推实挤，出之南陲。南陲三岁，百度咸理。如寐使觉，如仆使起。民心则夷，师心则耻。幡然弃归，一官敝屣。冥冥桂管，背冬涉春。雄虺九首，螝蛇蓁蓁。不朝不夕，潜来伺人。昆仑比景，敉我天民。呜呼哀哉！玄黓之岁，师至江左。万卷庚庚，多否少可。剖豪析芒，断之以果。群蒙既祛，其鉴在我。我之不才，而师曰才。雕我窳朽，策我驽骀。畴昔侍坐，高谈殷雷。铿铿百氏，若庄若谐。一障南征，遽陨国宝。民亡羽仪，士失坊表。岘首沈碑，茂陵遗稿。临风写忧，悠焉如捣。呜呼哀哉！

史念祖《祭原任云南粮储道谭叔裕文》：维年月日，江都史念祖谨以清酌庶羞祭于亡友谭叔裕观察之灵曰：呜呼！自古才太奇者不永，行甚高者难全。大抵常人以无厌为祸本，而贤者以不耐为逆天。公未壮及第，人犹以为晚。绣衣虎符，公独以为辱。是以声华之震世，而又重之以志趣之绝俗，纵勉与造化羁縻，顺受尘网之缚束畴，敢定嫉名之天，必许同尘之赎耶？乃公才蹈宦迹，若将次焉。已立循誉，若不与焉。无所迫而自艾，无负郭而咏归田。既独倾心于不佞，奚忍阿好而不言。用是隐规与显谏，亦仅郁郁然。为强留半年，固知韬奇高引。在公以为无闷无侮，而我辈之屈伸有数，即此已默干真宰操枞之权。呜呼！公之初见我文也，口读手录，谢客三旬。谓且寄刊于粤，亟进婉讽。晋人不足效，则持节论文，毋乃旷职。及睹公移疾志决，而后钦感而又叹息。公明告我悔昔矜博，官非轻弃，归事著作。愿指首途，蹊间插脚。愿析歧途，循脉理络。愿授捷途，斩古秘钥。公未返粤，我离云南。别期愈迫，十日十谈。感诚忘陋，欲吐先探文奚定法。公曰："准绳法，由自立。"公曰："未能世，安得若无若虚之。

若此，而顾以玉引燕璞而弗出，以金叩瓦缶而不鹰哉？夫文章者，阅历天籁，读书筑基，天人之理既积，更以今证古，随心而得之。凡矜攻字句，张皇流派，非面壁即数仞墙外之辞章，成以气句，立以意，惟曲、惟蓄、惟深思而满志，以拙得古，以折入邃，博引无伤，必达己之精意。藻词隽语阑入是忌。"我出一言，公则挟册以书，举秦、汉、六朝、唐、宋之递变，几问难而无余。顾我之妄若可骇，而公之精笃亦旷世所无。夫临歧论文，是轻离别也。诚知无益之谈，已兆永诀。将要言万千，彼此痛说。然苟前知，欲说奚得，徒并失此十日雅欢。既无如命，何惟余呜咽已。所最悔者，我误公半年之留。或公再迟半年，以待疾瘳，万不至险滩酷暑，无亲无友，而殒于客舟。世且谓公奇才高行，自有千秋，而不思所以至此极者，未尝非天恶倔强自昧。夫待时受命，而岂尽坐隐居好古之尤。呜呼！公誉我逾分，不若我知公确。不近疏狂，亦不入于斫削。骤而接之，类玩世而脱略。徒以所赋奇，济以高，故无心而俯视落落。不独富与贵，谢为不暇谋，即凡事之侥幸，获虚声者辄鄙为不足。与角观于论官，则引钱竹汀之言曰："不必过四品。"论文则曰："宋后无专家，其传者皆别有可传。连类以附托，惟其所赋如此，而独忘天所以赋之之故。或不在此而在彼。"吁嗟！公乎此，所以郑重而生，容易而死也。尚飨！

史念祖《挽谭叔裕观察》：

去年送我别城东，六月相思书四通。才富春潮心止水，神寒霁月气长虹。

论交更在文章外，速朽都惊草木同。君本谪仙归亦好，独悲慧业半途空。

附录一　谭莹、谭宗浚传记资料

（一）谭莹传记资料

清国史·谭莹传

谭莹，字玉生，广东南海人。道光二十四年举人，官化州训导，升琼州教授，加内阁中书衔。幼颖悟，长于辞赋。弱冠应童试时，仪征阮元督两粤，以生日避客，往山寺，见莹题壁文诗，奇之，告县令曰："县有才人，宜得之！"令问姓名，不答。已而得所为赋以告元，元曰："是矣。"逾年，元开学海堂于粤秀山，课士以经史诗赋。见莹所作《蒲涧修禊序》及《岭南荔支词》百首，尤为击赏。莹少与侯康交莫逆，以文学相镞砺。又尝偕同邑熊景星、徐良琛，汉军徐荣，顺德梁梅、邓泰，番禺郑菜结西园吟社。后与康、景星、仪克中、黄子高同为学海堂学长。自此文誉日噪，凡海内名流游粤者，无不慕交者。化州朴鲁无文，莹居任最久，谆谆引导士风以变。

性强记过人，于先哲嘉言懿行及地方事沿革变更，虽隔数十年，述其颠末，丝毫不爽。博考粤中文献，凡粤人著述搜罗而尽读之。其罕见者，告其友伍崇曜汇刻之，曰《岭南遗书》五十九种，曰《粤十三家集》一百八十二卷，曰《楚南耆旧遗诗》七十四卷。复博采书籍罕见者汇刻之，曰《粤雅堂丛书》一百八十种，凡为跋尾二百余篇，其考据渊博如此。又尝得影写宋王象之《舆地纪胜》校刻之。尤工骈体文，沉博绝丽，奄有众长。粤东二百年来，论骈体必推莹，无异词者。诗初以华赡胜，晚年为激壮凄切之音。著有《乐志堂诗集》十二卷，《续集》一卷，《文集》十八卷，《续集》二卷。卒年七十二。子宗浚。

清史稿·谭莹传

谭莹，字玉生，南海人。弱冠应县试，总督阮元游山寺，见莹题壁诗，惊赏，告县令曰："邑有才人，勿失之！"令问姓名，不答。已而得所为赋以告元，元曰："是矣。"逾年，元开学海堂课士，以莹及侯康、仪克中、熊景星、黄子高为学长。莹性强记，述往事，虽久远，时日不失。博考粤中文献，友人伍崇曜富于赀，为汇刻之，曰《岭南遗书》五十九种，曰《粤十三家集》，曰《楚南耆旧遗诗》，益扩之为《粤雅堂丛书》。莹为学长三十年，英彦多出其门。道光二十四年，举于乡，官化州训导。久之，迁琼州教授，加中书衔。少与侯康等交莫逆，晚岁陈澧与之齐名。著《乐志堂集》。

清史列传·谭莹传

谭莹，字玉生，广东南海人，道光二十四年举人。官化州训导，升琼州府教授，加内阁中书衔。幼颖悟，长于辞赋。弱冠应童试时，仪征阮元督两粤，以生日避客，往山寺，见莹题壁诗文，奇之，告县令曰："县有才人，宜得之。"令问姓名，不答。已而得所为赋，以告元。元曰："是矣。"逾年，元开学海堂于粤秀山，课士以经史诗赋，见莹所作《蒲涧修禊序》及《岭南荔支词》百首，尤为激赏。

莹少与侯康交莫逆，以文学相镞砺。又尝偕同邑熊景星、徐良深，汉军徐荣，顺德梁梅、邓泰，番禺郑棻结"西园吟社"。后与康、景星、仪克中、黄子高同为学海堂学长，自此文誉日噪。凡海内名流游粤者，无不慕交者。化州朴鲁不文，莹居任最久，谆谆引导士风以变性。

强记过人，于先哲嘉言懿行，及地方事沿革变更，虽隔数十年，述其颠末，丝毫不爽。博考粤中文献，凡粤人著述，搜罗而尽读之，其罕见者，告其友伍崇曜汇刻之，曰《岭南遗书》五十九种；曰《粤十三家集》一百八十二卷，选刻近人诗曰《楚庭耆旧遗诗》七十四卷。复博采海内书籍罕见者汇刻之，曰《粤雅堂丛书》一百八十种。凡为跋尾二百余篇，其考据渊博如此。又尝得影写宋王象之《舆地纪胜》校刻之。尤工骈体文，沉博绝丽，奄有众长。粤东二百年来，论骈体，必推莹，无异辞者。诗初以华赡胜，晚年为激壮凄切之音。著《乐志堂诗集》十二卷、《续集》一卷、《文集》十八卷、《续集》二卷。卒年七十二。子宗浚。

南海县志·谭莹传

谭莹，字兆仁，号玉生，捕属人。甲辰科举人。官化州学训导，升琼州府学教授。幼颖悟，于书无不窥，而尤长于词赋。年十二，戏作《鸡冠花赋》《看桃花诗》，郡内老宿钟启韶、刘广礼见而惊曰："此子，后来之秀也。"年弱冠，出应童试时，仪征相国阮元节制两粤，以生辰日避客，屏驺从，来往山寺，见莹题壁诗文，大奇之。询寺僧，始知南海文童，现赴县考者也。翌日，南海令谒见，制府问曰："汝治下有谭姓文童，诗文甚佳，能高列否？"令愕然，以为制府欲荐士也，即请文童名字。制府曰："我以名告汝，是夺令长权，为人关说也。汝自行扪索可耳。"令乃尽取谭姓试卷，遍阅之，拔其诗文并工者，遂以县考第一人入泮。而督学长洲顾元熙亦谓其律赋胎息六朝，非时手所及。

道光初，阮制府开学海堂于粤秀山，以经史课士，兼及诗赋，见莹所作《蒲涧修禊序》及《岭南荔枝词》百首，尤为激赏。自此文誉日噪，凡海内名流游粤者，无不慕交矣！道光六年，常熟相国翁心存以庶子督学粤东，岁考以《棕心扇赋》试诸生，莹居首列。时值西陲用兵，复试日题为《拟平定回疆收复四城生擒首逆贺表》，莹于风檐中振笔直书，骈四骊六，得一千五百余言。学使批其卷，有"粤东固多隽才，此手合推第一"等语。继翁任者为平湖徐侍郎士芬，阅其历年试卷，有"骚心选手，独出冠时"之誉，遂以优行生入贡。然莹声望日高，院考屡列前茅，乡场频遭眊瞵。故前后来粤典试者，如壬辰科程侍郎恩泽、癸卯科翁中丞同书，榜后太息咨嗟，以一网不尽群珊为憾。直至甲辰科，昆明何制府桂清、临桂龙殿撰启瑞典试场中，得一卷击节赞赏，拟元数日矣。因三场策问，敷陈剀切，微触时讳，特抑置榜末，危得而几失，其蹭蹬如此。然莹淡于名利，于进取不甚在意。初膺乡荐，循例计偕。嗣后，不复北上，惟安居教职。借官闲无事，以为旁搜博罗之资。居化州最久。化州人朴鲁不文，居此官者，多厌贱意。莹仍谆谆引导，欲迪以诗书。教职实俸无多，不得不计较修脯之厚薄，莹随诸生自送。去官后，所积空券溢箧盈箱，语子弟悉焚之。委管学海堂学长，粤华、端溪书院监院数十年，后进诗文可造者，誉之不去口。

加以强记过人，于先哲嘉言懿行，及地方事沿革变更，虽隔数十年，述其颠末初终，丝毫不爽。故道光中，邑人吴中丞荣光倡修邑志，咸丰末梁侍御绍献修续邑志，广州守丹徒戴肇辰修广府志，咸聘为纂修官，正谓其不愧乡帮文献故也。而有功艺林，尤在刊刻秘籍巨编，洎粤中先正遗书一事。初，粤省虽号富饶，而藏书家绝少，坊间所售，止学馆所诵习，洎科场应用之书，此外，无从购买。自阮元以朴学课士，经史子集，渐见流通，而本省板刻无多，其他处贩运来者，价值倍昂，寒士艰于储蓄。莹于方伯伍崇曜世交，知其家富于资，而性耽风雅，每得秘本巨帙，劝之较勘开雕。其关于本省文献者有《岭南遗书》六十二种，《粤十三家集》各种，《楚庭耆旧遗诗》七十二卷。此外《粤雅堂丛书》一百八十种，王象之《舆地纪胜》二百卷，莹皆为编订而助成之。俾遗宝碎金，不至淹没，而后起有好学深思之士，亦得窥见先进典型，其宏益非浅鲜也。

　　莹以文行矜式乡间，而性坦率，与人交，不作寻常应酬语。若与论学术是非、人品心术邪正、诗文得失，咸推勘入微，凡所讥诃，悉中症结。不受压于虚名，故同人皆许其直。素善饮啖，疾病不去杯杓。又笃信星命之说，谓人世修短吉凶，造物安排已定，故开口即笑，不为大耋之嗟。或箴以酗湎过甚，非摄生所宜者。莹笑曰："酒者，天下之美禄也。古圣人所以享食高年，此岂杀人物？况寿算限于天，吾虽日饮，无何犬马，齿当在古稀左右耳。"或曰："子何以知之？"莹曰："壬辰科，歙县程侍郎来典试，程固穿穴经史，以博淹称，而兼游艺多能者也。榜后，粤中名士饯于白云山云泉仙馆。酒酣，程慨然曰：'粤东今日，可云盛极矣！然盛极而衰，天之道也。此后廿余年，乱从粤东起，再过十余年，乱将遍天下，真不堪设想矣！'时曾拔贡钊，亦溺于汉人洪范五行之学者，与程问难，往复不觉郁悒唏嘘，程笑曰：'子无为杞人忧，吾与子不及见矣。'随谛视座中人曰：'都不及见矣！及见者，谭公玉生耳。'后五年，程侍郎卒。甲寅，红巾起，曾拔贡卒。逮丁巳以后四五年间，内外交讧，几如阳九百六之期，而当日同席诸公，虽善养生者，早已物故，惟我岿然独存，然年过耳顺久矣，酒亦何损于人哉？"其顺时安命，皆此类也。莹服官至教授，以襄办省垣劝捐、防堵各公务，著有劳绩，奉旨给予内阁中书衔。卒年七十二，子五人。宗浚，辛酉举人。

化州志・谭莹传

　　谭莹，号玉生。南海县人。道光甲辰举人，咸丰元年任化州学训导。博极群书，尤长于词赋。其最有功艺林者，莫如校刻秘籍巨编，洎粤中先正遗书一事。耄而好学，澹于荣利。藉闲官为旁搜博览之资，居图书充栋，邺侯三万轴不足多也。后进诗文有可造就，誉之不去口。其尤所欣赏者，虽属在学生徒，必令自行束修以上，始得与于及门之数，其门无猥杂如此。尝语人曰："余门下无多土，惟番禺高学瀛、化州彭步瀛耳。"

　　性坦率，与人晋接，间殊落落，而师生之谊甚挚。久任化州训导，修脯随诸生自送，绝不计较厚薄。去官后，所积空券，语子弟悉焚之。省垣义助军需,请奖增广学额。化州独得分发,增永远学额四名,莹与有力焉。每怪州士晋见询近况答以读书,辄掩口笑。彼固谓读书乃少年事耳,岂知书一生读不尽耶。其随时训廸多类此。历管学海堂学长,粤秀、越华、端溪书院监院数十年。故虽官化州,而在官日少,惜未广获栽成焉。后升授琼州府教授。著有《乐志堂集》行世,生平著作等身,备详于《南海志·列传》云。

清儒学案·谭莹

谭莹字玉生,南海人。道光甲辰举人,官化州训导,迁琼州府教授。弱冠应县试时,阮文达督粤,游山寺见其题壁诗,奇之,告县令曰:"县有才人,宜得之"。问姓名,不答。已而得所为赋,以告文达,曰:"得之矣。"肄业学海堂,为学长。乡举后,就学官,不复赴礼部试。博考粤中文献,凡粤人著述,搜罗殆尽,属其友伍崇曜汇刻。其罕见者曰《岭南遗书》五十九种,曰《粤十三家集》一百八十二卷,选刻近人诗曰《楚庭耆旧遗诗》七十四卷。复博采海内书籍罕见者汇刻,曰《粤雅堂丛书》一百八十种。又刻宋王象之《舆地纪胜》二百卷。皆先生所校定。为学海堂学长三十余年,英俊之士,多出其门。著有《乐志堂诗集》十二卷,《续集》一卷,《文集》十八卷,《续集》二卷。又有《豫庵札记》一卷,未刻。两修《南海县志》。又修《广州府志》,未竟。

近代名人小传·谭莹

清代骈文,冠宋以后,然若袁枚、王昙之属,句累八九字,强嵌成语,固是宋人流派。郭频伽则篇幅狷狭,貌虽似古,神则离焉。刘芙初诸人,虽整丽矣而卒不能忘情。后世诰敕之体,求能昌博道丽,若初唐四杰者,乾嘉以后,断推玉笙矣。玉笙,莹字,即以名其集者也。南海人,以拔贡举于乡,少肄乐海学堂。年方十八,阮元时督两广,试《荔支》《佛手》两赋,曰:"工细妥帖,而能不囿近体。"从此向学,何有齐梁。自是课试辄冠其曹,有声于时,为斋长凡二十余年,选教职不就。同初卒于家。年八十有九,有诗文集、广语郛,为文长篇巨制,意义不穷,而语皆锤炼,唯小品不多作。若吴伟业,有嫌其虚字太少者。莹和谨谦厚,虽文辞妍丽,而操履笃实,饮于妓筵,面辄发颊,晚岁丧偶,一室独处,沉淫典籍。有劝其学佛养心者,曰:"吾心不放,何待养哉?"又曰:"佛法未入中国,人其以何者娱老?"故终不窥梵夹。八十后,偶论时事,辄能预道成败,尤善相人。有京师优初至粤,富商潘某挟赴宴,指告座客曰:"此将军公子也。"优固善酬酢,进止合度,人皆弗疑,独莹微笑。客散,有叩其故者,曰:"是有贱骨,后当为人娈童。"潘闻之,乃大笑道:"其实众服其神,穷所师承,曰:'是可有秘术,阅人既矮,心不为蔽,则吾日犹鉴矣。'"

皇清敕授儒林郎内阁中书衔琼州府学教授加一级谭君墓志铭

国子监学录职衔前任河源县训导番禺陈澧撰
日讲起居注官翰林院侍读学士南书房行走江西提督学政顺德李文田书
日讲起居注官翰林院编修前右春坊右中允番禺史澄篆盖

岭南自古多诗人,而少文人。阮文达公开学海堂,雅材好博之士蔚然并起,而南海谭君莹最善骈体文,才名大震。君之字曰兆仁,别字玉生。少时,宴集粤秀山寺,为文悬壁上。阮公见而奇之。时方考县试,公告县令曰:"县有才人,宜得之。"令问姓名,公不答。已而得君所为赋,以告公。公曰:"得之矣!"取第一人入县学。翁文端公督学政时,回部叛乱,公以克复回城贺表命题,君文千余言,援笔立就,公评其卷曰:"粤东隽才第一"。后督学徐公士芬以君优行贡入国子监,未赴,捐纳为教官,学海堂推为学长。

道光二十四年,中举人。咸丰九年,上官委劝捐出力,奏加内阁中书衔。前后署肇庆府学教授,曲江、博罗县学教谕,嘉应州学训导,选授化州学训导,升授琼州府学教授,以老病不赴。

生平博考粤中文献,凡粤人著述,搜罗而尽读之,其罕见者,告其友伍君崇曜汇刻之,曰《岭南遗书》五十九种,三百四十三卷;曰《粤十三家集》一百八十二卷,选刻近人诗曰《楚庭耆旧遗诗》七十四卷。又博采海内书籍罕见者汇刻之,曰《粤雅堂丛书》一百八十种,共千余卷。凡君为伍氏校刻书二千四百余卷,为跋尾二百余篇。君之淹博,略见于此。

所为诗文有《乐志堂集》三十三卷,初以华赡胜,晚年感慨时事,为激壮凄切之音。性真率不羁,饮啖兼人,杯酒间谈笑无所避。晚年目疾,颓然静坐,默诵生平所读古诗文,日恒数十百篇,其强记如此。

同治十年九月卒,年七十二。有子五人:鸿安、崇安、宗浚、宗翰、宗熙;孙三人:祖贻、祖纶、祖沅。明年十二月,奉君柩葬于广州城东荔支冈之原。

君与澧同举优贡，同为学海堂学长，交好数十年。君之子请为铭，铭曰：

文人之福，惟君独全。生于巨族，慧于童年。才名震暴，文酒流连。聚书校刊，其卷盈千。自为诗文，其集必传。寿逾七十，其子又贤。饱食坐化，泊如登仙。我不谀墓，此皆实言。酹君斗酒，质君九泉。

（录自谭莹《乐志堂文略》附录，清光绪元年刻本）

（二）谭宗浚传记资料

清国史·谭宗浚传

宗浚，字叔裕。少承家学，聪敏强记，下笔千言，尤工诗及骈体文。同治十三年，一甲二名进士，授翰林院编修。光绪二年，督学四川。八年，充江南乡试副考官。十年，京察。届期，掌院学士列宗浚一等。宗浚不乐外任，再三辞，不允。旋记名以道府用。逾年，出为云南粮储道。在滇两年，再权按察使。整顿水利，平反命狱，恤孤教士，卓著贤声。引疾归，行至广西隆安，卒。

宗浚在史馆时，以儒林、文苑前传所录多大江南北、两浙、山左诸人，因采山、陕、河南、四川、两广、滇、黔等省文学出众者，补入传中，以著熙朝文治之盛，时称其允。

督学时，选蜀中诸生诗文为《蜀秀集》，海内风行。其论骈体文，谓宜独开町畦，勿趋时贤所尚，而以应俗、赝古二者为最弊。所作事核言辨，根柢盘深，由绚烂渐趋平淡，时醇而后肆，不名一体。性好游，所至必探其名胜。尝与东莞陈铭珪游罗浮，凿险缒幽，互相酬唱。铭珪以桂花酒饷之，宗浚为赋长歌，时以为追踪李白。著有《辽史纪事本末》十六卷，《希古堂文甲集》二卷，《乙集》六卷，《希古堂诗总集》《外集》。

清史稿·谭宗浚传

莹子宗浚，字叔裕。工骈文。同治十三年一甲二名进士，授编修。初举于乡，齿尚少。莹课令读书十年，乃许出仕。授以马氏通考，略能记诵。既，入翰林，督学四川，又充江南副考官。以伉直为掌院所恶，出为云南粮储道。宗浚不乐外任，辞，不允。再权按察使，引疾归，郁郁道卒。

清史列传·谭宗浚传

宗浚，字叔裕，少承家学，聪敏强记。下笔千言，由绚烂渐趋平淡。诗醇而肆，不名一体。性好游，所至必探其名胜。尝与东莞陈铭珪游罗浮，凿险缒幽，互相酬唱。铭珪以桂花酒饷之，宗浚为赋长歌，时以为追踪太白。著有《辽史纪事本末》十六卷、《希古堂文甲集》二卷、《乙集》六卷，《希古堂诗总集》《外集》。

清儒学案·谭宗浚

谭宗浚，字叔裕，同治甲戌一甲二名进士。授编修，督四川学政，典试江南，多得士。在馆职，殚心著述，不乐外任。因续纂国史儒林传，忤总裁意，遇京察，辞荐不允，出为云南督粮道，郁郁而卒，年未五十。所欲著书，未竟其志。其已成者，《辽史纪事本末》十六卷，《希古堂文甲乙集》共八卷，《荔村草堂诗钞》十卷，《续钞》一卷。尚有《两汉引经考》《晋书注》《金史纪事本末》《珥笔纪闻》《国朝语林》，皆未成。参缪荃孙《文学传稿》、廖廷相撰《希古堂文集序》。

近代名人小传·谭宗浚

谭宗浚，莹子，字叔裕。同治戊辰一甲进士，授编修。督学四川学士，迁司业洗马，授云南督粮道，卒于官。宗浚承家学，读书学海堂，治经善考据名物。文工俪体，宏博在吴锡麒上。诗尤警拔，寄托高远。尝选《蜀秀集》，皆督学试士作也。所自作为《观海堂集》。官滇，风骨甚著。岑毓英欲假镇雄寇叛，兴大狱，陷异己者。宗浚坚持之，谓："苟必若此，吾当先具揭，达吏科。"毓英惧，乃止。唐炯叹曰："少年文士而能不畏强御，若斯人者，吾见诚罕矣。"

云南粮储道署按察使谭叔裕先生墓碑　唐文治

世运之盛衰升降，于文化验之。文化之消息盈虚，于一人之身验之。一人未竟其志，文化因之而衰，世运即因之而剥，此天地之几出于无可如何者。呜呼！若吾师谭先生是矣。

先生讳宗浚，字叔裕，广东南海人。曾祖讳学贤，国学生，妣陈氏。祖讳见龙，国学生，候选布政使司理问，妣刘氏，继妣冼氏。考讳莹，邑廪生，道光辛卯科优贡，甲辰恩科举人。内阁中书衔，琼州府学教授，妣黄氏，继妣梁氏。先生，梁太夫人所出也，生四岁，而梁太夫人卒。稍长，教授公授之读，一目十行，日尽数卷。为文操笔立就，洋洋千言。年十六，以国学生中式。咸丰辛酉科本省乡试举人。辛未，教授公卒，哀毁尽礼。甲戌应礼部试，举进士，以第二人及第，授职编修。

先是壬戌岁，先生计偕公车，时中英和约初定，先生俯仰时事，凭眺山川，作《览海赋》以寄慨，凡数万言，都人士交口称颂。迨通籍后，声誉益大著，硕德名臣，争以文字相结纳。朝廷有大典礼著作之任，必推先生。毅庙闻先生才名，特旨召对，尤称异数焉。丙子散馆，旋奉命督学四川，前任学使南皮张文襄公之洞创建尊经书院方成立，闻先生继其任，则大喜曰："谭君来，蜀士有福矣！"先生益严剔弊窦，奖借英才，选刊《蜀秀集》，士林翕然仰为儒宗。壬午，与仁和许恭慎公庚身同奉命典试江南，甄拔知名士。历充国史馆协修、纂修、总纂，功臣馆纂修，本衙门撰文，起居注协修，文渊阁校理。庚辰、癸未两科会试磨勘官，教习庶吉士。乙酉京察一等，记名以道府用。初，尚书吴县潘文勤公祖荫总裁国史馆，属先生纂修儒林、文苑两传。先生博稽掌故，阐扬幽隐，方脱稿而简放云南粮储道之命下。天语温纶，慰勉周至。先生感激，单骑入滇。之任后，详询地方利弊。治水道，亲诣覆勘，次第修浚白龙潭等十余河，溉田六千余亩，发工费时，躬至诸村传谕乡民，给领不假书吏，一切火耗等弊胥革除，民大悦。丙戌冬，兼权按察使，于历年积案多所平反。然精力过耗，气血日虚，得腋肿症，于是引疾乞退，而上游方资倚畀，绅民攀辕固留，不获已。复回本任，设古学以课士，开堰塘以灌田，办积谷以备荒，增置普济堂以惠孤寡。百废举兴，勤劳更甚，而体不支矣。戊子二月，再请开缺回籍调理，始获请顾。贫甚，不能具资斧，大吏拨志书局费千金以赠，始得脂车以行。盖先生固兼任志书局总纂，平日不受薪费者也。呜呼！其廉洁如此，足以风世矣。是年二月十九日，取道百色回籍，沿途湿热郁蒸，足疾增剧。迨行抵隆安县，遽死于旅次。

呜呼！先生居恒精研学术，砥砺廉隅，屹然不为风气所转移。有识之士，方冀其入台阁，备侍从，雍容揄扬，润色鸿业，即先生亦退然自愿为儒林文苑中人，徒以上感九重之知遇，下念百姓之困穷，捐糜顶踵，无所顾藉，乃至鞠躬尽瘁，不获大用以终。悲夫！悲夫！

遗著有《希古堂文甲集》二卷,《文乙集》六卷,《外集》四卷,《诗总集》十卷,《续集》一卷,《辽史纪事本末》十六卷,为先生致力最勤之书。尚有《两汉引经考》《晋书注》《金史纪事本末》《珥笔纪闻》《国朝语林》各种,属稿未成,藏于家。生平好蓄书籍,而韩杜欧苏等集,点勘至四五过,其勤学出于天性,有非常人所能及者。粤省为通商巨埠,民物殷繁,而讲学之家寥寥可数。自嘉道以来知名者,首推番禺陈兰甫先生。顾陈先生精考据、达义理,其于事功未知若何,而先生则经济、文学一以贯之,较诸兰甫先生,殆有过之,无不及矣。《周易·夬卦象辞》曰:"夬扬于王庭。"许叔重先生释之曰:"言文者,宣教明化于王者朝廷,君子所以施禄及下,居德则忌也。"而宣圣作《易传》曰:"夬,决也,刚决柔也。"君子道长,小人道消也。比年学说纷歧,而粤省之棼乱乃愈甚,老成凋谢,道德沦胥,荡然莫知,所纪极藉令先生而在,出其所学,以振乡国,何至于此?然则世运、文化进退消长,关系于一人之身,岂非然哉?而其遇剥而穷也,又岂不重可悲哉?

先生以道光丙午年闰五月十三日生,以光绪戊子三月二十八日卒,春秋四十有三,葬于广州城东河水乡之原。生子四:祖纶,国学生,安徽亳州知州;祖楷,邑附生,出嗣胞叔幼和君后;祖任,邑廪生,光绪庚子科优贡,邮传部参议厅员外郎;祖澍,邑附生,早卒。孙:长序、长庚、长耀、长薆。

祖任与文治相知素稔,一日偕两昆以书来征文,文治为光绪壬午科江南乡试先生所取士。知己之感,每饭不能忘,其奚敢以谫陋辞,爰撮先生生平行谊,碣之于墓,俾后之论世者知所取则焉。

(闵尔昌编《碑传集补》卷十九,《清碑传合集》,上海书店1988年4月影印本)

云南粮储道谭君墓表　马其昶

光绪初,予年二十余,游京师,论交当世,得可以为师友者三人焉,曰:孙君佩南、郑君东父、柯君凤生,最后又得谭君叔裕,此四人者,趣向不必同,然皆博涉载籍,笃行恺恺,君子人也。

谭君寓庐相迩,恒朝夕见。当是时,天下无事,史臣方纂辑儒林、文苑传,以赓续阮文达公之所为。君在翰林,淹雅有盛名,为总裁吴县潘公所器赏,俾总厥成,甫脱稿而简放云南粮储道。自以吏事非所习,意殊怏怏。既至云南,再权按察使,修浚河渠,溉田六千余亩,平反冤狱,恤孤教士，政声大起。以水土瘴疠，居三年，告疾归，贫不能办装。光绪十四年三月己卯，行抵广西隆安邑，遽死，年四十有三。

君讳宗浚，广州南海人也。父讳莹，举人，官琼州教授，性强记，尤熟粤中文献。文达督粤，开学海堂课士，聘为学长三十年。不忍言去，门下传业甚众。子五人。君尤敏惠，年十八，乡举入都，值英吉利款成，登眺山川，为《览海赋》以寄慨，人竞传写。而教授君以君齿幼也，戒读书十年，毋遽求仕，授以《文献通考》诸书，略能成诵。至同治十三年，始以一甲二名进士及第，授编修。出督四川学政，典试江南，所得多知名士。

君尝慨粤俗矜科第，不乐远游仕宦，与中朝声气不相闻。当乾隆文化极盛时，通经学古之儒，后先蔚起，而粤士曾无几人。虽恬淡知止，然或亦不免孤陋之讥。既入翰林，遂欲从容究研文史，以自成其学，竟不克，久居以去，则才高而忌之者众，宜君之愤懑而自伤也。

今君死三十五年矣；孙君为令安徽，有循声；郑君通春秋三传，亦相继物故。国体既更，乃议修清史，予与柯君从事其间，然亦衰且老矣。平生故人，多在于禄。以所得于今，推以校于古，其盛衰隆替之迹，与时推移，有不知其所终极者，乌乎！其可慨也。

夫君所著《希古堂文集》十二卷，《荔村草堂诗钞》十一卷，皆已刻。其藏于家者，《辽史纪事本末》十六卷，又《两汉引经考》《晋书注》《金史纪事本末》均属稿未就。

夫人许氏生子四人：祖纶、祖楷、祖任、祖澍。

君卒之三年，葬广州城东河水乡之原。

（闵尔昌编《碑传集补》卷十九，《清碑传合集》，上海书店1988年4月影印本）

祭原任云南粮储道谭叔裕文　史念祖

维年月日，江都史念祖谨以清酌庶羞祭于亡友谭叔裕观察之灵曰：

呜呼！自古才太奇者不永，行甚高者难全。大抵常人以无厌为祸本，而贤者以不耐为逆天。公未壮及第，人犹以为晚。绣衣虎符，公独以为辱。是以声华之震世，而又重之以志趣之绝俗，纵勉与造化羁縻，顺受尘网之缚束畴，敢定嫉名之天，必许同尘之赎耶？乃公才蹈宦迹，若将次焉。已立循誉，若不与焉。无所迫而自艾，无负郭而咏归田。既独倾心于不佞，奚忍阿好而不言。用是隐规与显谏，亦仅郁郁然。为强留半年，固知韬奇高引。在公以为无闷无侮，而我辈之屈伸有数，即此已默干真宰操柄之权。

呜呼！公之初见我文也，口读手录，谢客三旬。谓且寄刊于粤，亟进婉讽。晋人不足效，则持节论文，毋乃旷职。及睹公移疾志决，而后钦感而又叹息。公明告我悔昔矜博，官非轻弃，归事著作。愿指首途，蹊间插脚。愿析歧途，循脉理络。愿授捷途，斩古秘钥。公未返粤，我离云南。别期愈迫，十日十谈。感诚忘陋，欲吐先探文奚定法。公曰："准绳法，由自立。"公曰："未能世，安得若无若虚之。若此，而顾以玉引燕璞而弗出，以金叩瓦缶而不詟哉？夫文章者，阅历天籁，读书筑基，天人之理既积，更以今证古，随心而得之。凡矜攻字句，张皇流派，非面壁即数仞墙外之辞章，成以气句，立以意，惟曲、惟蓄、惟深思而满志，以拙得古，以折入邃，博引无伤，必达己之精意。藻词隽语，阑入是忌。"我出一言，公则挟册以书，举秦、汉、六朝、唐、宋之递变，几问难而无余。顾我之妄若可骇，而公之精笃亦旷世所无。夫临歧论文，是轻离别也。诚知无益之谈，已兆永诀。将要言万千，彼此痛说。然苟前知，欲说奚得，徒并失此十日雅欢。既无如命，何惟余呜咽已。所最悔者，我误公半年之留。或公再迟半年，以待疾瘳，万不至险滩酷暑，无亲无友，而殒于客舟。世且谓公奇才高行，自有千秋，而不思所以至此极者，未尝非天恶倔强自昧。夫待时受命，而岂尽坐隐居，好古之尤。

呜呼！公誉我逾分，不若我知公确。不近疏狂，亦不入于斫削。骤而接之，类玩世而脱略。徒以所赋奇济以高，故无心而俯视落落。不独富与贵，谢为不暇谋，即凡事之侥幸，获虚声者辄鄙为不足。与角观于论官，则引钱竹汀之言曰："不必过四品。"论文则曰："宋后无专家，其传者皆别有可传。连类以附托，惟其所赋如此，而独忘天所以赋之之故，或不在此而在彼。"吁嗟！公乎此，所以郑重而生，容易而死也。尚飨！

祭谭叔裕师文　冯煦

呜呼哀哉！仪征秉节，粤学元胎。东塾得之，亦奇亦侅。觲觲先德，绝业以恢。并象文明，犹杓于魁。我师竺生，父教师教。颢门既传，亦劭庭诰。大放厥辞，惟妙惟徼。风涛惊滂，云汉垂曜。丁年射策，声弥周庐。帝用嘉之，上第是除。校经金匮，抶文石渠。颓际同列，蝉噪蝇呿。左岷右嶓，江漾所会。卿云代兴，蓺林扬旆。师提其衡，拔尤掺最。前有南皮，莫能两大。名满宙合，忌亦随之。一鹤孤骞，剌天群飞。将欲挤之，乃先推之。匪推匪挤，出之南陲。南陲三岁，百度咸理。如寐使觉，如仆使起。民心则夷，师心则耻。幡然弃归，一官敝屣。冥冥桂管，背冬涉春。雄虺九首，蝮蛇蓁蓁。不朝不夕，潜来伺人。昆仑比景，敚我天民。呜呼哀哉！玄黓之岁，师至江左。万卷庚庚，多否少可。剖豪析芒，断之以果。群蒙既祛，其鉴在我。我之不才，而师曰才。雕我窳朽，策我驽骀。畴昔侍坐，高谈殷雷。铿铿百氏，若庄若谐。一障南征，遽陨国宝。民亡羽仪，士失坊表。岘首沈碑，茂陵遗稿。临风写忧，愁焉如捣。呜呼哀哉！

附录二 谭氏父子家世与生平考辨

中国自古以来就有一种"知人论世"传统。因为一个人的成长,一个人独特气质的养成,都与其家学渊源、生平经历密切有关。因此了解文人的家世及其生平,我们就能更好地探究、理解他的作品。对于谭莹父子,我们也可以做这样的研究。

(一) 谭氏父子家世考辨

据谭耀华在《谭氏志》中介绍:"广东谭氏,分始兴、从化、龙门、仁化四派。始兴派以南朝陈云旗将军谭瑱为始祖,居始兴及附近各县,人口约一万,有族谱。从化派以宋初进士谭桓为始祖,居从化,人口不多,谱系未详。龙门派以宋绍兴进士谭瑞奇为始祖,由江西弋阳迁来,居龙门,人口不多,谱系亦未详。仁化派,由宋刑部尚书谭伯仓,自江西虔县迁仁化,而其伯洪公亦官广州儒学提举居粤,乃奉其祖父宏帙公为入粤始迁祖。宗支遍全省,人口数万,海外宗侨,亦多为其裔。"① 谭宗浚在《重建谭氏宏帙公祖祠碑记》中自称为裔孙,由此可知,谭氏父子属广东谭氏仁化派。

为便于论述,本节即以谭宗浚作为立足点来考察其世系。

1. 迁粤远祖考述

迁粤始祖名虔,字宏帙,号清波。世居江西虔州虔化县西俊村。于五代宋初之间,因当地不太平,携众避乱至广东南雄珠玑里沙水村。至宋太祖建隆三年(962),复迁回虔州。后因孙伯仓贵,诰赠资政大夫。妣朱氏,诰赠二品夫人。

二世祖名瀚,字少洁,号美水,又号文江。谭虔次子。宋真宗景德二年(1005),由江西虔州迁回南雄保昌县珠玑里沙水村。谭瀚"志趣清高,

---

① 谭耀华:《谭氏志》(上),香港新华印刷出版公司1957年版,第26页。

优游娴雅，绝迹公门，不求闻达。"① 后因子伯仓贵，诰赠资政大夫。妣关氏。

三世祖名伯仓，字仁扶，号松雪，又字之余，号廉泉。宋真宗天禧二年（1018），进士及第。历官资政大夫、吏部侍郎与刑部尚书等职。恩荣九锡，诰封三代。谭伯仓"量器宏远，而立朝慷慨，处事公正，不避权贵，摘伏发奸，出人意表。故能望重朝廷，为朋辈所敬惮。晚年（仁宗庆历间）奉命出镇湖湘，道经韶州仁化，爱其地土美风淳，遂谢表不仕，即由南雄迁居仁化平山里"②。妣张氏，诰封二品夫人。

四世祖名朝安，字可观，号心良，为谭伯仓第六子。"幼即用功苦读，至二十一岁始入黉宫。后以科场屡试不第，于宋仁宗庆历间，随父从宦，前往广州，贸易安昌铁店，旋即于羊城开栈铁行。"③ 因输饷帮军平叛有功，蒙恩授朝请大夫，官盐课提举司提举。后迁家广州城盐仓街而居。妣徐氏，生三子，长子名达，次子名远，三子名造。

五世祖名达，字廷显，号曰河，又号待聘。宋诰赠奉议大夫。因往新会贸易，见新会白龙池地广土美，于是迁居于此。

六世祖名璇④，字遗烈，号慕凌，为谭达之子。随父迁居新会白龙池，"乃度兹鲜原，芟夷垦荒，广辟田土。连先世所遗，共有鱼塘百口，良田数十顷，婢仆数十名，富甲一方"⑤。谭璇"宅心仁厚，孝友慈祥，持身处世，和蔼可亲。对于济人利物，周恤孤寡，公益善事，尤喜力行，里人德之"⑥。因地方不靖，晚年携孙避居高明城内青玉坊。妣黎氏，淑慎温良，克相厥家，允称内助。生三子，长尧臣。次舜臣、三唐臣。后代均繁衍，开基于开平、台山、新会等地。

七世祖至迁南海始祖谭卓昂之前各世，因资料缺载，事迹均不详。

2. 南海谭氏考述

广东南海谭氏人口众多，分布广泛。据谭耀华主编的《谭氏志》称，南海谭氏分居梧村、石湾、谭边、沙头、槎潭与塱心等地⑤，而谭莹父子的先世则迁自广东新会县天河。

据《清代朱卷集成》中同治甲戌科会试《谭宗浚履历》载：

---

① 谭耀华：《谭氏志》（上），香港新华印刷出版公司1957年版，第317页。
② 谭耀华：《谭氏志》（上），香港新华印刷出版公司1957年版，第326—327页。
③ 谭耀华：《谭氏志》（上），香港新华印刷出版公司1957年版，第319页。
④ 谭耀华：《谭氏志》（上），香港新华印刷出版公司1957年版，第321页。
⑤ 谭耀华：《谭氏志》（上），香港新华印刷出版公司1957年版，第326页。
⑥ 谭耀华：《谭氏志》（上），香港新华印刷出版公司1957年版，第384—385页。

> 始迁祖讳卓昂，原籍新会天河月窟乡人，明末迁居南海。始迁祖妣氏胡。①

谭宗浚曾在《旅寓京邸杂忆粤中旧游得诗二十首》中提及迁南海始祖的相关情况，他说：

> 南海石湾乡，居人多以陶为业，即伦迂冈、霍渭厓故里也。余始迁祖卓昂公由新会移居佛山镇大基尾，死后即葬石湾之大帽冈。余家每岁必来省墓，先教授公诗所云"省墓弥年至，汾江本故乡"，即指此也。②

高祖名文士，号锦亭，为国学生。高祖母为陈氏。

曾祖名学贤，字从政，号始庵。国学生。因孙谭莹例赠儒林郎、布政司理问。曾祖母梁氏，例赠太安人。

祖名见龙，字秀升，号在田。国学生。因子谭莹敕授儒林郎、布政使司理问，晋赠奉政大夫、光禄寺署正加二级，叠赠儒林郎、琼州府教授加一级。祖母刘氏，敕封安人，晋赠太宜人，叠赠太孺人。祖母冼氏，敕赠太孺人。庶祖母为罗氏、梁氏。

谭莹曾在《豫庵笔谈》中谈及父亲的为人及处世态度时说：

> 先君子奉政公好饮酒、爱客、重然诺。亲串中有负其数万金者，不问也。中年后，始得子，抚余兄弟共九人。尝谓："昔人云：'有心为善非善，而为善不望报。夫有心为善，未始非善，而天之报施亦恒降福于望报者，殆为中人以下。'"说法具见苦心。尝举魏文贞《十思疏》"居安思危、戒奢以俭"二语，以励子侄。暮年，手不释卷，日阅《通鉴》，言历代兴亡治乱，娓娓不倦。③

另外，谭宗浚在《旅寓京邸杂忆粤中旧游得诗二十首》（其五）中也对其祖父这方面的情况作了如下补充：

> 理问公性爱客，每春秋佳日辄邀亲朋宴于半塘之墨砚洲、郑公堤等处。④

由于谭见龙待人热情，加之讲信用，谭家因此而致富。故陈澧在《内阁中书衔韶州府学教授加一级谭君墓志铭》中评价谭莹说："生于富家，慧

---

① 顾廷龙：《清代朱卷集成》第38册，（台北）成文出版社1992年版，第187页。
② 谭宗浚：《荔村草堂诗钞》卷六，清光绪十八年（1892）刻本。
③ 谭莹：《乐志堂文续集》卷一，清咸丰十一年（1861）刻本。
④ 谭宗浚：《荔村草堂诗钞》卷六，清光绪十八年（1892）刻本。

于童年。"①

为了经商方便,谭见龙将家从佛山镇大基尾迁至广州城西丛桂坊,并构建了别墅"帆影楼"。对此,谭宗浚在《旅寓京邸杂忆粤中旧游得诗二十首》(其二)中有如下说明:吾家由佛山迁居广州城西丛桂坊者,自大父理问公始。②

后来,谭宗浚在《旅寓京邸杂忆粤中旧游得诗二十首》(其四)中又补充说:先大父理问公尝于丛桂坊构一别墅,刘三山孝廉华东隶额题曰"帆影楼"。③

谭宗浚祖母冼氏勤于持家、善烹饪。谭莹在《乐志堂文集》中对自己母亲有如下描述:

> 先母冼太孺人,善烹饪,先君子恒令作十人馔,香净适口。习勤俭,顾乐施予,姻邻有假其钗钏裙襦尽典去而不复齿及者,无憾也。尝举"大富由天,小富由勤"二语,以警凡婢伫奴,殆谚语云。④

谭宗浚的胞伯祖有两位,他们分别是谭元龙和谭会龙,其中谭会龙为国学生。

谭宗浚嫡堂伯有四位,他们分别是谭应誉、谭心翼、谭国和谭应科,其中谭心翼为郡庠生、国子监典簿,谭国为太学生,谭应科为国学生、布政使司理问。

谭宗浚胞伯有五位,他们分别是谭应达、谭恒、谭应爵、谭应禄、谭福康,其中谭恒与谭福康二人为国学生,谭应禄为议叙监知事。

谭宗浚胞叔有三位,他们分别是谭应位、谭应庚、谭毓林,其中谭应位获诰封奉政大夫、光禄寺署正加二级。谭毓林,原名谭璈,为恩贡生。

谭宗浚从堂兄有九位,他们分别为谭麟征、谭麟绍、谭麟书、谭麟彬、谭宗荣、谭义廉、谭麟符、谭麟潜、谭麟趾。其中谭麟彬为候选巡政厅。谭宗荣为议叙六品衔。

谭宗浚嫡堂兄弟有谭荣光、谭绍光、谭凤仪、谭大年、谭永年、谭鹤清、谭瑞年、谭桓、谭忠、谭杰、谭濂、谭佩仪、谭植、谭迪光、谭勋、谭羲和、谭同和等人。其中谭鹤清为议叙八品衔,谭杰为光禄寺署正,谭植为议叙八品衔,谭迪光为六品顶戴。

---

① 陈澧著,黄国声主编:《陈澧集》,上海古籍出版社 2008 年版,第 244 页。
② 谭宗浚:《荔村草堂诗钞》卷六,清光绪十八年(1892)刻本。
③ 谭宗浚:《荔村草堂诗钞》卷六,清光绪十八年(1892)刻本。
④ 谭莹:《乐志堂文集》卷八,清咸丰十一年(1861)刻本。

谭宗浚同胞兄弟姐妹共有九位。胞兄有谭鸿安、谭崇安二人，其中谭鸿安，字伯劬，国学生，获诰封奉政大夫光禄寺署正加二级。谭崇安，字仲祥，国学生，官光禄寺署正。胞弟有谭凯安、谭熙安二人，其中谭凯安，字季旋，一字季平，国学生，为翰林院待诏。谭熙安，字公佑。胞姊有三位，其一适番禺候选州同知黄心畬之次子黄灏光，议叙五品衔。其一适顺德诰封奉政大夫卢英圃第四子卢兆镛，为候选同知。其一适顺德廪贡生、内阁中书衔梁南屏第七子梁应，官五品顶戴。胞妹有两位：其一适番禺候选守巡道龚道平第十子龚济恩，为候补守备。其一适番禺诰封奉政大夫陈十三长子陈景琳，为国学生。

谭宗浚从堂侄有谭子珣、谭子琛、谭子珍、谭子瓛、谭祖望、谭松涛、谭法、谭杓、谭锟、谭钰等人，其中谭祖望为翰林院待诏、谭松涛为太学生。

谭宗浚嫡堂侄有谭彦云、谭彦昭、谭德辉、谭德晋、谭祖桂、谭祖津、谭玖、谭奎甲、谭奎宏、谭奎三、谭照、谭贡、谭瑶、谭长龄、谭三多、谭苏等人。

谭宗浚胞侄有谭祖贻、谭祖源等人。

谭宗浚有四个儿子，他们分别是谭祖纶、谭祖楷、谭祖任和谭祖澍。其中谭祖纶，字幼学，国学生，曾出使日本，历任安徽亳州知州等职，著有《清癯生漫录》和《倭国景物志》。谭祖楷，为邑附生，出嗣为胞叔幼和君后人。光绪二十二年（1896），选学海堂专课肄业生。谭祖任，字篆青，为邑廪生。光绪十九年（1893），选广雅书院肄业生。二十二年（1896），选学海堂专课肄业生。二十六年（1900），庚子科优贡，曾任邮传部参议厅员外郎，后任职民国交通部，著名美食家和词人，著有《聊园词》。谭祖澍，邑附生，早卒。女儿有三位，其一适陈澧之孙陈庆龢。

谭宗浚从堂侄孙有谭全、谭延龄、谭熙龄、谭以来等。

谭宗浚嫡堂侄孙谭基等人。

谭宗浚之孙有谭长序、谭长庚、谭长耀、谭长蘐等人。

（二）谭莹生平考辨

谭莹（1800—1871），字兆仁，号玉生，别署席帽山人、小金焦钓台鱼隐、小金山渔父，晚号豫庵。广东南海捕属人（今属广州荔湾）。

谭莹的一生，大体可分为以下三个时期。

1. 读书应试时期

谭莹"幼颖悟，于书无不窥"①，加之"强记过人"，因而文名早著。

嘉庆十六年（1811），番禺训导莫元伯见谭莹参加诗社集会时所作的《红叶》诗后，击节叹赏，认为其中"也知难入东皇眼，不使秋光太寂寥"二句"寄托甚深，慨当以慷。"② 嘉庆十七年（1812），郡中老宿钟启韶、刘广礼见谭莹所作《采莲赋》《鸡冠花赋》，以及《茶烟》《红叶》《看桃花》诸诗后，大为惊叹，誉之为"后来之秀"③。嘉庆十九年（1814），经梁汉三介绍，刘广智见谭莹所作诗后，也极力称许。从这年开始，谭莹便经常来往刘广智家，向其请教学业。

嘉庆二十年（1815），谭莹父亲谭见龙延请刘广智馆于其家，教授子弟。谭莹自此跟随刘广智在广州二牌楼、应元宫、明月桥旧居等处读书。④ 同年，岭南著名诗人谭敬昭在广州西园紫云阁接见谭莹后，心情非常高兴，并亲赠手书给他。⑤ 嘉庆二十一年（1816），因刘广智的极力推荐，谭莹拜刘广礼为师，后又跟随他在帘青书屋读书，学作骈文。⑥

嘉庆二十三年（1818），谭莹出应童试，名列第一。对于谭莹此次应试的相关情况，《南海县志》有较详细的记载：

> 年弱冠，出应童试时，仪征相国阮元节制两粤，以生辰日避客，屏驺从，来往山寺，见莹题壁诗文，大奇之。询寺僧，始知南海文童，现赴县考者也。翌日，南海令谒见，制府问曰："汝治下有谭姓文童，诗文甚佳，能高列否？"令愕然，以为制府欲荐士也，即请文童名字。制府曰："我以名告汝，是夺令长权，为人关说也，汝自行扪索可耳。"令乃尽取谭姓试卷，遍阅之，拔其诗文并工者，遂以县考第一人入泮。⑦

嘉庆二十五年（1820）三月初，两广总督阮元"开学海堂，以经古之学课士子。"⑧ 谭莹于当年入学，跻身学海堂首批学生之列。后来在课士的

---

① 郑梦玉等修，梁绍献等纂：《南海县志》卷十八，清同治十一年（1872）刻本。
② 伍崇曜、谭莹：《楚庭耆旧遗诗后集》卷八，清道光二十三年（1843）刻本。
③ 郑梦玉等修，梁绍献等纂：《南海县志》卷十八，清同治十一年（1872）刻本。
④ 伍崇曜、谭莹：《楚庭耆旧遗诗后集》卷八，清道光二十三年（1843）刻本。
⑤ 伍崇曜、谭莹：《楚庭耆旧遗诗前集》卷十七，清道光二十三年（1843）刻本。
⑥ 伍崇曜、谭莹：《楚庭耆旧遗诗后集》卷四，清道光二十三年（1843）刻本。
⑦ 郑梦玉等修，梁绍献等纂：《南海县志》卷十八，清同治十一年（1872）刻本。
⑧ 王章涛：《阮元年谱》，黄山书社2003年版，第672页。

过程中，阮元见谭莹所作《蒲涧修禊序》及《岭南荔枝词》百首后，尤为激赏。经过阮元大力提携之后，谭莹"自此文誉日噪，凡海内名流游粤者，无不慕交矣！"① 而被誉为"粤中之冠"的李黼平此时正被阮元聘阅学海堂课艺，复被他延入督署教授诸子。在见到谭莹的《岭南荔枝词》后，李黼平也特别欣赏它，并视谭莹为"后来王粲"。② 此后，李黼平又多次称赞推许谭莹。

同年，谭莹受知于广东学政顾元熙。③ 对于谭莹的律赋，顾元熙认为它"胎息六朝，非时手所及"④。后来，谭莹又因作《铜鼓赋》而受知于广州府知府程含章。⑤

道光四年（1824），谭莹又受知于南海县知县徐香祖。⑥

道光六年（1826），广东学政翁心存对当地生员进行岁考。在批阅试卷过程中，翁心存对谭莹也是赞赏有加。《南海县志》对此有详细记载：

> 道光六年，常熟相国翁心存以庶子督学粤东，岁考以《棕心扇赋》试诸生，莹居首列。时值西陲用兵，复试日题为《拟平定回疆收复四城生擒首逆贺表》，莹于风檐中振笔直书，骈四骊六，得一千五百余言。学使批其卷首，有"粤东固多隽才，此手合推第一"等语。⑦

道光十一年（1831），继任广东学政徐士芬在翻阅谭莹历年试卷之后，也对其有"骚心选手，独出冠时"⑧ 之誉，并选他"以优行生入贡，入国子监"⑨。但谭莹没有赴国子监，后捐纳为教官。

道光十八年（1838），因学行出众，谭莹被补选学海堂学长。⑩

除在学海堂学习与担任学长外，谭莹于道光时期还在粤秀书院、越华书院学习，先后成为何南钰、陈钟麟、区玉圃与陈鸿墀等人的门生。据陈澧《陈范川先生诗集后序》云：

> 道光中，嘉兴陈先生来粤掌教越华书院。……先生在粤时，粤之名士吴石华、曾勉士常与游，其在弟子之列者：梁子春、侯君模、谭

---

① 郑梦玉等修，梁绍献等纂：《南海县志》卷十八，清同治十一年（1872）刻本。
② 伍崇曜、谭莹：《楚庭耆旧遗诗前集》卷十五十六，清道光二十三年（1843）刻本。
③ 谭莹：《乐志堂文集》卷四，清咸丰九年（1859）刻本。
④ 郑梦玉等修，梁绍献等纂：《南海县志》卷十八，清同治十一年（1872）刻本。
⑤ 伍崇曜、谭莹：《楚庭耆旧遗诗前集》卷十九，清道光二十三年（1843）刻本。
⑥ 伍崇曜、谭莹：《楚庭耆旧遗诗前集》卷十九，清道光二十三年（1843）刻本。
⑦ 郑梦玉等修，梁绍献等纂：《南海县志》卷十八，清同治十一年（1872）刻本。
⑧ 郑梦玉等修，梁绍献等纂：《南海县志》卷十八，清同治十一年（1872）刻本。
⑨ 陈澧著，黄国声主编：《陈澧集》（第一册），上海古籍出版社2008年版，第243页。
⑩ 陈澧著，黄国声主编：《陈澧集》第五册，上海古籍出版社2008年版，第635页。

玉生，谭与兄子宗元亦与焉。先生乐之，筑亭于书院，题曰载酒亭，环植花竹，招诸名士论辨书史，酬酢欢畅。间述乾隆、嘉庆时名臣硕儒言行，感愤时事，慷慨激烈。①

虽然谭莹"声望日高，院考屡列前茅"，但"乡场频遭眊瞍"，"故前后来粤典试者，如壬辰科程侍郎恩泽、癸卯科翁中丞同书，榜后太息咨嗟，以一网不尽群珊为憾"②。

除了自身原因外，谭莹之所以在乡试中落榜，其实还有人为因素，如在《辛卯十月送伍紫垣孝廉偕入都》中，谭莹对自己的落榜原因作了如下说明：

闻余闱卷亦经呈荐，后为人检去，遍觅不获。③

此外，谭莹也在该组诗中表达了一种"何年能作帝京游，卧酒吞花讵遣愁"的失落心情。

直至道光二十四年（1844），谭莹才考中举人。当时考官何桂清、龙启瑞于试场中得谭莹一卷后击节赞赏，并"拟元数日矣"。后"因三场策问，敷陈剀切，微触时讳，特抑置榜末"④。同年，谭莹摄肇庆府学篆。⑤

道光二十五年（1845），谭莹循例北上，应礼部会试，结果名落孙山。

除读书应试以外，谭莹这段时期还先后参加了西园诗社、西园吟社、顺德龙山乡诗社、花田词社、越台词社的活动，并在蒲涧修禊、清晖馆修禊的过程中，创作了不少与此有关的作品。

鉴于当时广东"虽号富饶，而藏书家绝少。坊间所售，止学馆所诵习，洎科场应用之书，此外无从购买。自阮元以朴学课士，经史子集，渐见流通。而本省板刻无多，其他处贩运来者，价值倍昂，寒士艰于储蓄"⑥的情况，谭莹萌发了搜求乡邦文献及先代书籍加以刊刻的念头，与富商伍崇曜一起，在此段时期相继刊刻了《粤十三家集》《楚庭耆旧遗诗前集》与《楚庭耆旧遗诗后集》。

自道光十一年（1831）至道光十五年（1835），谭莹还应邀参与续修《南海县志》的工作，负责分纂《南海县志》中的《舆地略》《艺文略》及

---

① 陈澧著，黄国声主编：《陈澧集》（第一册），上海古籍出版社2008年版，第143页。
② 郑梦玉等修，梁绍献等纂：《南海县志》卷十八，清同治十一年（1872）刻本。
③ 谭莹：《乐志堂诗集》卷三，清咸丰九年（1859）刻本。
④ 郑梦玉等修，梁绍献等纂：《南海县志》卷十八，清同治十一年（1872）刻本。
⑤ 谭莹：《谕端溪书院人士牒》，《乐志堂文集》卷三，清咸丰九年（1859）刻本。
⑥ 郑梦玉等修，梁绍献等纂：《南海县志》卷十八，清同治十一年（1872）刻本。

《杂录》。①

2. 任职地方时期

谭莹一生淡于名利,在道光二十五年(1845)会试落第后,从此"不复北上,惟安居教职"②。

据《曲江县志》卷一《表二》载:

> 谭莹,南海人。举人,(道光)二十七任。梁绍训,南海人。举人。二十八年任。升琼州教授,加光禄寺署正衔。以上教谕。③

由此可知,谭莹出任曲江县教谕的时间为道光二十七年(1847)。尽管任期只有一年,但谭莹对曲江县的教育非常重视。如在《谕曲江人士牒》中,谭莹结合自身的经历,对当地学子提出如下要求:

> 窃以开卷有益,昔贤所称。博学于文,往圣所励。覆虽一篑,卒竟为山之功。掘非九轫,罕致及泉之效。我阮仪征师相督粤时,开学海堂课士,深明此旨,乐观厥成。盖慎余必本于多闻,而求是务先乎实事。仆肄业最久,校文窃惭。敢鹜他途之趋,愿为先路之导。亦以教学,务期相长。况乎同行,必有我师。昔曾摄篆端州,亦谨贻书阖郡。即本山堂考课,以为同学法程。矧曲江乃张文献之旧邦,余忠襄之故里。刘轲经术,邵谒诗名。大义微言,业已贯元精之耿耿。流风余韵,何难寻坠绪于茫茫。才似晏殊,勿他题之更请。技如陶谷,原依样而画成。本奇字之未知,岂高歌而寡和。笑凤毛之待检,恐蝉腹之太清。拟此后于各季孟月初旬,发到题纸,遍给诸生。务宜同作,励各各词章之业。经史尤先,结重重翰墨之缘。斗山长在,纵属寻恒之辈。亦能积少以成多。况皆颖异之资,自当闻一以知十。谈艺谁敢,读书便佳,毋违特谕。④

自道光二十九年(1849)至咸丰七年(1857)这段时间,谭莹担任端溪书院监院。在《谕端溪书院人士牒》中,谭莹对当地生童及寓贤也提出了类似要求。

从咸丰元年(1851)出任,到同治六年(1867)离任,谭莹担任广东化州县训导的时间最久。由于化州地处偏远,当地人又朴鲁不文,因此

---

① 潘尚楫修,邓士宪等纂:《南海县志》卷之一,清道光十五年修,清同治八年(1869)重刊本。
② 郑梦玉等修,梁绍献等纂:《南海县志》卷十八,清同治十一(1872)刻本。
③ 张希京修,欧越华等纂:《曲江县志》卷一,清光绪元年(1875)刊本。
④ 谭莹:《乐志堂文集》卷三,清咸丰九年(1859)刻本。

"居此官者，多厌贱意"①，而谭莹"仍谆谆引导，欲迪以诗书"②。由于"教职实俸无多"，③不少教书人往往计较学生束脩的多少，而谭莹却"修脯随诸生自送，绝不计较厚薄"④。去官之时，谭莹又将"所积空券，溢箧盈箱，语子弟悉焚之。"⑤

咸丰九年，因劝捐出力，谭莹被上官"奏加内阁中书衔"②。是年，谭莹作《六十初度四首》，其第一首云：

  堂堂岁月惯相催，初度今朝懒举杯。樗栎年华谁屑道，萍蓬踪迹转堪哀。
  打钟扫地枯禅悟，识字耕田不世才。鼓击回帆容易学，小金焦觅钓鱼台。⑥

在诗中，谭莹流露出一种岁月易逝、年华虚度的感伤与隐逸情怀。

除出任曲江和化州两县教职以外，谭莹于此期还先后担任过博罗县学教谕、嘉应州学训导，并"委管学海堂学长，粤秀、越华、端溪书院监院数十年"，⑦一时"英彦多出其门"。

从教之余，谭莹与陈澧等人在此段时间先后组织了东堂吟社与西堂吟社文事活动，同时他又参加了顺德龙山诗会、杏林庄宴集、白云山秋禊、柳堂修禊、容园补禊等文学活动。同时，与伍崇曜一起整理刊刻了《广州乡贤传》《岭南遗书》《楚庭耆旧遗诗续编》《舆地纪胜》《粤雅堂丛书》，并应岭南富商潘仕成之请，认真校勘了《海山仙馆丛书》。因"强记过人，于先哲嘉言懿行，及地方事沿革变更，虽隔数十年，述其颠末初终，丝毫不爽"，⑧在此段时间内，谭莹还被地方主要官员聘为补刊《皇清经解》与重刻《广东通志》的总校，并担任《广州府志》与《南海县志》的分纂。

3. 居家养老时期

谭莹虽官化州时间久，"而在官日少，惜未广获裁成焉"⑨。后升授琼州府教授，"以老病辞去"。⑩

---

① 郑梦玉等修，梁绍献等纂：《南海县志》卷十八，清同治十一年（1872）刻本。
② 郑梦玉等修，梁绍献等纂：《南海县志》卷十八，清同治十一年（1872）刻本。
③ 郑梦玉等修，梁绍献等纂：《南海县志》卷十八，清同治十一年（1872）刻本。
④ 彭贻孙修，彭步瀛纂：《化州志》卷七《宦迹》，清光绪十四年（1888）刊本。
⑤ 郑梦玉等修，梁绍献等纂：《南海县志》卷十八，清同治十一年（1872）刻本。
⑥ 谭莹：《乐志堂诗集》卷十二，咸丰九年刻本。
⑦ 郑梦玉等修，梁绍献等纂：《南海县志》卷十八，清同治十一年（1872）刻本。
⑧ 郑梦玉等修，梁绍献等纂：《南海县志》卷十八，清同治十一年（1872）刻本。
⑨ 彭贻孙修，彭步瀛纂：《化州志》卷七《宦迹》，清光绪十四年（1888）刊本。
⑩ 陈澧著，黄国声主编：《陈澧集》（第一册），上海古籍出版社2008年版，第243页。

离开化州后，谭莹回到广州居家养老。此段时期，谭莹一方面继续从事《广州府志》与《南海县志》的纂修工作，另一方面又以顺天安命的态度对待现实人生。

对于谭莹晚年的生活态度，《南海县志》有较详细的记载：

> 莹以文行矜式乡间，而性坦率。与人交，不作寻常应酬语。若与论学术是非，人品心术邪正，诗文得失，咸推勘入微。凡所讥诃，悉中症结。不肯受压于虚名，故同人皆许其直。素善饮啖，疾病不去杯杓。又笃信星命之说，谓人世修短吉凶，造物安排已定，故开口即笑，不为大耋之嗟。或箴以酗酒过甚，非摄生所宜者。莹笑曰："酒者，天下之美禄也。古圣人所以享食高年，此岂杀人物？况寿算限于天，吾虽日饮，无何犬马，齿当在古稀左右耳。"或曰："子何以知之？"莹曰："壬辰科，歙县程侍郎来典试，程固穿穴经史，以淹博称，而兼游艺多能者也。榜后，粤中名士饯于白云山云泉仙馆。酒酣，程慨然曰：'粤东今日，可云盛极矣！然盛极而衰，天之道也。此后廿余年，乱从粤东起。再过十余年，乱将遍天下，真不堪设想矣！'时曾拔贡钊，亦溺于汉人《洪范》五行之学者，与程问难往复，不觉郁悒唏嘘。程笑曰：'子无为杞人忧，吾与子不及见矣。'随谛视座中人曰：'都不及见矣！及见者，谭公玉生耳。'后五年，程侍郎卒。甲寅红巾起，曾拔贡卒。逮丁巳以后四五年间，内外交讧，筹饷征兵，迄无定岁。而当日同席诸公，虽养生者早已物故，惟我岿然独存，然年过耳顺久矣，酒亦何损于人哉？"其顺时安命，皆此类也。①

另外，费行简在《近代名人小传》中对谭莹的晚年生活状况也有所补充：

> 晚岁丧偶，一室独处，沉淫典籍。有劝其学佛养心者，曰："吾心不放，何待养哉？"又曰："佛法未入中国，人其以何者娱老？"故终不窥梵夹。八十后，偶论时事，辄能预道成败，尤善相人。有京师优初至粤，富商潘某挟赴宴，指告座客曰："此将军公子也。"优固善酬酢，进止合度，人皆弗疑，独莹微笑。客散，有叩其故者，曰："是有贱骨，后当为人娈童。"潘闻之，乃大笑道："其实众服其神，穷所师承，曰：'是可有秘术，阅人既矮，心不为蔽，则吾日犹鉴矣。'"②

---

① 郑梦玉等修，梁绍献等纂：《南海县志》卷十八，清同治十一年（1872）刻本。
② 费行简：《近代名人小传》，（台北）文海出版社1966年版，第391—392页。

陈澧在《内阁中书衔韶州府学教授加一级谭君墓志铭》中同样提及谭莹的晚年情况：

> 晚年目疾，颓然静坐，默诵生平所读古诗文，日恒数十百篇，其强记如此。①

同治十年（1871）九月，谭莹因病而卒，享年七十二岁。是年，与谭莹同为学海堂学长，且交好数十年的陈澧应其子之请为其作《墓志铭》。其铭略云：

> 文人之福，惟君独全。生于富家，慧于童年。才名震暴，文酒流连。聚书校刊，其卷盈千。自为诗文，其集必传。寿逾七十，其子又贤。饱食坐化，泊如登仙。我不谀墓，此皆实言。酹君斗酒，质君九泉。②

同治十一年（1872）十二月，谭莹被安葬于广州城东荔枝冈之原。

（三）谭宗浚生平考辨

谭宗浚（1846—1888），原名懋安，字叔裕，晚号止庵，谭莹之子。广东南海捕属（今属广州荔湾）人。

虽然谭宗浚中年早逝，但他的活动范围比他父亲大，有鉴于此，谭宗浚的一生可分为以下几个时期。

1. 读书应试时期

谭宗浚于道光二十六年（1846）闰五月十三日吉时出生于广州荔湾丛桂坊里第。四岁时，母梁夫人去世。谭莹见其敏慧，自小时候起，即让他跟随南海处士龚广华学作制艺文。③ 在谭莹赴化州任教这段时间，谭宗浚主要由其长兄谭鸿安照顾。针对谭宗浚"跳荡"④ 的特性，谭鸿安督责甚严。年龄稍长，谭莹便亲自教他读书。谭宗浚勤奋好学，能做到"一目十行，

---

① 陈澧著，黄国声主编：《陈澧集》（第一册），上海古籍出版社2008年版，第244页。
② 陈澧著，黄国声主编：《陈澧集》（第一册），上海古籍出版社2008年版，第244页。
③ 谭宗浚：《希古堂集甲集》卷二，清光绪十六年（1890）刻本。
④ 谭宗浚：《荔村草堂诗续钞》，清宣统二年（1910）刻本。

日尽数卷"①。平时为文"操笔立就，洋洋千言"②。八岁时，谭宗浚撰写的《人字柳赋》，即广为时人传诵。同年，谭宗浚开始读宋代三苏策论。十岁时又开始吟诵三苏诗歌。

自咸丰六年（1856）起至咸丰十一年（1861），谭宗浚进入私塾学习。在此期间，谭宗浚共创作诗歌一百一十九首，汇编为《入塾集》。如在《庚申杂述》其一中，谭宗浚对时局看法于此可见一斑：

> 十载潢池乱，专征幕府开。徒闻擒董绍，几见戮黄回。
> 离乱宁天意，艰难望将才。百年繁会地，一炬付秦灰。③

而在《秋夜杂诗》其六中，谭宗浚有感而发，展现了一些与众不同的兴趣和爱好：

> 结交寡俗士，入梦多古人。褰帷获瞻觐，欢若平生亲。
> 既来骤复去，倏忽驰风轮。沈吟遂达曙，涕泪横沾巾。
> 世途苦狭隘，捷足争要津。何如甘悃默，永作华胥民。
> 遣怀定何物，且醉罗浮春。

咸丰八年（1858），谭宗浚随父避难于南海之和顺村何氏园林，对该处园林之胜又作了如下描绘：

> 江曲辄成村，江云深到门。帆樯津估集，箫鼓社神尊。
> 族尽宋元古，风犹怀葛存。战尘飞不到，小住即桃源。④

该诗写景清新，令人回味无穷。

咸丰十年（1860），谭莹因书局补刊《皇清经解》，移寓长寿寺。谭宗浚随侍左右，聆听教诲，并读书于粤秀书院。是年，谭宗浚首次参加乡试，以失败告终。

咸丰十一年（1861），谭宗浚再次参加乡试，中本省乡试第四十七名举人。

同治元年（1862），谭宗浚坐船由海上入京城参加会试。"时英夷和议甫就，宗浚感慨山川，为《览海赋》，洋洋数万言。"⑤ 文章铸史镕今，沉博

---

① 唐文治：《诰授中议大夫云南粮储道谭叔裕先生墓表》，《茹经堂文集（第一编）》卷六，《民国丛书》第五编，上海书店 1996 年影印本。
② 唐文治：《诰授中议大夫云南粮储道谭叔裕先生墓表》，《茹经堂文集（第一编）》卷六，《民国丛书》第五编，上海书店 1996 年影印本。
③ 谭宗浚：《荔村草堂诗钞》卷一，清宣统二年（1910）刻本。
④ 谭宗浚：《荔村草堂诗钞》卷一，清宣统二年（1910）刻本。
⑤ 郑荣等修，桂坫等纂：《南海县志》卷十四，清宣统三年（1911）刻本。

绝丽。传至京城,"都人士交口称诵"①。三月,谭宗浚参加会试。落第后,谭宗浚由陆路南归。返里后,谭宗浚继续在粤秀书院读书。这时,谭莹认为他年齿尚幼,"戒读书十年,毋遽求仕,授以《文献通考》诸书"②。在谭莹的教导之下,谭宗浚对《文献通考》已"略能成诵"。③

同治四年(1865),谭宗浚作《二十初度》。面对岁月的流逝,他只能无奈地感叹:"早岁才名忝乙科,天门塌异惜蹉跎。绸书怕读穷愁志,拓戟聊为偪仄歌。世事如棋难预料,年华似墨岂禁磨。由来万事居人后,莫学潜夫愤激多。"④

除了读书以外,对于二十岁后的生活,谭宗浚在《旅寓京邸杂忆粤中旧游得诗二十首》中有所提及:"余自廿岁后,每卖文,有余资,辄与陈孝直、张瑞毂、王峻之、邓啸赟、廖泽群、梁庚生、郑玉山诸君醵饮于育贤坊之酒楼。"⑤

谭宗浚于同治七年(1867)再次进京参加会试,最终落第,但蒙会试同考官赵曾同荐卷和挑取誊录。⑥

同治九年(1869),谭宗浚从应元书院肄业。

同治十年(1871),谭宗浚第三次进京参加会试,仍然落第。在南归前一天,他应潘祖荫、张之洞之招,参加了龙树寺集会,结识诸多社会名流。⑦ 同年,谭莹病卒。谭宗浚因丁外艰,停止上京应考。后来,应李征霨之请,襄助《南海县志》的编纂工作。⑧

守孝期满后,谭宗浚遂于同治十二年(1873)十二月约廖廷相、何济芳等一起进京赴考。

同治十三年(1874),谭宗浚参加礼部会试,中初试第二百七十五名,复试一等第十五名,殿试一甲第二名,授职翰林院编修。⑨

光绪元年(1875),谭宗浚乞假南归,经由上海、香港抵广州。

光绪二年(1876)四月,谭宗浚参加考试,获一等。⑩ 是年六月十五

---

① 唐文治:《诰授中议大夫云南粮储道谭叔裕先生墓表》,《茹经堂文集(第一编)》卷六,《民国丛书》第五编,上海书店1996年影印本。
② 马其昶:《云南粮储道谭君墓表》,《碑传集补》卷十九,上海书店1988年影印本。
③ 马其昶:《云南粮储道谭君墓表》,《碑传集补》卷十九,上海书店1988年影印本。
④ 谭宗浚:《荔村草堂诗钞》卷三,清宣统二年(1910)刻本。
⑤ 谭宗浚:《荔村草堂诗钞》卷六,清宣统二年(1910)刻本。
⑥ 来新夏:《清代科举人物家传资料汇编》第八册,学苑出版社2006年版,第30页。
⑦ 谭宗浚:《荔村草堂诗钞》卷四,清宣统二年(1910)刻本。
⑧ 郑梦玉等修,梁绍献等纂:《南海县志》卷末,清同治十一年(1872)刻本。
⑨ 来新夏:《清代科举人物家传资料汇编》第八册,学苑出版社2006年版,第30页。
⑩ 秦国经:《清代官员履历档案全编》第四册,华东师范大学出版社1997年版,第476页。

日,谭宗浚邀潘衍桐、陈序球等人集于京城陶然亭唱和。①

2. 督学四川时期

光绪二年(1876)八月,谭宗浚出任四川学政。② 出都之时,谭宗浚作《出都口占》,其诗云:

> 朝衔凤诏出金銮,西望峨岷指顾闲。自愧菲材持荡节,要令文教辟榛菅。
>
> 地多名胜供题句,身处脂膏觉厚颜。昨夜梦回清漏迥,依依犹忆紫宸班。③

在诗中,谭宗浚流露出一种想在四川有所作为的思想情绪。

在赴川途中,谭宗浚目睹沿途风景名胜,均加以吟咏,后来他将这些诗歌结集为《使蜀集》。

时成都尊经书院创设未久,前任四川学政张之洞听说这个消息以后,大喜说:"谭君来,蜀士有福矣!"④ 是年十一月二十日,谭宗浚到任。

在《提学四川下车观风教》中,谭宗浚对当地生员提出如下要求:

> 本院下车伊始,辄拟出题目数条,用觇士习。惟八比肇源于宋代,五律托始于唐贤。宜抽秘而骋妍,毋蹈常而袭故。至于群经诂训,诸史条流。实艺苑之津梁,乃词林之根柢。绎山东大师之绪,各有心传。绸柱下太史之藏,宜明掌故,故以经解史学等题次之。若夫词赋一途,虽云小技。扢张藻绘,浚发襟灵。修词必贵乎安详,树骨务求乎典重。诋文章为刍狗,原列子之寓言。薄辞翰以雕虫,第扬雄之臆说。故以古文、骈文、诗赋题次之。诸生等或许郑穷经,或董晁应策。或擅握蛇之美,或推绣虎之雄。或兼能于杜短周长,或擅誉于马工枚速。抽书任答,无难十事。皆知援笔立成,固可一时并了。即有操弦甫学,制锦未工。精装旨者,未晓乐谈。擅沈诗者,不娴任笔。纵未如柳文畅之才具,足兼十人。要当若邓仲华之传经,各守一业。亦许分题竞奏,执艺成名。勉期至海之功,各奋颛门之诣。本院躬亲校阅,广事搜求。如有文艺出众者,定必优加奖赉,以示鼓励。傥或捉刀是假,饰鼎相欺。资润色于他人,侈剽钞乎旧说。彼炼丹之九转,未见成功。

---

① 谭宗浚:《荔村草堂诗钞》卷六,清宣统二年(1910)刻本。
② 秦国经:《清代官员履历档案全编》第四册,华东师范大学出版社1997年版,第476页。
③ 谭宗浚:《荔村草堂诗钞》卷七,清宣统二年(1910)刻本。
④ 唐文治:《诰授中议大夫云南粮储道谭叔裕先生墓表》,《茹经堂文集(第一编)》卷六,《民国丛书》第五编,上海书店1996年影印本。

即饮墨之一升，岂云过罚？要非本院所愿期于诸生耳。

抑又闻之：文艺者末也，品行者本也。诸生但当励志袭杼，束躬绳屈。宅心醇粹，敦履璞沈。不徒丹素之勤功，并学朱蓝之变质。文词足用，洗秘书著作之惭。华实相资，兼庶子家丞之美。无蹈嚣浮之习，无安浅近之图。异日者必当蔚作时髦，储为国器。行见弦歌化洽，遍传彭濮微卢。岂徒阀阅官高，第数韦匡贡薛。勉求实学，并励纯修。①

正因为谭宗浚"严剔弊窦，奖借英才"②，四川总督丁宝桢在上给皇帝的奏折中称：

一、该学政衡文以清真雅正为主，去取公允，士论翕然。一、该学政校阅认真，衡文每夜以继日，不辞劳苦，克尽厥职。一、该学政共延幕友六人，俱系品端学裕之士，分校甚为勤速，去取仍自主持。一、该学政按试各属，轻车简从，地方一切毫无滋扰需索之弊。③

对于谭宗浚在尊经书院作出的贡献，《续修四库全书总目提要（稿本）》也有如下评价：

晚近以来，士多出之尊经，人莫不以张文襄、王湘绮之教为称，而宗浚亦并及之。宗浚之教人也，曰为学之道大要有五：一曰讲明训诂之学，二曰考证史传之学，三曰稽求器数之学，四曰校刊经籍之学，五曰讲习辞章之学。盖其意于初学之士，必先课之以研经，引之以读史，旁兼诸子，下逮百家，而后始能植柢词林，探源艺海。……所教文质彬彬，斐然可观。④

光绪五年（1879），谭宗浚"因在川捐助赈项，奉旨赏加侍读衔"⑤。谭宗浚在离任之际，选四川诸生的诗文编为《蜀秀集》，并加以刊印，士林因此翕然将其"仰为士宗"。⑥

---

① 谭宗浚：《希古堂集乙集》卷二，清光绪十六年（1890）刻本。
② 唐文治：《诰授中议大夫云南粮储道谭叔裕先生墓表》，《茹经堂文集（第一编）》卷六，《民国丛书》第五编，上海书店1996年影印本。
③ 中国第一历史档案馆：《光绪朝朱批奏折》第二辑《内政职官》，中华书局1995年版，第525页。
④ 刘启瑞著，中国科学院图书馆整理：《续修四库全书总目提要（稿本）》第28册，齐鲁书社1996年版，第177—178页。
⑤ 秦国经：《清代官员履历档案全编》第四册，华东师范大学出版社1997年版，第476页。
⑥ 唐文治：《诰授中议大夫云南粮储道谭叔裕先生墓表》，《茹经堂文集（第一编）》卷六，《民国丛书》第五编，上海书店1996年影印本。

3. 任职京城时期

自四川返京之后，谭宗浚寓于京城米市胡同。在《抵京寓米市胡同庭前隙地颇多遍栽花木红紫烂然因取东坡语自署所居曰最堪隐斋》中，他抒发了自己身处闹市的独特感受：

> 平生傲睨忘华簪，城居境比山居深。近除硗确草三径，忽放红紫花满林。赏玩转添留客局，护持犹是爱才心。携锄赖有吴刚共（时与吴星楼比部同寓），不用东篱步屦寻。①

光绪六年（1880），谭宗浚充会试磨勘官。试事完毕后，他乞假南归。八月经杭州，谭宗浚对杭州西湖多有题咏。十月，谭宗浚被补为广州学海堂学长。

光绪七年（1881）三月六日，谭宗浚邀陈澧与梁起等人泛舟大滩尾看桃花。后来，谭宗浚游罗浮山，寓酥醪观数日，作《罗浮杂咏》与《酥醪酒歌》等诗。八月十五日，谭宗浚又招张嘉澍、李启隆、俞守义等集山堂玩月。

光绪八年（1882），谭宗浚"与仁和许恭慎公庚身同奉命典试江南"，②"所拔皆知名士，若冯梦华、朱曼君辈，未易悉数。蔚芝唐先生，尤其年最少者也"③。

是年九月十八日，应左宗棠等人邀请，谭宗浚饮于莫愁湖。经过镇江、扬州等地时，他登临古迹，欣赏山水。返京途中，针对当时实学日渐衰靡的状况，他又在《途中寄庚生茂才八首时余有所感故拉杂无次并乞庚生勿以示人》中发出如此感慨："我当盛敦盘，君当振鞭弭。旗鼓驱中原，庶刷腐儒耻。"④

回京之后，谭宗浚依然在翰林院任职，先后任"国史馆协修、纂修、总纂，功臣馆纂修，本衙门撰文，起居注协修，文渊阁校理"⑤。

当时，"尚书吴县潘文勤公祖荫总裁国史馆，属先生纂修《儒林》《文苑》两传"⑥。

---

① 谭宗浚：《荔村草堂诗钞》卷八，清宣统二年（1910）刻本。
② 唐文治：《诰授中议大夫云南粮储道谭叔裕先生墓表》，《茹经堂文集（第一编）》卷六，《民国丛书》第五编，上海书店1996年影印本。
③ 陈衍：《辽史纪事本末诸论序》，《辽史纪事本末诸论》卷首，清光绪十八年刻本。
④ 谭宗浚：《荔村草堂诗钞》卷八，清宣统二年（1910）刻本。
⑤ 唐文治：《诰授中议大夫云南粮储道谭叔裕先生墓表》，《茹经堂文集（第一编）》卷六，《民国丛书》第五编，上海书店1996年影印本。
⑥ 唐文治：《诰授中议大夫云南粮储道谭叔裕先生墓表》，《茹经堂文集（第一编）》卷六，《民国丛书》第五编，上海书店1996年影印本。

光绪九年（1883），谭宗浚再次充会试磨勘官。① 后被派任国史馆总纂，与缪荃孙一起负责纂修《儒林传》与《文苑传》。在编纂过程中，谭宗浚手定条例，博稽掌故，阐扬幽隐。他曾多次去信与缪荃孙商量相关事宜，如在《致缪荃孙（二）》中，谭宗浚说：

> 昨日得领教言为慰。送上吴子序编修传一篇，乞察入。《初月楼闻见录》乞掷下。再，吴谷人传拟附刘芙初，尊处有常州志否？乞检刘嗣绾传见示为祷。另呈上王介山书籍两种，其自撰年谱，语多鄙俗；为其妻作行状，而称实录，语太不检，岂亦仿孙樵之《皇祖实录》耶？其《易翼述信》系著录四库者，然不见有大过人处，意纪文达公，但见其有与朱子抵牾处，遽称许之耳。文达偏处，往往如此。但此君应入儒林，其可采与否，望大法眼卓夺。②

再如，在《致缪荃孙（四）》中，谭宗浚还向缪荃孙提出以下建议：

> 史馆分办各节，即遵尊谕，弟专办文苑，阁下专办遗逸便是。至儒林传既须各办，鄙意亦欲画分。大约大江南北，暨两浙江右诸传，必仰仗大手笔。若北直及边省各传，则弟任之。如此办法，于学问源流既能洞悉，且应删应补应附，不致棼如乱丝，未审尊意以为然否？大作诸传，典核精博，具良史才，曷胜钦佩。中有贡疑数处，条列于另纸，然终是管测之见，未能以涓滴增益神瀛也。余容晤罄。……儒林传分办之说，不过弟等私议如此，若送史馆，署名覆辑，则可不拘。如足下吴人，则吴中先达各传，送馆或用弟名。弟粤人，则粤中先达各传，送馆时拟借尊衔。此则临时变通，似无不可，仍望卓裁为要。③

经过谭、缪二人的努力，《儒林传》与《文苑传》最终得以脱稿。然而就在这一年，谭宗浚却被时任翰林院掌院学士徐桐保荐"京察一等，记名以道府用"④。

谭宗浚其实并不想外任，再三请辞而没有被徐桐所允许。在《释讥》一文中，他谈到了自己不愿出外做官的具体原因：

> 今仆迹非诡奇，志非肥遁。幸珥笔于兰台，冀蜚声于文苑。慕聘

---

① 唐文治：《诰授中议大夫云南粮储道谭叔裕先生墓表》，《茹经堂文集（第一编）》卷六，《民国丛书》第五编，上海书店1996年影印本。
② 缪荃孙：《艺风堂友朋书札》，上海古籍出版社1980年版，第73页。
③ 缪荃孙：《艺风堂友朋书札》，上海古籍出版社1980年版，第74—75页。
④ 唐文治：《诰授中议大夫云南粮储道谭叔裕先生墓表》，《茹经堂文集（第一编）》卷六，《民国丛书》第五编，上海书店1996年影印本。

史之养真，希东方之大隐。超希微而两忘，庶敦艮以无闷。且夫酬主知者，不必定处珥貂之职也。报国恩者，不必定须汗马之功也。昔汉王充云："汉德隆盛，比于三代。宜有鸿笔之儒，歌咏揄扬，列于雅颂。"唐韩愈云："作唐一经，成汉二史。"仆窃不自揆量，颇欲追踪于二子，著成一集。篡辑乎列朝之圣迹，扬扢乎昭代之休风。播之以弦诵，协之以笙镛。使薄海之内，雕题镂颊。胡老髫童，咸憬然于神谟之煇赫，景命之昭融。瞻鸿仪于王会，赓复古于车攻。将贞观之政要，不能媲其美。太平之治迹，不能匹其隆。诚如是，是亦为政矣。又何待乎耀豸章之服，而纡龟纽之铜也哉。

且子徒知外吏之荣，而不知其累也。当夫朝露未晞，暄阳方始。集若乌巢，聚成蚊市。晨参大衙，鱼鱼进止。敛膝整容，低心弭耳。諰嚅函胡，仰窥意旨。不敢抗声，鹗视而已。奉教遵行，喏喏连起。至于判词受牒，高坐堂皇。形茹意散，舌举口张。簿领填委，纷如聚虻。罔知原始，惟吏是商。偶出一教，诈伪滋彰。虎胥鸱隶，张橐满囊。又其甚者，斋阁酣眠，高阳策骑。懒阅狱词，罕观启事。谢客常游，孔公但醉。击磬歌钟，熏天沸地。僮仆餍于酒肴，姬姜艳乎珠翠。及乎陵谷变迁，时移势异。孙秀阴倾，任安至至。班宏之冒帑虚多，张说之横财易匮。始颐指乎衙官，终抢头于狱吏。故曰："间姺之容，不可使为姣。东野之御，不能变为良。种蒺藜者罕嘉实，佩艾椒者无芬芳。"

今之为仕者，目未睹乎汉条，手未披乎唐律。但羡乎冠盖之豪华，宴游之淫泆，断未有不斨指受伤而素衣变质也，岂吾儒之履洁蹈忠者而肯出此方？今明明在朝，穆穆布列。开幕府者，半属陶刘。膺墨绶者，罔非岑薛。仆处其间，譬之铢尘安足增昆阆之崇，尺波岂能益沧瀛之阔。惟愿守蓬观而栖道山，藉枝官而养拙。①

徐桐之所以不同意谭宗浚的请求，主要是基于以下两方面的原因：第一，妒忌其才。唐文治曾在《诰授中议大夫云南粮储道谭叔裕先生墓表》中评价谭宗浚时说："迨通籍后，声誉益大著，硕德名臣，争以文字相结纳。朝廷有大典礼著作之任，必推先生。"② 谭宗浚在《潘芝堂同年哀词》中也对徐桐妒忌自己才能这一点加以提及，他说："往岁，掌院学士徐公忌

---

① 谭宗浚：《希古堂集乙集》卷二，清光绪十六年（1890）刻本。
② 唐文治：《诰授中议大夫云南粮储道谭叔裕先生墓表》，《茹经堂文集（第一编）》卷六，《民国丛书》第五编，上海书店1996年影印本。

余才名。"① 第二，不满其改革主张。受时代风气的影响，谭宗浚思想较为开通，而徐桐的思想却相当保守。尤其是得知谭宗浚帮潘衍桐代撰《奏请开艺学科折》时，徐桐更是大为不满。李鸿章曾在《复钦差德俄奥和国大臣洪》中对此有所说明："谭叔裕为人草奏，请开艺科，遂为巨公所恶，求免京察而不得，以历俸已深、屡陪中赞之编修，竟出之云南矣。"②

在知道自己将不可避免地被简放云南的情况后，谭宗浚"意殊怏怏"。③

4. 理政云南时期

光绪十一年（1885）二月二十五日，谭宗浚蒙恩记名以道府用。五月初，他分别被慈禧太后与光绪帝召见。在离开京城之前，谭宗浚首先将自己全部的著作托付给好友廖廷相，并对他说："云南水土瘴疠，殆非人居。某既抱贾生远徙之悲，不无盛宪忧生之戚。倘或不禄，则此区区者，比张堪妻子之托，尤为要著。"④ 然后又借北京长椿寺屋三间来收藏自己的八万卷藏书。由于在京时负债甚多，谭宗浚决定不带家眷到任所，而是将他们送回广东。在做好这一切准备工作之后，谭宗浚于八月初二日从京城出发。经大运河、长江、洞庭湖、沅水等水路，历经四个多月的时间抵达云南。对于途中的经历和心情变化，谭宗浚在《抵滇寄广州兄弟书》中有较具体的描述：

> 余于八月出都抵沪后，先遣一力送孥归粤。余虽忝暴胜持斧之荣，曾乏朱穆办装之费，竟不获纡道牂牁，藉伸悃悰，怅矣如何！自尔逾鄂渚，涉洞庭，毒热烁体，如近甄炊。炮云骤垂，斜掩半黑。甫欲颓压，轮囷又起。翼以狂飙，舂撞攒挃。山岳为之欹侧，波涛为之溃沱。石战如鼋，水悬似泷。刁刁调调，万窍号愤。我舟胶岸，绁于丛芦。身轻鸿毛，命寄鳄齿。当此之时，谓将师申徒之高蹈，从彭咸之遗则矣。翌旦旭霁，甫庆更生。棹郎欣忭，篙师欢舞。溯流裹羊，乃抵武陵。江流如环，渟净泓澈。深者揉蓝，浅者脆膡。猗猗芷兰，临渚散馥。拍拍凫雁，唼波索耦。扣舷击汰，意惬久之。曾未更旬，渐臻险境。其山则长胫修股，连指骈拇。巉嶙凭霄，峥嵘拒日。仰瞩紫汉，不见其顶。半峰以下，纯作绀黝。石带狞状，厓多凄音。寸枥不生，童裸而已。其水则激湍洄澓，千丈露底。金沙灿簇，洁澜平曳。颇似赣江，又疑湘渚。及乎下濑涡触，奔洪飞腾。骏驰倏忽，鹜没怪石。如

---

① 谭宗浚：《希古堂集乙集》卷六，清光绪十六年（1890）刻本。
② 顾廷龙、戴逸：《李鸿章全集》第三十四册《信函六》，安徽教育出版社2008年版，第550页。
③ 廖廷相：《希古堂集序》，《希古堂集》卷首，清光绪十六年（1890）刻本。
④ 廖廷相：《希古堂集序》，《希古堂集》卷首，清光绪十六年（1890）刻本。

锯呀呷，趁人惊雷未停，瞬顾百里。折篙败橹，良可戒心。至若雨师收润于岩端，曜灵艳辉于云表。炎歊蒸涌，光怪瑰发。虹申椴驳，横若绛天。元蛇曝鳞，飞鸟落毳。或乃注毒流于涧溪，激漺泌黄侧岸。灈黑舟人，渔子遇而弗睨。盖宁忍夸父之渴，未敢挹阳侯之波也。

既泊镇阳，舍舟而陆。仄径纤郁，愁霖惨淡。但见虎迹，罕逢人踪。时遭遗黎，状类黄馘。城乡萧飒，乃同穷子之庐。沟渠污积，是曰秽人之国。念昔承平以来，深洫崇墉。岂无守御，高台飞甍。岂无营建，直阿横亩。岂无耕畲，韶童耇老。岂无保聚，中更兵燹。再逢灾祲，去者麕逸，存者鹄栖。哀甚郢墟，怆同燕社。故知怀惠鳏穷，必资召杜。抚辑流亡，实凭岑薛。自愧驽材，谬膺民社。能勿顾高轩而骍汗，抚华组而惭沮者乎？

滇中风土，较黔差胜。山既豁闿，天亦晴朗。署中文案，纷如猬毛。剖毫析芒，稍见端绪。闻诸僚属，政简事稀。疲驽中材，谅可卧治。惟是昔侍青琐，备承殊渥。今膺绣衣远移，天末犬马，微忱惓惓难已。颇怀魏牟江海之想，不免张衡京国之思。又或凉风拂檐，落月满屋。判牍既倦，举觞罕俦。攀玩园条，藉践芳草。煛酒苦酽，容易酣然。忽乘云车，若返京辇。题诗江亭之隈，策杖顾祠之路。塞卫可跨，兼驮古书。寒鱼乍烹，偶仿乡鲶。言笑晏晏，谈锋恣飞。晨鸡喔鸣，乃复惊寤。寂寞拥被，淋浪沾衿。曾谓斯游，邈若霄汉，盱其唏已。

盖尝论之，自太素始分，禀才各异。出处之途多佹，亨屯之致悬殊。或性非所安，则鱼栖深树。或才非所试，则骥服盐车。必至于点额贻讥，奔蹄致患。忆自早年，偏嗜文艺。筦政之方，理萌之术，未经津逮，罕曾咨讨。若负惭强就，恐龚黄笑人。每慨汲黯清修，思还郎署。吴质雅才，愿辞邑令。古人有之，今岂异辙。倘幸获重依禁籞，再直金銮。假去鹢以顺飙，沐朽株于膏露，斯所大愿也。如其不然，终当辞蝉林薄，解龟江渚。匪惟藏拙，亦以避贤，必不使蛙廪虚糜，狟庭腾笑。粤滇迢隔，缕布区区。敬勖光仪，努力努力。①

自接篆视事以后，谭宗浚"详询地方利弊，治水道，亲诣覆勘，次第修浚白龙潭等十余河，溉田六千余亩，发工费时，躬至诸村传谕乡民，给领不假书吏，一切火耗等弊胥革除，民大悦"②。

---

① 谭宗浚：《希古堂集乙集》卷二，清光绪十六年（1890）刻本。
② 唐文治：《诰授中议大夫云南粮储道谭叔裕先生墓表》，《茹经堂文集（第一编）》卷六，《民国丛书》第五编，上海书店1996年影印本。

光绪十二年（1886）冬，谭宗浚兼权按察使，对于当地历年积案多有平反。然因精力过耗，气血日虚，于是决定引疾乞退。而地方主政者正对他有所依赖，加上当地绅民极力挽留，谭宗浚辞官不获成功。后来，他又"设古学以课士，开堰塘以灌田，办积谷以备荒，增置普济堂以惠孤寡。百废举兴，勤劳更甚，而体不支矣"①。光绪十三年（1887）二月，鉴于自己病情严重，谭宗浚再次请求开缺回籍调理，终获批准。在岑毓英主持纂修《云南通志》以及王文韶主持纂修《续云南通志稿》期间，谭宗浚平日不领薪费，经济拮据。在准备回广东的过程中，谭宗浚因路费缺乏，不能成行，后来因"大吏拨志书局费千金以赠"，②他才得以离开云南。光绪十四年（1888）二月十九日，谭宗浚取道广西百色回籍，因沿途湿热郁蒸，足疾加剧。三月二十八日，行抵隆安县时，谭宗浚病卒于旅次。

廖廷相在得悉谭宗浚病逝的消息后，不禁惋惜说："以君旷代之才，使得翱翔馆阁，朝夕论思，必能兴废继绝，润色鸿业。否则解组林泉，优游岁月，亦必能拾遗补艺，成一家言。惜乎不获尽其才也。"③

（四）晚清《南海县志》中谭莹、谭宗浚父子史实辨正

谭莹父子均为近代岭南文史名家，清代同治十一年刊刻的《南海县志》与宣统三年刊刻的《南海县志》分别载有二人列传。通过查阅相关史料后发现：这两部方志所载谭氏父子的史实均有失误。为便于学者研究，现将相关情况辑录并辨析如下。

1. （同治）《南海县志》所载谭莹史实辨正

同治四年，江西德化举人郑梦玉任南海知县，倡议续修县志，经继任陈善圻、赓飚等人努力，该志于同治十一年正式刊行。此志卷卷首为《南海县志》，扉页书"续修南海县志"，凡二十六卷。谭莹参与此志的编纂，负责分纂《舆地略》《建置略》《金石略》《杂录》，并与邓翔合纂《职官表》《选举表》，与李征霨合纂《艺文略》。后来，因纂修此志的主要人员先

---

① 唐文治：《诰授中议大夫云南粮储道谭叔裕先生墓表》，《茹经堂文集（第一编）》卷六，《民国丛书》第五编，上海书店1996年影印本。
② 唐文治：《诰授中议大夫云南粮储道谭叔裕先生墓表》，《茹经堂文集（第一编）》卷六，《民国丛书》第五编，上海书店1996年影印本。
③ 廖廷相：《希古堂集序》，《希古堂集》卷首，清光绪十六年（1890）刻本。

后辞世,加之自己"胸怀作恶"且"神疲目眊"①,时任分纂《列传》的李征霨于是请谭宗浚为之赞助。

对于这部以岭南著名学者邹伯奇、谭莹为主要编纂者的《南海县志》,梁启超曾给予比较高的评价,他说:

> 各府州县志,除章实斋诸作超群绝伦外,则董方立之《长安》《咸宁》二志,论者推为冠绝今古;郑子尹、莫子偲之《遵义志》,或谓为府志中第一;而洪稚存之《泾县》《淳化》《长武》,孙渊如之《邠州》《三水》,武授堂之《偃师》《安阳》,段茂堂之《富顺》,钱献之之《朝邑》,李申耆之《凤台》,陆祁孙之《郯城》,洪幼怀之《鄢陵》,邹特夫、谭玉生之《南海》,陈兰甫之《番禺》,董觉轩之《鄞县》《慈溪》,郭筠仙之《湘阴》,王壬秋之《湘潭》《桂阳》,缪小山之《江阴》,皆其最表表者。②

然因编纂者疏于核实,(同治)《南海县志》在记载谭莹事迹方面存在一些失误,而这些失误主要体现在以下三个方面。

(1)《鸡冠花赋》写作时间有误。

(同治)《南海县志》载:

> 年十二,戏作《鸡冠花赋》《看桃花诗》,郡内老宿钟启韶、刘广礼见而惊曰:"此子,后来之秀也。"③

按:钟启韶,字琴德,一字凤石,新会人。谭莹于《楚庭耆旧遗诗前集》中钟启韶条下云:

> 凤石孝廉与余居同里闬。余年十三,作《采莲》《鸡冠花》诸赋,《茶烟》《红叶》诸诗。孝廉闻之,即踵门索观,以小友相呼,遽勖以千秋之业,所谓蒙之、李邕、王翰者欤。④

由此可知,谭莹作《鸡冠花赋》的时间应在十三岁,而非十二岁。

(2)出应童试与被两广总督阮元识拔的时间有误。

(同治)《南海县志》载:

> 年弱冠,出应童试。时仪征相国阮元节制两粤,以生辰日避客,屏驺从,来往山寺,见莹题壁诗文,大奇之。询寺僧,始知南海文童,

---

① 郑梦玉等修,梁绍献等纂:《南海县志》卷末,清同治十一年(1872)刻本。
② 梁启超:《中国近三百年学术史》,中国出版集团东方出版中心2004年版,第334页。
③ 郑梦玉等修,梁绍献等纂:《南海县志》卷十八,清同治十一年(1872)刻本。
④ 伍崇曜、谭莹:《楚庭耆旧遗诗前集》卷十四,清道光二十三年(1843)刻本。

现赴县考者也。翌日，南海令谒见，制府问曰："汝治下有谭姓文童，诗文甚佳，能高列否？"令愕然，以为制府欲荐士也，即请文童名字。制府曰："我以名告汝，是夺令长权，为人关说也，汝自行扪索可耳。"令乃尽取谭姓试卷，遍阅之，拔其诗文并工者，遂以县考第一人入泮。①

按：《礼记·曲礼上》："二十曰弱，冠。"孔颖达疏："二十成人，初加冠，体犹未壮，故曰弱也。"②后遂称男子二十岁为弱冠。

对于清代童试的相关情况，王德昭在《清代科举制度研究》中有如下介绍：

> 清也沿明制，凡未进学而尚在应考生员之试者，无论年龄大小，自壮艾以至白首老翁，统称童生。童试也三年两考，与生员的岁试和科试相先后，同样也如明制，考试先由县试，经府试，然后由学政考取，称院试。考试项目有四书艺、经艺、《孝经》或性理论或小学、策论和诗赋，康熙后并加《圣谕广训》。③

另外，末代探花商衍鎏在《清代科举考试述录及有关著作》中也对此作了如下补充：

> 初考县试（不冠直隶字而属府之州厅，为单州单厅，与县同），县官先期一月出示试期，开考日期多在二月。④

据以上材料可以得出结论，（同治）《南海县志》认为时任两广总督的阮元识拔谭莹的时间应该是在嘉庆二十四年，而谭莹出应童试的时间应该是嘉庆二十四年二月。然据清代张鉴等撰的《阮元年谱》载：

> 嘉庆二十四年己卯（一八一九）五十六岁
>
> 正月二十日，游隐山。《隐山诗序》云：余生辰在正月二十日，近十余年，所驻之地，每于是日谢客，独往山寺。嘉庆二十四年，余岁五十有六，驻于桂林。⑤

以上材料表明，在嘉庆二十四年生日这一天，阮元不在广州，而是驻于广西桂林。由此断定，谭莹出应童试及被阮元识拔的时间不可能是嘉庆

---

① 郑梦玉等修、梁绍献等纂：《南海县志》卷十八，清同治十一年（1872）刻本。
② 龚抗云：《礼记正义》，北京大学出版社1999年版，第21页。
③ 王德昭：《清代科举制度研究》，中华书局1984年版，第33页。
④ 商衍鎏：《清代科举考试述录及有关著作》，百花文艺出版社2004年版，第5页。
⑤ 张鉴等撰、黄爱平点校：《阮元年谱》，中华书局1995年版，第129—130页。

二十四年。

对此，谭莹在《楚庭耆旧遗诗前集》中潘正亨条下也有所说明："余年未弱冠，应童子试。"①

另张鉴等人在《阮元年谱》中介绍说：

> 嘉庆二十二年丁丑（一八一七）五十四岁
> ……八月二十四日，由武昌之湖南阅兵。二十八日，衡州途次奉旨调补两广总督。……十月二十二日，至广州。是日，到任接任。②

阮元于嘉庆二十二年十月抵达广州，正式出任两广总督，而在嘉庆二十四年正月，阮元又驻于桂林。由此可以断定：谭莹出应童试时间与被阮元识拔的时间应该是在嘉庆二十三年（1818），而非嘉庆二十四年（1819）。

（3）《楚庭耆旧遗诗》卷数有误。

(同治)《南海县志》记载：

> 关于本省文献者，有《岭南遗书》六十二种，《粤十三家集》各种，《楚庭耆旧遗诗》七十二卷。此外《粤雅堂丛书》一百八十种，王象之《舆地纪胜》二百卷。③

而谭莹在《覃恩晋荣禄大夫紫垣伍公墓志铭》中说：

> 尝辑《粤雅堂丛书》初编、二编、三编，书凡一百八十种刻焉。该而特要，博而不繁。俪左禹锡《学海》之编，轶陶南村《说郛》之辑。以视国朝琴川毛子晋、邺镇鲍廷博，殆如骖之靳也。又尝辑《岭南遗书》第一集、第二集、第三集、第四集、第五集、第六集，书共六十二种。《粤十三家集》，书共十三种。《楚庭耆旧遗诗》前集、后集、续集，书共七十六卷，均刻焉。乡邦论撰，海峤英灵。博采兼收，艾芜刈楚。良金美玉，截贝编珰。阐幽显微，怀旧思古。以视前明黄才伯、张孟奇、区启图，国朝冯司马、温舍人、罗太学、刘编修、凌茂才等各乡先辈所撰，求屑同于买菜，用殆比于积薪已。
> 至校刻宋王象之《舆地纪胜》，共书二百卷。则又钱竹汀官詹访求而始获，阮文达师相留贻而仅存者也。原《四库》所未收，合三本以重订。神物之呵护已久，故家之藏庋略殊。苦为分明，参互考证。讵

---

① 伍崇曜、谭莹：《楚庭耆旧遗诗前集》卷十九，清道光二十三年（1843）刻本。
② 张鉴等撰、黄爱平点校：《阮元年谱》，中华书局1995年版，第125页。
③ 郑梦玉等修、梁绍献等纂：《南海县志》卷十八，清同治十一年（1872）刻本。

留余憾,洵属巨观也。①

由此可知,《楚庭耆旧遗诗》应有七十六卷。但陈澧在《皇清敕授儒林郎内阁中书衔琼州府学教授加一级谭君墓志铭》中却称:

> 生平博考粤中文献,凡粤人著述,搜罗而尽读之,其罕见者,告其友伍君崇曜汇刻之,曰《岭南遗书》五十九种,三百四十三卷;曰《粤十三家集》一百八十二卷,选刻近人诗曰《楚庭耆旧遗诗》七十四卷。又博采海内书籍罕见者汇刻之,曰《粤雅堂丛书》一百八十种,共千余卷。凡君为伍氏校刻书二千四百余卷,为跋尾二百余篇。②

经检阅现存道光二十三年刊刻的《楚庭耆旧遗诗前集》《楚庭耆旧遗诗后集》以及道光三十年刊刻的《楚庭耆旧遗诗续集》后知,《楚庭耆旧遗诗》实有七十四卷。至于《楚庭耆旧遗诗》卷数之所以出现不一致的情况,除有可能为谭莹误记外,亦可能为道光所刻之本所失收和删略,但以上情况均可证实(同治)《南海县志》所言卷数有误。

2.(宣统)《南海县志》所载谭宗浚史实辨正

(同治)《南海县志》出版三十多年后,鉴于"方今新政提倡,百废具举,参中外以定制,揆时势而变通"③的情况,光绪三十三年,知县郑荣开局续修县志,聘桂坫、潘誉徵、何炳堃为总纂,继任知县张凤喈继承之,宣统二年成书,三年刊行,题为《续修南海县志》,凡二十六卷。

尽管(宣统)《南海县志》在内容上有所扩充,但其中所载谭宗浚史实也有失误,这些失误主要体现在以下两方面:

(1)于兄弟序次中排列有误。

(宣统)《南海县志》卷十四《谭宗浚列传》载:

> 谭宗浚,原名懋安,字叔裕,捕属人,琼州府教授莹次子也。④

然据陈澧在《皇清敕授儒林郎内阁中书衔琼州府学教授加一级谭君墓志铭》中介绍:

> 岭南自古多诗人,而少文人。阮文达公开学海堂,雅材好博之士蔚然并起,而南海谭君莹最善骈体文,才名大震。君之字曰兆仁,别字玉生。……同治十年九月卒,年七十二。有子五人:鸿安、崇安、

---

① 谭莹:《乐志堂文续集》卷二,清咸丰十年(1860)刻本。
② 陈澧:《陈澧集》第一册,上海古籍出版社2008年版,第244页。
③ 郑荣等修,桂坫等纂:《南海县志》卷首,清宣统三年(1911)刻本。
④ 郑荣等修,桂坫等纂:《南海县志》卷十四,清宣统三年(1911)刻本。

宗浚、宗瀚、宗熙；孙三人：祖贻、祖纶、祖沅。①

又据来新夏主编《清代科举人物家传资料汇编·谭宗浚》载：

> 胞兄谭鸿安（字伯劭，国学生，诰封奉政大夫，光禄寺署正，加二级）、谭崇安（字仲祥，国学生，光禄寺署正）。

> 胞弟谭凯安（字季旋，一字季平，国学生，翰林院待诏）、谭熙安（字公佑）。②

从上面这两则材料中可以断定，谭鸿安与谭崇安为谭宗浚的兄长，当属无疑。

也正因为这方面的原因，谭宗浚的同窗兼好友于式枚在《将重赴广州留别谭三使君（宗浚）一百韵》③中直接称他为"谭三使君"，也就在情理之中。

综而论之，谭宗浚应为谭莹第三子，非谭莹次子，（宣统）《南海县志》在这方面的记载有误。

由于受（宣统）《南海县志》的影响，李绪柏先生在《清代广东朴学研究》中关于谭宗浚方面的记载也有失误。④

(2)《览海赋》的创作时间有误。

（宣统）《南海县志》卷十四《谭莹列传》载：

> 年十六，中咸丰十一年辛酉举人。是年，计偕入都，时英夷和议甫就，宗浚感慨山川，为《览海赋》，洋洋数万言，沉博绝丽。⑤

从这则材料可知，谭宗浚作《览海赋》的时间为咸丰十一年。而谭宗浚却在《览海赋》中自注云：

> 十七岁作，改本。⑥

在《荔村草堂诗钞》中，谭宗浚又对其中的《出门集》加以题注云：

> 起同治壬戌正月，迄八月，诗一百六首。⑦

《出门集》中收有《览海》一诗，此诗的创作时间应该与《览海赋》

---

① 陈澧：《陈澧集》第一册，上海古籍出版社 2008 年版，第 244 页。
② 来新夏：《清代科举人物家传资料汇编》第八册，学苑出版社 2006 年版，第 27 页。
③ 于式枚：《于晦若遗诗》，同声月刊（第三卷第十号），1944 年版，第 93 页。
④ 李绪柏：《广东朴学研究》，广东省地图出版社 2001 年版，第 124 页。
⑤ 郑荣等修，桂坫等纂：《南海县志》卷十四，清宣统三年（1911）刻本。
⑥ 谭宗浚：《希古堂集乙集》卷一，清光绪十六年（1890）刻本。
⑦ 谭宗浚：《荔村草堂诗钞》卷二，清光绪十八年（1892）刻本。

的创作时间一致。而从《出门集》中《将之京师述怀四首》可知，谭宗浚初次出门北上应试的时间应为同治元年正月。

另据唐文治撰《诰授中议大夫云南粮储道谭叔裕先生墓表》载：

> 先是壬戌岁，先生计偕公车，时中英和约初定，先生俯仰时事，凭眺山川，作《览海赋》以寄慨，凡数万言，都人士交口称颂。①

唐文治为光绪壬午科江南乡试谭宗浚所取士。在文章中，唐文治明确提及谭宗浚"计偕公车"的具体时间为同治元年。

又据赵藩作于光绪十四年的《览海赋序》中云：

> 我国家建中立极，统一寰瀛，镜清砥平，阅二百载。道光中叶，海氛以起，衅肇粤东，而闽、而浙、而吴、越、青、齐，以达于天津，周海壖之地数千里，历时廿年，议战议款，干戈玉帛，环乘迭代。至咸丰庚申，淀园之役，烽达甘泉而祸变亟矣。观察适以其明年举于乡，同治纪元，壬戌之春，航海赴礼部试，历鲸鲵蛟鳄向所磨牙吮血之区，综攘剔怀柔之颠末，以海为经，以时事为纬，纪得失，表忠义，慨颓俗，筹控制，鉴前辙，以饬浚图，敷陈研炼，属为此赋，凡一万余言，小注数千言。其言详，其事核，其词典雅而宏丽，其音悲壮以激越，其持论平允而不偏激，通达而不胶滞，其忧深虑远，无一息而忘斯世斯民之故。盖庶几君子经世之文也，而非犹夫文士之文也。今去观察作赋之时，又二十六年。②

在谭宗浚任职云南粮储道期间，赵藩与其交往密切。故赵藩在文中将谭宗浚"计偕公车"的具体时间定为"同治纪元，壬戌之春"，应该是可信的，而且他确定的时间与谭宗浚诗集中题注时间正好吻合。由此观之，谭宗浚创作《览海赋》的时间应为同治元年（1862），而非咸丰十一年（1861）。

综上所述，晚清两部《南海县志》是记述南海古今各方面情况的科学文献，蕴藏着丰富而有价值的史料，因而受到中外学者的重视和利用。订正这两部《南海县志》中关于谭莹、谭宗浚方面的记载失误，对纠正《清国史》与《清史稿》等史书中的相关失误，以及对学者研究岭南文化名人均大有裨益。

---

① 闵尔昌：《碑传集补》卷十九，《清碑传合集》，上海书店1988年影印本。
② 谭宗浚：《希古堂集乙集》卷一，清光绪十四年（1888）刻本。

附录三　谭氏父子交游考辨

谭莹父子均以文名著称于世，晚清各界人士与其往来者众多。考察这些人士与他们的交游，不仅可以了解谭氏父子文学、学术的发展历程与影响，也可一窥当时文坛与学界的风气。

第一节　谭莹交游考辨

除在道光二十五年（1845）因援例赴京应礼部会试这段时间外，谭莹一直在在广东生活，其交往对象以岭南人士居多。后来，由于"文誉日噪"，"凡海内名流游粤，无不慕交者"① 日众，故谭莹交往对象的范围也得以大大扩大。今举其主要者，分为师长、友朋、官员三类，考察他们与谭莹的交游情况，不仅有助于我们深入研究谭莹的生平、思想和创作情况，还可以为我们进一步了解近代岭南诗派诗风新变提供一个新的视角，具有重要的文学史意义。

一、师长

（一）刘广礼

刘广礼（1784—1818），字德亨，一字寅甫，广东番禺人。嘉庆十二年（1807）优贡。嘉庆十八年（1813）中举。卒年三十五。著有《息机轩随笔》《寅甫遗文》《寅甫遗诗》等。

谭莹曾在《楚庭耆旧遗诗》中提及二人的交游情况："岁丙子，余读书帘青书屋，喜作俪体文。愚谷先生云：'吾八兄寅甫先生夙以此擅场，盍往

---

① 王钟翰：《清史列传》卷七十三《文苑传四》，中华书局1987年版，第6065页。

就正之.'因执业称弟子。先生亦时过存问,并以诗相赠。余答诗所以有'拾遗旧雨三春感,吏部高轩几度来'之语。先生尝示余文一卷云:'少作多学晚唐,且间沿宋人格调,故结响未高。近始欲宗法六朝而多病,不耐精思,且名心未了,举业仍未敢抛弃,故所诣止此,子其勉之.'"① 刘广礼卒后,谭莹亲往哭之,并作祭文和诗悼之。其哭诗有云:"一事未堪如属望,九原何处更追随。"② 祭文有云:"视余犹子,瞻含殓而无由。知我何人,忆生平而更怆。"③ 于此可见,刘广礼对其影响之深。道光二十三年(1844),谭莹又将其部分诗歌选入《楚庭耆旧遗诗》中,并加以评点和刊刻。

(二) 刘广智

刘广智(?—1831),字德明,一字智孙,又字愚谷,广东番禺人,刘广礼之弟。道光元年(1821)中举,署澄迈学训导。道光十一年(1831)往主阳山讲席,因急病而返,卒于珠江舟次。生平喜治古文,工诗。著有《帘青书屋诗钞》。

谭莹曾于《楚庭耆旧遗诗》中刘广智条下云:"余幼喜为诗。年十五,以所作介梁君汉三,求先生点定,有'橹声摇梦后,灯影照愁先。白露滴幽砌,凉风生晚林'之语,为先生称许,因往问业焉。"④ 嘉庆二十年(1815),刘广智馆于谭莹家。后来,谭莹又随其读书于二牌楼、应元宫、明月桥旧居等处。在刘广智卒后,谭莹到处搜集其古文,发现竟无一存。后来在捧诵刘广智遗诗的过程中,谭莹不禁"泪涔涔下矣"⑤。

(三) 谢兰生

谢兰生(1760—1831),字佩士,号澧浦,又号里甫,别号理道人,广东南海人。乾隆五十三年(1788)副榜贡生,乾隆五十七年(1792)举人。嘉庆七年(1802)进士,授翰林院庶吉士,迨父死后,遂绝意进取。先后任广州粤秀、越华、羊城书院和肇庆端溪书院山长,受业弟子众多,其著名者有徐荣、谭莹、陈澧等。阮元重修《广东通志》时,聘其为总纂。又纂修《南海县志》,条例皆出其手。工诗画,能诗文,"其诗主学苏轼,尝

---

① 伍崇曜、谭莹:《楚庭耆旧遗诗后集》卷四,清道光二十三年(1843)刻本。
② 伍崇曜、谭莹:《楚庭耆旧遗诗后集》卷四,清道光二十三年(1843)刻本。
③ 伍崇曜、谭莹:《楚庭耆旧遗诗后集》卷四,清道光二十三年(1843)刻本。
④ 伍崇曜、谭莹:《楚庭耆旧遗诗后集》卷八,清道光二十三年(1843)刻本。
⑤ 伍崇曜、谭莹:《楚庭耆旧遗诗后集》卷八,清道光二十三年(1843)刻本。

自刻'师事大苏'印，以志景慕之情。间又略为变化，稍出入于杜、韩二家而得其厚重"①。著有《常惺惺斋诗文集》《北游纪略》等。

作为师生，二人交往密切。道光十年（1830），谢兰生与谭莹一同参与纂修《南海县志》。道光十一年（1831），谢兰生卒，谭莹作《哭谢里甫师》二首，以志哀悼。后来，谭莹又于谢兰生所作的八帧绝笔画，各题诗其后，并寓叹逝之意。②

（四）何南钰

何南钰（1756—1831），字相文，广东博罗人。乾隆五十四年（1789），中式举人。嘉庆四年（1799），登进士，授翰林院庶吉士。散馆，以主事补兵部车驾司。嘉庆十四年（1809），擢河南道御史。嘉庆二十年（1815），摄云南粮储道，寻权迤东道。旋以病去。抵家，主其邑登峰书院。道光二年（1822），主讲广州粤秀书院，居七载而去，教育颇著成效。"学能淹贯，诗亦得风雅遗音，尤喜和苏诗。晚年进境，颇近眉山。"③ 著有《范经堂存稿》《燕滇雪迹集》。

在何南钰主讲粤秀书院期间，谭莹问业于其门。因彼此交往密切，谭莹后来才会对其诗歌作出这种评价："然必如先生者，而后可言简练。不然其不贻讥于满屋，串子只欠散钱者几希。"④

（五）陈钟麟

陈钟麟（1763—1840），字厚甫，江南元和（今苏州）人。嘉庆四年（1799）进士，授编修，迁御史。道光八年（1828）受聘来粤，任粤秀书院院长，凡三年。博通经史，喜度曲，尤工时文，著有《听雨选制义》。

陈钟麟任粤秀书院院长期间，谭莹与陈昌运、桂文耀等人读书其中，并成为其门下士。⑤

（六）区玉章

区玉章（生卒年不详），原名玉麟，字报章，号仁圃，得第后改名玉章，广东南海人。嘉庆九年（1804）中举。嘉庆十三年（1808）进士及第，

---

① 陈永正：《岭南文学史》，广东高等教育出版社 1993 年版，第 436 页。
② 伍崇曜、谭莹：《楚庭耆旧遗诗后集》卷八，清道光二十三年（1843）刻本。
③ 梁廷枏：《粤秀书院志》卷十六《传三》，清道光二十七年（1847）刻本。
④ 伍崇曜、谭莹辑校《楚庭耆旧遗诗前集》卷二，清道光二十三年（1843）刻本。
⑤ 梁廷枏：《粤秀书院志》卷十二《人才表二》，清道光二十七年（1847）刻本。

选翰林院庶吉士。散馆，改吏部文选司主事。道光十二年（1832）引疾归，不复出。道光十二年（1832）任粤秀书院院长，凡十一年。后以目疾辞，卒年七十。著有《自踵轩剩草》。

道光二十一年（1841），因鸦片战争影响，谭莹携全家避乱。待政局稳定后，谭莹回到广州，并作《返里后寄呈区仁圃师》三首，向其诉说自己的感慨，其中有"人当患难交情见，我值飘零旅梦恬"① 之语。后来，谭莹又帮区玉圃代撰《辞粤秀书院山长书》。由此可知，二人关系非常要好。

（七）陈鸿墀

陈鸿墀（1758—?），原名治鸿，字万宁，号范川、东圃，又号抱箫山道人，浙江嘉善人。嘉庆十年（1805）进士。入翰林院，充会典馆纂修，实录馆提调，武英殿协修。道光初，官内阁中书。道光八年（1828），充顺天乡试同考官。道光十二年（1832）来粤，掌教粤东越华书院。辑有《全唐文纪事》《全唐文年表》。著有《赐砚斋诗文集》等。

在陈鸿墀掌教越华书院期间，谭莹与陈澧等人成为他的受业弟子。陈鸿墀经常与粤东名士吴兰修、曾钊交游，而谭莹与陈澧等人时常参与他们的集会。后来，陈鸿墀在越华书院中筑"载酒亭"，环植花竹，并经常"招诸名士论辩书史，酬酢欢畅"②。

（八）张维屏

张维屏（1780—1859），字子树，号南山，又号松心子，晚年自署珠海老渔，广东番禺人。嘉庆九年（1804）举人。嘉庆十二年（1807）入都，翁方纲见之曰："诗坛大敌至矣。"由是诗名大起。嘉庆十三年（1808），与林伯桐、黄培芳等筑"云泉山馆"于白云山。道光二年（1882）中进士，任湖北黄梅知县，补长阳县，署松滋、广济县，调署襄阳府同知。后历任江西袁州府同知、泰和县知县，吉安府通判、南康府通判。道光十六年（1836），请假归里。晚年颓然不与世事，以诗酒自娱。咸丰九年（1859）病卒，年八十。著有《国朝诗人征略》《国朝诗人征略二集》《松心诗集》《听松庐骈体文》《听松庐诗话》《谈艺录》《桂游日记》等。

张维屏与黄培芳、谭敬昭并称"粤东三子"。林昌彝称其诗"出入汉魏

---

① 谭莹：《乐志堂诗集》卷七，清咸丰九年（1859）刻本。
② 陈澧著，黄国声主编：《陈澧集》第一册，上海古籍出版社2008年版，第143页。

唐宋诸大家，取材富而酝酿深，气体则优爽高华，味致则沉郁顿挫"①，又曰："粤东诗自三家后，多质少文。番禺张南山以清丽之才，别开生面，一时附其门下者甚众。"②

道光十九年（1839），谭莹应别人之请，代撰《张南山师六十双寿序》。在该文中，谭莹对张维屏多方面的才能与功绩作了全面而客观的评价。

道光二十年（1840），应张维屏之邀，谭莹与黄培芳、黄钊等人同游广州花棣，后移舟南墅集饮。道光二十六年（1846），谭莹又参与张维屏主持的新春宴游集会，与众人一起唱和，其乐融融。其诗云："越台新局仿燕台，才浣征尘度度来。去秋八月，师招集庆春园。贤主最难正月暇，美人原似好花开。簪缨系恋无斯乐，岭海升平老此才。有酒不辞连日醉，银筝象板况相催。游侣偏难继竹林，会辄六人。定言山水有清音。征歌畿辅谁青眼？载酒江湖共素心。月到上元知夜永，谓十四夜，黼香孝廉之招迟，师未至。花仍二月说春深。谓花朝前二日，兰甫同年之招。鸾箫鼍鼓街坊闹，归逐涂人隔巷寻。"③道光二十八年（1848），应张维屏之招，谭莹与陈澧等人一起到听松园赏月夜话。咸丰二年（1852），张维屏应顺德温子树之请，评阅该年度龙山诗会诗歌。谭莹所作《儒将》《猛将》及《迎梅》诸诗，受到张维屏大力称赞。后来，谭莹又多次与张维屏一起参与修禊或集会活动，二人来往非常密切。除对谭莹诗歌赞赏有加以外，张维屏还认为"吾粤二百年来论骈体，必推玉生"④。由此可以看出，谭莹之所以在诗文方面均取得突出成绩，除了自身努力的原因之外，也与张维屏的极力推许有一定关系。

（九）阮元

阮元（1764—1849），字伯元，号芸台（或作云台），又号揅经室老人、雷塘庵主等，江苏扬州人。乾隆五十四年（1789）中进士，历官乾隆、嘉庆、道光三朝，多次出任地方督抚、学政，充兵部、礼部户部侍郎，拜体仁阁大学士。著有《揅经室集》等。

黄爱平在《阮元年谱序》中评价阮元时说："在长期的仕途生涯中，阮元始终兢兢业业，立朝清正，持身谨严，亲身参与并处理了地方及中央的

---

① 林昌彝著，王镇远、林虞生标点：《射鹰楼诗话》卷二，上海古籍出版社1988年版，第28页。
② 林昌彝：《海天琴思录》卷四，清同治三年（1864）刻本。
③ 张维屏：《新春宴游唱和诗》，清道光二十六年（1846）刻本。
④ 张维屏：《艺谈录》，清咸丰间刻本。

许多重要政务，在振刷吏治，安定地方，整顿海防，抵御外侮等方面做出了杰出的贡献。与此同时，阮元还终身勤奋不懈，钻研学问，从事研究，在小学、经学、金石、书画乃至天文历算方面，都有相当造诣；并于宦迹所到之处，提倡学术，奖掖人才，整理典籍，刊刻图书，大大推动了文化事业的发展，也直接影响了一代学术风气。……成为公认的扬州学派的重要代表，清代汉学的强有力殿军，史称'身历乾嘉文物鼎盛之时，主持风会数十载，海内学者奉为山斗焉'，确非过誉之辞。"①

对谭莹而言，阮元有提携之功。至于阮元于嘉庆二十三年（1818）慧眼识拔谭莹的故事，（同治）《南海县志》及清人笔记中均有详细记载。后来，阮元又对谭莹所作的《荔枝赋》和《佛手赋》予以高度评价。阮元于嘉庆二十五年（1820），"创办学海堂，以经古之学课士"②。谭莹作为首批学生进入学海堂学习，其思想及文学创作均受到阮元的极大影响。道光六年（1826），阮元调任云贵总督，谭莹作《送两广制府阮芸台师移节云贵序》以送行。在该文中，谭莹将阮元与"汉之龚黄、羊巨平、李邺侯、韩魏国、王新建诸公"③相比，来颂扬他在广东建立方面的不朽业绩。

（十）祁𡎴

祁𡎴（1777—1844），字竹轩，山西高平人。少聪敏好学，不为儿童戏。年十四，补邑弟子生员。乾隆五十五年（1791）中举。嘉庆元年（1798）成进士。历官刑部主事、河南粮盐道、浙江按察使、贵州布政使、刑部右侍郎、广西巡抚等职。道光十三年（1833），任广东巡抚。道光十五年（1835），兼署两广总督。道光十八年（1838），入为刑部尚书。鸦片战争爆发后，英军进犯广州，被派往广东督办粮饷，协助奕山。旋接替琦善任两广总督。道光二十四年（1844），因外御内筹，积劳成疾，卒于省邸，年六十八。

曾钊在《祁公竹轩行状》中评价说："公性淡泊镇静，无媵妾，不饮酒，不苟笑，与人谦和，然非其义不能夺也。扬历中外四十余年，贿赂未尝敢至其侧。"④在祁𡎴主政广东期间，谭莹深得祁𡎴的信任，如在《呈宫保祁制府竹轩师三首》中，谭莹曾向其提出如下建议："国脉贵培植，人心宜固结。"⑤道光十八年，祁𡎴入京为官，谭莹不仅作《送竹轩中丞师擢迁

---

① 王章涛：《阮元年谱》，黄山书社2003年版，第4页。
② 王章涛：《阮元年谱》，黄山书社2003年版，第672页。
③ 谭莹：《乐志堂文集》卷七，清咸丰九年（1859）刻本。
④ 曾钊：《面城楼集钞》卷四，清光绪十二年（1886）刻本。
⑤ 谭莹：《乐志堂诗集》卷七，清咸丰九年（1859）刻本。

大司寇还朝》四首，而且还作《送中丞祁竹轩师内迁大司寇还朝序》。在序文中，谭莹运用唐梁国公李岘等人的典故，高度赞扬了祁𡏖的人品、才能和政绩。也正因彼此之间有充分的了解，谭莹才能在文章中对祁𡏖作出这种实事求是的评价。

（十一）翁心存

翁心存（1791—1862），字二铭，号邃庵，江苏常熟人。嘉庆二十一年（1816）中举。道光二年（1822）进士，选翰林院庶吉士。散馆，授翰林院编修。历官福建乡试正考官、广东学政、日讲起居注官、侍讲学士、国子监祭酒、大理寺少卿、工部左侍郎、工部尚书、刑部尚书、吏部左侍郎、户部右侍郎、武英殿总裁、兵部尚书、吏部尚书、国史馆总裁、翰林院掌院学士等职。咸丰八年（1858），充上书房总师博。同年九月，拜体仁阁大学士管理户部事务。次年，因病奏请开缺。咸丰十一年（1861）起复，以大学士衔管理工部事务，充弘德殿行走（同治帝师）。同治元年（1862），病卒，获赠太子太保衔，谥号"文端"。著有《知止斋诗集》等。

翁心存在督学广东的过程中，适逢回部叛乱，"公以克复回城贺表命题，君文千余言，援笔立就，公评其卷曰：'粤东隽才第一'"。① 道光八年（1828），翁心存离任赴京，谭莹在《送学使翁邃庵师还朝序》中对其有如下评价："我邃庵师丹青之文，金玉之度。钱徽公望，卢诞人师。装宝座而召九龄，择良笏而授李绛。铨度屡掌，光华益隆。当返轴乎八闽，遽移旌于百粤。丹砂玉札，同充疢疾。所需秋菊春兰，各极芳华之选。但经指授，知为场屋上游。"② 后来，谭莹与翁心存还多次书信往还。如在道光三十年（1850），谭莹在《上翁邃庵侍郎师笺》中对翁心存一再关注自己表示感谢，他说："莹之藉庇二十有五年矣。爨下焦桐，偏入蔡中郎之听。道傍苦李，谅蒙王处仲之知。载中宿之蒲葵，顿增声价。饫广文之首蓿，深负栽培。夙荷优容，弥劳眷注。实冰怀之自矢，仍风义以相期。譬之鹦鹉出笼，向维摩而忏悔。骅骝负轭，祈造父之哀怜已。"③

（十二）程恩泽

程恩泽（1785—1837），字云芬，号春海，安徽歙县人。嘉庆十六年（1811）进士。由翰林院编修、湖南学政、贵州学政、侍读学士、内阁学士

---

① 陈澧著，黄国声主编：《陈澧集》第一册，上海古籍出版社2008年版，第243页。
② 谭莹：《乐志堂文集》卷七，清咸丰九年（1859）刻本。
③ 谭莹：《乐志堂文集》卷十二，清咸丰九年（1859）刻本。

兼礼部侍郎、户部右侍郎等职。著有《国策地名考》《程侍郎遗集》等。

程恩泽既是一个正统派汉学考据家，出于凌廷堪之门，学问广博，也是近代宋诗运动最初的、有力的提倡者之一。"他把'凡欲通义理者，必自训诂始'的治学原则贯彻到诗歌创作中。合学人之诗、诗人之诗为一，成为晚清宋诗派的楷模。他还认为诗自性情出，而'性情又自学问中出'，要求性情既'庄雅'，又'激昂'。"①

道光十二年（1822），程恩泽典试广东。由于谭莹在此次乡试中落第，程恩泽遂有"榜后太息咨嗟，以一网不尽群珊为憾"②。同年九月，谭莹与众人一起集云泉山馆，送程恩泽北还。后来在咸丰八年（1858），谭莹作《程春海侍郎蒲涧赏秋图作于壬辰九月同集者十一人今惟余在梁馨士仪部购得嘱补题诗戊午重阳日也》四首，抒发了自己怀念之情。

（十三）程含章

程含章（1763—1832），字月川，云南景东厅人。乾隆五十七年（1792）举人，嘉庆六年（1801），大挑一等，分发广东，以知县用。历署封川县知县、东莞县知县、雷州府同知、连州直隶州知州、化州知州、南雄直隶州知州。嘉庆二十三年（1818）十一月，补惠州府知府。嘉庆二十五年（1820）七月，任广州知府，同年十一月，补授山东兖沂曹济道。后历任山东按察使、河南布政使、广东巡抚、浙江巡抚、山东巡抚等职。道光八年（1828），以病呈请开缺。道光十二年（1832）卒。著有《程月川先生遗集》等。

嘉庆二十五年，谭莹因作《铜鼓赋》而被时任广州知府程含章极相推挹。后在程含章离开广州时，谭莹作《送广州太守程月川师擢任山东备兵兖沂曹济序》以赠行。在该序文中，谭莹一方面对程含章在粤功绩作了全面总结，另一方面也流露出依依不舍之情。后来，谭莹又作《程月川侍郎师崇祀粤东名宦公祭祝文》予以纪念，其文云："通儒廉吏，良帅重臣。诸葛名士，文成替人。扬历卅年，经济一集。中牟鲁恭，桐乡朱邑。理县开府，裕国忧边。士风横塾，水利梯田。陶侃清忠，宋璟遗爱。泽切去思，风高前载。佗城舆诵，潞水客谈。计关天下，祀延岭南。"③

---

① 孙文光：《中国近代文学大辞典》，黄山书社1995年版，第973页。
② 郑梦玉等修、梁绍献等纂：《南海县志》卷十八，清同治十一年（1872）刊本。
③ 谭莹：《乐志堂文续集》卷二，清咸丰九年（1859）刻本。

(十四) 何桂清

何桂清（1816—1862），字丛山，号根云，云南昆明人。道光十五年（1835）进士，改翰林院庶吉士，散馆，授编修。历官河南乡试副考官、贵州乡试正考官、詹事府右春坊右赞善、司经局洗马、日讲起居注官、翰林院侍讲、会试同考官、广东乡试正考官、山东学政、户部左侍郎、实录馆副总裁、兵部左侍郎、浙江巡抚、两江总督、钦差大臣等职。后因太平军进攻常州时，弃城逃避，被清政府处死。著有《使粤吟》等。

道光二十四年（1844），何桂清出任广东乡试正考官。在典试场中，何桂清与龙启瑞得谭莹一卷而击节赞赏，并已"拟元数日"①。后因谭莹"三场策问，敷陈剀切，微触时讳"②，他们将其"特抑置榜末"。③

在何桂清离开广东后，谭莹与其书信往来频繁，先后作《上太仆何根云师书》《寄江苏学政何根云师书》《贺何根云师督学山左启》《贺何根云师署吏部侍郎仍入值南书房兼充实录馆副总裁启》。如在《上太仆何根云师书》中，谭莹对何桂清拔他于危难之中表示感谢，他说："家本不贫，身仍未老。先君遗产，易主经年。同生者十九人，待爨者廿余辈。鲍叔牙共分财之友，均比夷吾。谢宏微非世禄之家，偏逢殷睿。王慈之宅，仅存石研素琴。任昉之儿，忍着练裙葛帔。遂至仲宣体弱，烛武精亡。游世之术难工，谋生之计本拙。宋济坦率，高颀朴淳。敢求巍峨，自打觑觑。鹤声有句，他人之行卷空传。风字谁书，同座之诸诗难觅。伏遇老师大人陶镕顽矿，雕刻朽株。文本纵横，判无纰缪。李广材气，偏诎无双。阮种贤良，谁擢第一。渥洼神马之赋，峥嵘悔学乔彝。赑屃巨鳌之嘲，名第竟同卢肇。而且怜才独挚，说士仍甘。许孙巨源实贾谊之伦，誉李清臣有荀卿之笔。珠庭日角，转惊知己非常。古谊忠肝，特以得人相贺。老夫当让庐陵，本习撝谦。先辈谁称司空，益振声彩。孤寒拔擢，光价顿增。疏越等于珍裘，珷玞比于良玉。马宾王之骨相，早笑鸢肩。管幼安之心情，甘署龙尾。敢谓张华望气，知宝剑之埋藏。蔡邕审音，惜古琴之焦灼。照炎曦于寒谷，漉甘雨于夏畦。亦如老骥伏枥之年，偏逢伯乐。枯鱼游釜之日，忽遘阳侯。病鹤觳觫，得羊公而暂舞。荒鸡膈膊，来处宗而善谈耳。计吏与偕，礼闱复摈。坐春风而未久，乘晓月以遄征。"④ 由此可见，谭莹与何桂清之间的

---

① 郑梦玉等修、梁绍献等纂：《南海县志》卷十八，清同治十一年（1872）刊本。
② 郑梦玉等修、梁绍献等纂：《南海县志》卷十八，清同治十一年（1872）刊本。
③ 郑梦玉等修、梁绍献等纂：《南海县志》卷十八，清同治十一年（1872）刊本。
④ 谭莹：《乐志堂文集》卷十三，清咸丰九年（1859）刻本。

师生之情是非常深厚的。

(十五) 龙启瑞

龙启瑞（1841—1858），字翰臣，又字辑五，广西临桂（今桂林市）人。幼时，勤学不怠。道光十四年（1834）中举。道光二十一年（1841）成进士，授翰林院修撰。历官顺天乡试同考官、广东乡试副考官、湖北学政。道光三十年（1850），丁父忧归里。咸丰元年（1851），广西巡抚奏办团练与太平军为敌，龙启瑞总其事。后官侍讲学士、通政司副使、江西学政、江西布政使等职。咸丰八年（1858）卒于官。著有《经籍举要》《古韵通说》《尔雅经注集证》《经德堂集》《浣月山房诗集》等。

龙启瑞工诗文，兼通音韵。文本桐城诸老，力图有所开拓。诗名亦著，符葆森曾在《寄心庵诗话》中评价说："余初读龙翰臣学使《南槎吟草》，奇才妙笔，状难状之景，达难达之情，一以真意剀切写之。嗣读其全稿，有雄浑者，有婉丽者，莫名一格。尤一在寄旨遥深，诗外有事，关心民物，得古采风之遗。非仅以赓酬雅韵也。"①

道光二十四年（1844），龙启瑞与何桂清一同典试广东。对于龙启瑞在此次典试中的表现，谭莹在《龙翰臣师南槎吟草书后》中有如此评价："甲辰省试，我翰臣师衔命粤东。其衡才之当，革弊之严。目睹者载以口碑，身受者铭之心版。"② 事毕之后，龙启瑞招谭莹等人于闱中唱和，谭莹作《龙翰臣师闱中唱和诗后序》纪其事。在离粤之时，龙启瑞在《濒行诸生饯于花地赋此志别》中特别称赞说："谭生（莹）实奇杰，文字富千篇。"③ 此后，谭莹与龙启瑞主要通过书信进行交往。如在咸丰三年（1853）六月和八月，谭莹分两次写信给龙启瑞，反映自己的近况，同时也表述了自己对其深切思念之情。

(十六) 全庆

全庆（1802—1882），字小汀，满洲正白旗人。道光九年（1829）进士，选庶吉士，授编修，累迁侍讲。历官少詹事、大理寺卿、广东学政、户部侍郎、礼部尚书、协办大学士、翰林院掌院学士等职。光绪五年（1879），加太子少保。光绪六年（1880），拜体仁阁大学士。光绪八年（1882），卒，晋赠太子太保，谥文恪。

---

① 符葆森：《国朝正雅集》卷八十六，清咸丰六年（1856）刻本。
② 谭莹：《乐志堂文集》卷八，清咸丰九年（1859）刻本。
③ 吕斌：《龙启瑞诗文集校笺》，岳麓书社2008年版，第78页。

全庆于道光二十六年（1846）任广东学政，次年离任。谭莹成为其门生主要在这一年。谭莹在《全小汀学使药洲秋月图跋》中对全庆督学粤东的功劳有如此评价："先生才兼文武，业守韦平。久为关外之游，递握岭南之节。星轺暂驻，水镜叠悬。风藻衔兼，龙编化被。岭海原称要地，弼教弥年。朝廷久忆重臣，具瞻来日。高郢谁曾请托，和凝辄放才名。陆贽输心，常衮执理。激扬特妙，衡鉴甚精。此时颂遍胶庠，异日备书职志。"①同时，谭莹于该文中还表达了自己"久游场屋，倍念师恩"的心情。

（十七）戴熙

戴熙（1801—1860），字醇士，号鹿床。浙江钱塘（今杭州市）人。嘉庆二十四年（1819）中举。道光十二年（1832）成进士，入翰林。散馆，授编修，擢詹事府赞善。道光十八年（1838），任广东学政。后升翰林院侍讲学士。道光二十五年（1845），复命督学广东。后历官光禄寺卿、内阁学士、礼部侍郎、兵部右侍郎等职。咸丰十年（1860）太平军攻杭州，投水死。赠尚书衔，谥"文节"。著有《习苦斋诗文集》等。

戴熙以诗书画名世，绘事尤工，名满天下。张维屏曾评价说："先生轺车校士，昕夕不遑，乃能出其余力，摹写水石，刻画岩壑，搜奇剔秀，穷幽阐微，字句皆从心精结撰而出，非笃好山水而又深造于诗，其能若是乎。"②

谭莹在《戴文节眷属抵粤约同人佽助公启（代）》中对戴熙有如下评价："我戴文节师学综三才，识穷两戒。用兼文武，气壮河山。还山本仲若之素怀，蹈海实鲁连之夙愿。翕然乡望，偏摧保障于东南。竟作水仙，仅寄英灵于苕雪。"③

（十八）叶名琛

叶名琛（1807—1859），字昆臣，湖北汉阳人。出身于官宦兼商人家庭。道光十一年（1831）年中举。道光十五年（1835）成进士，改翰林院庶吉士，散馆授编修。历官陕西兴安知府、云南按察使、湖南布政使、广东布政使等职。道光二十八年（1848）任广东巡抚。道光二十九年（1849），英人欲践入城之约，与总督徐广缙坚执勿许，联合民众，严加戒备。商人也自停贸易予以匡助，英人只得照会徐广缙，表示将入城之事搁

---

① 谭莹：《乐志堂文集》卷八，清咸丰九年（1859）刻本。
② 张维屏：《艺谈录》，清咸丰间刻本。
③ 谭莹：《乐志堂文续集》卷二，清咸丰九年（1859）刻本。

置。朝廷论功,以一等男爵世袭,并赏戴花翎。道光三十年(1850),平定英德境内民众起义,赏加太子少保。咸丰二年(1852),以平定广东境内及周边地区动乱之功,擢两广总督。咸丰五年(1855),擢体仁阁大学士。咸丰七年(1857)十月,英法联军集广州城外,叶名琛由于对西方列强的无知以及迷信于自己的"以静制动"策略,不作认真的备战准备,并严禁官绅士庶议和,遂于广州城破之日,被英法联军捕走,押往印度加尔各答。咸丰九年(1859),在印度绝食而卒。

谭莹与叶名琛关系密切。如在道光二十八年(1848),时任广东巡抚的叶名琛请谭莹为其代撰《拟重修南海神庙碑》。咸丰六年(1856),时逢叶名琛五十岁生日,谭莹作《寿叶汉阳师相五十》四首以庆贺。另外,谭莹还应人之请,代作《叶汉阳师相五十寿序》两篇。在这些诗文中,谭莹对叶名琛的功绩都予以恰当的评价。由此可见,师生感情非同寻常。

(十九) 李黼平

李黼平(1770—1832),字贞甫,一字绣子,号著花居士,广东嘉应(今梅州)人。幼聪颖,年十四即通乐谱。及长,治汉学,工考证,兼擅诗文。嘉庆三年(1798)中举。嘉庆十年(1805)中进士,选翰林院庶吉士。其间曾请假南归,主讲越华书院。逾年回京,散馆,授江苏昭文县知县。在任施政以宽和慈惠为主,廉洁自持。后以亏空公款系狱六年。嘉庆二十四年(1819),返回广州,被时任两广总督阮元聘阅学海堂课艺,又延之入督署教授诸子。后被聘为学海堂学长。道光十三年(1832)卒于东莞宝安书院。著有《绣子先生集》《易刊误》等。

自嘉庆二十四年起,谭莹始与李黼平交往。谭莹在《楚庭耆旧遗诗》中记载了二人交往的情况,他说:"阮仪征师相督粤,开学海堂课士,延先生校文。余时年逾弱冠,赋《荔支词》百首,先生激赏之,以后来王粲相目。"① 后来谭莹又多次获李黼平奖借。道光十二年(1832),李黼平与谭莹等人聚白云山云泉山馆,送学使程恩泽北还。数月之后,李黼平辞世。谭莹闻知消息后,不禁发出"老成凋谢,痛可言耶"的感慨。

(二十) 刘彬华

刘彬华(1770—1828),字藻林,号朴石,广东番禺人。乾隆五十年(1785)举人,嘉庆六年(1801)成进士,改庶吉士,散馆授编修。请假归

---

① 伍崇曜、谭莹:《楚庭耆旧遗诗前集》卷十五,清道光二十三年(1843)刻本。

省，以母老多病不复出，先后主讲端溪、越华两书院。掌教六年，粤中大吏皆礼重之。力请疏浚广州城中六脉渠，又力赞修通志、贡院。曾任《广东通志》总纂，编选有《岭南群雅集》。卒年五十九。著有《玉壶山房诗文集》《玉壶山房诗话》等。

据谭莹介绍："余年弱冠，受知郡丞徐秋厓先生。后摄篆番禺，招饮衙斋，始晤朴石先生于座间，极承奖借。后秋厓先生量移鹤山，先生属代撰《送行序》。有云'望箐竹之千丛，交森铁节。啖离支之百颗，藉表丹心。武城之弦歌乍闻，灌坛之风雨不作。'又云：'昔人家驻松关，忍睹双凫之竟去。此日名题香扆，还期五马之重来。'先生尤击节焉。"[①] 从中可见，刘彬华对谭莹赞赏有加。

二、友朋

（一）汤贻汾

汤贻汾（1778—1853），字若仪，号雨生，别号少云道人，晚号粥翁，江苏武进人。少承母教，侨居福安。以祖、父难荫袭云骑尉，授扬州三江营守备。后改补广东抚标右营守备，升山西大同镇灵丘路都司、浙江抚标中军参将、乐清协副将。后荐升温州镇副总兵，因病未赴任，隐居南京，筑琴隐园，结交海内名宿。咸丰三年（1853），太平军攻金陵，城破，赋绝命诗，投池死。谥"贞愍"。著有《琴隐园诗集》《琴隐园词集》《画荃析览》等。

汤贻汾通天文、地理及百家之学，兼工诗词书画，与戴熙并称"汤戴"。吴云在《琴隐园诗集序》评其诗云："其诗于清和逸隽之中，多悱恻缠绵之致. 不追琢而工，不矜饰而艳，不规规于摹古而自不失古人矩律。"[②]

谭莹曾在《寄汤雨生参戎即索作画》四首中谈及二人的友情和自己的志趣：

闻道将军不好武，一枝健笔写屏颜。我正买山钱莫办，凭君贻我画中山。

千里赠君双鲤鱼，年来清兴复何如。无缘觌面如相识，铃阁森严读道书。

---

① 伍崇曜、谭莹：《楚庭耆旧遗诗前集》卷九，清道光二十三年（1843）刻本。
② 汤贻汾：《琴隐园诗集》卷首，清同治十三年（1874）刻本。

葛亮风流有大名，纶巾羽扇一书生。将军着色山中见，君定前身恽寿平。

菖蒲涧与荔支洲，一一登临属旧游。我自友迟君去早，不然画并访罗浮（君曾宦粤数年）。①

从诗中可以看出二人交谊甚笃。

（二）何绍基

何绍基（1799—1873），字子贞，号东洲，晚号蝯叟，湖南道州（今湖南道县）人。道光十五年（1835）举于乡，次年成进士，改庶吉士。散馆，授编修，历充武英殿、国史馆协修、纂修、总纂，国史馆提调。先后典福建、贵州、广东乡试，均称得人。咸丰二年（1852），任四川学政。咸丰五年（1855），以条陈时务被斥为"肆意妄言"而降调，遂绝意仕进，遍游蜀中名山。后历主济南泺源书院、长沙城南书院十余年。同治八年（1869），主持扬州书局校刊《十三经注疏》，兼浙江孝廉堂讲席，往来吴、越。卒于苏州。著有《东洲草堂诗钞》《东洲草堂文钞》等。

何绍基博涉群书，治经史，精小学，书法自成一体。诗宗苏轼、黄庭坚，属程恩泽一派。徐世昌在《晚晴簃诗汇》评价说："子贞诗根柢深厚，盘郁而有奇气，多可传之作。"②

同治二年（1863）三月，谭莹与何绍基、陈澧、林昌彝等人集学海堂祭拜阮元，并作《赠何子贞太史》二首。在诗中，谭莹提及二人交游的相关情况：

皇甫高轩过我先，声华籍甚鬓蟠然。经神誉美何休擅，诗史名兼老杜传。抗疏功名弦上箭，着书事业枕中编。白云山色仍如旧，翰墨闲缘话昔年。（昔己酉，君典试粤东。榜后，叶东卿太翁邀同游宴，有《白云秋禊图》，余尝序之。又余《补题程春海侍郎蒲涧赏秋图诗》，尝及君龙树检书图事。）（其一）

落红如雨飏琴装，载酒江湖去住忙。桃李新阴绵世德（尊人文安公，岁丁卯典试粤东，又乙未典试礼闱，粤东诸巨公多门下士），松筠晚节惜时光。金鳌秘殿当宣诏（君名近膺荐牍），白鹤新居正上梁（时修学海堂落成，邀同游宴，君亦文达师相门下士也）。特再南来游草

---

① 谭莹：《乐志堂诗集》卷二，清咸丰九年（1859）刻本。
② 徐世昌：《晚晴簃诗汇》卷一百三十九，华东师范大学出版社2009年版，第1009页。

艳，荔枝尝遍即还乡。（其二）①

（三）林昌彝

林昌彝（1803—1876），字惠常，又字芗溪，号茶叟、五虎山人。福建侯官（今福州）人。道光十九年（1839）举人。曾任建宁教授。晚年尝客居广州，一度掌教海门书院。鸦片战争时，主张严禁鸦片，积极抵抗英军侵略。通经史、考据、词章之学。著有《射鹰楼诗话》《衣䙫山房诗集》《小石渠阁文集》《海天琴思录》等。

同治元年（1862）一月，林昌彝来粤，与谭莹、陈澧一起在学海堂饮酒叙谈，并作《陈兰浦澧谭玉生莹二广文招饮学海堂》纪之。其诗云：

> 粤中蔚人文，经师盛五管。故友雅招邀，脱帽吹玉管。时兰浦以所制律管递吹，均合官羽。诸君森琅玕，馨香肃圭瓒。并祝阮文达公生辰。主若春山明，客如秋水满。谭生出异书，捧诵再手盥。玉生广文出异书见借。问我何处来，海上群鸥伴。头戴不𨰍冠，囊贮清凉散。小住河之南，明日方舍馆。余初到粤暂寓河南。②

上述诗歌表明，谭莹对待林昌彝非常真诚。

（四）倪鸿

倪鸿（1828—1892），字延年，号耘劬，又号云癯，广西桂林人。工诗文，善书画，宦游粤东二十余年，以张维屏、黄培芳为师。曾作《珠海夜游图》，当时名人题咏甚多。后去福建，襄办台湾军务。晚年又北上，多与当时名流交游。著有《桐阴清话》《退遂斋诗钞》《退遂斋诗续钞》等。

王拯曾在《退遂斋诗续集跋》中说："耘劬以清俊之才，襟负风雅，饥躯游走，屈处末僚，久居广州，一时名宿若张南山、黄香石、熊笛江、谭玉生、陈兰甫诸君子皆得师友及之。"③ 在《退遂斋诗钞》中，倪鸿在九首诗歌中均提及谭莹，其中有三首诗歌提及倪鸿主动招谭莹参与集会。由此可知，谭莹与倪鸿私交甚笃。

（五）郑献甫

郑献甫（1801—1872），为避咸丰帝旧讳，以字行，别名小谷，广西象

---

① 谭莹：《乐志堂诗略》，清光绪元年（1875）刻本。
② 林昌彝著，王镇远、林虞生标点：《林昌彝诗文集》，上海古籍出版社1989年版，第189—190页。
③ 倪鸿：《退遂斋诗续集》卷末，清光绪间刻本。

州（今桂林）人。道光十五年（1835）进士，官刑部主事。晚年在广州主讲越华书院。为清代经师、诗坛名人。为诗直抒胸臆，无所依傍。林昌彝评其诗曰："诗笔娴雅，幽艳如马守真画兰，秀气灵襟，纷披楮墨之外；又如倩女临池，疏花独笑。"① 著有《补学轩诗集》《补学轩文集》等。

谭莹与郑献甫关系密切。道光二十年（1840），郑献甫来广州，出示所著《鸿爪集》初续、再续、三续各一卷。谭莹读后作《郑小谷鸿爪续集序》。在序文中，谭莹评价其诗歌云："今比部早掇巍科，翕然时望。蜚声廊阁，寄兴林皋。其节概已加人一等，宜其诗兴高致远，绪密思精。隽上清刚，峥泓萧瑟。岂老妪所能解，任诸伶之迭歌。不名一家，并擅各体。求之近代，当在阮亭、初白之间。例以昔贤，饶有摩诘、浩然之趣。"② 咸丰十年（1860），谭莹与陈澧、郑献甫等应两广总督劳崇光之请，同任补刊《皇清经解》总校。咸丰十一年（1861）七月，谭莹与郑献甫等聚河楼买醉。同年小除夕，谭莹又偕郑献甫到邓大林的杏林庄看杏花。同治元年（1862），谭莹与郑献甫同集于梁国琦家粤海棠花馆拜前明岭南名妓张乔生日。在读了郑献甫撰的《识字耕田夫小照跋》后，谭莹感慨万千，并作《郑小谷识字耕田夫小照跋书后》以记当时心情。后来，谭莹又应郑献甫之嘱作《郑小谷藏顾亭林墨迹书后》，表明他对当时学术界的看法。在《粤雅堂丛书》初编、二编出版之后，谭莹送了一套给郑献甫，并衷心希望他能兼收并蓄。

鉴于郑献甫"其人在儒林文苑之间"③，加之具有"吏部文章，湖州风范"④，谭莹后来让其子谭宗浚跟随他学习。

（六）黄培芳

黄培芳（1778—1859），字子实，号香石，自号粤岳山人，广东香山（今中山）人。嘉庆九年（1804）副贡生，肄业太学。道光二年（1822）拔充武英殿校录官。道光十年（1830），选授乳源县学教谕，调补陵水教谕，迁肇庆府训导。道光二十年（1840），襄办夷务，叙劳加内阁中书衔。性好游，工诗文书画。督学翁方纲览其诗，称其与张维屏、谭敬昭为"粤东三子"。咸丰九年（1859）卒，年八十二。著有《岭海楼诗钞》《粤岳草堂诗

---

① 林昌彝著，王镇远、林虞生标点：《射鹰楼诗话》，上海古籍出版社1988年版，第177—178页。
② 谭莹：《乐志堂文续集》卷一，清咸丰九年（1859）刻本。
③ 谭莹：《乐志堂文续集》卷二，清咸丰九年（1859）刻本。
④ 谭莹：《乐志堂文续集》卷二，清咸丰九年（1859）刻本。

话》《香石诗话》《香石诗说》《粤岳山人集》等。

道光二十年（1840），谭莹曾与黄培芳等人应张维屏之邀，同游广州花埭，后移舟南墅宴集饮。咸丰三年（1853）三月三日，应李长荣之邀，谭莹与黄培芳等人集柳堂修禊。黄培芳于是日作图，谭莹则作《咸丰癸丑柳堂春禊序》纪其事。后来，谭莹又作《香石广文招饮且云作东方之烹不能赴也书此谢之》，诗云："一月欢场醉百巡，醒来肝胆尚轮囷。年时敢作封侯想，屠狗生涯且让人。"① 从这首诗内容可知，二人交情非浅。

（七）黄子高

黄子高（1794—1839），字叔立，号石溪，广东番禺人。少以词章擅名，二十岁补为县生员。留心掌故、考证金石，务为朴学。"性嗜书，尤重乡邦文献，多手录之本。"② 道光十年（1830），督学翁心存将其荐入太学。道光十一年（1831），聘为广州学海堂学长。性和而行介，屡试不第，年四十六卒。著有《知家轩诗钞》《粤诗搜逸》等。

谭莹与黄子高多有往来，常以诗文唱和，交谊特深。谭莹于《楚庭耆旧遗诗》中对此有说明：

> 石溪与余交同骨肉，年四十六遽卒。诗文集外，著有《续三十五举》一卷，《粤诗搜逸》四卷。余为表其墓，颇极推崇。并为山堂诸君子撰楹帖挽之云："技了十人，吾辈中尤艳说身名俱泰；心悬千古，后死者各惊嗟文献无征。"说者谓"唯君不愧此言"耳。……余偕伍紫垣孝廉撰《岭南遗书》三集，《粤十三家集》等书，多与借钞，而君不吝也。日邀游书肆中，尝有《赠书贾赵翁绝句》云："一生心事向残编，鬓发萧疏不计年。见说乾隆禁书日，亲投甘结到官前。"手书以赠余，后并书《答客》一首云："万言射策刘司户，十载穷经董仲舒。今代通儒尚淹博，详笺草木注虫鱼。"则君之学，亦可借以知其崖略矣。又尝集句作篆书赠余云："平生四海苏太史，国士无双秦少游。"即集中《示客》句也，而今亡之矣。所存者唯"入则孝，出则弟，守先王之道，以待后学。诵其诗，读其书，友天下之士，尚论古人"一联，此竹垞老人以赠顾亭林者，余何敢当，然期望之深，殆不嫌过相推挹。他日经营草堂，谨勒之座右，以当箴铭可耳。③

---

① 谭莹：《乐志堂诗集》卷二，清咸丰九年（1859）刻本。
② 伍崇曜、谭莹：《楚庭耆旧遗诗后集》卷十三，清道光二十三年（1843）本。
③ 伍崇曜、谭莹：《楚庭耆旧遗诗后集》卷十三，清道光二十三年（1843）本。

(八) 黄玉阶

黄玉阶 (1803—1844),字季升,一字蓉石,广东番禺人。少时以诗名于乡。道光十六年 (1836) 进士。官刑部主事。后以母老南归奉养,从此闭门著述。著有《韵陀山房集》。

道光二十二年 (1842),应黄玉阶、许玉彬之邀,谭莹赴越台词社之会。道光二十三年 (1843),黄玉阶议重修广州城南大忠祠、抗风轩,谭莹为之作《重建广州城南三大忠祠暨南园前后十先生抗风轩募疏》。同年,谭莹又应黄玉阶之招,与温训等人夜集寓楼畅谈。据此可知,谭莹与黄玉阶关系也十分密切。

(九) 徐荣

徐荣 (1792—1855),原名鉴,字铁孙,驻防广州汉军。嘉庆二十一年 (1816) 举人,任直隶藁城县学训导。道光六年 (1826),受聘为学海堂学长。道光十六年 (1836) 成进士,分发浙江,历任遂昌、嘉兴、临安县知县。在任以廉惠称,寻升玉环同知、绍兴及杭州知府。咸丰三年 (1853),署杭嘉湖道。咸丰五年 (1855),太平军攻打黟县,徐荣与战,阵亡。工诗,精隶书及画梅,阮元尝呼其为"诗县令"。著有《怀古田舍诗集》《怀古田舍梅统》及《大戴礼记注》等。

谭莹与徐荣交往密切,感情特别深厚。道光初期,谭莹与徐荣等人先后参与西园诗社三次集会。道光五年 (1825),谭莹与徐荣一起始结西园吟社,与众人酬唱赋诗。同年,谭莹与徐荣等人又应梁梅之招,集有寒斋唱和。道光六年 (1826),谭莹与徐荣再次结西园吟社。此后,在徐荣入都应试及赴山东藁城任职时,谭莹均作诗送行。道光十六年 (1836),徐荣中进士,谭莹在获悉其及第消息后又作诗多首予以庆贺。后来,徐荣被分发至浙江任职。道光二十五年 (1845) 前后,谭莹入京应试与落第归里,来回均经过杭州,并在徐荣寓所住了十天。徐荣作《谭玉生孝廉下第南归过杭赋赠并柬熊笛江》二首,予以安慰。其一云:"杭州二月柳如烟,开到湖头学士莲。转瞬君行一万里,关心此别十三年。名山事业谁与共,四海交游觉汝贤。不信燕台轻骏骨,羸蹄驽骆竟争先。"[①] 回粤以后,谭莹与徐荣经常书信往返,并作《寄怀徐铁孙大令》。在《与徐铁孙书》中,谭莹聊到自己当时处境:"犹幸日饮醇酒,时读道书。聊足自娱,差强人意。然而冀游

---

① 徐荣:《怀古田舍诗节钞》卷三,清同治三年 (1864) 刻本。

五岳，而儿女累人。愿受一廛，而田园易主。指水之盟如昨，买山之望更奢。问字谁来，负书安往。香山之集，但写寄于名僧。草堂之赀，待札求于良友。拟就广文之馆，而需次仍迟。欲观太学之碑，而壮游难决。暂作依人之局，敢开结客之场。鬓欲成丝，肠如转毂。端忧多暇，聊复书之。词翰千秋，寝兴万福。"① 咸丰二年（1852），徐荣适逢六十一岁，谭莹作《徐铁孙太守七袠开一寿序》予以祝贺。咸丰五年（1855），徐荣殉难，谭莹闻知消息后，连作《哭徐铁孙》六首，以志哀悼。其一云："东南何日扫檿枪，忠愤如君竟阵亡。嚼齿张巡终杀贼，衔须温序不思乡。屡闻才子参戎幕，几见诗人死战场。政绩文章兼节烈，考终痴福转寻常。"②

（十）徐灏

徐灏（1810—1879），字子远，一字伯朱，自号灵洲山人，广东番禺人。十岁而孤，年十八佐南海县幕。咸丰七年（1857），按察使周起滨以重礼聘入幕。凡节府大政，莫不资以策划。同治四年（1865）改官同知加知府衔，后署柳州府通判、陆川县知县、庆远府知府，均有政声。光绪五年（1879）卒，年七十。平生致力于小学，善诗词。著有《灵洲山人诗录》《攓云阁词》《说文笺注》《通介堂经说》等。

谭莹曾在《徐子远诗集序》提及二人交往的情况，他说："犹忆烹龙炮凤，提鹍挈鹭。禊饮于素馨田上，社集于红棉寺内。水明山响（并楼名），粟廪松庐。讲院山堂，渔艭池馆。掷金龟而命酒，堆红蜡以征歌。回首昔游，宛然心目。"③

正因有对徐灏长达三十多年的了解，谭莹才能在《徐子远诗集序》中对其诗歌作出如此全面而恰切的评价："吾友徐君子远，石麟再世，青兕前身。独堂课以标能，变宫体而嗣响。叙玉台之新咏，秀冠江东。艳词苑之丛谈，美擅城北。间游幕府，才轶青藤。迭主骚坛，名齐昌谷。长公豪宕，原类邹阳。剑南诗歌，不减太白。"④

（十一）徐良琛

徐良琛（生卒年不详），字西卿，一字梦秋，广东南海人。诸生。工诗。著有《搴芙蓉馆集》。

---

① 谭莹：《乐志堂文集》卷十三，清咸丰九年（1859）刻本。
② 谭莹：《乐志堂诗集》卷十一，清咸丰九年（1859）刻本。
③ 谭莹：《乐志堂文续集》卷一，清咸丰九年（1859）刻本。
④ 谭莹：《乐志堂文续集》卷一，清咸丰九年（1859）刻本。

谭莹曾于《楚庭耆旧遗诗》中述及徐良琛的个性和二人的交情："梦秋与余望衡对宇，世联缟纻之谊，迭申之以婚姻。兰玉森然，一家词赋。余先君子殁，其尊人丛桂丈哭之。以诗所谓三世交情，逾管鲍四重姻谊、缔朱陈者也。梦秋独纵情声伎，寄意香奁。扬州之梦未醒，茂陵之聘已屡。家本不贫，顿至四壁萧然。潦倒疏慵，人争欲杀。顾能僻耽佳句，并力为诗。坐卧乱书堆中，竹笑花嬉，时睹弹毫落纸。余尝赠以句云：'携伎谢安仍避俗，悼亡潘岳自闲居。天寒酒梦水初合，年少风怀锦不如。'庶当之无愧色。少岁缘情绮靡，爱摹仿玉台金楼。中年以往，则所诣益深，一以浣花、昌黎为宗。而参之以长吉、东野，故《溟江游草》，独见重一时，洵属年来骚坛健者。而遽主蓉城，良可惜已。"①

在众多友朋中，谭莹与徐良琛之间唱和的诗歌可以说是最多的。

（十二）罗惇衍

罗惇衍（1813—1874），字星斋，又字兆蕃，号椒生，广东顺德人。道光十四年（1834）举人，道光十五年（1835）进士。历官翰林院侍讲、太仆寺卿、刑部左侍郎兼署吏部右侍郎、都察院左都御史、户部尚书、工部尚书兼武英殿总裁等职。曾疏举曾国藩、李鸿章等募兵遏抑太平军及捻军。咸丰八年（1858），奉命为团练大臣，在广州与龙元僖、苏廷魁等办理防御事宜。生平精研理学，宗宋儒之说，时有"北倭南罗"之誉。著有《罗文恪公奏稿》《集义轩咏史诗钞》等。

谭莹于道光二十五年（1845）在京城应礼部会试，期间曾受到罗惇衍热情款待。后来，谭莹专门去信，向其表示感谢。其信云："莹北涂乍历，西邸谁开。遇乏马周，饥同臣朔。孝廉船换，长者车来。献有纻衣，迁之代舍。一家款待，知逾分而弥惭。两月团圞，喜忘形而欲泣。曾无清论，屡欲移床。岂有旧恩，日为供具。皇甫知名于逢掖，望蔡尽礼于敬宣，不是过也。交似异常，会非真率。抚违离之岁序，霜雪载零。话稠叠之恩私，涓埃莫报。白云在望，谨上随王之笺。春草又生，谁赓白傅之作。永言衔结，慎护兴居。四海具瞻，九重倚畀。交游光宠，万里音书。富贵吉祥，全家福命。"②

（十三）曾钊

曾钊（1793—1854），字敏修，又字勉士，广东南海人。道光五年

---

① 伍崇曜、谭莹：《楚庭耆旧遗诗后集》卷十五，清道光二十三年（1843）本。
② 谭莹：《乐志堂文集》卷十四，清咸丰九年（1859）刻本。

(1825) 拔贡，任合浦教谕，调钦州学政。通经史，喜藏书，搜罗秘本，筑"面城楼"储书数万卷。曾任学海堂学长。咸丰四年（1854）卒于家。道光间，参与编纂《广东通志》《南海县志》《新会县志》等，著有《周易虞氏义笺》《周礼注疏小笺》《论语述解》《诗说》《面城楼集钞》等。

道光十年（1830），谭莹与曾钊同修《南海县志》。道光十二年（1832），谭莹与曾钊同集广州白云山云泉山馆，送别程恩泽。后来，谭莹又作《怀冕士广文钦州却寄》，表达了自己对曾钊的思念之情。其诗云："昔年同住五羊时，约买扁舟学钓师。顾我独留原幸免，羡君从宦似先知。故人闻乱应相忆，吾辈忧生本太痴。便写数行书札寄，早携家去不曾迟。"① 由此可知，谭莹与曾钊是一对志趣相投的好友。

（十四）梁梅

梁梅（1788—1838），字锡仲，号子春，广东顺德人。年十四，即工吟咏，尤工骈体。道光八年（1828）优贡生。诗词为曾燠、阮元及各学使所赏识。精于鉴古，收藏宋、元、明善本及书籍、碑帖及古玩。著有《寒木斋集》。

梁梅既是谭莹好友，又是其岳父，二人关系自然不同一般。道光五年（1825）六月，梁梅招谭莹、徐荣、熊景星等人集有寒斋赋诗。而在同年七月，谭莹邀请梁梅、徐荣、熊景星结社并在珠江上修禊。道光十二年（1832），陈鸿墀来粤，梁梅与谭莹、陈澧、侯康等人从其受业。后来谭莹作《书梁子春春堂藏书图后》，对梁梅的孝行予以赞颂。

（十五）熊景星

熊景星（1791—1856），字伯晴，号笛江，广东南海人。嘉庆二十一年（1816）举人。任开建（今属封开）训导，加教谕衔。在任十年，告归。道光六年（1826），任学海堂学长。年六十六卒于家。能武艺，善书画，工诗文，均负时誉。分纂《广东通志》、道光《南海县志》。著有《吉羊溪馆诗钞》等。

谭莹与熊景星两人交游密切。除一起参加西园吟社活动外，谭莹还在《熊笛江孝廉计偕之京走笔赋长律赠之》中表达了此种情感："年来交谊数颜（君猷）徐（铁孙），死别生离分索居。玉折兰摧萧寺泪，风餐水宿异乡书。燕台此去应联袂，蓬巷何人更驻车。射策广川同上第，莫忘秋雨病相

---

① 谭莹：《乐志堂诗集》卷七，清咸丰九年（1859）刻本。

如。"① 后来，谭莹又在《熊笛江广文遗诗序》中，对其个性和诗歌成就均作了中肯的评价。

（十六）沈世良

沈世良（1823—1860），字伯眉，广东番禺人。博雅嗜古，熟读《南史》，又工诗，尤善填词。咸丰初，与谭莹、金锡龄、许其光结山堂吟社，又与黄玉阶、许玉彬、叶衍兰结花田、诃林等词社。与汪瑔、叶衍兰并称为"粤东三家"。咸丰八年（1858），被举为学海堂学长。后选授韶州府学训导。未到任而卒，年三十八。著有《倪云林年谱》《小祇陀庵诗钞》等。

道光二十三年（1843）春，谭莹与友朋同集广州诃林、花田，共结词社。在此次集会中，谭莹初次结识沈世良。随后，二人应许玉彬之邀，参加越台词社的活动。同年三月，谭莹又应沈世良之邀参与花田词社第二集。后来，在咸丰五年（1855），谭莹又应沈世良之招，赴听松庐拜倪云林生日。在沈世良卒后，谭莹分别撰《沈伯眉遗集序》和《哭沈世良》四首，予以哀悼。如其一云："大雅沦亡日，胡为失此人。穷官仗全福，冷署老闲身。交谊弥思旧，才华殆绝伦。乱离无涕泪，缘汝恸沾巾。"②

（十七）陈澧

陈澧（1810—1882），字兰甫，号东塾，广东番禺人。先后受聘为学海堂学长与菊坡精舍山长。因在小学、音韵、地理、乐律、古文及诗词等方面均有突出贡献，被誉为清代"东南大儒"。著有《东塾集》《东塾读书记》《汉儒通义》《声律通考》等。

陈澧与谭莹交好数十年，彼此情谊颇深。如在道光二十二年（1842），陈澧邀请谭莹、张维屏、梁廷枏等人集学海堂看木棉花。道光二十八年（1848），陈澧会试落第，谭莹作《寄陈兰甫同年诗二首》安慰他。其一云："升沈已定说青红（谚语），时局年来总不同。吾辈胸怀宜洒落，老禅文字尽圆通。闲云野鹤缘先淡，贝锦南箕术未工。请看梅花香傲雪，盛开全未藉东风。"③ 咸丰三年（1853），谭莹又与陈澧、徐灏等结东堂吟社，从事诗歌创作。咸丰九年（1859），在获知陈澧长子去世的消息后，谭莹特请李碧舲劝慰陈澧不要过于伤心。在谭莹去世之后，陈澧作《内阁中书衔韶州府学教授加一级谭君墓碣铭》，以示哀悼。后来，陈澧应谭宗浚之请，编定

---

① 谭莹：《乐志堂诗集》卷一，清咸丰九年（1859）刻本。
② 沈世良：《小祇陀庵诗集》卷首，同治元年（1862）刊本。
③ 谭莹：《乐志堂诗集》卷九，清咸丰九年（1859）刻本。

《乐志堂文略》四卷、《乐志堂诗略》二卷,梓以行世。

(十八) 梁国珍

梁国珍(?—1846),字希聘,一字玉臣,番禺人。道光庚子进士,官内阁中书,著有《守鹤庐诗稿》。

谭莹与梁国珍为儿女亲家,交情自然与众不同。在《楚庭耆旧遗诗》中,谭莹曾对梁国珍的一生行迹作了如此评价:"玉臣舍人与余缔交总角,申之以婚姻。家门鼎盛,幼负才名。声华籍甚,兼工骈体。后乃壹意穷经,然犹与余暨石溪、君谟诸子,啸竹吟花,致足乐也。嗣以久宦长安,居原不易,业看花于上苑,仍贷粟于监河。南北往来,征途轵辘。感怀寸草,旋废蓼莪。服阕还都,竟卒于献县旅次。故集中悲哀危苦,易致不平之鸣。而且纷舛沦残,半属未完之作。知其名心淡尽,绮语焚余,久不复从事于翰墨矣。"惋惜之情,具见文中。

(十九) 伍崇曜

伍崇曜(1810—1863),又名元薇,字良辅,一字紫垣,商名绍荣,广东南海人。广东十三行行商伍秉鉴之子。廪生,袭父业,在广州经营怡和行。咸丰四年(1854),倡捐抵御太平军。咸丰七年(1857),英法联军攻陷广州后,负责经办对外交涉事宜。以捐输钦赐举人,又因输助军饷及调和中外事宜,累加布政使衔,赏赐花翎,授荣禄大夫。喜搜集古籍与刻书,筑远爱楼藏书。著有《粤雅堂吟草》《远爱楼藏书》。

谭莹为知名学者,伍崇曜为当时著名行商,二人交情很深。谭莹"生平博考粤中文献,凡粤人著述,搜罗而尽读之"①,其"乐至堂"藏书达三万余卷。鉴于本省板刻不多,藏书家又少,外地贩运来的书销售又昂贵,士子无力购买,因此,谭莹萌发了搜求乡邦文献及先代书籍加以刊刻的念头。而伍崇曜于商务活动之外,亦好附庸风雅。当谭莹劝其刊刻古籍时,伍崇曜非常乐意赞助。通过二人的通力合作,"其关于本省文献者有《岭南遗书》六十二种,《粤十三家集》各种,《楚庭耆旧遗诗》七十二卷。此外《粤雅堂丛书》一百八十种,王象之《舆地纪胜》二百卷"②先后次第刊刻,广行于海内外。

在整理古籍之余,谭莹与伍崇曜还经常以诗歌互相唱和。如在《清晖池馆春禊诗次紫垣孝廉原韵》其三中,谭莹展现了自己"疏狂不羁"的

---

① 陈澧著,黄国声主编:《陈澧集》(第一册),上海古籍出版社2008年版,第244页。
② 郑梦玉等修,梁绍献等纂:《南海县志》卷十八,清同治十一年(1872)刻本。

个性。

  不须肠断到荆枝，王浑由来有好儿。此地雅宜风雨月，一家同擅画书诗。
  即看标格占文福，偶阅韶光触酒悲。我亦疏狂如仲御，濒年谁屑贾充知。①

  因"频劝乐输仍数百万"②，伍崇曜被朝廷蒙恩并擢省郎兼赐雀翎，谭莹作诗祝贺。后来在伍崇曜卒后，谭莹先后撰写了《覃恩诰授通奉大夫一品封典晋授荣禄大夫布政使衔候选道紫垣伍公神道碑文》及《覃恩晋授荣禄大夫紫垣伍公墓志铭》，对其一生功绩予以客观评价，纠正了时人对伍崇曜的错误看法。

（二十）潘仕成

  潘仕成（1785—1859），字德畲，广东番禺人。道光十二年（1832）捐款赈饥，钦赐举人，报职郎中，供职刑部。道光二十六年（1846），授分巡甘肃平庆泾道，改调广西桂平梧郁道，又奏留粤东帮办洋务，捐制火炮、水雷等兵器，以劳绩加布政使衔。道光二十七年（1847），特旨补授两广盐运使，改授浙江盐运使，因粤东夷务繁杂，未赴任。在粤捐资修葺贡院，建海山仙馆，搜集故书雅记，延请谭莹校定，世称善本。晚年因蹉务亏累，以致破产。不久，卒。曾编刻《海山仙馆丛书》等。

  潘仕成与谭莹过从密切。道光二十三年（1843），潘仕成见省城贡院和学署考棚因鸦片战争而被拆毁过半，想独力重建。为此，他请谭莹撰写了《代潘德畲观察请增修省闱号舍并修学署考棚启》，并在增修过程中，委派谭莹等人负责此事。道光二十四年（1844），潘仕成与伍崇曜见广州赤冈、琶洲两文塔年代久远，损毁严重，想共同捐资重修，为此，二人合请谭莹撰《代潘德畲廉访伍紫垣观察请同修赤冈琶洲两文塔启》，同时延请谭莹等人负责重修事宜。除此之外，自道光二十九年（1849）起，至咸丰元年（1851）止，潘仕成还请谭莹负责校勘《海山仙馆丛书》。正因有谭莹的付出，《海山仙馆丛书》遂以雕刻校勘俱精而著名，为学者所重。

---

① 谭莹：《乐志堂诗集》卷九，清咸丰九年（1859）刻本。
② 谭莹：《乐志堂文续集》卷二，清咸丰九年（1859）刻本。

三、官员

(一) 耆英

耆英(1787—1858),字介春,满族,正蓝旗人。以荫生授宗人府额外主事,迁理事官,历官山海关监督、内阁学士、护军统领、内务府大臣、礼部、户部尚书、盛京将军、钦差大臣兼两广总督、文澜阁大学士。后因欺谩之迹,为王大臣论劾,咸丰帝赐自尽。

道光二十四年(1844),耆英出任钦差大臣兼两广总督。道光二十八年(1848)离任。在耆英居粤这段时间,谭莹与他有交往。如在道光二十八年(1848)耆英入都时,谭莹作《恭送宫保中堂述职入觐》四首,颂扬其德政。如其四云:"临歧策画转深忧,善后仍思十载留。合节人终持绣斧(谓黄石琴中丞),覆名帝屡揭金瓯。丰功岂但如张辅,遗爱相期迓细侯。永祝马文渊矍铄,巍峨铜柱并千秋。"①

(二) 劳崇光

劳崇光(1802—1867),字辛阶,湖南善化(今长沙市)人。道光十二年(1832)进士,改翰林院庶吉士。道光十三年(1833),散馆,授编修,历充河南乡试副考官、湖北乡试正考官。历官湖北、广西布政使、广西巡抚等职。咸丰九年(1859)四月,调任广东巡抚。同年九月,擢两广总督。同治二年(1863),授云贵总督。同治六年(1867)二月卒。

咸丰十年(1860),劳崇光因念阮元所刊《皇清经解》毁于兵燹,于是筹款补刻,延请谭莹、陈澧、郑献甫任总校,开局于广州长寿寺。在劳崇光离粤赴任云贵总督之际,谭莹作《送劳辛阶制府持节黔中序》。在序文中,谭莹评价劳崇光时说:"我辛阶制府劳公者,江汉英灵,嵩岳诞降。襟期公辅,位业神仙。学洞天人,材兼文武。祥远逾于麟凤,贵早兆乎貂蝉。旧著威名,郁为时望。粤西扬历,仙佛缘深。岭右拊循,华戎福溥。"于此可见,劳崇光与谭莹的交情不浅。

(三) 朱桂桢

朱桂桢(1768—1839),字干臣,号朴庵。江苏上元(今南京市)人,

---

① 谭莹:《谭莹诗集》,李长荣辑:《柳堂师友诗录初编》,清同治二年(1863)刻本。

嘉庆进士。授吏部主事，累擢郎中，迁御史。出为贵州镇远知府，募工教织，始有苗布。在任三年，有政声。道光初，任山西巡抚，后迁漕运总督。整顿漕弊，必究弊源。道光十年（1830），调广东巡抚。道光十四年（1831），以病乞归。

朱桂桢任广东巡抚期间，谭莹与他结下了深厚情谊。在朱桂桢离粤之时，谭莹作《送朱干臣中丞引疾归里》五首，表达了难舍难分之情。如其一云："荡析离居迭报荒，忽闻公竟办归装。君恩或冀酬他日，民命何堪付彼苍。再世韦皋原葛相，君家朱邑祀桐乡。临岐难挚如铅泪，更为哀鸿洒数行。"①

（四）庆保

庆保（生卒年不详），号蕉园。本籍满州。大学士尹文端继善子。历任两湖、闽浙、云贵总督。道光七年（1827），由热河都统调广州将军。"尤爱惜人才，士苟以一艺名，辄优礼之。"② 后以年老致仕。

谭莹与庆保交往密切。如在庆保还都之时，谭莹作《送宫保庆蕉园将军还都》三首。在该组诗其二中，谭莹对他还寄予了"岭南重镇还相倚，谁睹麟洲有怒潮"的期望。

综上所述，谭莹在几十年的生活中结交了大量师长、友朋和官员。也正因他能有如此广泛的交游，加上自己的勤奋创作，所以他才能够成为近代岭南文坛重要性人物。

第二节　谭宗浚交游考辨

谭宗浚是近代岭南著名的文史学家和藏书家，他一生结交了不少朋友。考察谭宗浚的交游活动，对进一步了解谭宗浚的人生历程以及对深化近代社会的政治与文学研究，颇多裨益。现将其主要交游对象分为以下三类。

一、师长

据顾廷龙主编的《清代朱卷集成》同治甲戌科《谭宗浚履历》可知，

---

① 谭莹：《乐志堂诗集》卷三，清咸丰九年（1859）刻本。
② 长善：《驻粤八旗志》卷十四，光绪五年（1879）刻本。

谭宗浚的老师主要有以下两类：

业师：

吴韶生夫子，讳汎，邑庠生。

龚义门夫子，印广华。苏月樵夫子，印梯云。

何泧生夫子，印湘兰，邑庠生。

史穆堂，印澄，庚子翰林，右春坊，右中允，粤秀书院掌教。

郑小谷夫子，印献甫，乙丑进士，刑部主事，钦加五品卿衔，越华书院掌教。

陈兰甫夫子，印澧，壬辰举人，国子监学录，学海堂学长，菊坡精舍掌教。

冯展云夫子，印誉骥，甲辰翰林，詹事府少詹事，现任福建学政，前应元书院掌教。

颜夏廷夫子，印培瑚，辛丑翰林，江苏扬州府知府署理淮海道，应元书院掌教。

受知师：

徐云鹤夫子，讳槐廷，乙未举人，顺德县知县保举同知，辛酉科广东乡试同考官。

周福陔夫子，印恒祺，壬子翰林，现任山东督粮道署盐运使司，前辛酉科广东乡试大主考。

沈经笙夫子，印桂芬，丁未翰林，现任兵部尚书，军机大臣，前辛酉科广东乡试大主考。

王少鹤夫子，印拯，辛丑进士，通政司通政使署左副都御史，壬戌科会试同考官，蒙荐卷备中。

赵朗甫夫子，印曾同，壬子翰林，现任浙江金华府知府，戊辰科会试同考官，蒙荐卷挑取誊录。①

对于谭宗浚与龚广华、史澄、陈澧、冯誉骥、周恒祺、沈桂芬、王拯等人的交游情况，本节拟作如下考述。

（一）龚广华

龚广华（1822—1880），字义门，广东南海人。谭宗浚在《故处士义门龚先生墓志铭》中对其一生行迹及遭遇有如下描述：

---

① 顾廷龙：《清代朱卷集成》第38册，（台北）成文出版社1992年版，第190—192页。

先生少孤，性至孝，事母能得其欢心。其自奉觳薄，冬一裘夏一葛，无少易也。见人貌温，姁似不能言者。然朴诚端谨，乡里多归之。凡族邻有忿争，得先生一言，无不豁然以解。所居在城西郭，以儒术教授几四十年。析滞解疑，凿然中理。门弟子窃其师说弋科第以去者，不可胜纪，而先生顾以布衣终。先后试于提学使者，凡二十余次，不售。最后试，得病归，病中犹讲授不辍。又逾年，而先生以病殁矣。

呜呼！自科举之制兴，宜才士不至于废弃，然便儇巧慧之辈，往往能速化以幸成其名，而璞沈专一者，或转摈斥沈沦，槁死牖下，而莫能自振。悲夫！如先生者，盖不可一二数也。或曰："此其中有命焉。"则余不得而知矣。①

谭宗浚"年幼稚，即从先生学为制举文，后又申之以姻娅"②。因而对于龚广华的辞世，谭宗浚在为其作墓志铭时，"不能无泫然已"③。由此可知，二人师生情谊特重。

（二）史澄

史澄（1814—1890），原名淳，字穆堂，广东番禺人。道光十九年（1839）中举。道光二十年（1840）成进士，改翰林院庶吉士。散馆，授编修。历官国史馆协修、纂修，实录馆协修、纂修。擢国子监司业，授詹事府右春坊右中允，兼日讲起居注官。母丧，乞归。历掌粤秀、端溪、丰湖书院讲席。参与修《番禺县志》《广州府志》。卒年七十七。著有《退思轩诗存》《继园随笔》等。

同治十二年（1873），史澄时年60岁，谭宗浚作《史穆堂夫子六十寿序》祝贺。在该序中，谭宗浚提及自己"叨承昕睐，素荷生成。传衣喜隶于及门，珥笔又居乎后进"④。因而"欣逢览揆，聊效引喤。与北海而同时，信多侥幸。指南山而献祝，莫罄揄扬。惟愿夫子膺九秩之符，衍十稘之算。神明克巩，祼祜无疆"⑤。二人之交情，于此可见一斑。

（三）陈澧（简介见前）

谭宗浚曾在《陈兰甫夫子七十寿序》中提及自己与陈澧的关系时说：

---

① 谭宗浚：《希古堂集甲集》卷二，清光绪十六年（1890）刻本。
② 谭宗浚：《希古堂集甲集》卷二，清光绪十六年（1890）刻本。
③ 谭宗浚：《希古堂集甲集》卷二，清光绪十六年（1890）刻本。
④ 谭宗浚：《希古堂集乙集》卷四，清光绪十六年（1890）刻本。
⑤ 谭宗浚：《希古堂集乙集》卷四，清光绪十六年（1890）刻本。

"宗浚谊属年家子,又尝肄业菊坡精舍。敢比王基任嘏,曾蒙国器之称。幸陪临硕畏模,获附门徒之列。"① 于此可见,陈澧与谭氏父子之间的交情非同一般。

同治十年(1871),谭莹病卒。谭宗浚请陈澧为其父撰写墓志铭。同治十三年(1873),当谭宗浚进士及第的消息传到广东时,陈澧欣然作对联相贺,其联云:"手笔真能学燕许,科名不愧似洪孙。"② 光绪元年(1875),谭宗浚因编选其父《乐志堂诗略》《乐志堂文略》而向陈澧请教。光绪五年(1879)二月,为庆贺陈澧七十寿辰,谭宗浚自四川寄来《陈兰甫夫子七十寿序》。光绪六年(1880),陈澧又给谭宗浚去信,谈及自己近况。其信云:

> 近得手书,知由水路至上海,想彩云千里已过万重山矣。宝眷亦俱安善为颂。三年来教士抡才,蜀人何幸而得此大宗师。又闻小儿云:来函有"作文更有进境"之语,此得江山之助也。仆去年有胃气痛之病,时发时止。今春幸不发作。所著《读书记》刻成九卷,惟《三礼》及《郑学》各卷,取材既博,用力倍劳,不知今年能写定否。又《切韵考外篇》三卷,亦刻成,宗侃到京时可送阅,祈将疏误处示知改定,为望,不可存客气也。时事不胜忧叹,孟子所云"明其政刑,制挺可挞坚甲利兵",斯为根本之计,然闻此论者必笑其迂拙。彼之所为,吾亦笑之。彼亦一是非,此亦一是非,此之谓也。③

光绪七年(1881),谭宗浚邀陈澧及其子陈宗侃等人一起泛舟大滩尾看桃花。同年,谭宗浚还遵陈澧之嘱,从伍崇曜之子处借《金文最》给他看。由上观之,谭宗浚受陈澧的影响最大。

(四) 冯誉骥

冯誉骥(1822—?),字展云,号仲良,广东高要人。少时肄业广州学海堂。道光二十四年(1844)进士,授翰林院编修。历官山东、湖北学政,吏部左侍郎等职。同治间,以假归,大吏延主广州应元书院讲席。因学术渊通,望重一时。光绪五年(1879),任陕西巡抚。光绪九年(1883)致仕,后居扬州而终。善书画,工诗。徐世昌谓:"其诗典赡高华,寄托遥深。七律尤近义山,张南山极称赏之。"④ 著有《绿伽楠馆诗存》等。

---

① 谭宗浚:《希古堂集乙集》卷四,清光绪十六年(1890)刻本。
② 陈澧著,黄国声主编:《陈澧集》第一册,上海古籍出版社2008年版,第476页。
③ 陈澧著,黄国声主编:《陈澧集》第一册,上海古籍出版社2008年版,第477页。
④ 徐世昌:《晚晴簃诗话》卷一百四十五,华东师范大学出版社2009年版,第1054页。

同治九年，谭宗浚肄业广州应元书院。时任应元山长冯誉骥"屡勉余习书，授以笔法，督课甚勤，而书亦不少进"①。在编选《应元书院课艺》时，冯誉骥将谭宗浚多篇诗文选入其中。

后来，谭宗浚更在《送冯展云宫詹师誉骥赴都》中，对此表达了自己的感激之情，其诗略云："昨岁扶柩返，弥节来五羊。聚徒授经义，冠带何济跄。贱子凤愚戆，屈厔随冠裳。荷蒙嘉许意，训诲情未央。何以植垠塄，五经为垣墙。何以储厚实，诸史为囷仓。何以极奥博，百家为糇粮。何以佐涵饫，众说为酒浆。劝我习词赋，掞藻随班张。劝我究笔势，波磔描钟王。少年事雕篆，眯目忘粃糠。一朝被嘘拂，意气殊激昂。高风振鶵鹗，远坂驰骍骦。词篇溢万口，歙然声名扬。侵晨忽拜别，举目殊伥伥。菲材幸垂顾，私谊焉可忘。"②

（五）沈桂芬

沈桂芬（1818—1880），字经笙，又字小山，顺天宛平（今北京）人。道光二十七年（1847）进士，改翰林院庶吉士。道光三十年（1850），散馆，授编修。咸丰七年（1857），任内阁学士兼礼部侍郎衔。咸丰十一年（1861），充广东乡试正考官。同治三年（1864），补山西巡抚。是时，洋药弛禁，民间栽种罂粟趋之若鹜，米粮短缺。沈桂芬刊发条约，严厉禁止。同治七年（1867），命在军机大臣上行走。后迁兵部尚书，加太子少保。光绪二年（1876）被劾革职，不久又复职。光绪六年（1880），以疾请假。寻卒。

谭宗浚于《祭座主故相国沈文定公文》中对二人的交游始末作了如下介绍：

> 顾惟小子之铨材，幸隶高门之著录。东阁谈诗，西园秉烛。获侍茵凭，叨沾醼醱。切感遇而怀知，特叙情而述曲。聊摅徐穉之悲，庶代羊昙之哭。

> 忆从卅岁，初赋鹿鸣。泥金帖报，惨绿衣轻。入座抗谈，有惭于秦子敕。衔杯壮胆，难学于管公明。公顾小子，如琼如英。李邕世业，王勃时名。勉探学海，蔚为国桢。庶云霄之直上，毋沟浍之自盈。许任嘏为圣童，深承奖借。呼郗愔为小友，叠荷陶成。继试春官，频趋第宅。公直枢廷，归恒日昃。巷仅容车，户难列戟。然桦烛以插床，

---

① 谭宗浚：《希古堂集甲集》卷二，清光绪十六年（1890）刻本。
② 谭宗浚：《荔村草堂诗钞》卷四，清光绪十八年（1892）刻本。

拾墼砖而补壁。编成荻苇，即用障门。烂煮葫芦，时闻款客。杜审权则手自拥帘，谢幼度恒躬亲置屐。鸡栖任跨，知朱伯厚之趋朝。犬吠群惊，讶徐修仁之下直。加以量极敦恾，性怀谦抑。羊巨平举士而世罕知闻，顾元叹封侯而貌无矜饰。宣猷烈于丹青，播舞歌于乐石。咸共仰乎清标，谅无惭于全德。

岁惟甲戌，余掇巍科。公闻喜慰，奖披频加。谓荣名之匪贵，宜厚德之负荷。（平）毋以虚憍而自诩，毋以华藻而自多。宜法冯勤之谨慎，宜同石庆之谦和。继而宸驭上升，维倾轴折。九土悲号，三灵暗裂。凤辞社首以无还，龙去鼎湖而杳绝。公实巍然，从容赞决。扶植大猷，弥缝遗阙。洒椽笔而稽礼文，启金縢而先朝列。有裴冕镇静之风，有周昌忠纯之节。调四时而斡太和，靖八表而无杌陧。

余持蜀节，肃拜公堂。荷深情之欸洽，承训谕之周章。谓宜介节自持，屏绝刘舆之腻。慎莫苞苴，是纵艳传陆贾之装。矧斯地者，人夸金穴，俗谓宝乡。齐都侠客，吴会名倡。越关津而通赕货，射山泽而号赘郎。近且莠民儦萃，祆教披猖。甘随裸国之裸，竟煽狂泉之狂。宜正修涂之轨辙，力除邪说之鼓簧。禁家人玉器之持，庶崇节俭。杜署吏银杯之化，早慎提防。苟处脂其不润，复校士以能详。又何难究经传于卯谷，而移旧俗于庚桑。

余再还京，公居揆席。开阁延宾，忧边念职。苏绰之渥承帝眷，任重舌喉。泉岭之屡转官阶，惧形颜色。值丑虏之强梁，致违言于疆场。嘘虺毒而弥漫，包狼心而反侧。朝士思夸磨盾鼻之功，疆吏拟建拔壶头之绩。公旋顾语，时局艰危。藩羝易困，市虎滋疑。彼逆夷者诡同射蛋。害甚封豨，孰不欲斗横江之舻舳，挥绝漠之旌旗。衅尸禺而诛日逐，破孤竹而刺令支。顾廷臣之聚讼，徒骋异以矜奇。半嚣张而任气，罕审慎而详思。

夫善奕者，不轻于布算。善御者，无事乎妄驰。城狐不容以熏灌，国狗岂易以穷追。苟铸错之偶误，即补牢其已迟。念中原之久困，尚元气之多亏。观蔡伯喈之设五难，诚宜深虑。学寇平仲之凭孤注，窃恐非宜。以故沈几观变，遵养待时。仍事羁縻之用，稍迟挞伐之施。昌义之自诩边功，应力排其妄论。郝灵荃之欲开边衅，实共遏其兴师。然而涂说多歧，廷评各异。谓持重为偷安，谓远谋为失计。未明巨鹿忧国之忠，且等乐羊谤书之至。醇酪厚不能消其忌心，大荫甘不能遏其横议。疑蒉苡者轻构逸诬，赋樱桃者显加讥刺。裴晋国绯衣追逐，竟难息其谣言。张曲江白羽飘零，徒自伤乎疑忌。惭非降龙调象之才，竟处骑虎握蛇之势。念时事之方阽，敢求安而引退。誓自竭乎悃忱，庶可盟于天地。余旋岭峤，再踵缁帷。虽霁颜之温悦，已病骨之嵚崟。柳调体弱，卫玠神羸。廉颇则频惊日短，崔约则恐被风吹。丹笔紫囊，趋直弥勤于晚岁。霜毫雪刺，怀忱重集于兹时。

迨际还辕之后，果闻撤瑟之悲。玉池靡咽，金鼎难期。坐奠俄惊于孔梦，膏肓莫喻于秦医。阳燧空颁，惜魏舒之未愈。钟悬自堕，知王茂之先衰。幸遗徽之未沫，仰懿范之长垂。指柳树而忆刘惔之政，投槲叶而萦乐预之思。老稚咸歌邓训，民夷共祀仓慈。承黄琼吴汉之遗，定有词臣作诔。葬杜预郑冲之侧，应多故吏铭碑。

呜呼哀哉！宗浚周顗才疏，嵇康性拙。幸依桃李之阴，获厕参苓之列。傅南容之归依举主，敢继践乎前徽。孔北海之奖拔时流，乃不遗于薄劣。畴昔之年，欢承晋接。马帐丝弹，穆筵醴设。角酒传筋，论文霏屑。俄而万里暌违，经年阔别。长怀陶径之云，永忆程门之雪。何噩耗以纷传，乃巨材之先折。泛渭水而思高，相幸海宇之承平。发阆州而哭房公已。风尘之淹没，点瑟罢弹，牙弦欲辍。执漆器而魂梦难通，殉法华而徽音永歇。望龙门者，弥增记室徘徊。过马厩者，应为平津呜咽。惭侯芭之负土躬先，比顾恺之倾河泪挈。徒掷麈之余悲，莫临棺而永诀。

呜呼哀哉！惟兹粤岭峁峙山堂，繫小子谈经之地，昔我公驻节之乡。越台草暖，庾岭梅香。膳调芍药，面供枕椰。爇柏檀而馥郁，荐蕉荔以芬芳。楚些徐招，想灵魂之娱宴。桓筝罢按，妨变调之苍凉。所望神舆肃肃，仙驾锵锵。控南飞之孤鹤，翩下降于五羊；睹昌丰于桂管，歆虔洁于椒浆。想白舍人位业早成，无俟东瀛凫返，祝马新息威灵永驻，再无南海波扬。

呜呼哀哉！尚飨！①

沉痛之心情，了然纸上。

（六）周恒祺

周恒祺（1820—?），字福陔，号福皆，湖北省黄陂县人。咸丰二年（1852）进士，翰林院庶吉士。后任翰林院编修，历官顺天乡试同考官、广东乡试副考官、实录馆协修官、京畿道监察御史、工科给事中、山东督粮道、山东按察使等职。光绪元年（1875），任广东按察使。光绪三年

---

① 谭宗浚：《希古堂集乙集》卷二，清光绪十六年（1890）刻本。

(1877)，任福建布政使、署福建巡抚，后任直隶布政使、山东巡抚、漕运总督。著有《文宗显皇帝实录》等。

谭宗浚于咸丰十一年（1861）中举，而周恒祺为该年广东乡试副考官。光绪五年（1879），周恒祺时年六十，谭宗浚特撰《周福陔中丞夫子六十寿序》，以示庆贺。在该序文中，谭宗浚对其德行善政均予以客观全面的评价。后来，在赴云南任职途中，谭宗浚又专门拜谒周恒祺。由此可见，周恒祺对谭宗浚的影响颇大。

（七）王拯

王拯（1815—1876），初名锡振，字少鹤，广西马平县（今柳州市）人。道光二十一年（1841）进士。授户部主事，充军机章京。太平天国起义爆发后，随大学士赛尚阿到广西督师，条奏《团练十则》。咸丰年间，升任大理寺少卿。同治三年（1864），迁太常寺卿，署左副御史，擢通政使。曾多次上疏议政，以直言见忌，被降职，告老还乡，主讲于桂林秀峰书院、榕湖经舍。为著名的"岭西五家"之一，兼善诗词、书画。著有《龙壁山房诗集》《龙壁山房文集》《茂陵秋雨词》《归方评点史记合笔》等。

在同治元年（1862），谭宗浚参加会试，王拯时任该科会试同考官，曾推荐谭宗浚试卷以备待选。后来在《呈王定甫副宪师拯》四首其三中，谭宗浚述及二人的师生缘分：

> 曾记师门七载缘，欣从立雪耸吟肩。河汾门下尊诗礼，安定堂中盛管弦。小草何堪承雨露，弱材终自藉雕镌。莫因泉石牵归梦，多少东山望大贤。①

劝谏之意，可以概见。

除了以上诸人之外，谭宗浚诗文集中提到的"师相"者，还有左宗棠和李鸿章二人。

（八）左宗棠

左宗棠（1812—1885），字季高，一字朴存，湖南湘阴人。晚清洋务派重要代表人物。道光十二年（1832）中举人。历官浙江巡抚、闽浙总督、陕甘总督、东阁大学士、军机大臣等职，封二等恪靖侯。一生经历了平定太平天国运动、洋务运动、收复新疆等重要历史事件。光绪十一年（1885）卒。著有《左文襄公文集》等。

---

① 谭宗浚：《荔村草堂诗钞》卷四，清光绪十八年（1890）刻本。

光绪八年（1882），许庚身与谭宗浚分别充江南乡试正副考官。试事完毕后，谭宗浚应左宗棠等人邀请，饮于南京莫愁湖。谭宗浚作《九月十八日左湘阴师相宗棠希赞臣将军元暨诸僚属招饮莫愁湖赋呈五古》纪其事。其诗云：

> 高亭面大湖，暑月亦萧瑟。中山遗像存，名与孤楼兀。
> 坡陀风涛含，参错楯栏出。我来秋雨余，泥潦没双膝。
> 入座懔雪飞，褰帷愁波溢。屏风不障寒，凄烈遂至骨。
> 庭前两柳梢，鬘鬐万丝密。迎风纷戛摩，有若翠蛟屈。
> 主人皆豪贤，谈论撼理窟。左公名世才，调鼎重密勿。
> 希侯亦伟人，胄望数荣毕。群公盛跄济，娱宴乘暇日。
> 远识参裨谋，朗吟胜裴笔。此邦财赋区，公私夙充实。
> 竹漆千户侯，笙竽万家室。自从狡寇凭，元气遂遭扣。
> 今年况潦霪，河伯势飘忽。灌海气喧豗，凭山声硉矹。
> 湖闸幸未开，涨消赖安吉。抚恤宜有经，愿闻理人术。
> 翻匙滑碧莼，饤座压朱橘。临觞敢尽欢，系念闾阎疾。
> 复闻秋禾登，田野收栗挃。感此三叹殷，怀哉百忧失。
> 归途蹡跰行，骤雨犹潮汩。回首叫苍穹，漏天几时讫。①

（九）李鸿章（1823—1901）

字渐甫，号少荃，安徽合肥人。道光二十七年（1847）成进士。道光三十年（1850），散馆，授编修。不久，太平天国起义，李鸿章由京回乡组织团练与太平军作战，升至道员，后入曾国藩幕府。历官江苏巡抚、湖广总督协办大学士、北洋通商大臣、直隶总督等职，晋封一等肃毅伯，谥号"文忠"。著有《李文忠公全集》。

光绪十年（1884），正当中法战争激烈进行之际，国子监司业潘衍桐向朝廷上《奏请开艺学科折》，建议"另开一艺学科，'凡精工制造、通知算学、熟悉奥图者，均准与考'，并对那些经过实际锻炼着有成效的艺学科乡会试中试举人、进士，分别等第量予官职，'如此乃足得异才而收实用'。"潘氏批驳了所谓'中国文物之邦，不宜以外洋为法'、'用洋人之长技以敌洋人，必于事无济'等谬说，断言只有学习'外洋'，开设艺科，才能使'真才可望奋兴，而边务亦资得力矣。'"② 折上之后，朝廷命大臣们对此展

---

① 谭宗浚：《荔村草堂诗钞》卷十，清光绪十八年（1890）刻本。
② 苑书义：《李鸿章传》，人民出版社2004年版，第279页。

开妥议，最终因顽固派的强力反对而作罢。对于这份由谭宗浚代拟的奏折主张，① 李鸿章予以赞赏和支持。

同年十二月，李鸿章给谭宗浚去信，向其恭贺新春。其信云：

> 桃符伐腊，瞻燕寝之祥凝；梅鼎调元，喜凤城之春早。敬维叔裕世兄老夫子大人履端笃祜，泰始延釐。珥笔西清，春满瀛洲之草；宣纶北阙，人簪禁苑之花。引企乔晖，式孚藻颂。弟畿符忝领，岁钥频更。跋浪千寻，窃愿沧溟息警；朝正万国，遥知绮阁熙春。专泐敬贺年禧，祗颂台祺，诸惟霁鉴。不具。②

光绪十一年（1885）七月初六日，从邸报获悉谭宗浚出任云南粮储道消息后，李鸿章又复书相贺。其信云：

> 前读邸钞，欣闻口简，方迟笺贺，先荷书来。辰维叔裕世仁弟老夫子大人玉尺名高，绣衣秩峻。碧鸡道里，是词臣持节之乡；金虎宫邻，正督护飞刍之日，口念边城之重，人看口禁之才，即盼莺乔，莫名凫藻。鸿章谬当要镇，忝附通家。六诏遥瞻，喜得南中之保障；双旌戻止，犹堪北道之主人。良晤匪遥，尺书先复。敬贺升祺，附完口版。不具。馆世愚兄鸿章顿首。③

光绪十四年（1888）八月初五日，李鸿章获悉谭宗浚辞世消息后，又给其子发唁电慰问，其唁电云：

> 前见粤报，惊闻尊甫大人隆山途次恶耗，痛惋良深。世兄方望归舟，猝闻旅殡，见星期迫，溯江路遥，至性真纯，摧剥弥念。尔时未审丹旐何日东旋，顷接赴书，益增振触，山川逾迈，日月渐邈，尚希顺变应时，节性以礼，勉抑哀思，慎持大事，是为企属。春间得滇帅书，即知尊公有引疾之请，默念强仕甫逾，物望正美，大府推重，舆诵翕然，高衢方骋，急棹遽还，既慕襟期，尤惜材器。曾无几日，凶变流传。尊公本鲜宦情，外转尤非所乐，回翔馆阁，已近官坊，平流进取，便致通显，如此人才，置之台省，岂惟令仆德言之重，亦是后进文学之归。雅志忽违，一官万里，牵引宿疾，遂夭天年，谁实为之，能无追恨。然而三年治行，上达九宸，两世文章，遍传五岭，不朽之业，已足千秋，极贵长生，又何足羡。盈书床笏，流泽方长，是望诸

---

① 李鸿章：《李鸿章全集》第34册，安徽教育出版社2008年版，第436页。
② 李鸿章：《李鸿章全集》第33册，安徽教育出版社2008年版，第436页。
③ 李鸿章：《李鸿章全集》第33册，安徽教育出版社2008年版，第527页。

世兄善承先志矣。鸿章阅世久忌，越疆未得，惊壮盛之凋落，痛善人之不长，不独逝者之悲，兼有世道之感。道远未由致奠，寄去赙仪百金，并附幛联，借抒积悼。专泐，奉唁至孝，诸惟珍慎。不尽。李鸿章顿首。①

由此可见，李鸿章对谭宗浚是极为看重的。

（十）叶衍兰

叶衍兰（1823—1898），字兰台，又字南雪，广东番禺人。咸丰六年（1856）进士。改翰林院庶吉士，散馆，授编修，签分户部。后考取军机章京。在任二十余年，以忤权贵，遂告归。主讲越华书院。能诗，尤善填词。卒年七十五。著有《秋梦庵词》《海云阁诗钞》《清代学者像传》等。

谭宗浚曾于《长歌送叶兰台前辈衍兰归里》中提及二人之间的感情：

> 秋风槭槭吹庭梧，前鸰后鹡相叫呼。闻君鼓枻将南徂，使我搔首心烦纡。君才卓荦渊云徒，三十四十中府趋。僝直久厌承明庐，一麾合佩铜虎符。君言休矣吾自娱，平生傲视干木徐。槐柳参列焉能拘，世间荣利如腐雏。安用寋寋驰鹿车，赢縢缚屦辞上都。便拟归钓珠江鲈，君家家具兼辆无。但有锦贉千厨书，蟾背之镜雷纹觚。乙氚癸鼎苔翠濡，货刀泉币斤两铢。承华玉印肪截如，离离宋锦文鸳襦。惠山茶铫兼竹炉，汉碑千本蝉翼摹。下暨阁帖潭绛俱，鸾昌花鸟色敷腴。雪林小景痴与迂，戴牛韩马包于菟。惠崇芦雁尤绝殊，此皆珍异行箧储。宝弆奚啻珣琪玗，似闻破浪乘鲁桴。顺道要访西子湖，断桥已断孤山孤。待君秀句吟菰蒲，更期归里辟榛涂。云淙故墅闻可租，种荔十亩桑百株。溪水瀄瀄宜漉渔，他时贱子还里间。执弨或许相驰驱，君如六一居颍滁。我愿陪侍如晁苏，南山可烂海可枯。息壤证此当勿渝，行哉征袆休踟蹰。盍按图画营山居（君尝得吴荷屋中丞《摹仇远山居图》，遍征同乡题诗"）。②

诗中亦流露出一种退隐田园之意。

（十一）陈序球

陈序球（1835—1890），字天如，广东南海人。同治元年（1862），中举人。同治十年（1871）进士，入翰林院，授编修。旋乞假省亲。光绪八

---

① 李鸿章：《李鸿章全集》第 34 册，安徽教育出版社 2008 年版，第 550 页。
② 谭宗浚：《荔村草堂诗钞》卷十，清光绪十八年（1890）刻本。

年（1882），入京供职。寻充国史馆协修官，派充顺天乡试同考官。光绪十一年（1885），充顺天乡试磨勘官。以丁父忧归邑，主讲广州西湖书院。性真朴，淡于荣利。光绪十六年（1890）卒，年五十六。

同治十二年（1873）末，谭宗浚与梁融、陈序球、吕勉士等人同游西樵山。光绪二年（1876）六月十五日，谭宗浚邀潘衍桐、陈序球等人在京城陶然亭唱和。在光绪八年（1882）至光绪十年（1884）这段时间，二人交往更加密切。谭宗浚于此期先后作《偕天如前辈游极乐寺看海棠》《过天如前辈寓斋》《天如前辈有卜筑西樵之约诗以要之》诸诗。其中在《天如前辈有卜筑西樵之约诗以要之》中，谭宗浚更是显露出酷好山水的雅趣。其诗云：

闻君屡话泉山胜，使我疏狂兴不胜。昨夜雨凉蕲簟冷，梦魂应到四花亭。①

后来，在谭宗浚起程赴滇任职之际，陈序球与廖泽群等人又送其至长椿寺，最后惘惘而别。

二、友朋

（一）张之洞

张之洞（1837—1909），字孝达，号香涛，又号壸公、抱冰、无竞居士，直隶（今河北）南皮人。咸丰二年（1852），乡试中举。同治二年（1863），会试中进士，授翰林院编修。历官浙江乡试副考官、湖北学政、四川乡试副考官及学政、山西巡抚、两广总督、湖广总督等职。光绪二十一年（1895），署两江总督。光绪三十三年（1907），擢体仁阁大学士、军机大臣，兼管学部事务。光绪三十四年（1908），奉命兼充督办粤汉铁路大臣。宣统元年（1909），充实录馆总裁，旋即因病请假。同年八月卒。谥"文襄"。著有《广雅堂散体文》《广雅堂骈体文》《广雅堂诗集》《广雅碎金》《弟子记》《书目答问》等，合称《张文襄公全集》。

同治十年（1871），张之洞与潘祖荫邀谭宗浚、桂文灿、李慈铭、王先谦、赵之谦、孙诒让等人在京城龙树寺集会唱和。在谭宗浚担任四川学政期间，张之洞与其书信来往频繁。如在《致谭叔裕》（光绪二年十一月）中，张之洞说：

---

① 谭宗浚：《荔村草堂诗钞》卷十，清光绪十八年（1890）刻本。

一再谈宴，温克过人。浅学粗材，不觉倾倒。顷奉到骈文两册，即亟秉烛展读数首。闳丽之观，方驾芥子，宕逸之气，足药谷人。近世当家，已足高参一坐。明日早起，从容卒业，瞠目挢舌，抑可知也。惜会办严，未获款治，相见殊晚，蕴结而已。①

从该信中可知，张之洞非常欣赏谭宗浚的骈文。

（二）潘祖荫

潘祖荫（1830—1890），字伯寅，江苏吴县人。咸丰二年（1852）中进士，殿试一甲第三名。授翰林院编修。历官实录馆纂修、读讲学士、会试同考官、陕甘乡试正考官、国子监祭酒、大理寺少卿、光禄寺卿、左尉都御史、工部右侍郎、户部右侍郎、国史馆正总裁、军机大臣、工部尚书等职。光绪十六年（1890）卒，赠太子太傅，谥"文勤"。通经史，精楷法，藏金石甚富。有《攀古楼彝器图释》。辑有《滂喜斋丛书》《功顺堂丛书》。

除同治十年（1871）组织龙树寺集会外，潘祖荫还在光绪七年（1881）任国史馆总纂期间，嘱谭宗浚分纂《儒林》《文苑》二传。后来，谭宗浚"博稽掌故，阐扬幽隐，方脱稿而简放云南粮储道之命下"②，二人交往遂中断。

（三）翁同龢

翁同龢（1830—1904），字声甫，一字瓶生，号叔平，又号瓶笙、松禅，晚年自署松禅老人、瓶庵居士。翁心存之子。咸丰六年（1856）进士，授修撰。后相继典试陕西、甘肃、山西。丁父忧回籍。服满，转中允。在弘德殿行走，累迁内阁学士。光绪元年（1875），署刑部右侍郎，为光绪帝师傅。后迁都察院左都御史、刑部尚书、工部尚书、户部尚书，加太子太保衔，授军机大臣。戊戌变法时，支持康有为的某些主张，被人视为帝党中坚、维新派导师。光绪二十四年（1898）四月，慈禧太后将其革职回籍。光绪三十年（1904）卒于家。宣统元年（1909），诏复原官，追赠"文恭"。著有《瓶庐诗稿》《瓶庐丛稿》《松禅相国尺牍》《翁文恭公日记》等。

据《翁同龢日记》载，光绪元年（1875），翁同龢收到谭宗浚送的谭莹文集及广东新刊《古今解汇函》八套。光绪九年（1883），翁同龢赴庶常馆

---

① 苑书义、孙华峰、李秉新：《张之洞全集》第十二册，河北人民出版社1998年版，第10129页。

② 唐文治：《诰授中议大夫云南粮储道谭叔裕先生墓表》，《茹经堂文集（第一编）》卷六，《民国丛书》第五编，上海书店1996年影印本。

开课，谭宗浚时任分教。光绪十一年（1885）八月初三日，翁同龢因错失送别谭宗浚之良机，而感到非常遗憾。据此可知，二人交往属通家之谊。

（四）马其昶

马其昶（1855—1930），字通伯，晚号抱润翁，安徽桐城人。少承家学，学古文词，并问业于吴汝纶。后又师事张裕钊。刻苦自厉，文益进。光绪元年（1875），吴、张见其文劲悍矜练，甚为赞许。然屡应乡试不中，遂绝意仕进，长期教习乡里，潜心向学，声誉日隆。朝廷屡次征召，皆坚辞不就。宣统二年（1910）入都，应聘编纂"礼经"课本，授学部主事，充京师大学堂教习。1916年，任清史馆总纂，主修儒林、文苑及"光宣大臣传"。后以病归里。为文恪守桐城家法，以"宗经"为本，以碑传、史论为主。著有《抱润轩文集》《桐城耆旧传》《周易费氏学》等。

据陈祖任编《桐城马先生年谱》知，光绪七年（1881），谭宗浚与马其昶二人始订交。光绪九年（1883），马其昶因母丧归桐城，谭宗浚作《赠马通伯明经其昶即送其归桐城》。在该诗中，谭宗浚除述及二人交游情况外，也表达依依不舍之情。其诗云：

鄙生住京国，寒暑今数周。出门无所适，懒谒公与侯。
比邻得马生，当代韩李俦。锐志眇三古，放怀登九州。
有时或匿颖，不露戈与矛。潜锋突肆出，武库森长修。
我惭见大敌，百对无一酬。自当走弃甲，遑敢争挟辀。
君生皖南郡，朴学多俊流。方刘始辟垦，姚管嗣锄耰。
数公并才彦，制作铿钟球。微嫌经术浅，世诟方未休。
君又精考据，读书穷汗牛。牙牙释苍颉，落落探玑钩。
义理及校订，两家庶通邮。今年应秋试，挟策随呷嚘。
嘈嘈群枥畔，见此骅与骝。谓宜骧沛艾，一顾空群驺。
何哉又遭摈，神骏嗟暗投。朔风吹大漠，秃树鸣飕飕。
仰屋噪飞雀，窥渊潜冻虬。叩门忽告别，骊驹逝不留。
首途始西郭，燕台委梧楸。霸图诚已陋，好士今谁求。
津门古碣石，殷赈百货稠。睥睨辒海若，飞腾催夷艘。
忽思读书法，如泛沧溟流。古人所历境，仅限坤维陬。
韩苏抵海裔，栩栩夸壮游。迩来泰西巧，跰踵穷十洲。
荦荦羃木树，隐隐层城楼。鲛女缅瑟坐，海童偏髻讴。
厥蟹大盈仞，有龟连六眸。瑰异杂忻愕，诙奇穷嘲啁。
其西通罗马，其南控阎浮。其北乃冰海，巍峨琼瑶邱。

荒哉六合外，近接如吭喉。回观滨海地，渺小真浮沤。
吾人习坟索，与此诚相侔。昔贤大川涉，今代穷岛搜。
或声音训诂，或金石校雠。或劘服贾颡，或抉颜裴幽。
贵能通其恉，小大随所投。譬彼楫栧具，始称千斛舟。
挂帆及沪浦，房帐膻荤愁。市儿逐海臭，壮士怀杞忧。
何时舞干化，侧伫前箸筹。大江壮天堑，南北斯鸿沟。
美酒贳京口，清歌闻石头。皓月大如盘，烂烂辉不收。
倒从贝阙底，悬此光明球。卸装及闾里，野老相绸缪。
入门洗鞾袜，上堂奉髓滫。时询米贵贱，系念关田畴。
丈夫四海志，惨戚诚所羞。寻常涉历地，一一皆远猷。
愧余窃薄禄，肉食疏国谋。别袂怅旋举，离樽嗟暂籑。
后会定何日，茫茫更葛裘。简缯幸频寄，疑义同容诹。
华年各努力，式好期无尤。①

民国十一年（1922），在谭宗浚辞世三十五年之后，马其昶撰《云南粮储道谭君墓表》以资纪念。

（五）于式枚

于式枚（1856—1915），字晦若，广西贺县人。少时卓荦有大志，博闻强记，善属文。光绪六年（1880）进士，以庶吉士，散馆用兵部主事。李鸿章疏调北洋差遣，历十余年，奏牍多出其手。光绪二十二年（1896），随李鸿章出席俄皇加冕典礼。归国后授礼部主事，由员外郎授御史，迁给事中。后充政务处帮提调、大学堂总办、译学馆监督。光绪三十一年（1905），由鸿胪寺少卿出任广东学政，后改提学使，命总理广西铁路。光绪三十三年（1907），擢邮传部侍郎。后出使德国，任考察宪政大臣。宣统元年（1909）六月，归国，以疾乞假。张之洞遗疏荐其堪大用。转吏部侍郎，改学部侍郎，总理礼学馆事、修订法律大臣、国史馆副总裁。民国成立后，侨居青岛。不久，病卒。谥"文和"。著有《德国宪政史》《于晦若遗诗》等。

谭宗浚与于式枚同为陈澧弟子，交往密切，感情深厚。谭宗浚在《送于晦若上舍式枚返粤》中称赞说："于君古豪士，逸藻铿兰鲸。腹腰无十围，万卷相支撑。"② 而于式枚在《将重赴广州留别谭三使君（宗浚）一百

---

① 谭宗浚：《荔村草堂诗钞》卷十，清光绪十八年（1890）刻本。
② 谭宗浚：《荔村草堂诗钞》卷七，清光绪十八年（1890）刻本。

韵》中也说:"眷眷谭使君,张饮开东厢。怅触当离筵,良会何能忘。使君宏雅风,今之韩欧阳。整辔逢高衢,绝学垂津航。"①

(六)顾复初

顾复初(1800—?),字幼耕,又字子远,号道穆,晚号潜叟,江苏长洲(今苏州)人。咸丰间,何绍基督蜀学,邀襄校试卷,后入成都将军完颜崇实、四川总督吴棠、丁宝桢幕府。工诗文,善书画。著有《乐静廉余斋文集》等。

谭宗浚先后作《赠顾幼耕丈复初》《顾幼耕参军复初》《正月初三夜梦顾幼耕丈赠余扇十数柄赋二首诗以纪其事》及《顾幼耕丈诗序》,由此可知,二人交游非常密切。

(七)缪荃孙

缪荃孙(1844—1919),字筱珊,一字炎之,晚号艺风。江苏江阴人。同治六年(1867),中举。光绪初,执贽于张之洞门下,始为目录之学。光绪二年(1876),成进士,改翰林院庶吉士。散馆,授编修,应张之洞之聘,助修《顺天府志》。光绪九年(1883),任国史馆总修,撰成《儒林》《文苑》《循吏》《孝友》《隐逸》五传。后主讲南菁书院、枥源书院、钟山书院,光绪二十八年(1902),赴日考察学务。归国草创教育改革。宣统元年(1909),充京师图书馆正监督。民国三年(1914),任清史馆总纂,协修《江苏通志》《江阴县志》。民国八年(1919)卒于沪。著有《艺风堂文集》《艺风堂文续集》《艺风堂文漫存》《艺风堂读书记》《艺风堂藏书记》等。编有《续国朝碑传集》《常州词录》等。编刻丛书有《云自在龛丛书》《对雨楼丛书》《藕香拾零》等。

在国史馆任职期间,缪荃孙与谭宗浚交往密切。在分纂《儒林传》《文苑传》的过程中,谭宗浚曾七次给缪荃孙去信,商讨具体事宜。如在《致缪荃孙(七)》中,谭宗浚说:

> 送复刘彦清、王眉叔、高伯平诸集,乞察入。刘、王两家骈文,成就甚小;伯平《东轩集》亦不见有独到处,此公似宜入翰林,或径拟删归下篇,统候卓裁也。昨有同乡来都,见赠新刻《春明梦余录》甚多,谨转一部奉饷,希哂纳。再,此公翻刻是书,意在广销,如有

---

① 于式枚:《于晦若遗诗》,《同声月刊》第三卷第十号,1944年,第94页。

人欲购买者，希示知为祷。每部价四两。手此奉上，即请开安，不具。①

后来，谭宗浚又应缪荃孙之请，撰写《翰林院编修缪君妻庄宜人诔》，对其妻德行予以礼赞。

（八）史念祖

史念祖（1842—1910），字绳之，别字弢园，江苏江都人。幼颖异，好读兵家言。后以军功，数保道员。同治六年（1867），克捻军李允谋部，晋升按察使。同治八年（1869），授山西按察使，年未及三十。后以其资名轻而解职。同治十年（1871），授甘肃安肃道，主关内外粮运，颇见赏于左宗棠。光绪四年（1878），晋甘肃按察使。光绪十年（1884），任云南按察使。后调补云南布政使。光绪二十一年（1895），授广西巡抚，坐失察赃罪，罢免。宣统二年（1910）病卒。著有《俞俞斋文稿初集》《俞俞斋诗稿初集》等。

在云南任职期间，谭宗浚与史念祖关系最好。光绪十一年（1885）十二月，谭宗浚抵云南接篆视事。史念祖在与谭宗浚交往过程中，发现其有归志，便作诗挽留，其诗有云：

> 姓名久在御屏风，使节南蛮岂圣衷。淮海菁莪拔经士（光绪壬午科，君主江南乡试，冯探花煦特以后场获隽），巴渝桃李颂文翁。环看斯世先鞭急，肯负当年对策忠。云里少微光不显，未应翘首羡归鸿。②

履职之余，两人不仅同游大观楼湖口与黑龙潭，而且还经常在一起探讨人生、切磋诗艺。如谭宗浚在《止庵笔语》中记载说：

> 江都史绳之方伯云："论人不宜观成败，律己则宜观成败。譬如科第未中，毕竟是学问尚疏。仕宦不迁，毕竟是才能尚小。如此方是圣贤克己功夫。"③

再如，史念祖在《书谭叔裕评李杜集后》中说：

> 叔裕将刊《评李白杜甫诗集》，问余曰："世多轩杜而轻李，于公何如？"余曰："难言也。"自乐废而音学疏，音学疏而诗道歧。世既舍

---

① 缪荃孙著，顾廷龙校阅：《艺风堂友朋书札》，上海古籍出版社1980年版，第76页。
② 史念祖：《俞俞斋诗稿初集》卷上《乙酉年十三首》，光绪三十二年（1906）刻本。
③ 谭宗浚：《止庵笔语》，民国十一年（1922）刻本。

音以论诗，更于不同道之诗，而判优劣，安怪其作穴中观斗之谈哉?①

后来，史念祖又作《谭叔裕泉山草堂诗集书后》，对其诗予以积极评价。在史念祖赴贵州布政使任所后，谭宗浚与其书信往来也较频繁。

在获悉谭宗浚卒于归途旅次的消息后，史念祖相继作《祭原任云南粮储道谭叔裕文》与《挽谭叔裕视察》，予以哀悼。在祭文中，史念祖对好友的离世深感自责，他说："所最悔者，我误公半年之留。或公再迟半年，以待疾瘳，万不至险滩酷暑，无亲无友，而殡于客舟。"② 在诗中，史念祖却表达了同样的心情：

去年送我别城东，六月相思书四通。才富春潮心止水，神寒霁月气长虹。

论交更在文章外，速朽都惊草木同。君本谪仙归亦好，独悲慧业半途空。③

在谭宗浚辞世之后的第四年，史念祖又作《园通寺追怀谭叔裕》，以资纪念。

（九）朱庭珍

朱庭珍（1841—1903），字筱园，一字晓园，云南石屏人。光绪十四年（1888）举人。少嗜学，尤好诗文。光绪间，与同里陈庚明、昆明张星柳、剑川赵藩、浙江山阴陈鹃父子，在昆明结莲湖吟社，以诗文唱酬。为诗倡唐风，所作论诗绝句及诗话均见卓识。著有《穆清堂诗钞》《筱园诗话》等。

光绪十二年（1886）四月，朱庭珍与纂修《云南通志》诸人一起邀谭宗浚集昆明莲华寺海心亭觞咏，谭宗浚作《海心亭宴集记》纪其事。后来在谭宗浚辞官归里时，朱庭珍作《送观察谭叔裕先生宗浚解组归粤东》。其诗云：

远凌贾郑宗程朱，文章余事兼欧苏。华年簪笔游蓬壶，奇才屡闻天子呼。

学视西蜀文衡吴，手支铁网罗珊瑚。公门桃李栽千株，春风化雨群沾濡。

---

① 史念祖：《俞俞斋文稿初集》卷二，光绪三十二年（1906）刻本。
② 史念祖：《俞俞斋文稿初集》卷四，光绪三十二年（1906）刻本。
③ 史念祖：《俞俞斋诗稿初集》卷上《戊子年三首》，光绪三十二年（1906）刻本。

绣衣持节昆明湖，力兴水利丰储胥。民生休养滇流舒，抁扬风雅逢公余。

　　披植杞梓开榛芜，吹嘘崖壑冬回枯。平生忤俗嗟迂疏，蒙公交契忘羁孤。

　　东坡心折黄鲁直，永叔雅爱梅圣俞。感公知已敦古谊，愧我才不前贤如。

　　秋风忽起思莼鲈，归隐五羊勤著书。迩来法兰复通市，交趾弃与维州殊。

　　东山未许便高卧，艰难时事须真儒。望公出展济时手，再为文苑收吾徒。①

该诗除对二人的交游情况作了一些介绍外，也对谭宗浚培育选拔人才方面的功绩有所描述。

（十）赵藩

赵藩（1851—1927），字樾村，亦作越村，号介庵，别号蜨佃，晚号石禅老人。白族。云南剑川人。少博学经史，负才略。光绪元年（1875）举人，为云贵总督岑毓英延佐军幕。历任筹饷局提调、酉阳知州、川东保商局督办、署永宁道、四川按察使等职。民国二年（1912），当选众议院议员，后以反袁世凯返滇。晚年任云南省图书馆馆长，从事乡邦文献整理。著有《向湖村舍诗初集》、《小鸥波馆词钞》六卷、《向湖村舍文集》，主编《云南丛书》。

在谭宗浚任职云南时，赵藩与其结识并交往。有感于谭宗浚所作的《览海赋》是"君子经世之文也，而非犹夫文士之文也"②，赵藩于光绪十四年（1888）将其单独刊印出版，并在《览海赋叙》中对二人交游及该赋刊刻情况作了如下说明：

> 云南粮储道谭叔裕所为俪体文，曰《希古堂文乙集》，已刻者三十余篇，未刻者尚近百篇。藩从假钞，甫毕《览海赋》，而观察引疾去官，索稿还。未几，观察道卒于邕南舟次。权昆明令君新会黄笛楼司马约同人于圆通寺庑，为位而祭，语及观察遗文，藩出此赋，借钞者坌集，乃如已刻稿式，付梓已广其传。西林岑公子尧阶助之资，昆明

---

① 朱庭珍：《穆清堂诗钞续集》，民国刻云南丛集本。
② 谭宗浚：《希古堂文乙集》卷首，光绪十四年（1888）刻本。

倪旭初同年，晋宁徐仲苓孝廉襄校订，既讫工，而藩濡笔弁于首。①

后来，赵藩又将他收藏的谭宗浚《于滇日记》抄本转交给云南省图书馆，以备研究者查阅。由此可知，在保存谭宗浚文献资料方面，赵藩是作了不少贡献的。

（十一）廖廷相

廖廷相（1843—1897），字子亮，又字泽群，广东南海人。同治九年（1870）举人，光绪二年（1876）进士，改翰林院庶吉士，授编修，充国史馆协修。假归后，不复出。后任广东水陆师学堂总办、惠济义仓总理、南海保安局总理。兼任金山、羊城、应元、广雅书院山长及学海堂、菊坡精舍学长凡十余年。光绪二十三年（1897）卒。长于文史及音韵之学。著有《礼表》《群经古今文法假发考》《广雅问答》《金石考略》《北郭草堂集》等。

谭宗浚与廖廷相是关系特别要好的朋友。在《希古堂集序》中，廖廷相提及二人交游的具体情况，他说：

> 忆自辛巳岁，余读礼家居。服阕后，君屡促入都供职，至则扫径以待，馆余于宅之东轩，晨夕聚晤，赏奇析疑，至相乐也。无何，君以京察一等，简放云南粮储道。京师朋好咸惘然，以君去，失一益友。君亦不乐外任，意殊怏怏。越日，衰其生平所著付余，曰："云南水土瘴疠，殆非人居。某既抱贾生远徙之悲，不无盛宪忧生之戚。倘或不禄，则此区区者，比张堪妻子之托，尤为要著。"余时方讶其不情，因为序赠行，厉之道义，以释其意。
>
> 及君出都，而余随亦南返。邮书往复，常有东山之志。比闻君引疾归里，方谓平生论撰，商榷有期，而隆安凶问遽至矣。悲夫！才为造物所忌，一至此哉！②

后来，廖廷相将谭宗浚诗文集加以整理，并次第刊印，以广流传。

（十二）梁起

梁起（生卒年不详），号庚生，原名以瑭，广东南海人。少肄业于学海堂，长于诗，尤工骈体文。光绪十一年（1885）举人，为菊坡精舍学长。大挑一等，任广西知县。因事假归，不久病卒。著有《庚生日记》。

---

① 谭宗浚：《希古堂文乙集》卷首，光绪十四年（1888）刻本。
② 谭宗浚：《希古堂集》卷首，清光绪十六年（1890）刻本。

梁起为谭莹弟子，与谭宗浚来往密切。如在《赠梁庚生茂才以塘》中，谭宗浚如此评价梁起：

> 近年伯鸾子，诗好众人传。傲骨少同辈，绮怀方妙年。
> 声名同玉茗，词赋俪金荃。风雅南园替，期君拔戟先。①

光绪八年（1882），谭宗浚在由金陵返京城的途中，作《途中寄庚生茂才八首时余有所感故拉杂无次并乞庚生勿以示人》。其三云：

> 君性近通侻，而我颛且拘。旁观窃睨视，泾渭疑各殊。
> 岂知胶漆契，有似邛馿虚。惜哉蓬梗断，各在天一隅。
> 君才当日益，闭户多居诸。古人富著述，大半忧患余。
> 我才当日减，珥笔腰银鱼。鉴裁愧明镜，致饰徒虚车。
> 愿言诤我失，兼代砭顽愚。冀闻任棠教，勿致嵇康书。

后来，在赴滇任职途中，谭宗浚在闻知梁起中举消息之后，喜赋长诗并寄书信予以祝贺。据此可知，二人交情深厚。

（十三）冯栻宗

冯栻宗（生卒年不详），字越生，广东南海人。咸丰十一年（1861）中举。同治四年（1865）进士及第。以主事选用，任职刑部贵州司，历充刑部要差，总办秋审处。曾奉差赴吉林理刑，得四品衔。后辞归，受聘广州西湖书院讲席。年七十余卒。著有《海目庐诗草》。

谭宗浚于自己诗集中多次提及冯栻宗。如在《都门晤冯越生同年赋赠》中，谭宗浚说：

> 十年交遍江湖客，傲兀崚嶒见汝才。浩荡千秋期励志，淹留几日共登台。
> 携樽李白论文细，拔剑王郎斫地哀。莫道相逢难再晤，天生我辈岂蒿莱。②

后来，谭宗浚又在《与冯越生同年书》中谈及二人的感情：

> 惟吾与子，迹疏心密。情好所洽，若磁引针。积怀所抒，譬松悦柏。每当芳草积径，白云在天，未尝不追怀嵇生，眷怀元度也。③

---

① 谭宗浚：《荔村草堂诗钞》卷三，清光绪十八年（1892）刻本。
② 谭宗浚：《荔村草堂诗钞》卷五，清光绪十八年（1892）刻本。
③ 谭宗浚：《希古堂集乙集》卷二，清光绪十六年（1890）刻本。

光绪六年（1881），谭宗浚应冯栻宗之请，作《海目庐诗草序》。在序文中，谭宗浚再次述及二人的交情：

> 余与越生交几廿年矣。君初见，即属余序其诗，卒卒未暇也。同治乙丑，君成进士，观政刑部。越九年，余始登第。君尝谳狱往吉林，而余亦由四川入都。中间南北往返，每见必谈诗，或各出所作以相质证。君美风仪，性傲兀，平生以不得词馆为恨。凡入词馆者，君必訾谤之杯酒间。纵言时事，或伴为恢诡雄快之论，以警其座人，是以人多畏君者。余在翰林，顾独与君相昵，亦以君慷慨是喜，信有以自守而不随于流俗也。①

由此可见，谭宗浚与冯栻宗之间的关系相当密切。

（十四）陈宗侃

陈宗侃（生卒年不详），字孝直，陈澧之子，广东番禺人。光绪五年（1879）优贡生。

谭宗浚与陈宗侃是世交，二人之友情，自非常人可比。在最后一次赴京应试期间，谭宗浚一连作了五首诗，表达了对陈宗侃的思念之情。如在《寄孝直》中，谭宗浚说：

> 野人不知春，低首入矮屋。归来视庭柯，婀娜袅新绿。
> 草木尚多情，欣欣媚晴旭。而我独何为，抱影怀疢辱。
> 与君同世交，臭味复一族。相怜各夔蚿，暂别若鹡鸰。
> 尊人今河汾，着书满箱簏。及门多伟儒，讲义相往复。
> 君时执经过，篇籍资洽熟。考订穷郑王，渊源辨朱陆。
> 虽怀铩翮伤，菽水欢亦足。鲰生坐五穷，矗岁痛茕独。
> 严亲切期望，经史懔相督。谓言荷门基，或冀资簿禄。
> 哀哉风树零，马鬣已先卜。负米惭昔人，愧耻悬心目。
> 时于冠盖场，背面剧鸣哭。异时博微官，疚罪已难赎。
> 偻指朋侪多，几人谅心曲。高台悲风生，苍莽纡远目。
> 思君隔容颜，一别换寒燠。题诗试缄寄，已与泪相续。
> 遥知南望人，话我北游躅。思君复思君，荣名相勉勖。
> 春草一寸晖，胜如万金玉。慈乌自反哺，勿羡离巢鹄。②

---

① 谭宗浚：《希古堂集甲集》卷一，清光绪十六年（1890）刻本。
② 谭宗浚：《荔村草堂诗钞》卷五，清光绪十八年（1892）刻本。

另外，邓维森、林彭年等二十二位岭南人士与谭宗浚的交游情况，可参看谭宗浚作《邓啸筼茂才诔》与《伤逝铭》二文，此处不再赘述。

三、弟子

（一）唐文治

唐文治（1865—1954），字蔚芝，号茹经。江苏太仓人。6岁入塾读书。母督责甚严。光绪八年（1882）中举。光绪十八年（1892）中进士。光绪二十六年（1900），奉旨赴日本考察社会政治。光绪二十八年（1902），随陶大钧出使英国。历官外务部郎中、商务部右丞、商部左侍郎、农工商部尚书。光绪三十二年（1906）十二月，母丧，南归，居上海。后任上海高等实业学堂监督，无锡国学专修学校校长。著有《茹经堂文集》等。

鉴于谭宗浚"《辽史纪事本末》十六卷，寄存粤东亲戚家，适罹水灾，竟至澌灭"① 的情况，在接到谭祖任寄来的《辽史纪事本末诸论》时，唐文治决定"敬请友人无锡钱君子泉加以圈点，并请同年陈石遗先生为序文，吾娄王君慧言代任校雠之役，寿诸梨枣，以公当世"②。唐文治曾于《辽史纪事本末诸论跋》中谈及二人的师生情缘时说：

> 文治壬午乡试出先师门下，时未弱冠。先师一见，叹赏不置，许为大器。丙午后，先师外转云南粮储道，遂一别不得见矣。追念微名所自，每饭不忘。矧际兹时艰孔棘，沧海横流，抚先师兹编，并读《览海赋》，不禁涕泗之滂沱也。③

由此可知谭宗浚对其影响之深。

（二）冯煦

冯煦（1844—1927），字梦华，号蒿庵，晚号蒿叟，江苏金坛人。光绪十二年（1886）进士，授编修。历官安徽凤阳知府、山西按察使、安徽布政使。光绪三十三年（1907）恩铭被刺死后，继任安徽巡抚。民国成立后，被任命督办江淮赈务，受聘纂修《江南通志》。以治词名世，成就卓著。著有《蒙香室词》《蒿庵诗集》《蒿庵类稿》《蒿庵随笔》等。另辑有《宋六

---

① 谭宗浚：《辽史纪事本末诸论》卷末，清光绪十八年（1892）刻本。
② 谭宗浚：《辽史纪事本末诸论》卷末，清光绪十八年（1892）刻本。
③ 谭宗浚：《辽史纪事本末诸论》卷末，清光绪十八年（1892）刻本。

十一家词选》。

冯煦也是谭宗浚典试江南时所取士。在谭宗浚任职云南时，冯煦曾去信向其请教。其信云：

> 去年阅邸抄，知有滇南之役。以我师之才之望，不使之润色史宬，成不朽之盛业。顾问经筵，赞中兴之隆轨。而一出禁中，遂投徼外。益州奉使，几类子渊、乐浪远宦，且同亭伯、违才易务。波涛寸心，北来见蒯生为道端委，弥用怏怏。昔疏粟三事，沈约几以抵罪。读庄二篇，温岐遂以见摈。以师方之，殆符前策。然师褰帷问俗，露冕班春，总茶由之十科，课谷租之三调，朱旗铜鼓，争为骑竹之迎；金马碧鸡，亦隶憩棠之部。视彼二贤，尚或过之。且我朝汤潜庵、施愚山两先生出为参议，入为侍讲。今则赵萃甫以兵备为太常，沈仲复以按察为京兆，并稽古之殊荣，词科之掌故。我师凤池见归，鹤钥再典，既前刑之具在，亦左券之可操。前之所闻，未足深论。蕴隆虫虫，台候万福。昭农绪稼之政，剖决如流。置漕驾水之勤，综理无滞。导刘晏于前旃，纤裴休于来轸。竿牍多暇，铅椠遂积。抗心希古，骋千秋一二之才。抵掌谈今，陋八家四六之选。过朱鸢而勒铭，临青蛉而树碣。南交君长，如石室之戴文翁。西洱儿童，犹潮阳之师韩愈。此则兰台掌制，何如宣三限之勤。蓬观雠书，何如开一方之学。师之此行，天殆有意于彼都文物邪？

> 煦比岁以来，主徐州一书院，仰惭马队之讲，俯就鸡鸣之舍。中春之始，乃赋北征，粗习庚经，滥膺甲第，已逾平津说经之年，未称左雄家法之试。虽与家令充赋之选，实谬广川射策之谊。生我之戚，既不获见门伐之荣。知己之感，复无以效流壤之报。侍簪花之末坐，则顾而自惭。临视草之曾台，则望而却步。抚衷循省，竦息无量。且家世单寒，质性懒散。既宗元之大拙，又方朔之长饥。赋本獭祭，不能斗八义之捷。字类雅涂，无以希一时之妍。忽忽居此，遂以半岁。接于目者，类俳优猥杂之状。触于耳者，率米盐琐细之谭。强相酬对，则凿枘不容。漫无訾省，则柴棘交集。怀刺上谒，足踽踽而不前。发箧陈书，神惛惛而将寐。岂云高第，侪坊曲九流之末？岂云通材，等乡里小儿之学？求如我师，目营七略，心醉六艺。清言名理，乐广不足方其奥。高文典册，班马不足喻其奇。而相去万里，不获参倚。箴愚砭谬，都无复望。煦亦岂能久尘承明之庐，谬希著作之林邪？伏乞加之题品，赐之教督，俾驽下之乘，不致踬于中涂。散樗之材，得少程其一得。世之论者，将谓敬舆知举，曾收退之。永叔选士，亦放玉

局。其所裁就，夫岂有厓。侧身南望，起居末由，伏承道履，临书屏营。①

在谭宗浚辞世之后，冯煦作《祭谭叔裕师文》，以示哀悼，其文云：

呜呼哀哉！

仪征秉节，粤学元胎。东塾得之，亦奇亦侅。鱵鱵先德，绝业以恢。并象文明，犹杓于魁。我师竺生，父教师教。颛门既传，亦劭庭诰。大放厥辞，惟妙惟徼。风涛惊滂，云汉垂曜。丁年射策，声弥周庐。帝用嘉之，上第是除。校经金匮，揿文石渠。颇眱同列，蝉噪蝇呋。左岷右皤，江漾所会。卿云代兴，蓺林扬旆。师提其衡，拔尤摪最。前有南皮，莫能两大。名满宙合，忌亦随之。一鹤孤骞，刺天群飞。将欲挤之，乃先推之。匪推匪挤，出之南陲。南陲三岁，百度咸理。如寐使觉，如仆使起。民心则夷，师心则耻。幡然弃归，一官敝屣。冥冥桂管，背冬涉春。雄虺九首，蝮蛇蓁蓁。不朝不夕，潜来伺人。昆仑比景，敓我天民。呜呼哀哉！玄黓之岁，师至江左。万卷庚庚，多否少可。剖豪析芒，断之以果。群蒙既祛，其鉴在我。我之不才，而师曰才。雕我窳朽，策我驽骀。畴昔侍坐，高谈殷雷。铿铿百氏，若庄若谐。一障南征，遽陨国宝。民亡羽仪，士失坊表。岘首沈碑，茂陵遗稿。临风写忧，恝焉如捣。

呜呼哀哉！②

从中可见谭宗浚对冯煦的影响。

除以上两位学生外，谭宗浚还在《尊经书院十六少年歌并序》提到了他的16位四川学生。其诗云：

余甫至蜀，张香涛前辈之洞语余云：蜀才甚盛，当以五少年为最。谓绵竹杨锐、井研廖登廷、汉州张祥龄、仁寿毛瀚丰、宜宾彭毓嵩也。嗣余校阅所及，又得十一人。因仿古人八仙九友之例，为《尊经书院十六少年歌》，其有绩学能文而年过三十者，均不在此数。凡诸生所作文字，具见余近刻《蜀秀集》中。

宏农博赡谁与侔，手披七略函九流。房星降精骋骅骝，蹴踏要到昆仑丘（绵竹杨锐，字叔峤，年二十一）。

廖子朴学追服刘，校勘审碻刊谬悠。森森腕底攒戈矛（井研廖登

---

① 冯煦：《蒿庵类稿》卷十四，民国二年（1913）刻本。
② 冯煦：《蒿庵类稿》卷三十，民国二年（1913）刻本。

廷，字勋斋，年二十七)，

张生烂烂双电眸。曹仓杜库一览收，读书欲遍秦与周。崭然笔力回万牛（汉州张祥龄，字子馥，年二十二），

小毛词翰扬马俦。如驾青翰凌沧洲，珊瑚炫耀珠玑浮（仁寿毛瀚丰，字鹤西，年二十七）。

范君渊雅文藻优，长离宛宛升云游（华阳范溶，字玉宾，年二十四）。

鹓鹐之孙内衍修，笃志坟典兼索邱。问事不休贾长头（华阳傅世洵，字仲戡，年二十三），

邱郎静谧勤咿嚘。文学穰穰囷仓稠（宜宾邱晋成，字芸蕃，年三十），

老籛词笔雄九州。字里隐跃腾蛟蚪（宜宾彭毓嵩，字籛生，年二十七），

清河才调万斛舟。余事笔札追鹄鷫（乐山张肇文，字梓亭，年二十七），

乐安傲骨轻王侯。神峰峻立恨少道，稍加淬炼成纯钩（忠州任国铨，字巽甫，年二十三）。

濂溪经学穷微幽，远媲孟喜兼施雠（成都周道洽，字阔民，年二十四）。

短宋词笔工雕搜，华熳五色垂旌旍（富顺宋育仁，字云岩，年十九）。

南丰诗卷清而浏，独鹤矫矫鸣霜秋（成都曾培，字笃斋，年二十六）。

延陵门内交唱酬，如彼荣郁兼谈彪。振辔词囿扶轮辀（犍为吴昌基，字圣俞，年二十二。从父廷佐、廷傅、廷俊亦均有词藻），

东吴文学春华抽。若琢瑚簋铿琳璆（成都顾印愚，字华园，年二十一），

戴侯嗜古剧珍馐。翩翩下笔难自休，看汝追逐登凤楼（江津戴孟恂，字伯挚，年二十八）。①

后来，谭宗浚又作《将解任留别蜀中士子八首》。如其八云：

怅怅别江干，雪花大如席。平时无涕泪，今日辄横臆。
勿为儿女悲，萍梗会相值。异时倘偶逢，君亦列执戟。

---

① 谭宗浚：《荔村草堂诗钞》卷八，清光绪十八年（1892）刻本。

> 功名何足夸，根本在学植。况今中兴时，文治正腾赫。
> 共扶大雅轮，砥砺各努力。勖哉弼承平，经术资润色。
> 悬知京辇游，当许共晨夕。

光绪五年（1879）冬，在谭宗浚即将登舟离开四川之时，杨锐等人抵薛涛井送别。谭宗浚甚为感动，并作诗以示感谢。其诗云：

> 白日悬空际，江流急巂边。我心如落叶，飞堕蓟门前。
> 之子远相送，骊歌殊黯然。相逢幸珍重，会奏上林篇。①

以上诗歌表明，谭宗浚在四川与学生相处非常融洽。

综上所述，通过对谭宗浚交游情况的考察，我们既可以对他的政治理想、生活志趣、创作态度等有一个更全面的认识，又可以看出他在当时的影响。

---

① 谭宗浚：《荔村草堂诗钞》卷八，清光绪十八年（1892）刻本。

附录四 谭氏父子集外诗文辑考

（一）谭莹集外诗文辑考

谭莹的诗文目前主要收录在《乐志堂诗集》《乐志堂诗略》《乐志堂文集》《乐志堂文续集》中。因谭莹少时"间作冶游，忍俊不禁，随有所赠，而概不存稿"①，又加上《乐志堂诗续集》已散佚无存，故谭莹诗文遗失甚多。笔者共辑得谭莹集外诗歌 30 首，集外文 4 篇，现迻录并考证如下，以供研究者参考。

一、集外诗辑考

赋得司空表圣诗品句（四首）

风日水滨

一溪春水一帆风，才得新晴便不同。晒柳光阴红板外，吹花消息绿波中。
金堤载酒朝寒褪，画舫钩帘夕照烘。最是诗心明丽处，有人吹笛倚楼东。

夜渚明月

荻花疏处月盈盈，烟水苍茫极望平。峭岸圆沙秋有色，东船西舫夜无声。
江乡风露清如许，水国鱼龙静不惊。谢尚今宵何处泊，袁生吟讽可胜情。

---

① 谭莹：《乐志堂文续集》卷一，清咸丰九年（1859）刻本。

空潭泻春

洗出春光绝可怜,水深千尺渺无边。桃花新涨三篙软,竹箭中流一镜圆。

雨气全沉金碧画,云光遥荡蔚蓝天。画船此会游人少,结侣能来即胜缘。

画桥碧阴

蒙蒙树影夹春堤,十丈平桥雁齿齐。榆荚吹残红板外,楝花开到赤栏西。

吹箫曲院门临水,卖酒人家屋枕溪。垂柳两行休折尽,路旁无数玉骢嘶。

拟张曲江望月怀远

海上生明月,清光照鬓华。客愁长似水,秋梦不离家。
南国久无信,东篱寒有花。最怜儿女大,都解忆天涯。

按:以上五首诗均录自阮元辑《学海堂集》卷十四,清道光五年启秀山房刻本。学海堂是由乾嘉时期著名学者阮元继杭州创建诂经精舍之后,于嘉庆二十五年(1820)在广州城北粤秀山创办的又一个以专重经史训诂为宗旨的书院。《学海堂集》共16卷,收录谭莹文有4篇,诗有67首。

阮元曾在《学海堂集序》一文中介绍了自己编选该集的目的和动机,他说:"道光四年,新堂既成,初集斯勒,四载以来,有笔有文,凡十五课。潜修实践之士,聪颖博雅之材,著书至于仰屋,岂为穷愁论文期于贱璧,是在不朽及斯堂也。"①

而吴岳在《新建粤秀山学海堂碑》中又补充了以下内容:"比来粤,亦如其所以造浙士者。道光元年春,倡学海堂课。凡经、义、子、史、前贤诸集,下及选、赋、诗歌、古文辞,莫不思与诸生求其程,归于是,而示以从违取舍之途。然所课之堂,尚未有其地。粤之慕古之士益以淬厉,群翘首跂足,希登其堂,以共畅其拟议、所欲言。公亦不以粤士为卑愚,而喜其可相与有成也。"②

综合以上内容可知:阮元开学海堂课士的具体时间为道光元年,编选

---

① 阮元:《学海堂集》,清道光五年(1825)刻本。
② 阮元:《学海堂集》,清道光五年(1825)刻本。

《学海堂集》的时间为道光四年冬,由此可以断定:谭莹这五首诗当作于道光元年至道光四年之间。

七夕咏古(二首)

长生殿

轧荤山前鼓声死,三郎郎当子天子。生生世世葬梨花,阿环不愿帝王家。

可怜西去长安道,霜红染遍绿坡草。前身幸是玉真妃,岁月蓬壶镇长保。

比翼鸟,连理枝,思君无已君知之。人间天上会相见,未定金风玉露时。

蔡经家

修到神仙无一事,蓬莱按临竟何地。不见麻姑五百年,暂到人间却游戏。

游戏本寻常,仙踪各一方。前番朝阿母,绿鬓似秋霜。

当筵鸟爪擗麟脯,空中似闻云鹤舞。遗坛表异留井山,餐花绝粒今琼仙。

蓬莱水深深无极,再阅沧桑谁更识,枉取丹砂遍人掷。

鱼鹰曲(四首)

菰蒲深处逐鱼忙,穴处巢居遍水乡。一自小环长挂项,此生辛苦属鱼郎。

烟村好景夕阳初,晒网篱门岸柳疏。一幅辋川图画在,古查独立更衔鱼。

佳名共署摸鱼公,楚楚芦花浅水中。一饱艰难偏不得,得鱼仍属主人翁。

莲渚菱汀旧钓矶,一川花雨认依稀。性情本与鹰鹯异,满目烟波饱不飞。

按:以上诗歌均录自吴兰修辑《学海堂二集》,清道光十八年启秀山房刻本。《学海堂二集》共二十一卷，其中收谭莹文6篇，诗23首。

据吴兰修作于道光十六年十月的《题识》载："宫保中堂云台夫子于甲申冬选刻《学海堂初集》，自乙酉春至丙戌夏，尚经数课，如《释儒》《一切经音义跋》《何邵公赞》，皆是其用江文通杂体拟古诸作。则丙春阅兵时，舟中点定者，今卷十八各诗是也。迨丙秋移节，始设学长料理季课。嗣后，督抚大吏，如成大司寇、李协揆、卢宫师、祁宫保暨翁、徐、李、王、李诸学使皆亲加考校，乐育日深。而堂中后起，亦多聪颖好学之士。蒸蒸濯磨，各体佳卷，兰修等录存，积成卷帙。适嘉兴钱新梧给谏游粤，为之汇选。至邓制府课堂中士，屡询近选，于是二集刊成。"①

由此可知，以上六首诗歌创作时间在道光六年至道光十六年之间。

绿阴（四首）

黯黯离离夏亦寒，宛然空翠扑兰干。旧家池馆蝉声乱，深院帘栊鹤梦安。荷叶似云维钓艇，槐花如雨解征鞍。山重水复荆关画，端为绵蒙着笔难。

不宜疏雨但宜晴，相间风声杂水声。澎湃况当飞瀑溅，玲珑肯放夕阳明。竹床藤枕神仙乐，豆架瓜棚畎亩情。却忆仲春挑菜节，嫣红交错坐闻莺。

满地风漪有冻痕，年时惨绿最销魂。池平树古凉于水，日静阶闲日又昏。几榻饯春弥勒寺，琴尊销夏辟疆园。南归五月轮蹏路，翠竹江村记款门。

春去春来总不知，落花门巷更怜伊。低环院宇停歌扇，浓压楼台卓酒旗。翠幕风馨飞燕子，金塘水碧浴鹅儿。老来谁作芳时恨，转笑寻春杜牧之。

按：以上诗歌录自张维屏辑《学海堂三集》卷二十三，清代咸丰九年启秀山房刻本。《学海堂三集》共二十四卷，其中收谭莹文12篇，诗71首。

据张维屏作于咸丰九年三月的《题识》载："自道光乙未年《学海堂二

---

① 吴兰修：《学海堂二集》卷首，清道光十八年（1838）刻本。

集》刻成后，制府、中丞、学使课士如旧。阅己酉年积卷既多，叶相国命选刻《三集》。维屏等选为一帙，厘为二十四卷，呈请鉴定，以付梓人。会有兵事，今乃告竣，续于《初集》《二集》之后，而印行之。"①

于此可见，谭莹这几首佚诗作于道光二十九年。

乙巳九月杏林庄宴集（二首）

载酒园中未识荆，李郎才调凤知名（谓紫黼茂才）。入山采药心相契，临水看花眼最明。三迳君殊张仲蔚，九京余忆蒋元卿（谓香湖上舍，屡曾代君招饮而未赴也）。似曾相晤才相见，纵饮千觞亦至情。

绿野平泉可百年，一邱一壑也修然。居人本以花为业，贤主恒锄药即仙。城市村分宜静境，画书诗好寄闲缘。留题读遍归帆挂，记约重来看木棉。

按：以上诗歌录自邓大林辑《杏庄题咏》卷三，清代道光二十六年（1846）刻本。

邓大林（约1816—1909），字卓茂，号荫泉，自号意道人，又号长眉道人，广东香山（今中山）人。监生，官中书。精炼丹术。中年始学画，善山水，兼写花卉。辟园于广州芳村花埭，以为莳花炼药之所，名曰"杏林庄"，与诸名流结诗画社于其中。编有《杏庄题咏》四卷、《杏林庄杏花诗》四卷、《杏林癸丑修禊诗集》，著有《杏林庄草》。

诗中"紫黼茂才"指李长荣。李长荣（1813—?）字子黼，一作子虎、紫黼，号柳堂，广东南海人。诸生，官教谕。为张维屏入室弟子。辑有《岭南集钞》《柳堂师友诗录》《寿苏诗集》和《庚申修禊集》，编有《问鹂山馆诗钞》。"香湖上舍"指蒋莲。蒋莲，字香湖，广东香山（今中山）人。工人物画，为同期画家兼诗人熊景星画游具九种。熊景星与徐荣均有诗和之，一时传为韵事。

从诗题知，谭莹这两首佚诗作于道光二十五年（1845）。

柳堂春禊诗（二首）

湖州警报又端州，排日为欢感昔游。如此人材半伊洛，重来朋旧总山邱。卅年吾忆凌波榭（楼名，乙酉珠江秋禊集此），三载君辞赏雨楼。

---

① 张维屏：《学海堂三集》卷首，清咸丰九年（1859）刻本。

步履东篱幽兴极，祇今随地欲淹留。

佳辰偏值雨兼风，高柳新晴万绿同。补禊恰逢寒食节，吾宗弥愿闰年丰。捐输剿捕需能政，消息传闻说战功。两遇重三春最好，忍令花落酒尊空。

按：以上诗歌均录自李长荣、谭寿衢辑《庚申修禊集》，咸丰十年刻本。

据谭莹《庚申修禊集序》介绍：岁当辛丑，闰值重三。狮海波翻，虎门星陨。独樯不靖，百堵皆空。艨艟径抵五羊，间衖分屯万马。学离家之王粲，比赁庑之梁鸿。谁如桑者之闲，竟负花田之约（预订修禊花田，不果）。禊事不举，春光遂阑。兹喜庚申，再逢元巳。人间何世，天下皆春。事记廿年，倏鸿来而燕去。春添三日，仍柳媚而花明。……三月三日，柳堂修禊，主之者，李子黼广文也。①

是日同集者，除谭莹外，还有樊封、徐灏、邓大林、倪鸿、李长荣、陈奎垣六人。②

由谭莹序文知，此诗作于咸丰十年。

八月上巳长寿寺半帆秋禊诗未成舟中补作

三月三日春刚半，盛集屡愁吟袂判（余春禊后，即作高凉之行）。桃花水满禊潭回，梅子雨晴诗境换。八月八日秋已深，禊堂倚装能苦吟。莲房乍冷粉初堕，蕙箭方生香迭侵。连年修禊聊复尔，抚时感事非今始。无诗大似孙兴公，有酒便学陶征士。今秋禊事益相宜，节殆重阳蟹正肥。百年哀乐供陶写，万里传闻决是非（津门尚无确耗）。布帆无恙诗肠热，半帆乐事倘消歇。新诗远寄羚峡云，旧画合补珠湄月（岁乙酉七月，邀同人修禊珠江，笛江广文作图，今失去。嘱六湖廉访补作焉）。

按：以上诗歌录自李长荣、谭寿衢辑《庚申修禊集》，清代咸丰十年刻本。诗中"笛江广文""六湖廉访"分别指岭南著名画家熊景星与罗天池。

谭莹于《庚申八月上巳长寿寺半帆修禊序》中云："主斯会者家博泉少尹，同集者共八人。时咸丰十年庚申秋八月上巳也。越七日，中秋，序于

---

① 谭莹：《乐志堂文续集》卷一，清咸丰九年（1859）刻本。
② 陈奎垣：《庚申三月三日柳堂修禊序》，清咸丰十年（1860）刻本。

羚羊峡舟次。"①

据此可知，此诗作于咸丰十年八月十五日。

赏雨楼春禊诗（二首）

禊堂觞咏宛前宵，地果濠梁复见招。西廨异花开绝域（座供蛮花），东桥野竹上青霄。重来五载尊仍在，幽兴今番路转遥（余移寓长寿寺书局）。难得故人如雨集，抚时感旧各魂销（谓丁巳同集，亦有四人下世者）。

冥冥氛祲易销亡，清海悬军越井冈。风雨来过晴亦闹，稻粱才足旱须防。节经浴佛浓荫碧，楼对迎仙落照黄（谓粤秀山长春仙馆）。多难登临聊纵饮，永兴砖谶九州荒。

按：以上诗歌录自李长荣、谭寿衢辑《庚申修禊集》，咸丰十年刻本。
据谭莹《庚申修禊集序》载："闰三月十三日，赏雨楼展闰上巳，主之者，亦家博泉少尹也。"②
由此可知，此诗作于咸丰十年。

春游次南山师韵

越台新局仿燕台，才浣征尘度度来（去秋八月，师招集庆春园）。贤主最难正月暇，美人原似好花开。簪缨系恋无斯乐，岭海升平老此才。有酒不辞连日醉，银筝象板况相催。游侣偏难继竹林（会辄六人），定言山水有清音。征歌畿辅谁青眼？载酒江湖共素心。月到上元知夜永（谓十四夜，黼香孝廉之招迟，师未至），花仍二月说春深（谓花朝前二日，兰甫同年之招）。鸾箫鼍鼓街坊闹，归逐涂人隔巷寻。

按：以上诗歌录自张维屏辑《新春宴游唱和诗》，道光二十六年刻本。该次宴游同集者有黄培芳、陈澧、陈良玉、邓大林、李长荣等五十余人。
对于此次集会唱和的缘由，张维屏在《新春宴游唱和诗序》中作了如下交代：

少壮之岁月安在哉？草草劳人，忽有老态。滔滔逝水，孰障狂澜？知我者谓我心忧，爱我者云何不乐。于是琼筵羽觞，召太白之烟景。青娥皓齿，放少陵之楼船。况乎烽火虽经，夏屋无毁，海氛既息，春台可登。赏

---

① 谭莹：《乐志堂文续集》卷一，清咸丰九年（1859）刻本。
② 谭莹：《乐志堂文续集》卷一，清咸丰九年（1859）刻本。

花岂待邀头，呼酒适逢婪尾（闻乡间诗会以"婪尾春"命题）。乐彼之园（庆春园、怡园），式歌且舞。沔彼流水（珠江），驾言出游。风中二十四信，开到鼠姑（牡丹咸开）。水上三十六鳞，招来鱼婢（谓花舫众花）。鱼龙曼衍，依然富庶规模（城内城外皆出龙灯）。箫鼓喧阗，洵属升平景象。

且往观夫，亦既觏止。今夫有张有弛，干道于此寓焉。斯咏斯陶，天机于此畅焉。何不鼓瑟，且以喜乐，风所以永日也。神之听之，终和且平，雅所以求友也。且饮食宴乐，见于易象。藏修息游，着于礼经。得朋有庆，既排日以宴游。矢诗不多，遂挥毫而倡和。意兴所至，何妨或速或迟。形迹胥忘，不问谁宾谁主。抛砖引玉，贱子请作前驱。连臂张弓（昔人谓作七律如挽强弓）。诸君同为后劲。存诸此日，窃比康衢击壤之声。传之他时，或助里社衔杯之兴。①

由于张维屏此序作于道光丙午春社前一日，故知此诗作于道光二十六年。

黄慎之守戎纪功诗

如毛群盗荣安危，大厦居然一木支。南国干戈成重镇，北门锁钥仗偏师。

万家保障君王识，百战威名里巷知。似说汉唐良将事，村农永忆擐桥时。

按：以上诗歌录自《羊城西关纪功录》，咸丰四年稿本。该书卷首收有樊封、张维屏、陈廷辅、何如镜等人序文，以及梁廷枏《慎之守戎歼贼纪功月日记》。除谭莹诗外，该书还收有同时期 200 多位诗人歌颂广州守将黄贤彪镇守广州西关伟绩的纪功诗。

对于黄贤彪击败红巾军的具体情况及成因，陈廷辅于《黄守戎纪功序》中有如下记载："吾粤自甲寅六月贼氛骚扰，忽而各乡各县络绎报闻，而省垣佛山其祸更烈。继而北城以外，乌合尤多。大吏守御严密，昼夜防虞，群凶不能蠢动。俟久，闻贼以西关为膏腴之地，旋生觊觎。遂于六月廿六日，群贼由西村直扑青龙桥，用火焚圾汛卡。斯时，正慎之守戎在草场汛镇抚之候也，奋不顾身，亲冒矢石，所带兵勇不过百五十人，杀贼无算，夺其器械多件，众贼寒心，莫不披靡。良以师允在和，不在众。守戎生平以信服人，故兵勇无不用命。叱咤指挥，贼胆已破，威风赫濯，贼势已孤。

---

① 张维屏：《新春宴游唱和诗》，清道光二十六年（1846）刻本。

故西关一带地方，悉资保障，固为大吏贺得人之庆，亦皆守戎视国如家，视人犹己，其待兵勇，披肝胆同甘苦之所致也。

昔闻盖嘉运为右威特军，人称其忠而能毅，智则有谋，拟之守戎，有过之无不及。其荣秩屡迁，宜也，非幸也。耳闻其名，心为佩服。及得亲炙，言皆真挚，品极和平，不敢以功自居，躬饲然有儒者气象。人惟有此根器，建之功业所以大过乎人也，诚为乡城内外之大有倚赖者。缙绅父老绘图制诗，以纪功绩，真足为从戎者劝。"①

陈廷辅《黄守戎纪功序》作于咸丰甲寅冬，故知此诗作于咸丰四年。

为顾雨亭题谢兰生画册（二首）

百钱能赁钓鱼船，荇渚菱汀别有天。夹岸绿阴人载酒，荔园重过泪潸然。（时里甫已归道山矣。又《题宋子京红烛修史图》云："不知雾鬓烟鬟队，谁是亲呼小宋名。"）

朝衫换却隐葫芦，卧酒吞花兴不孤。泉下也应重弥楫，先生原称住西湖。

按：该诗录自近代何藻翔编《岭南诗存》，谭莹、伍崇曜辑《楚庭耆旧遗诗前集》卷十二亦收录该诗。

谢兰生（1760—1831），字佩士，又字澧浦、里甫，别号理道人。广东南海人。乾隆五十七年（1792）举人。嘉庆七年（1802）中进士，选翰林院庶吉士。先后任广州的粤秀、越华、羊城书院和肇庆端溪书院山长，受业弟子有谭莹、徐荣、陈澧等人。道光初，任《广东通志》总纂，后又参与纂修《南海县志》。著有《常惺惺斋文集》《常惺惺斋诗集》《北游纪略》。

谭莹在《楚庭耆旧遗诗》中谢兰生条下有如下说明：庚寅四月，与先生同修县志，条例多先生手定，未成书，先生以辛卯三月与造化者游矣。在局时，曾为颜雨亭常博作画八帧，殆绝笔也。余各题其后，……并寓叹逝之意，常博极称之。②

据此可知，此诗当创作于道光十年与道光十一年之间。

---

① 《羊城西关纪功录》，清咸丰四年（1854）稿本。
② 伍崇曜、谭莹：《楚庭耆旧遗诗前集》卷十二，清道光二十五年（1845）刊本。

哭沈世良（四首）

大雅沦亡日，胡为失此人。穷官仗全福，冷署老闲身。
交谊弥思旧，才华殆绝伦。乱离无涕泪，缘汝恸沾巾。

存心知得失，千古定谁传。李峤真才子，王恭尚少年。
扶轮须健者，拔戟到诸侯。不谓哀鸿似，偏教赋鹏先。

西园寓公暂，北郭故交非。白杜鹃仍放，（亡友颜君猷以《白杜鹃花》
诗得名，余尝谓君才笔似之，亦早逝。）黄蝴蝶乱飞。
盛名同石帚，晚况学蒲衣（王隼）。玉宇琼楼在，何知陨少微。

生才原不易，琐屑问生终。香界耽禅悦，骚坛痛鬼雄。
萧条天地惯，摇落古今同。数册祇陀集，钱郎逮放翁。

按：以上诸诗录自沈世良《小祇陀庵诗集》卷首，同治元年刊本。卷首除谭莹、汪瑔、蕴璘等人题词外，还有郑献甫、谭莹、陈澧等人序文。

沈世良（1823—1860），字伯眉。先世为浙江山阴人，因父祖久客广东不归，遂入籍番禺。咸丰八年（1858）十一月任广州学海堂学长。咸丰九年（1859），选授广东韶州府学训导，未到官而卒。著有《小祇陀庵诗集》《楞华室词钞》《倪高士年谱》等。又与许玉彬合辑《粤东词钞》，选录广东历代词人词作，有较大的文献价值。

沈世良卒于咸丰十年（1860），而《小祇陀庵诗集》刊刻于同治元年（1862），由此可知，以上四诗的创作时间应在咸丰十年与同治元年之间。

综上所述，这30首谭莹的佚诗，对于我们认识谭莹的生平交游、修禊活动、爱国情怀乃至清后期文化诸方面均有一定的价值，值得研究者重视。

二、集外文辑考

金鉴录真伪辨

唐张九龄《千秋金鉴录》伪本，王渔洋《皇华纪闻》称："隆庆间曲江刻之。别有《金鉴录》一册，乃嘉靖间文献裔孙张希祖所撰。"

《钦定四库全书提要》云："两本大概略同，盖粗识字而不通文理者所为，本不足存。以其出于九龄之子孙，恐惑流俗，故存而辟之，俾无荧众听焉。"乃今粤中通行之本，又出于两本之外。所撰《伪序表》，与《南雄府志》所纠者殊也。所谓"非吾子孙不得记录，非其人而传必遭刑宪"等语，今本无之也。所谓"安禄山为野猪之精，史思明为鹂鸟之精，杨贵妃为白鹏之精"等语，今本无之也。谬悠之谈，空疏之论，袭制艺之陈言，沿讲义之剿说，殆徒工帖括而又略观唐代事而伪为之者，请言其略：

《唐书·兵志》言府兵之制最详，曰："起自西魏后周，而备于隋，唐兴因之。"李泌曰："隋以府兵，分隶于左右十二卫，皇朝因之。"杜牧曰："国家始踵隋制，开十六卫。"九龄身居政府，且当府兵之废未久，而竟未之闻耶？乃曰："若晋至隋，法愈误而权愈替。太宗皇帝平定海内，深思善法，建立府兵。三代以来，治兵之善，莫如我国家也。虽曰归美本朝，亦岂容概没其真者？"《唐六典》，九龄等奉敕撰也，亦曰："隋十二卫大将军直为武职，位省台之下"，则十六卫之不始太宗也，明矣。至"二十卫兵，六十而免"以下，则全袭《兵志》之文，而妄为增删，无非矛盾者，见有"《兵志》起于井田"等语，遂衍为"兵不可不治也，而在乎有节制为上；制不可不修也，而在乎以井田者为善"之文。所言"唐虞以下井田之制，无一能核其实"者，乃唯沾沾于诸葛氏之屯田，愈有以知其出于三家村夫子之手矣。其谬妄一也。

武惠妃之谮太子瑛、鄂王瑶、光王琚也，在开元二十四年。赖九龄争之于下，史称"终九龄罢相，太子得无动，其上《千秋金鉴录》也"。即以"是年秋八月，东宫虽尊，不可专政"之语，何自而来，不几讽元宗以废立之举乎？且当是时，东宫固未尝专政也。《唐书·废太子瑛传》谓："瑛于内第与鄂王光等自谓'母氏失职，尝有怨望。'"九龄即有所闻，亦匡救维持之不暇，忍作此言乎？即以二十五年，废太子瑛等为庶人，寻赐死。史称"琚、瑶皆好学，有才识，死不以罪"。《本传》亦谓："天下之人不见其过，咸惜之。"而谓九龄为此语，是何异于李林甫"陛下家事"之言、杨洄"潜构异谋"之谮也。其谬妄又一也。

宇文融，言利之臣也。开元中，天子见海内完治，偃然有攘却四夷之心。融议取隐户剩田，以中主欲。利说一开，不十年而取宰相。孟子所谓："上下征利，而国危者"，岂不信哉！《纲目》于开元九年书："以宇文融为劝农使。"十二年书："复以宇文融为劝农使"，皆讥也，而九龄顾啧啧称之耶？

《唐书·融传》："九龄谓张说曰：'融新用事，辩给多诈，公不可以忽。'"《九龄本传》："宇文融方知田户之事，每有所奏，张说多建议违之。融以此不平。九龄复劝说为备，说又不从其言。未几，说果为融所劾，罢知政事。九龄亦改太常少卿,寻出为冀州刺史。"九龄贤者,即未必以此介意,然其不满融之所为者必矣。后开元二十一年,九龄始同中书门下平章事。融已贬汝州刺史,流岩州道卒。其未尝劾之者,或以此而更以为勤民之美政,以长君之恶乎哉?以《纲目》于开元十三年书:"大有年,遂傅会,而为岁时丰亨,大有连书"之语。其谬妄又一也。其他龃龉,不胜枚举。

要之,《本传》云:"九龄上《事鉴》十章,号《千秋金鉴录》,以伸讽谕。"又云:"九龄进《金镜录》五卷,言前古兴废之道。"今本十章,为事鉴邪?为前古兴废邪?夫亦可以无辨矣。

按:该文录自吴兰修辑《学海堂二集》卷十四,清道光十八年启秀山房刻本。

据张九龄《进〈千秋节金镜录〉表》一文知:开元二十四年秋八月,时值唐玄宗生日,群臣皆献各种宝物,独张九龄"上《事鉴》十章,分为五卷,名曰:《千秋金镜录》"[1],对唐玄宗加以劝谏。

《千秋金镜录》初进时,必已盛传,然"世远言湮,遂难搜访"[2]。到了明清时期,《千秋金鉴录》的真本已是难以寻觅,而伪书却时有出现。如明代隆庆、清代康熙年间均出现过《千秋金鉴录》伪本,清代陆世楷与王士禛均撰文予以辩驳。后来,《四库全书总目》也对该书作了如下说明:

> 《千秋金鉴录》一卷(江苏周厚堉家藏本)。旧本题唐张九龄撰,按:王士禛《皇华纪闻》曰:"隆庆间,曲江刻张文献《千秋金鉴录》一卷,又伪撰序表。平湖陆世楷为南雄守,着论辨之。""此等谬伪,凡略识之无者亦不肯为。而粤中新刻《曲江文集》竟收入,故孝山谓:'急应火其书,碎其板'"云云。今此书序中所谓:"非吾子孙不得记录,非人而传必遭刑宪。学则素衣之人为上达,不学则赭衣之人为白士。此录一千年后,方许流布"诸语,皆与世楷所指驳者合。士禛又言:"别有《金鉴录》一册,乃嘉靖间文献裔孙张希祖所撰。康熙甲辰,曲江令凌作圣重刻。"士禛所摘谬妄不经之处,如"安禄山为野猪之精","史思明为鹞鸟之精","杨贵妃为白鹇之精",又"立子旦为相王,武后太子先为中宗。皇后废之,又名哲宗"。又"蜀州司户杨元琰女为上子寿王妃。今上宠之,赐名杨贵妃"。又"宫室未委肃宗也"

---

[1] 张九龄著,熊飞校注:《张九龄集校注》,中华书局2008年版,第700—701页。
[2] 王士禛著,袁世硕主编:《王士禛全集》,齐鲁书社2007年版,第2719页。

诸语，今亦皆在录中，则两本亦大概略同也。末一章预作谶语，言及狄青诸人，尤为妖妄。①

道光年间，在广东也出现一种《千秋金鉴录》伪书。谭莹撰写这篇序文，其目的就在于澄清事实。在文章中，谭莹主要就府兵之制、太子废立、宇文融弹劾张说三方面的内容，对这部伪书进行了批驳。由于该文论题集中，且能切中要害，故结论令人信服。

洪氏释隶跋

右《释隶》二十七卷，宋洪适撰。适字景伯，饶州鄱阳人，《宋史》有传。

王明清《挥麈后录》所称："应博学宏辞，以'克敌弓铭'为题，洪惘然。有巡铺卒曰：'我本韩世忠部卒，目见有人以神臂弓旧样献于韩，韩令如其式制度以进，赐名克敌者也。'"然适实博极群书，工于考证。是书专主释隶，然于汉、魏两朝金石文字，已十得八九，且持论尤极精确，洵谈艺读史者，必不可阙之书矣。然亦间有疏舛者，如武氏《石阙铭》，是书谓："开明为其兄立阙。"桂馥跋谓："详考阙文，乃开明兄弟四人为父立者。若为兄立，则始公何以称孝子乎？"《泰山都尉孔宙碑》，是书谓："汉儒开门受徒，其亲受业则曰弟子，以次相传授则曰门生，未冠则曰门童。"《金石存》谓："此碑前列门生、门童，后列弟子，如果亲受业为弟子，而以次相传授为门生，不应弟子反列门生门童之后。"洪氏此言，虽本之欧阳氏《集古录》，终未可深信也。《执金吾丞武荣碑》，是书谓："汉兴，鲁申公为诗训故，齐辕固、燕韩婴皆为传。又有毛氏之学，故诗分为四。"《金石后录》谓："考之传、志，而知洪说之误也。"《艺文志》："《诗经》二十八卷，齐、鲁、韩三家"，立博士。河间大毛公传自子夏，不得立《儒林传》。言诗于鲁，则申培公事浮邱伯为训故，弟子瑕邱江公尽传之。韦贤治诗事，博士大江公（即瑕邱江公）有《韦氏学〈毛诗正义〉序》曰："汉氏之初，诗分为四，申公腾芳于鄢郢，毛氏光价于河间，贯长卿传之于前，郑康成笺之于后。"洪氏用此语，以申公辕固、韩婴、毛苌为四，与《正义》乖矣。《高阳令杨着碑》，是书谓："仕历司隶，从事议郎，高阳令思善侯相，汉之王国相，则秩二千石。侯国相缒，与令长等耳。思善者，汝南之小国。碑首题以高阳者，蕞尔国，不若壮哉县也。"《杨震碑》亦称着为高阳尔。《金石萃编》谓："着曾拜思善侯相，而碑额及《杨震碑》止书高

---

① 永瑢、纪昀等：《四库全书总目》，中华书局1965年版，第801页。

阳令者，闻拜以后，即以兄忧去官，故仍称前职。如韩仁迁槐里令，而碑额称闻憙长。"古人金石之例如此，洪以小国大县解之，臆说甚矣。《鲁相史晨祀孔子奏铭》，是书谓："上尚书者，郡国异于朝廷，不敢直达帝所，因尚书以闻也。"《授堂金石跋》谓："《无极山碑》载'太常臣耽、丞敏顿首上尚'后载：'尚书令忠奏洛阳宫'，是臣耽位太常，亦同郡国矣。"汉制：群臣奏事，多诣尚书，上闻亦不尽限以内外之制独断，所谓文多用编两行，文少以五行，诣尚书通者也。《司隶校尉鲁峻碑》，欧阳氏《集古录》谓："首题'司隶'二字，莫晓其义。"是书谓："汉人碑志，以所重之官，揭之司隶，非列校可比也。"《金石后录》谓："详绎碑文，遭母忧，自乞拜议郎。服竟，还拜屯骑。校骑以病逊位，似峻持服三年。起拜屯骑而即归，未尝在位，故碑首叙其实历之官也。"《百官志》："七校尉，皆二千石。"如洪之说，以司隶为权尊而特书之，则朝廷官秩可任人去留者邪？皆未尝不中其失。

《四库全书提要》谓："其中偶有遗漏者，百醇一驳，究不害其宏旨"，然亦可知考证之难矣。目录不云乎《隶释》，成书十年，再因考古，始知胶东庙门是两碑，适殆亦上下千古，而恤然若失矣。

按：该文录自张维屏辑《学海堂三集》卷十四，清咸丰九年启秀山房刻本。

洪适（1117—1184），初名造，入仕后改名适，晚年自号盘洲老人，饶州鄱阳（今江西省波阳县）人，洪皓长子。绍兴壬戌中博学鸿词科。官至尚书右仆射、同中书门下平章事兼枢密使，封魏国公，卒谥文惠。洪适与弟弟洪遵、洪迈皆以文学负盛名，有"鄱阳英气钟三秀"之称。同时，他在金石学方面造诣颇深，与欧阳修、赵明诚并称为宋代金石三大家。著有《隶释》《隶续》。

《隶释》又名《释隶》，共二十七卷，前十九卷荟萃汉魏碑碣一百八十九种，每篇依据隶字笔画以楷书写定，继而进行考释，其中包括对史实的介绍、碑碣石刻的说明、汉隶文字的考证等。二十卷之后附录《水经注》中的汉魏碑目、欧阳修《集古录》、欧阳棐《集古录目》、赵明诚《金石录》、无名氏《天下碑目》中汉魏部分，作为参证。

尽管"《隶释》为最早集录汉魏石刻的文字专书，是今天研究汉字流变、石刻碑拓、汉魏历史的重要文献和珍贵资料"[①]，但书中仍有不少错误

[①] 洪适：《隶释·隶续》，中华书局1985年版，第1页。

之处。除《四库全书总目提要》对此作了一些纠偏外，谭莹也在此跋中对这部著作中的失误进行了详尽的分析。这些辨误，对于《隶释》的整理具有很大的价值和意义。

黄衷海语跋

右《海语》二卷，明南海黄衷撰。衷，《明史》无传，事迹见《粤大记》。是书，《明史·艺文志》亦不着录，《粤大记》作一卷，各志乘因之，然实三卷。明陈继儒《宝颜堂密笈》、国朝张海鹏《学津讨原》俱刻之。今通行本则道光初元江藩携写本至粤中，粤人重刻之者。

衷自序称："屏居简出，山翁海客，时复过从，有谈海国之事者，则记之。客多谈暹罗、满剌加之事，然类有异于前志者，岂亦沿革习气，与时推移耶？"按：暹罗、满剌加，始见于《明史·外夷传》，前史无之，则衷所谓异，亦当时野史及各郡县志之书耳。《明史·外夷传》，国朝尤侗撰（见《西堂全集》）。侗复撰《外国竹枝词》，其自注半亦不存。其曾见是书与否？固未可知。然要必有所据而为之者，其互有异同。要不若是书为海贾所传，见闻较确矣。

明人学问谫陋。沈德符《野获编》谓："倭事起时，有无赖程鹏起者，诡欲招致暹罗举兵，捣其巢以纾朝鲜之急，其说甚诞。""石司马大喜，以为奇策。""一时过计者，又恐暹罗入境，窥我虚实，且蹂躏中华。于毂峰宗伯时在春曹，极讪笑之，以为茫茫大海，不知暹罗在何方，所云调征者已可笑。乃又忧其入内地，此待其来时，再议之可也。其言似是，然暹罗实与云南徼外蛮莫、及缅甸相邻。陈中丞用宾抚滇，尝欲与协力图缅夷，为郡县可得地数千里。事虽无成，然其国滨海，而可以陆路通，无疑矣。程鹏起泛海求援，固属说梦，即于公诋议，亦未得肯綮。于久为礼官，暹罗为入贡恭顺之国，其道理图经，何以尚未深究？"则当时之记述，殆可知矣。

明兴，外夷惟朝鲜、日本、琉球、安南、暹罗、满剌加、占城庭实之质不绝，而贡献道由吾粤者，暹罗、满剌加尤恭顺。黄《通志》："正德十一年六月，佛郎机假入贡为名，举大铳如雷抵澳，郡城震骇。十四年，逐佛郎机出境。"《明史·佛郎机传》："嘉靖二年，寇新会之西草湾，官军得其炮，即名佛郎机。副使汪鋐进之朝。"《澳门纪略》："嘉靖十二年，番舶趋濠镜者，言舟触风涛，渍湿贡物，愿暂借晾晒。海道副使汪柏许之。岁输租银五百两，后建屋居住。今生齿日繁。"《明史·食货志》："万历时红毛番筑土库于大涧东，佛郎机筑于大涧西，岁岁互市，中国商旅亦往来不绝。"衷是书，成于嘉靖十五年，岂坚冰之渐，殆未形耶？胡独取其尤恭顺者，以裒录成书也。其微言以托讽耶？外此皆当思患，而预防之者也。

吾粤澳夷之患，若汪鋐，若桂萼、若沈昌世、若杨博（均见《西园闻见录》）、若姚虞（见《岭海舆图》），俱切言之。粤人若何鳌（见《明史·佛郎机传》），若霍韬（见《渭厓集》），若庞尚鹏（见《百可亭摘稿》），若郭尚宾（见《郭给谏疏稿》），俱窃忧之，而抗疏言之。士君子当承平已久，键户著书，固不必漫作杞人之忧。然身非当何鳌、霍韬、庞尚鹏、郭尚宾等之时与地，殆可不言。即言，亦夫谁信者。且何鳌、霍韬、庞尚鹏、郭尚宾等抗疏言之，而明之君臣以市舶之利，亦未能独断以从之也。衷而语海，而独言其恭且顺者，殆亦知天下事大抵如斯矣。

《粤大记》谓："衷病足痿乞休，不允。比改兵部右侍郎得报，即抵家。疏四上，皆不许，会有忌之者，恣为飞语，谓'衷潜至京师，谒当路'。人皆知为致仕侍郎王，盖非衷也。后校尉奉旨，密查无迹。犹勒冠带闲住。"给事中魏良弼乞治言者欺罔之罪，不报。序所以称铁桥病叟欤，宜其漫述海外之风土、山川、物产，间附断词，以寓劝戒焉已。

沈德符《野获编》谓："万历三十五年，番禺举人卢廷龙，请尽逐香山澳夷，仍归濠镜故地。时朝议以事多窒碍，寝阁不行。盖其时澳夷擅立城垣，聚集海外，杂沓居住，吏其土者皆莫敢诘。甚有利其宝货，佯禁而阴许之者，时督两广者戴耀也。又七年为万历四十二年，则督臣张鸣冈疏言澳夷近状，谓议者谓：'濠镜内地，不宜盘踞，今移出浪白外洋，就船贸易，以消内患。'然濠镜地在香山，官兵环守，彼日夕所需，咸仰给于我。一怀异志，即扼其喉，不血刃而制其死命。若移出浪白大海，茫茫无涯，番船往来，何从盘诘？奸徒接济，何从堵截？勾倭酿衅，莫可问矣。其说与卢廷龙疏凿枘之极。"鸣冈，固郭尚宾于万历四十二年劾高寀疏内称其"严禁馈遗，清汰耗羡，于澄清粤东吏治最为得力者"也（见《郭给谏疏稿》），而所见已如斯矣。

德符且谓："或者彼中情形，实实如此。"又谓："今澳夷安堵，亦不闻蠢动也。"又谓："红毛夷迫近省会，香山澳诸贡夷皆云'彼大器即精工，又万无加于我，诱之登岸，焚其舟，则伎俩立穷'。"又谓："彼日习海道，而华人与贸易，亦若一家，恐终不能禁。说者以广之香山澳夷盘踞为戒，非通论也。"其然，岂其然乎？

按：此文录自张维屏辑《学海堂三集》卷十四，清咸丰九年启秀山房刻本。

黄衷（1474—1553），字子和，别号铁桥病叟，明广东南海（今广州）人。弘治丙辰进士，授南京户部主事，出为湖州知府，历任福建都转运使、广西参政、云南右布政使、右副都御史、工部右侍郎兼金都御史，终兵部右侍郎。嘉靖三十二年（1553）卒，年八十。著有《矩洲文集》十卷、《诗集》十卷、《奏议》十卷、《海语》三卷。

《四库全书总目》对《海语》有如下评价：

> 是书乃其晚年致政家居，就海洋番舶，询悉其山川风土，裒录成编……《广东通志》载是书，作一卷。此本实三卷，分为四类：曰《风俗》，凡二目；曰《物产》，凡二十九目；曰《畏途》，凡五目；曰《物怪》，凡八目。所述海中荒忽奇诡之状，极为详备。然皆出舟师舵卒所亲见，非《山海经》《神异经》等纯构虚词、诞幻不经者比。每条下间附论断，词致高简，时寓劝戒，亦颇有可观。书中别有附注，乃其族子学准增加。原本所载，今并存焉。按《明史·满剌加传》称"正、嘉间为佛郎机所灭"，而此书则称"佛郎机破其国，王退依陂堤里。佛郎机整众而去，王乃复所"云云，与史稍有不同。此书成于嘉靖初，海贾所传，见闻较近，似当不失其实，是尤可订史传之异，不仅博物之资矣。①

谭莹此跋除对作者及《海语》的版本情况作了简要说明以外，尤其对"佛郎机事件"和"澳夷之患"作了更详细的辨析，这无疑为研究16世纪东南亚史地和中国与南洋诸国的贸易关系提供了很好的参考。

丙丁龟鉴书后

右《丙丁龟鉴》五卷，宋柴望撰。《续录》二卷，一为元人所撰，一为明人所续，均未着姓名。《四库全书提要》已着录，谓"后世重其节义，又立言出于忠爱之诚，故论虽不经，至今传录，实则不可以为训"云云。案：望之说，始于邵子《皇极经世》。以元会运世，配日月星辰，而隶以易之卦爻，谓"丙丁于易，为夬为姤"。而于唐尧及夏、商历代，丙丁之岁已约举其灾。其后洪迈《容斋五笔》因之，谓"丙午、丁未之岁，中国遇此辄有变故，非祸生于内，则夷狄外侮"，且谓"丁未之灾，又惨于丙午。昭昭天象，见于运行，非人力之所能为也"。望更推广言之，备撺事实，而各系以论断耳。望以上是书得名。其后出狱归里，士大夫至祖道涌金门外，赋诗感慨，倾动一时。王伯厚《困学纪闻》，亦载其表语云："今来古往，治日

---

① 永瑢、纪昀等：《四库全书总目》，中华书局1965年版，第632页。

少而乱日多。主圣臣贤，前车覆而后车诫"，则当时固甚重此书矣。故俞文豹《吹剑录》亦谓："凡丙午、丁未，遇之必灾。"明张萱疑耀亦谓："有丙午、丁未，而天下或无大故者，未有大故而不值丙午、丁未者"，皆沿其说也。

夫古今夷狄之祸，莫惨于靖康，而适值丙午、丁未之岁。迨淳祐六年，岁又值丙午，且正旦日食，望殆鉴于前事，特为推衍祸福，不嫌稍涉于穿凿支离，而故以危言耸听者欤。善乎陈同甫《上孝宗皇帝书》云："石晋失卢龙一道，以成开运之祸，盖丙午、丁未岁也。明年，艺祖皇帝始从郭太祖征伐，卒以平定天下。其后契丹以甲辰败于澶渊，而丁未、戊申之间，真宗皇帝东封西祀，以告太平，盖本朝极盛之时也。又六十年，而神宗皇帝实以丁未岁即位，国家之事，于是一变矣。又六十年而丙午、丁未，遂为靖康之祸。天独启陛下于是年（孝宗生），而又启陛下以北向复仇之志。今者去丙午、丁未，近在十年间耳。天道六十年一变，陛下可不有以应其变乎！此诚今日大有为之机，不可苟安以玩岁月也。"此持平之论，亦何尝不足以动听欤？

夫天道远而人道迩，术数家言，固古圣贤所不道，且其援引间出于傅会，宜为通人所讥。然其说固非尽无因，而其心其则尤当共谅。千百世后，读是书者犹宜采其说，以为危明忧盛、绳愆纠谬之资，当迥异于以天变为不足畏、人言为不足恤者，矧其归本于修省戒惧，以人胜天，又远轶于诸家之说者哉。

按：此文录自张维屏辑《学海堂三集》卷十四，清咸丰九年启秀山房刻本。

柴望（1212—1280），字仲山，号秋堂，又号归田，浙江江山人。嘉定、绍熙间为太学上舍。淳祐六年（1246）元旦日食，诏求直言。柴望因上《丙丁龟鉴》，触忤贾似道，诏下府狱，不久放归。景炎二年（1277），以布衣特旨授迪功郎、史馆国史编校。宋亡后，不仕而终。与其从弟通判随亨、制参元亨、察推元彪，并称为"柴氏四隐"。至元十七年（1280）卒，年六十九。有《道州台衣集》一卷，《凉州鼓吹》一卷。对于《丙丁龟鉴》的内容与主旨，《四库全书总目》评价说：

> 是书大旨以丙午、丁未为国家厄会，因历摭秦庄襄王以后至晋天福十二年，凡值丙午、丁未者，二十有一，皆有事变应之，而归本于

修省戒惧，以人胜天。①

跋中提及"望之说，始于邵子《皇极经世》"，此处的"邵子"，即指宋代著名哲学家邵雍。据《宋史·邵雍传》载：

> 邵雍，字尧夫。其先范阳人。父古徙衡、漳，又徙共城。雍年三十，游河南，葬其亲伊水上，遂为河南人。雍少时，自雄其才，慷慨欲树功名。于书无所不读，始为学，即坚苦刻厉，寒不炉，暑不扇，夜不就席者数年。已而叹曰："昔人尚友人于古，而吾独未及四方。"于是逾河、汾，涉淮、汉，周流齐、鲁、宋、郑之墟。久之，幡然来归，曰，"道在是矣"。遂不复出……所著书曰《皇极经世》《观物内外篇》《渔樵问对》，诗曰《伊川击壤集》。②

谭莹于跋文中对柴望利用《丙丁龟鉴》光大洪迈说法的原因作了重点分析，肯定"其说固非尽无因，而其心其则尤当共谅"。毋庸赘言，谭莹这一评价有助于读者正确认识《丙丁龟鉴》的史料价值。

（二）谭宗浚集外诗文辑录

谭宗浚的诗文主要收录于《荔村草堂诗钞》《荔村草堂诗续钞》及《希古堂集》中。然因整理者的疏漏，故其诗文散佚甚多。笔者在搜集谭宗浚材料的过程中，共发现其集外诗45首，文33篇，现标点迻录于此，以供研究者参考。

一、集外诗

读张玉笥集体乐府拟作

安期生

赭山山可平，射鱼鱼可死。祖州瑶草来不来，一石鲍鱼长已矣。吾闻安期生，抗迹松乔俦。阜亭卖药偶游戏，大笑世上皆蜉蝣。琅琊台中语三

---

① 永瑢、纪昀等：《四库全书总目》，中华书局1965年版，第948页。
② 邵雍、卫绍生：《皇极经世书》，中州古籍出版社1993年版，第447页。

月,玉玦一留去飘瞥。银台金阙君无分,仙枣神芝自怡悦。菖蒲花开吹紫茸。劳山秀色横海东。嘉赤凤兮骖白龙,青骡一去西无踪,惜哉还复千重瞳。

月支王头杯歌

郅居水头朔声合,径路刀腥照天湿。穷庐夜宴灯不明,切切秋磷堕空泣。

深睛凹骨高两颐,细点碎迸如蚯脂。非金非玉非犀象,似此饮器诚绝奇。

铜龙一声泻秋雪,冤禽飞来怨歌发。驼酥半石浑欲凝,疑是漆函盛碧血。

虏兮痛饮勿复骄,奉约当效呼韩朝。汉家亦悬郅支首,三十六庭果知否。

拟东坡小圃五韵

人参

老年乏金丹,灵药每储蓄。煌煌紫团参,种之在平陆。昨宵瘴乡云,压我湖上屋。洒然飞雨来,出土苗深绿。青柳垂高低,碧叶霭馥郁。侵晨急涉园,灌溉助童仆。忽忆豪门儿,百金致一束。而我虽病贫,采撷供饵服。试作齐量观,快然意殊足。况闻道经言,食此证仙录。勿忆紫宸朝,防风赐香粥。

地黄

地黄实嘉植,罗生满山溪。道逢峒黎妇,压担争提携。移根向荒圃,饶砌东复西。冉冉紫芽发,戢戢翠页齐。灌以惠阳酒,和之丹灶泥。竹垆日烹炼,紫沫浮高低。香脆讶四溢,郁烈如麝脐。我衰复穷谪,恃此同刀圭。肺肝宴芳润,面目无枯黧。何知惎谗者,不愿成鸱鸱。

枸杞

吾闻青城山,灵犬每宵吠。沿村数十家,饮露皆百岁。凌风无雨翰,道远苦难至。迩来家循阳,美种摧荒荟。连根垂曲蜷,一一绛珠缀。状原赤樱同,味颇决明类。嗟余本傺民,踪迹亦蜗寄。欲求千岁根,私计恐难遂。未知后来人,谁复此间憩。摘英浮碧醑,长啸发悲慨。

甘菊

平生逊渊明，所恨归田晚。自从别故园，花事已几换。每逢赏话节，对酒辄欣玩。况兹蛮瘴中，有此数业粲，离离浮紫英，曲曲引疏蔓。似缘迁客开，俾得度岁晏。平生信多幸，佳赏正何限。勿学楚湘累，临杯发悲叹。嗟嗟篱下虿，切切向人唤。啾喧尔何如，冰雪我殊惯。莫笑苍颜颓，犹能倒青案。

薏苡

罗浮有薏苡，移植来北堂。素房万千颗，的的如珠光。呼儿具篮槛，采作山日粮。朝烹佐粗粝，夕煮浮碧觞。辛勤博一饱，举日终皇皇。不见墟市上，百钱已盈筐。贵从手亲种，咀嚼弥觉良。衰年近知道，穷达天所将。独兹农圃乐，眷眷焉可忘。惟当护根干，免使缠风霜。

和陈后山古墨行

古来制墨谁最精，易水奚生犹擅名。江南弱国特赐姓，岁岁印造来金陵。千年胶法尚坚韧，触手焕发含晶莹。后来好事颇摩仿，潘谷张遇奚足称。往岁琳琅贡天府，秘宝人间谁更睹。偶然颁赐及群工，拜舞瑶阶各矜诩。临川学士天人姿，日簪紫笔来凤池。诏书襃许荷殊赉，乌玉寸截盘双螭。携归持赠示秦九，观者满坐咸称奇。君今所藏亦其亚，自言亦是先朝遗。年深未免有霉昧，再拜捧视长嗟咨。国家百载承平日，物玩精能俱第一。文思天子坐明堂，几暇余闲耽著述。缥轴俱题锦水笺，紫毫勑进宣城笔。一从弓剑霍陵山，液池黄鹄飞不还。侍臣徒步各归直，无复旧时青琐班。墨乎阅历经几载，往日摩挲谁更在。深藏箧衍韬藉中，犹自腾芒吐光彩。秦郎之墨今莫存，晁侯宝此洵足珍。可怜好事却痴绝，日日拂拭除埃尘。君不见，长安贵游门列戟，万贯千缗供一掷。君今爱墨苦成癖，蹋壁朝眠未得食。万笏松烟贮何益，只应一事烦墨卿，醉吐新诗写胸臆。

读李太白五律和作六首

寄淮南友人

昔年淮上住，种柳满汀洲。弱缕未堪折，羁人方远游。
似闻经宿雨，已解拂江楼。君去寻春暇，应宜系马留。

送友人入蜀

巴东吾久住，匹马看君行。白日雪山落，青烟盐井生。
悬厓通汉驿，束笮接蕃城。努力酬明主，烽尘近未平。

送麹十少府

荆门飞叶后，砧杵万家吟。况复经离别，弥令多苦心。
辞家悲白发，结客少黄金。明发空舲峡，相望云树深。

秋登宣城谢朓北楼

古人已难作，遗阁尚凌空。岸侧歇残雨，楼头低晚虹。
我来酌渌酒，酒罢陈丝桐。抗袂忽长啸，迥然同阮公

谢公亭

青山不可望，望极使人愁。石作罗纹腻，泉为玉佩流。
阴霞时带雨，乔木易成秋。感事怀前代，茫茫忆胜游。

夜泊牛渚怀古

挂席北风起，长空吹暮云。如何今夕月，不见旧参军。
岸阔猿啼远，天清雁叫闻。扣舷谁共和，凉露又纷纷。

按：《晋书·袁宏传》：谢尚为安西将军、豫州刺史。引宏参其军事，是宏寻即为谢尚参军也。

偶读西昆酬唱集和作八首

南朝

紫盖黄旗历几传，高楼百尺矗青天。南台戏马华筵出，北棣鸣鸡列炬悬。

江树即今长寂寞，月明从古照婵娟。兴亡不信真如水，转眼雷塘有墓田。

明皇

勒石封山更几巡，宸游暇豫爱嬉春。能容李白为狂士，更识韩休是老臣。

凤驾每闻游幸远，龟兹还喜调歌新。望京楼上休回首，谁遣骊山有战尘。

始皇

关河百二控咸京，袖手旋看六国平。空有颂铭夸李相，终将符谶验卢生。云屯西畤祠神雉，日映东溟射巨鲸。往事英风犹在否，骊山回首委榛荆。

旧将

少日登坛意气骄，角巾归第太无聊。偶思旧事曾屠狗，早建殊勋合珥貂。醉说干将仍磊落，老骑款段任逍遥。祗愁珠履宾朋散，怅望闲阶日寂寥。

成都

蓝缕何人此启疆，岧嶤玉垒更铜梁。微卢隶贡周王会，巴僰从军汉乐章。纵使蚕丛恢霸业，几闻蛙井敌兴王。蜀刘成李相随尽，况尔区区段子璋。

分和方孚若南海百咏

禺山

旧迹禺山半已芜，茫茫残烛竟邱墟。别钟王气炎荒地，早著奇名大古初。疑字欲翻颜籀注，遗踪好证邓熊书。南交旧事知多少，太息沧桑几刼余。

任嚣墓

一抔残迹剩苍苔，百越江山霸迹开。寸土只今谁故姓，清时如汝也凡材。早先佗龚兴亡局，坐看嬴刘角逐哀。保障天南功不细，几人浇酒上坟来。

花田

南来第一数奇葩，处处香风压素霞。片土即今犹故地，美人再世尚名花。课耕自比儿孙业，论价曾酬富贵家。一样凄凉遗恨处，素馨斜胜玉钩斜。

（以上诸诗录自陈澧、金锡龄辑《学海堂四集》）

纪梦

衮衮飙轮度劫尘，忽从絮果证缘因。分明记得前身事，头自江南老舍人。

（录自谭宗浚《荔村随笔》）

穆清堂诗钞续集题词

筱园雄于诗，士林知名早。奇气铍纵横，清思寄缥缈。
法每兼韩苏，体时窥谢鲍。造意疑天成，遣词绝人巧。
才命偏相妨，天心苦杂晓。山林愿已远，戎马坐成老。
我从凤池来，见君一倾倒。秋风忆莼羹，梦魂故山绕。
倚装读君诗，使我豁怀抱。滇池与羊城，异地期永好。
无慕相如荣，轻削封禅草。

（录自朱庭珍《穆清堂诗钞续集》）

出都口述

中岁厕承明，备官将一纪。幸蒙圣代恩，坦路骖骐骥。
虽殊扬子才，窃慕贡公喜。誓将报主知，铺荣扬懿嫩。
下以晓颛氓，上以陈惇史。此意竟不酬，绣衣行万里。
昔为升天云，今为覆阶水。回首望君门，恻伧何能已。
恻伧夫如何，泣下沾襟裾。王程有期会，不得留须臾。
钦鸱肆鸣叫，豺虎方睢盱。薨薨青蝇飞，况使黑白渝。
高谈偶藏否，辄复撄祸枢。旭日耀扶桑，不鉴微忱愚。
良朋岂不惜，无计援沦胥。衔舣不暇语，闵默登长途。
长途何迢迢，是古滇侯国。上蟠深箐青，下泓古池黑。
路经黔楚交，毒淫聚虵蚮。猨狖错悲啼，魑魅觑行迹。
伊昔屈贾流，未尝至斯域。而我独何为，穷边荷长戟。
天其使退荒，诵读习儒墨。升沉杳难知，起坐频太息。
太息复重陈，初愿郁未伸。丈夫志四海，所贵宏经纶。
兹邦界缅越，习俗殊犷驯。箭弓盛蛮衬，弦诵多儒巾。
悉膺百城首，所贵宣皇仁。何必籍柔翰，然后传千春。
况闻山水胜，苍洱尤绝伦。筹边日多暇，名地足吟呻。
无为坐穷困，戚戚徒伤神。伤神诚非宜，忧至辄深慨。
悠悠苍穹高，我辈安位置。非无江海情，拂袖言归避。

恐辜明主恩，不忍遽沈废。去住两蹉跎，将行势殊碍。
所其策驽骀，敬慎随有值。振辔从此辞，回风动酸鼻。

久客

久客竟何得，栖栖殊未闻。枕边残夜雨，帆外异乡山。
放逐宁论命，摧残易损颜。忽惊长至近，青琐记随班。

过峡

峡转四一号，山低浪反高。鬼神趋洞壁，日月陷波涛。
径拟回帆返，惭无击楫豪。遥知添白发，览镜益萧骚。

（以上诸诗录自谭宗浚《于滇日记》）

拟庾子山连珠三十首录五

　　盖闻猛虎在山，藜藿为之不采。鹰隼秋击，燕雀莫敢先鸣，是以范雎来而秦重，乐毅去而燕轻。
　　盖闻知人不易，曩哲所称。郑雅谮于耳听，朱紫炫于目明。是以街亭既败，方诛马谡。枸城已反，悔用庞萌。
　　盖闻才无愚智，遇有亨屯。菉葹盈而芳草刈，周鼎弃而康瓠珍。是以贾谊少年既遭摈斥，冯唐垂老亦致沉沦。
　　盖闻达人玩世，诡激自娱，厕身佣保，混迹屠沽，是以爱虎贲而未妨共坐，逢驵卒而每并欢呼。
　　盖闻逸夫孔多，职兢噂沓，黑白变于须臾，寒暄成于呼吸，是以五噫既赋，辞东洛以徘徊，七序初成，吊南湘而掩泣。

读李义山诗和作六首

南朝

　　离宫翠辇几频经，玉树歌残宴未停。帐外悬珠留皓月，殿前呼酒劝长星。一从敌国漂流柿，空向危楼问故钉。旧事繁华谁解见，六堤烟柳拜飘零。

隋宫

　　繁华歌吹古扬州，此地真宜玉辇游。一任妖氛腾蛾贼，依然法曲制龙舟。生同汉武雄心启，死学陈炀恶谥留。今日竹西弦管盛，更谁能唱宝儿讴。

马嵬

无端竟使乘舆西,玉钿花鬟宛转啼。试看逡巡留铁骑,悔令恩宠妒金鸡。香坟已殉迷衰草,锦袜徒存污旧泥。知否他时还辇日,梧桐南内雨凄凄。

茂陵

一代雄风靖塞垣,武皇遗迹至今尊。虚烦玉匣藏经秘,终见铜仙迸泪浑。香帐蘼芜应渐歇,离宫苜蓿但空蕃。羽林多少孤儿在,不用凄凉通庆园。

井络

剑外山川似削成,极天一线塞夷庚。波涛夜撼青神庙,风雨秋悬白帝城。累代文章多鹊起,百年形声几龙争。凭谁更向啼鹃拜,凄绝忠臣万古情。

宋玉

微词讬讽果何如,侍宴兰台奏赋初。文格直能开两汉,孤忠原不让三闾。愁生碧蕙离披处,梦绝青枫黯惨馀。欲荐湘蓠无限恨,渚宫遗址半成墟。

和陈元孝咏尘

疑是娲皇捏土成,漫空遮翳未分明。重重世界开何代,历历程途托此生。偶藉西风还扬去,未应东海竟填平。宦游销尽轮蹄铁,孤负乡园鹤梦清。

绿阴

竹架藤棚位置宜,蒙蒙空翠扑离披。晓风帘幕听莺地,斜日陂塘浴鸭时。十里浓阴诗境拓,一天凉意画禅如。阑干廿四都凭遍,戏划墙阴记影移。

读史记小乐府

圣子生周室,嗟哉不永年。后人哀感意,只道是神仙。(王子晋)
慷慨酬知己,艰难竟殉生。莫令桥上月,照过晋阳城。(豫让桥)

明妃诗和姜白石

明妃北去时,怅望独流涕。尚有汉地尘,斑斑在衣袂。
青冢何萧索,香魂付寂寥,莫令今夜月,照过李陵桥。

读杜诗绝句

一代词坛特盛开,王岑高李共追陪。韦迢郭受何多幸,偏许青云附骥来。

小游仙诗

鸡犬云中羽士家,丹房日夕煮流霞。洞天自是无凡草,开遍岩前巨胜花。

玉女争来博箭嬉,琳宫宝宇昼迟迟。昨闻要织登科记,破费龙宫百万丝。

云母明窗总不扃,罡风吹彻夜泠泠。偶然新谱元冰曲,便有灵妃月下听。

蹑蹻蓬壶恣往还,花冠云帔尽仙班。无端要下红尘戏,又驻瑶旌女几山。

天都灵药碧毵毵,日倚长松纵剧谈。修到神仙仍傲骨,不曾绯笏学朝参。

瑶池西宴会真妃,手控苍虬缓辔归。戏把铢衣向空展,人间真讶彩霞飞。

散发遨游礼玉坛,花宫随侍步珊珊。只疑十万琅嬛轴,未必仙人解尽看。

岁暮杂诗

刈罢三沙又四沙,黄龙覆陇浩无涯。余粮不用勤收拾,剩与滩头饲鸭家。

约趁墟期泛小舟,买来吉贝作轻裘。阿侬爱着家机布,不道人夸顺德䌷。

残冬红紫遍朱栏,京国唐花漫较看。怪底檐牙香正透,一枝斜放贺春兰。

(以上诸诗录自陈澧、廖廷相辑《菊坡精舍集》)

同治十三年（1874）甲戌科会试试帖诗一首

赋得无逸图得勤字五言八韵

无逸新图讲，唐贤旧事闻。民依惩乃谚，国本重惟勤。合借丹毫笔，聊陈赤舄勋。绘同幽俗景，献比壁经文。王业艰难溯，臣心启沃殷。保原三鉴切，写共十联分。赐箸他时表，书屏此日欣。康田逢圣世，寰宇务耕耘。

（录自顾廷龙主编《清代朱卷集成》）

赋得柳阴人荷一锄归得归字 （七月官课）

径欲携锄归，山山夕照微。偶从松下过，遥傍柳边归。鸦觜横三尺，蝉声噪四围。

长镵低隐隐，飞絮飐依依。叱犊同年少，听鸥旧约非。画桥穿几曲，白板指双扉。晓露曾盈檐，余晖恰满衣。前村知不远，喜见麦苗肥。

赋得庾岭探梅得先字 （十月官课）

问讯梅消息，聊停庾岭鞭。腊回千壑暝，春到一枝先。寒色雄关外，芳踪古驿边。好携乌帽客，同访缟衣仙。的皪和烟暗，参差映圆。影斜螺髻外，香送马蹄前。不受红尘涴，弥增白雪鲜。曲江祠下过，万点扑吟肩。

赋得春风得意马蹄疾得风字 （十月官课）

得意春官捷，千门走马同。铜街初过雨，金埒竞嘶风。御柳低浓碧，宫花踏碎红。

才辞双阙下，倏度九衢中。地想驰京洛，人齐到闲蓬。新袍更白鹄，迅辔骋黄骢。

开宴樱厨饫，题名蕊榜工。归程莲炬送，稠渥拜恩隆。

［以上诸诗录自何文绮评辑《粤秀书院课艺（癸卯）》］

二、集外文辑录

历代史论序

昔左氏作传，动称君子。史汉继迹，咸标精意。系之传末。然皆乙部之枝流，非柱下之专守也。若贾传过秦，严尤二将，叔皮王命，虽史论之权舆，而仅备一事，未遑博考矣。唯隋志载蜀诸葛亮撰《论前汉事》一卷，何常侍撰《论三国志》二卷。自是以来，载笔者多从事焉。而宋明两代，学者每好讥弹古人。故史论之作，充栋汗牛至有未窥全史、莫识始末，空言臆说，不切情事。如钱时之责萧何以不收六经，胡寅之讥晋元谓当复牛姓者，往往而有。故通儒常诟病焉。然学者为文，多患体弱。起衰救弊，莫前于史论，此东莱吕氏博议之所由作也。东坡为文，汪洋恣肆，论者以为熟精历史之故。观《东坡答李荐书》，其推服唐史论断甚至，可知其文之所由至也。

明末张天如先生撰《历史史论》十二卷，起因三家分晋，至元而止。书颇盛行，学者以春秋二百年，及有明一代，阙而弗备为憾。吉安裴氏，仿司马补《史记·三皇本纪》之例，取高澹人、谷赓虞两先生之作，合刻之，学者于此一编，非唯有益于文，抑以稍窥史学矣，故乐为之序。光绪五年己卯仲秋四川督学使者南海谭宗浚。

（本文录自明代张溥论正，陶文辉、陶文锦校订《历代史论》，光绪八年刻本。文中提及的"高澹人、谷赓虞两先生之作"，即指高士奇的《左传论》与谷应泰的《明史论》二书。）

皇朝艺文志序

古之柱下史专掌藏书，故石渠、金匮富于名山，使海内承学之士读书东观，于以洽闻殚见，信今传后，粲如也。自班志《艺文》，本刘歆《七略》之旧，六经、诸子暨夫术数、方技，靡不悉载，历代撰次，实维权舆。然皆旁搜往籍，卷帙徒盈，非所以彰一代著述。

我朝纂修《明史·艺文志》，惟载明人所作，而前史着录者不与焉。揆诸史法，最称严整。洪惟我国家文治之盛，超越往古。列圣懋典，上接薪传，抉奥探微，缥缃富有，前志详之矣。高宗纯皇帝道集大成，建君师之极，尧章巍焕，经纬天地，而勅几懋学，凡诸群籍莫不考异参同，折衷至当。御极之初，即令儒臣校勘经史，嘉惠黉宫。复诏开四库馆，访求天下遗书，进呈乙览。诸所排比，胥禀圣裁，并择其尤雅者，制诗亲题卷端，俾其子孙世守，以为好古者劝。全书告成，分庋诸阁，命江浙多士愿读中秘书者，许怀铅握椠，就近传钞。自此薄海内外，皆以争先得睹为快，非常之遇，千载一时。懿休乎！自有书契以来，未之有也。

夫谒者旁求，陈农奉使。蝌文以后，篇目多矣。然枣板摹传，金根易误，别风淮雨，往往有之。若乃纲罗散佚，汇千古之大观，而宸衷独断，于权衡笔削间，不遗一字，俾元元本本，尽成完书，则惟我朝为极盛焉。

又况圣圣相承，先后同揆，敷言立极，垂法万世。伏读御纂、钦定诸书，广大精微，直轶乎唐虞三代，而上盖本圣人之心法、治法，发为文章。夫是以教泽涵濡，人文蔚起，艺林著作，远迈前朝也。爰稽秘籍，续增前志，间有异同，别见凡例，以此宣册府，轨范来兹，固非苟勖《中经》、崇文编目诸编，所能跂及于万一也。作艺文志。

（录自谭宗浚著《皇朝艺文志》）

陶渊明大贤笃志论

古之论陶渊明者，类皆许其胸次之旷，节操之高，即如韩子苍、赵泉山诸人，亦皆据其述酒、荆轲、三良数诗，谓其负有用之才思，有以自见于世。而学行之粹，则罕有言之者。惟昭明太子作集序，称为《大贤笃志论》，考昭明作陶渊明传于《归去来兮辞》《与子俨》等疏、《命子》诗皆不载。（《晋书》《宋书》《南史》俱载《归去来兮辞》，《宋书》《南史》载《与子俨》等疏，《宋书》载命子诗）惟载其示周续之、祖企、谢景夷三郎诗。所云：周生述孔业，祖谢响然，臻马队非讲肆校书亦已勤，盖隐然见其能明周孔之绝学，而讥当时之不能崇用儒术也。今观其诗，如《赠羊长史》诗云："愚生三季后，慨然念黄虞。"《与从弟敬远》云："历览千载书，时时见遗烈。"《始作镇军参军经曲阿作》云："弱龄寄事外，委怀在琴书。"《饮酒》诗云："少年罕人事，游好在六经。"则其学之宗旨可知也。《荣木》诗云："匪道曷依，匪善奚敦。"《和刘柴桑》云："耕织称时用，过此奚所须。"《癸卯始春怀古田舍》云："先师有遗训，忧道不忧贫。"《杂诗》云："猛志逸四海，骞翮思远翥。"则其行之趋向可知也。窃谓陶公之不可及处，尤在其卓然自守，而不为异说所惑。当典午之末，庄老之元风久煽，浮屠之奥旨又兴，余焰争倡，狂澜已极，而陶公集中，并无一字及于梵夹释典。又如释慧远等，亦不闻有投赠之篇，胜谢灵运辈多矣。按《莲社高贤传》列靖节于不入社诸贤传中。《考集注》云："靖节与远公、雅素宁为方外交，而不愿齿列。远公遂作诗博酒，郑重招致，竟不能诎。一日，谒远公，甫及寺外，闻钟声不觉颦容，遽命还驾。"夫以靖节之游心物外，寄迹尘表，视轩冕若浮云，狎渔樵为伴侣。其所与游览之辈，要不必大有过人者。彼远公之妙晰名理，特负盛名，宜无不引为同类而顾去焉，若浼何哉？盖其心欲奉圣道为依归。一时之异说游谈，概无所容其渐染，此其耿介之操，略可想见也。或疑儒者必贵通经，而渊明不闻有所师法。考《隋书·经籍志》《宋征士陶潜集》九卷，今仅存一卷，其中遗逸，当正不少。然如所著《群辅录》，援据精博，必非空疏者可比（说本洪稚存《北江诗话》）。又其诗冲漠自然，深得理趣，皆由子书中荟萃而成。昔贾谊《鵩鸟赋》，其语多本道家言，人或疑其出鹖冠子。今观陶诗，正同此例，如《形影神》诸诗，则淮南子魄问于魂，列子力问于命之意。《时运》诸诗，则尸佼得分王充逢遇之意。"功在不舍"句，语出《荀子》；"遽而求火"句，语出庄子。推此言之，则谓陶诗无一字无来历也可（《野客丛书》谓："'风飘飘而吹衣'，出于曹孟德。'泉涓涓而始流'，出于潘安仁。"）倘能广搜子书，以博证之未始，非读陶诗者之一助。顾陈后山讥其不文，严沧浪疑其太质，亦可谓下士之聩言矣。要之，陶公学行，自有足卓绝古今者，岂徒为隐逸之宗也哉。

拟蔡中郎释诲

有假是先生诲于履道公子曰：盖闻先哲有训，行藏惟时，世治则赞其务，世乱则拯其衰。士君子之致用，惟其宜也。今皇泽沛九垓，治光八纪。朱草苗而宾连生，银瓮出而山车起。丹丹有重译之使，盘盘协同文之轨。德无远不宣，化靡丝而不治。樵夫解笑于危冠，羽林悉通乎经史。圣天子犹复乾乾日稷，蜜蜜不遑，贡轮帛于山薮，委贵珪贽于岩廊。壁水有于论之颂，河滨无伐檀之章。公卿端委而论道，諎士矫奋而思翔。如应龙之腾云，翼处风，沛溥霖，不崇朝而四岳也。如良骏之骧首，蓦长涧，下绝谷，不瞬息而四方也。今夫子韫韣百氏，喉衿六经，旷流览于文籍，穷幽探于远冥，曾不能涉丹地，升紫庭，冈绍颂，扇芳馨，拘契已之小节。昧观变之权衡，甘淡薄于藜藿，耻援引与簪缨，时龀齿以相责，乃拘愁而屡形，是犹南辕而入代，北去以适荆。临穴疾呼而欲其响远，坐井遥瞩而欲求眿明也，徒自困耳，何足语于昔人之所称也哉！盍亦蓬累而行，与时偃仰，振奇谟于朱唇，运神策于玉掌，方扬芬以飞文，讵枯槁于沈壤。

客言未已，公子怃然有间，乃轩渠而笑曰："乌若是乎？若子者，所谓凭窣胸之观，忘自修之实，譬荧末与酰鸡，曾不观夫天日者也。居，吾将语汝：'粤若鸿蒙甫辟，太素絪缊，暝暝植植，莫莫纭纭。帝纪爰设，王纲乃陈，俗无琱饰，世无繁文。三五以降，漓朴肇分。诈伪滋彰，德政罔闻。或凤跂而佐治，或龙逸而隐沦，或朱绂而膴务，或卉服而全真。故牧效能于帝世，赤松超举乎埃尘，皋陶赞谟于玉陛，许由栖巢于颖滨，莘媵进身于鼎俎，务光服饵于铅银，尼父妄行于菡萏，石门司职于晨昏，此数子者，岂不欲同轨而共趋哉？固夫显晦殊致，而夷险异遵也。方今明明在朝，穆穆在位，家擅名议，人怀竿计，英谋雨集，轶材云萃，邋彵璘彬，回翔客裔。搜瑜瑾于刚林，采芝兰于荒秽，凌天龠而高举，总云衢而引辔，累魁父不益其崇，捐澜汋不增其势。倘徽儇以希荣，岂余心之所贵？且夫曲房隧貌，非必胜于窒衡也。象白凤丸，非必旨于藜羹也。车軨马靷，非必于徐行也，徒丰其屋，徒困其形，劳悴尔躬，害积尔生。熙熙攘攘，惟利是营。媛媛姝姝，惟利是争。势移则涣，势合则并。媚行烟视，绚权死名。忧或来于无端，患或伏于未萌。进而不已则蹶，高而不已则倾。嗟厚味之酿毒，防安逸之纵情，虑鞅鞅之为患，为峣峣之足矜。抑又闻之，鸡羽焚而清风兴，芦灰晕而太阴阙，不周匿而耀灵徂，寒谷洹而元水冽，盛衰何常，循环靡绝。过刚者摧，过健者拔，盖璩珞而自将。奉奇谋于先哲，戒直木之先戕。恐甘泉之易竭，秉绝钥而是安。讵或轻乎剽节，方当弋猎乎诗书之圃，消摇乎道义之场。齐内外于张单，一寿夭于彭殇。贵恬裕直自足，超希微而自忘。辨贞亮而结佩，播秋兰而振芳。荣老子之知止，悦南国之徜徉。喻被褐而怀玉，奚外物之足伤？夫天地之间，物各有定。小人尺寸而计功，君子安常而守正，顾不宜哉！菀枯荣悴，黼然在天。林林萃萃，孰知其然，走貊嗜铁，飞鼯甘烟。夔一足而用，蛇两头而全。铃为小而钟为大，轵取方而毂取圆，彼物性之同异，尚难事乎变迁。縶婷直而致累，固昔人之所传。诈瘤疾而莫解，讵缰锁而足举。奚夸毗之可慕，奚娑乏之足怜。今吾子植德靡闻，贫贱是耻，徇骛利于庸流，求改节于狷士，是犹割唇而补疵，削足而适履。索干莫于刈葵，冀栋梁于剔齿，洵管窥筐举之为，不自知其舁鄙者也。若乃娄敬进说于挽辂，陈平献策于阴谋，蒯生驰辨于相背，陆贾奉使于蛮陬，长沙骋论于宣室，释之争议于系囚，主父慨怀于鼎食，公孙致位于通侯，寿王待诏于格五，东方取宠于俳优，翰伯秩奇于市贩，郭解著称于侠游。吾诚不能争长于数子，故无暇比拟而推求。'"客乃愁然失色而退。

公子援琴而歌曰："反余身兮太虚，导虎绥兮鸾舆。偕佐乔兮故侣，访彭咸兮故居。等天地兮稊米，譬朝夕兮蓬庐。穷探索兮九干，旷汗漫兮八区。家抱璞而游处兮，吾焉知夫众变之所如。"

重修学海堂碑记

夫使翘材馆设，造士庐开。山名大小之黉，县建东西之塾。笙诗是奏，雅歌合比于刘昆。磐石宏搜，风化远同于范宁。阐扬景业，祓师前谟，岂不甚善？若乃烟尘屡告，锋镝频惊。嗟古道之榛芜，叹人文之闃寂。染蓝有藉，方冀成功。剖璞方殷，何能发采？慨瓯离之是习，尤演迪之宜先。企洪化以聿臻，炳大文而弥耀。此则移风易俗，合循虞溥之书。叠矩重规，待兼乙瑛之舍。修废举坠，存乎其人。

粤东学海堂者，盖道光间阮文达公所建，以课多士之所也。尔其按试綦严，章条具列。乐巴训士，广购诗书。陶侃居官，了开党塾。极枭牢于百氏，通变贯于九知。固鉴别以无差，并甄陶而共籍。借倪思之帙，咸许纵观。给颜斐之薪，并加奖赉，乃有十题就发，万卷分储。杜正伦凤诩奇才，赵元叔咸推伟器。文才俶诡，擅撑霆裂月之观。经学湛深，兼汉圣儒枭之誉。许及时而并了，原接踵以争来。喜汲绠之还深，陋雕脂之浪费。湛兰变质，终自化于芬芳。美竹呈材，弥自加乎括厉。固已嘱于共仰，届屐争趋。欣呴沫于龙门，企搜罗于马肆矣。

丁未之岁，夷氛不靖，劫灰已化，旧址全非。问绵蕝以难开，想堂基而已废。酉阳书帙，半委参篇。单父弦歌，将虞辍学，时也。金精掩耀，玉弩乘芒。蜀中则白虎潜惊，洛下则苍鹅竞裂。隗禧远适，负担空随。魏应潜居，啸歌或辍。拾羽陵而已缺，问鸡次以何存。《国策》或借于李权，《说文》多求于江总。陈奇《论语》，已半付乎薪樵，谢侨《汉书》，或但供乎质库。往往支离共诮，弇鄙徒嘲。搜求于覆酱补袍，考订于蟫红蠹绿。名书剥落，徒藏王虞之衣。断简销沉，任秘戚方之笈。恃只制闻而自固，肩绝绪以谁承。徒讥博士之衣，莫识侍中之佩。南箕北斗，邢子才业诮空文。西舍东家，邴根矩谁当受学。比下车之著作，同倚席之生徒，此颜之推所以致嗟，翟子超因而兴叹者也。

于是重开塾埠，更辟精庐。或梁易邻房，或符融共舍。杨春馆里，时奏鼓于三通。伏胜室中，合穷绳于百结。执《尚书》而代版，效皮弁以修容。疑接界于檀桥，恍移居于柳市。铿锵弦管，似来大亶之州。充盈缥缃，何止频斯之藏。每至浮岚倒影，密荫分条。疏槐引而烟青，空庭明而水白。三山雾雨，迥接檐端。万里帆樯，平涵镜里。或问奇而客至，时选胜而宾来。月树风台，琴亭书库。堂殊韦孟，无俟蒯茅。宅岂张融，翻回让木。白鹿训扰，来贻辛缵之居。黄鸟翱翔，或伴陈弇之读。洵游观之胜躅，亦登眺之余闲者矣。且夫搜材邓植，厝木兼须。采瑶刚林，小玑勿弃。若此者，岂徒以虚存典则，剔拔单寒已哉。盖将使士气彪腾，文风鹊起。王通门下，半皆房薛之才。向诩堂中，不乏赐回之选。材业征乎贡铣，俗乃耻于危冠。欣祫襈以争呈，譬龙鸾而竞奋。西京学士，不议骊歌；东关名儒，咸知鼪对。则他日者，化成邹鲁，文奋扬班。上以储华国之资，下以重藏山之业。尹珍受学，凤推远裔之才。刘蜕登科，足壮偏隅之色。庶文风之蔚起，尤凤愿所深期也。于是士众腾欢，竞缝交忭。因兹盛事，属余撰文。业看阳峤以开堂，试为潘干而作颂。伫见月书季考，比宋时太学之规，愿同勒碣刊碑，附汉代题名之记。

（录自陈澧、金锡龄辑《学海堂四集》）

乐志堂文略诗略跋

先君子《乐志堂诗集》十二卷，《文集》十八卷，咸丰十年刻于长寿寺书局中。其续集三卷，则同治十二年。先君子没后，浚所校刊者也。

先君子尝自言，存稿太多，欲加删削。去岁，浚乞假南归，因合前后集钞为诗二卷，文四卷，呈陈兰甫夫子评定，付之剞劂，亦犹渔洋老人《精华录》、朱竹垞先生《文类》之意云尔。至先君子所著书，尚有《豫庵随笔》《校书札记》二种，因编次未成，容俟异时，再当校刊，以就正于海内同好焉。

光绪元年六月男宗浚谨识

（录自谭宗浚辑《乐志堂文略诗略》）

萧望之论

萧望之非纯臣也，迹其在宣帝时，以言事进用，岁中三迁至二千石，其任遇不可谓不专。及元帝时，以师傅之尊屡蒙拔擢，其宠待不可谓不厚。然望之生平，独不附恭显一节，为足称耳。其余行事多悻悻自矜，少大臣之度。古者乘田委吏，虽圣人亦亲为之，而望之于为太守则不悦，为冯翊则不悦，怏怏不已。至于上书自明，此其识之卑也。古大臣立朝，同寅协恭，以期共济，而望之于丙吉则劾之，于张敞则抑之。凡名望出己之前，皆不欲其进用，此其量之褊也。古大臣为国荐贤受上赏，韩延寿之在三辅，教民礼乐，政化大行，可谓循吏矣。望之忌其声名，遂因一青之愆，陷以大辟，此其心之刻也。古大臣博采舆论，不弃刍荛，耿寿昌之请建常平仓，诚万世不易之良法，而望之因其议非己出，遂抑以为非，此其见之拘也。且古者朝廷用人，必当问其可否。彼浮薄诡媚之郑朋，辄使之待诏金马门，始则受其愚，继则受其累，此其智之昏也。古者人臣有罪累，皆闭门谢过，自省厥愆，彼萧伋上书讼冤之时，既不能逆止于前，复不能引咎于后，此其行之谬也。其余违典制、犯赃污，其一二小过，为御史繁延寿所劾奏者，又无论矣。卒至抱不赀之躬而见陷小人，自罹文法，悲夫！

且当恭显用事之时，望之之可以有为者有二：始元帝之诏，望之与史高同任事也，其时，史高不过以外戚进用，未有邪僻之心，观其荐用匡衡，亦尚能知重经术者，正宜同心协力，共黜奸回，而望之乃与为仇，得无以其贵戚而存轻，视之心乎？及其被逮之后，望之既知非天子意，即宜上书告变，如狄仁杰之于武后者，庶几于己身有济，而于国体无伤。顾乃听朱云之一言，慷慨捐生，自明节烈，此与自经沟渎何异。

夫汉自宣元以后，若张禹、孔光辈，类皆阿附取容，苟求固位。以望之视之，诚有间矣。然语劲节则有余，语器局则不足，求所谓休休之量，与夫练达之才者，概未有闻焉。班氏传论称为近古社稷之臣，吾未之敢信也。

问后汉书儒林传序谓安帝顺帝之后儒者之风益衰然许叔重郑康成何邵公赵邠卿诸贤着书传至今日者皆出于安顺之后者也何谓衰欤试论之

自古经学之盛，莫大过于东汉者也。考范书列传所载，凡数百人，而通经者十居其八，一时文学婣雅可以概见，独其于《儒林传序》中云："安帝顺帝之后，儒者之风益衰。"其言若自相背谬者。盖尝反复思之，而知其有由然矣。

汉自明章之际，风俗最醇。迨至嬖孽盈朝，则时政日乖，而风俗亦因之渐靡。今观其士习之厚实，有不逮于前者，如《戴良传》云："良少诞节，母喜驴鸣。良尝学之以娱乐焉。及母卒，食肉饮酒，哀至乃哭。"此则杜预短丧、阮籍废礼之先声也。《陶谦传》云："同郡笮融大起浮屠寺，堂阁周回可容三千许人。作黄金涂像，衣以锦采。每浴佛，辄多设饮饭布度于路。"此则僧虔忏悔、灵运解鬓之作俑也。《臧洪传》云："前刺史焦和好立虚誉，能清谈。时黄巾群盗处处飙起，和不理戎警，但坐列巫史，禜祷群神，众遂溃散。"此萧绎老子、牛辅兵符之先导也。《向栩传》云："性卓诡不伦，恒读《老子》，状如学道，又似狂生好被发、着绛绡头，不好语言而喜长啸。宾客从就，辄伏而不视。"此则张融任诞、彦国酣呼之初祖也。《黄琼传》云："李固以书逆遗之曰：'自顷征聘之士，胡元安、薛孟尝、朱仲昭、颜李鸿等，其功业皆无可采，是故俗论皆言处士纯盗虚声。'"此则邓扬浮诞、王衍虚名之托始也。《崔实传》云："实从兄烈有盛名于北州，因傅母入钱五百万，得为司徒，于是声誉衰减。"此则王戎钻核、祖约好财之权舆也。而皆起于安顺以后，盖其时主昏于上，臣罔于下。如陈蕃、窦武等身任宰衡，汲汲于激浊扬清，无暇以儒术为事，故其时习俗遂至于如此矣。至其学问之废弛，则又有可考者，如《樊准传》云："今学者益少，远方尤甚。博士依席，不讲儒者，竞论浮丽，忘謇謇之忠，习哗哗之辞"，此一证也。《徐防传》云："伏见太学试博士，弟子皆以意说，不修家法，私相容隐，开生奸路"，此二证也。《杨钟传》云："方今天下少事，学者得成其业，而章句之徒破坏大体，宜如石渠故事，永为后世则"，此三证也。《蔡邕传》云："邕以经籍去圣救援，文学多谬，俗儒穿凿，疑误后学，奏求正定六经文字"，此四证也。或疑许叔重、郑康成、何邵公、赵邠卿类皆崛起于汉末，范史所论，何以云然。盖此四家之书流传至今，固为炬赫，然在当时，则许何赵三君，但自成其学，犹未盛行于世。郑君则年七十后，袁绍乃举以茂才，表为左中郎将，公车征为大司农，皆不就。未几而卒矣。范书于《贾逵传》论云："郑贾之学，行乎数百年中，遂为诸儒宗。"而不为帝所重，是亦可为儒术衰之一征矣。卒之，人心日坏，世道愈非。迨至当涂崛兴，典午继起，一变为词章之学，再变为庄列之风，邪焰相煽，狂澜莫挽，由来者渐，盖非一朝一夕之故也。吾得断之曰："安顺以前，经术之士萃于上，而经术盛。安顺以后，经术之士散于下，而经术衰。"

崔清献公论

易曰："君子之道，或出或处，或默或语，故当其出也，必有所以肩大任者，而非惟是邀宠荣焉。当其处也，必有所以系纲常者，而非惟是高淡泊焉。"至于时为不可高蹈之时，而又不欲处昏乱之朝以自贬其志节，则与其腼然而受之也，不若恝然而辞之。然当时不敢明其心，后人不能谅其隐，而意旨所在，盖有不尽得传者矣。愚观崔清献公，当南宋之时，戎马仓皇，疆宇日蹙。公帅淮蜀，威望赫然，使其柄任均衡，必将大有所设施者。乃自理宗而后，公即以乞假为辞，朝廷征召，卒不肯起。至十三疏而后已。呜呼！此何故哉？

盖理宗者，史弥远所立者也。理宗既挤皇子竑而夺其位，又诬其构逆而害之。三纲沦，五常斁矣。虽复日御经筵，修明理学，何补于篡窃之罪耶？公于是时，既不能讼言其非，而名教所关，不容或坏，故决然舍去。若无志于功名者，此其微意所存，与李燔、陈宓诸人亦何异乎？

嗟夫！士君子出处之际，盖如是其不苟也。春秋时，急于用世者，莫如孔子。然于卫出，公辄之乱曰："必也正名乎？"盖事之似缓而实急者，莫过于是，后世邪妄之辈乃倡为逆取顺守之说，以文饰之其幸也，则为胡广、金幼孜之流进退委蛇，苟全禄位其不幸也。则为张华、裴頠等厕身昏嬖，受天下之诟骂而不辞，身没名残，为后世笑。呜呼，其亦未闻君子之大道也哉。

顾吾独思宋时若真西山文信国等皆以公为一代名臣，推挹甚至。而陈白沙生后公数百年，独于公最所钦敬，然于其出处之际，概未有论焉，此公之志所以终于淹没不彰也。愚特表而出之，俾后之论古者有所考见。若其勋名之炳焕，学问之深纯，不复赘论云。

陆贾论

在昔暴秦之世，九州幅裂，六幕尘惊，图籍委于尘灰，锋刃遍于原野。

连骑之彦，各骋其游谈；雕龙之儒，互矜其辩说。逮乎汉代，此风未衰。邪惑煽而礼教沦。诈力兴而仁义绌问委裘于河上，空着微言。寻断简于壁中，孰知奥旨？求其抗心圣学，究涉典坟。能知趋向之方，不蹈浮夸之习者，则陆生为不可及已。夫其功存使越，绩茂安刘，史策所称，侈为盛事。以余窃考，殆不尽然。

赵佗铤鹿本穷，井蛙自擅。藉龙编为屏障，倚□径为奥援。承史禄之遗墟，袭任嚣之后武，纵不等窦融纳土，愿为归义之藩。要祇同庄跷居滇，妄窃称尊之号。虽无陆生，未尝不能折其气也。若乃隆准既囚而后，鸡晨方煽之朝，极雕散于宗臣，侈崇封于嬖孽。几夺斩蚎之祚，遽渝刑马之盟。然而内有灌尉之连兵，外有齐王之倡义。大横之兆，久着灵龟。非种之锄，欲诛害莠。陆生当此时不过往来游说，因时建功已耳，何足以言勋烈哉？惟其尊尚诗书，学因而肇始，乘龙令主，折于謇谔之谈。屠狗功臣，屈于恢宏之论。观其《新论》一书，属词纯粹，托喻深微。其戒浮侈也，则同于贾山之至言。其论政体也，则等于贾生之奏疏。其斥方术之妄也，则媲于王褒之讽喻。其陈仁义之说也，则类于董相之深醇。而且言综务则尚精勤，论治狱则务宽恕，慎微忽则务求正本，明鉴戒则显示指归。不为枝蔓之词，不尚诡奇之说，伟矣哉！四百年之学业，此为独开。七十子之遗闻，由斯不坠矣。或疑其语至德则近于清净，言无为则尚于虚无，似乎学涉分歧，论多偏驳，则岂知韩非合传，本非同侪。庄叟寓言，第区别派。观其崇冲默解，烦苛虽有异于中庸，要足神乎化理，文景既师其旧法，谈迁亦守其旧闻。汲黯府中，卧理自征其整暇。曹参舍外，酣乎无患其宣阗。成效所沿，彰彰可睹，岂与夫碧姬鸡骏辩，白马谈元，徒事虚夸，无关体要者也。

嗟乎！晁错传经，或转滋其讹脱。张苍治律，徒兢习乎深文。曲台之考订未精，绵蕝之搜罗易误。倡明正学，独贾为先。今者景仰高风，翘瞻遗范。兰台旧史，钦著述之可稽。穗石高祠，颂馨香之不沫。然则贾之绩固独伟于当时，贾之名亦永传于来禩矣。

（以上诸文录自《菊坡精舍集》）

赠通奉大夫前河南鹿邑县典史陈南轩先生传

先生讳昌图，字南轩，姓陈氏。始祖镳，在明成化间由九江迁祁，世业农贾。八传至彩，有隐德，梦神授绯衣儿。生子大受，由翰林起家。高宗朝，屡任督抚，不十年，登协揆，入枢密。子谥文肃。陈氏由是始大，实为先生王考。文肃生四子：长辉祖，继世为总督。次绳祖，官广东粮道，生七子，先生其六也。年五岁，粮道公捐馆舍，生母顾太孺人抚之，厚重异群儿。既长，工书能文。赴京兆试，闻母病，跟跄南归，亲尝汤药，衣不解带者旬余，刲左肱，合药以进。母病得瘳，人以为诚孝所感。自是淡荣利，跬步不敢离。先代门生故吏半天下，有招之者，辄以母老辞。

年既壮，太孺人弃养。先生泣血悲号，衣葬服阕，遭家多故。不能安居，乃输赀为典史，分河南。当道皆世交，劝改官。先生曰："一命之荣，易尽职守。某何人，斯敢躁进。"闻者敬之。嘉庆己卯，补鹿邑典史，治当皖省亳颍之交，盗贼渊薮。先生以身有捕盗责，遍历四境，严保甲，悬金购获其酋，盗风顿戢。旧事捕快，月纳资若干，为捕署柴米。先生曰："此盗泉也，亟革之。"县境故多命盗，囹圄常满。先生矜恤狱囚，泛扫熏涤，躬自检料。晨夕收放，必亲眡，虽风雨无间。囚病，医药弗吝。赭衣者，皆感泣守法。终先生任，数十年无逃逸事。

永城县民甲妻某氏，为奸人诱至柘城。逻者得之，县官刑讯。氏称与所私，谋杀甲，弃尸鹿邑高家河，因同逃柘城。令具牒解犯过境。检验时，鹿邑令方赴乡搜教匪，檄先生复审。先生检卷阅之，愀然曰："情词多遁，殆非信谳，杀二人，非其罪，以悦同郡长官，吾不为也。"乃遣善泅者，没高家河，得朽骨二具，无伤痕。先生益信其冤，反复研询，称"前供出刑求，甲故在家无恙也"。乃白县令，提甲至案。得昭雪，人皆服其神明。嗣是，每有疑难，必延先生讯。先生裁决如流，一无枉纵。

河决铜瓦厢，部议开豫工捐。有借重资为先生加官知县者，先生曰："州县非常才所能为，吾安吾拙，敢辱高位，以速官谤。"先生既廉，于取用常不继，而周恤亲朋，援植后进，不遗余力。商丘宋牧仲裔孙渊巍、钱塘黄文僖公孙卢，皆以贫废学，先生重其家世，察其品概，出薪膏，招之来学。后宋举于乡，黄补弟子员，为名诸生。故家中落族人来投者，无亲疏，悉如其愿以去。同母弟昌言早世，先生抚其两孤，与子同居，人不知为犹子。既成，悉为纳资，至今成盛族。

先生在官三十八年，咸丰丙辰，年七十五，引疾，贫不能归。子谟以府经历仕河南，是年带团剿捻于亳州，阵亡。先生益贫。然诗酒萧然，无求于人。庚申卒于汴，年七十九。原配长沙翰林院侍读刘校之公女孙，继配信阳州牧天津查彬公女。子一，孙四。次文駴，为吾同年友，由翰林官浙江杭州府加盐运使衔。先生以文禄贵，赠通奉大夫。

前史官谭宗浚曰："自朝廷以文章取士，而士之行谊弗深考。即有笃诚明达、能治其职者，非文章进人，亦弗之称究之。一命之士，苟有济物之诚，无不可裨于时而宏其用，然非薄禄位、绝声援，门阀不矜，抑抑然以道义自守，鲜有终始无所渝者。先生席两代勋华，屡却梯荣之径，卑秩自安，数十年如一日，其诚谨在官，无忝所事，实基于为子思孝之初。盖性情之地，早判纯疵。以视世之矜科目、重声势，卒不能自保。荣名者，其相去几何哉？厥后子以大节终，孙以词林显，积厚之流，殆其验与。"

（录自陈文騄辑《清芬录》）

题许君星湖讳德烜像

渊乎其冲，懿乎其纯。呜呼！许君行朴而言讷，中且无愧于人，宜其子、能文章、立功业、又泽及于斯民，吾是以知如修德之获报，而福应之不必在在其身也。南海谭宗浚题

（录自《迁锡许氏宗谱》）

奏谢奉旨补授粮储道员折

新授云南粮储道臣谭宗浚跪奏：为恭谢天恩，仰祈圣鉴，本月初六日内阁奉上谕：云南粮储道员缺，着谭宗浚补授，钦此。窃臣粤东下士，知识庸愚，词馆备员，滥膺上考。涓埃未报，兢惕方深。兹复渥荷温纶，补授今职，自天闻命，倍切悚惶。伏念滇省为边要之区，道员有监司之责，如臣梼昧，惧弗克胜，惟有颛求宸训，敬谨遵循。俾到任后，于一切应办事宜，矢慎矢勤，以冀仰答高厚鸿慈于万一，所有微臣感激下忱，谨缮折叩谢天恩，伏乞皇太后、皇上圣鉴。谨奏。

光绪十一年五月初七日
（录自《宫中档光绪朝奏折》第二册）

唐骈体文钞跋

海昌陈受笙孝廉，道光初曾作粤游，寓阮文达公节署中最久。尝自刻所辑《唐骈体文钞》共十七卷，携归浙中。比年武林兵燹，其板不知尚存否也。窃谓骈俪之文，自以沈任徐庾为枢则，善学沈任徐庾者，莫若唐人，虽蹊径稍殊，而波澜莫二。即至寻常率意之作，其气体渊雅，自非北宋以后人所能。

我朝《钦定全唐文》，鸿篇巨制，衷集大成。然卷帙浩繁，下里寒儒难于一购觅。是编选择精审，中如四杰温李，采撷较多。要归丽则，窥豹一斑，拾鸾片羽。学者而欲由唐人以进，窥沈任徐庾闻奥，则此为嚆矢矣。

陈丈古樵重镌是书，因嘱浚雠校。鲁鱼亥豕，芟削遂繁。其中有原本缺误者，据《全唐文》《英华》《文粹》诸书及原集原碑补正，非敢肆意臆

改。后有读者，谅无訾焉。同治癸酉四月既望南海谭宗浚识。

（录自陈璞辑《唐骈体文钞》）

重建谭氏宏帙公祖祠碑记

裔孙宗浚谨撰　国恩谨书　启贤篆额

吾谭氏之先，系出姬姓。其入粤东者，则自宏帙公始。谨按家谱云：公为江西虔州西俊村人。有二子，曰洪，曰瀚。洪于宋时登进士第，为广州儒学提举，遂占籍焉。瀚子伯仓，庆历中任刑部尚书，亦由江西迁仁化。故凡吾粤谭姓者，咸祖宏帙公。公故有祠在广州城内司后街，明初所建。国朝康熙乾隆间屡修之。迄今百数十年，又将倾圮。于是裔孙内江知县海观等，聚众言曰：合祠之制，古盖未有也。然古者卿士大夫，各祀其始封之祖。今士民家不能尽有封爵，则祀始迁之祖，而递以其下祔之，亦所云礼以义起者。惟毋蹈古人牵附之非，毋效近人庞杂之弊，斯可矣。吾粤之为祠堂者，以宏丽相尚，独至斯地，风磨雨啮，阤剥倾朽，嚣秽芜累，先灵弗钦。在昔道光咸丰之间，屡议葺修，海氛叠兴，迄用弗果。今圣上敷化于上，群黎沾服于下，区寓晏谧，烝烝熙熙，胡老髫童，不复见兵革。然则鸠上庀材，以为崇祀之所者，奚可或缓欤。若夫登是堂者，溯宗支之绵邈，则知其德之逖远，觌族姓之繁衍，则知前烈之混耀。念营造之非易，则思所以绍休燄，观享祀之勿忒，则思所以隆亲睦。斯又敬宗收族之念，所为油然以生也。佥曰：敬诺。

是役也，经始于辛未八月丁丑日，落成于壬申十二月庚申日，又用形家言，改建文昌方阁上。其前壁之未正者拓之，其正殿之稍庳者增之，其祠旁之渠旧由祠东去者，疏汇而潴蓄之。并建试馆数十间，俾子孙应试者，咸有所集处。先后糜白金二万余两，倡建者：裔孙海观、伯筠、国恩、若珠、时珍、锡鹏、汝舟。董役者：裔孙训诂、绍勋、启贤、国恩、曦光、耀垫、继桢、秩然、灼文、锡龄、炳章、蓬坤、泽南、湛瀛、仁定、衡汝、信世、然树、声金、钊以、忠瀚、文信。其尤出力者：训诂、绍勋、启贤、泽南也。

宗浚愚憨不能文，谨述其缘起，以绍来者。铭曰：

水流以涓，木壮以桢。厥势孔长，岁祀绵暧。

图籍散佚，罔知厥纲。末俗寖薄，各惊而散。

近识远忘，厥有祠祀。追孝敦睦，古谊用彰。

猗我先祖，清爽欻忽。肇安斯堂，新之营之。

栋宇华炳，艳然有章。春秋吉日，酒旨殽脂。
嘉谷苾芗，灵兮来下。周览慰怿，攡缪卷裳。
凡在裔姓，仰瞻在上。屑若在旁，自今以始。
滂福溶祉，俾蕃且昌。各恭尔事，无作神恫。
以迓吉羊，敢铭丰碑。昭告来禩，寿之靡疆。

同治十一年岁次壬申十二月辛丑初十日建
（录自谭耀华主编《谭氏志》）

书内阁拟驳请开艺学科奏稿后

此内阁某君所拟驳同年潘峄琴前辈请开艺学科奏稿。近世士大夫溺于时文科，只以科名自尊，不肯究心时事，故持论如此。

夫政治为本，技艺为末，是说也，余往年亦笃信之，后始知其空言无实也。今试问所为本者，不过曰明政刑、曰练军实、曰振士气、曰固民心而已，方今朝政清明，各省刑案亦皆详慎，政刑岂有不明乎？自平发捻以来，悍卒劲兵，所在多有，军实岂有不练乎？国家二百年来，厚泽深仁，沦肌浃髓，虽闾里小民，无不激昂忠义，敌忾同仇，士气岂有不振，人心岂有不固乎？然将卒怯懦，甘受外人之要求恫喝不敢轻战者，何也？船炮未精故也。或又谓，宜用计谋破敌，不专恃船炮者，此说较为近理。然狭径深林，可用计谋之地少，巨川旷野，不能用计谋之地多，且沿海口岸数十区弁将官，岂能人人皆有奇策。即使计谋已定，将遂徒手搏之耶？抑仍有藉于船炮耶？至开科一节，辄以"背圣学，更祖制"为言，尤非事实。

夫文事必有武备，尼山之言也。膺狄惩荆，子舆之论也。使孔孟复生，睹夷狄之横恣，亦必思所以制之，不徒以帖括自诩而已。余见原折，但比照翻译科之文字，果足于圣学并尊乎？如谓人心见异思迁，恐艺学兴而圣学遂废，则吾未闻。武科之一谈，亦深文巧诋矣。

又恭查国初造船于吉林，至今地名船厂，又尝铸红衣大炮？煌煌祖制，原无不许造船明文，第非如西洋式样耳。然精益求精，何妨集思广益。议者又谓艺学科为列圣所未设，不宜妄增。不知从前海内又安，西洋未尝为患，奚必置此科，以滋纷扰哉？今强邻狡寇，近在户庭，岂可不因时制宜，以精制造者，为练兵之用。

考武科，始于唐，推广于明，国朝特因其旧制。若翻译科，则从古所未有，国朝始创行之。当时用兵西陲，恐文报往来，廷臣不能尽识，故不特创为科目，兵词臣之聪隽者，亦必令肄习之，盖大圣人之视军务如此其重也。今西洋之患，剧于西陲，船炮之致用，急于文报。然则仿照武科、翻译科，特开艺学科，正所以善法祖谟，并非变更祖制也。至近时同文馆、机器局、船政局、出洋大臣、全权大臣，亦皆祖制所未有，奚独于艺学科之有裨军政者，而必痛诋之哉？

至疏末谓责成同文馆考试，可无遗才，试思考于南北洋，尚无善法，考于同文馆有善法耶？亦相率为敷衍而已矣。

总之，以政治御敌者，此探本之论也，然空言也，非实事也。以技艺御敌者，此逐末之论也，然实事也，非空言也。御敌不徒恃船炮，然御敌亦断未有舍船炮者也。时宿雨初晴，又闻南洋议歉，龃龉未定，慨然感叹，爰杂书鄙见于后，以俟识者折衷焉。光绪甲申六月既望，荔村农后识于槐市寓斋。

奏请开艺学科折（代潘衍桐）

光绪十年（1884）五月

臣愚谓求才不若储才：求才者但供一日之需，储才者可备数世之用。近世士大夫操守廉洁、材略开敏者尚不乏人，所难者边才耳。夫边才莫要于知兵，而知兵莫先于制器。自泰西各国专以船坚炮利为长雄，于是谈兵者，苟炮不利，船不坚，虽韩白之才亦不能折冲御侮。迩来各直省之机器局、船政局、出洋局、同文馆、实学馆，皆欲讲求制造，然费帑千百万，卒无成功。一旦有缓急，辄曰制炮者无人，驾船者无人。议者咸咎疆臣之虚縻无实，要亦非尽疆臣之咎也。各省地方官晓制造者寥寥无几，所雇请之洋教习，未必尽工制造之人。此其无成效者一。立局之始，原取资质聪颖者试之；无如世俗骛于科名，凡子弟聪颖者必使攻时文、习帖括，其肯送入机器局者第中下顽劣之资耳。此其无成效者二。又各局经费务求节省，光学化学等书，学徒未必尽藏弃也。且如多试炮则费火药，多驾船则费煤炭，彼工夫未到之学徒谁肯令其轻试哉？此其无成效者三。至于挑选时有情面之弊，考校时有敷衍之弊，做工时有偷减之弊，尚其后焉者耳。

大抵机器船政等局，与书院义学同。今天下书院义学有名无实者十居八九，且即教导得人，亦必择其文理可造者送入院学，方能砥砺切磋。若束发受书，略资以膏火，便欲其皆有成就，臣知其断不能也。苟循此弗变，虽再更数十年，亦只玩愒因循，日甚一日，安望其有人才哉？为今之计，莫如仿照翻译例，另开一艺学科：凡精工制造、通知算学、熟悉舆图者，均准与考。至粗习外国语言文字者，市侩皆能之，不得收录。如此乃足得异才而收实用。或谓中国文物之邦，不宜以外洋为法。臣窃以为不然。夫任昧侏偶，古人尚采其乐曲；我朝设立钦天监，一切测算兼用西法。且乾隆中用兵金川，以彼恃碉之险，攻久未克，高宗纯皇帝因命于西山之阳设为石碉，简侁飞之士习之。然则谓中国不宜仿外洋者，此迂论也。或又谓用洋人之长技以敌洋人，必于事无济。臣又以为不然。中国人智慧不减泰西，特无人为之鼓励耳。诚使故动之以科名，羁縻之以仕宦，安见二三十年后无超群轶类之才乎？或又谓机器船政等局，已虚縻无用，今另设一科，其弊亦相等。臣又以为不然。机器船政等局所以无用者，为其费由官出，力不能继耳。若既有科名，则人人各出其私财以讲求制造，其技必精，亦犹读书者各出其私财以购书，不尽恃官颁书籍，其理一也。且设为乡会试，则合各省相比较，人皆有求胜之心，必不敢如近时之甘于朽窳矣。或又谓此科一开，则群习铸炮驾船，恐此辈聚众滋事；故往年有奏请武科改试枪炮者，部臣虑及此弊，因而议驳。臣又以为不然。夫船炮笨重之物，与刀剑易携带者不同，且非赤贫者所能购买也。今宜设一令：凡愿投考者，取县该乡正途绅耆甘结，声称系忐切观光，不敢借端滋事。且的系谙悉制造驾驶者，方准送考。如此则矍柑之圉，所留不多。若考算学舆图者，宜与考文艺相同，更不虑其滋事矣。或又谓此科一开，则名器太滥？仕途将有壅滞之虞。臣以为不然。盖立法贵在因时，而执技亦堪事上第；使收其实效，何必靳此虚名。计仿照翻译例，三年内中式进士，多则六七人，少则四五人，而又中分文武；然则进士每年所占不及两缺，计举人照教习铨选，所占不及叫五缺。现在停捐以后，仕路疏通；即增此一途，每年不过共占六七缺而已，何得云壅滞哉。臣不揣固陋，谨拟章程十二条，应请敕下总理衙门及南北洋大臣，妥议复奏，再由部臣核定章程以为经制久远之计，庶真才可望奋兴，而边务亦资得力矣。

一、宜分途取进也。此科之设，宜略分数场，以制造为主，而算学舆图次之。其能制造而兼通文字者，作为东学；其但能制造而不娴文字者，作为西学。考校时不分东西学，但以制器精良为上。将来由东学者用文职，由西学者用武职，庶有裨实际。

一、宜分地录取也。现在十八省万不能处处开科，谓宜分南北洋：北洋开科在天津，南洋开科分三处：一在江苏，一在福建，一在广东。每处各取录一等二名或三名为举人，二等十名为生员，其邻近各省愿投考者，准由本县起文投南北洋赴考；或流寓不能回本籍起文者，准由所考之省或正途或实缺官出具文书投考，均要注明身家清白、无刑丧顶名字样。各省俱于武乡试后十月二十前后举行，以杜跨考重名等弊。

一、宜择人襄校也。南北洋大臣不尽通晓制造，应各招请襄校二人。如北洋开科，不准用天津机器局内人襄校；福建开科，不准用船政局内人襄校；庶免请托情面之嫌。俟十年后，即可参用艺学科之进士举人充当襄校，准其照乡会试同考官例给予纪录。

一、宜酌定试期也。现在需才孔亟，而制船铸炮，又非可旷久停工；拟请会试三年一举行，乡试一年一举行，庶练习益臻纯熟。

一、宜酌定阶级也。既有乡试，即有会试。其会试中式进士者，请分别等第量予官职，惟中式后均要在各省机器局充当教习，或督饬制造，或管驾轮船。如满三年，应准奏留。其材能出众著有成效者，由南北洋大臣切实奏保，从优升用。次则咨部按班铨选。其举人则在局充当帮教习，五年期满，如果教导有方，由南北洋大臣保奏，略仿官学教习例分别选用。余则捐职游幕入营，悉听自便。诸生则录取后须在机器局肄业三年，其三科不中式者，捐职、游幕、入营听便，无庸拘以科岁两考，概准告顶；如有仍欲入场者，亦准录取。惟局内不给膏火，以节糜费而励真才。

一、宜酌定事宜也。京师离水太远，其会试拟请于王公大臣中简派一二员，前赴天津会同北洋大臣为考官，仍准其招请襄校。场事既毕，拟出数人开具事实，封递进呈，恭候钦定；仍请旨派大员复试，或作算经论，或择地演试枪炮以昭核实。其殿试及太和殿传胪，可否与武进士同日举行。所有一切仪节，请敕下部臣酌量办理。

一、宜广其仕进也。凡内而总署司员，外而出洋使臣及船政关道各水师提镇，均时有中外交涉事件。如艺学科之进士举人有堪膺此选者，应饬各省督抚随时留心察看，登之荐牍以备记名录用。至吏部选缺，亦宜专选有洋务省分，庶不至用违其才。

一、宜核其课程也。进士举人之当教习、诸生之肄业，均须设薪水膏火以示奖励。现在直省各局本有经费，尽敷拨给，一转移间，而从前之虚糜者皆归实用矣。倘教习怠于训导，借工渔利；及肄业生滋事逞习者？务必参劾斥革不贷，以肃学规。

一、宜查访认真也。乡会试场原不准士子投递书籍，惟此系初设之科？意征求才，未遽严为防弊。如有平时潜心测算，着有成书，及制造有仪器者，均准随文投递。其或向在各局当差出色者，考官亦可查访共平日名誉孰劣孰优；较之徒凭一日之短长以为高下者，似转胜之。倘所投递之书籍机器，系剽窃前人，毫无心得，抑或不适于用者，亦宜严加驳斥，勿为所欺。

一、宜宽严并用也。人才由磨练而成，若为时促而责效奢，此必不得之数也。即如明初以时文取士，其体如疏解，如语录，并无大胜人处。直至成化后始有以时文名家者，其故可想矣。窃谓乡试宜宽，会试宜严。此次初设乡科,谅未必遽有奇才异士,宜稍宽其途:凡略知制造者即予录取。若会试则因共人材酌定中额;其技艺平常者不得滥竽。

一、宜广示招徕也口凡各省之文生武生愿应此科者,均准投考;共考而未录取者准归原学。又如学臣巡试所录之考算学生,各提镇随营员弁,确知共明算学、晓机器者,均准咨送。并各直省官员绅士、有通知艺学者,亦准与考。其未得科名者给予科名,已得科名者奏加阶级;庶旁搜博采,小善不遗。

一、宜破格收取也。艺学科既开,凡中国人材固皆入彀,即外国人流寓中华、歆羡科名仕宦者,亦准收考。如在天律考则准附天津籍,在江苏考则准附上海籍,均一体录取。考古来若汉之金日磾、唐之契苾何力、李光颜、姜公辅,皆以远人立功建绩。苟驾驭得宜,何尝不为中国用哉。国初西洋人南怀仁、汤若望等,皆位跻卿贰。立贤无方,具有成宪。但既人中国籍,即为中国人,并当办中国事;彼国及别国皆不得阻挠。庶登进广而才杰益多矣。

以上十二条,皆就臣管见所及言之。但事属创举,章程条例必多不备不完,应请饬下总理衙门大臣等察看变通,务斟酌尽善。窃谓此科一开,初时所得虽只中才,异日所收必多奇士。要在宸衷独断,俾诸臣实力奉行而已。光绪十年(1884)闰五月十七日。

(以上诸文录自《岭学报》第二期)

致缪荃孙书(七通)

(一)

筱珊仁兄大人阁下:

日前承扰郇厨,谢谢。兹有恳者,敝同乡康常素上舍,人素博雅,志行甚高,为朱子襄京卿高弟子,久钦道范,欲得见紫芝眉宇久矣。兹特为之先容,乞俯俞所请,幸甚。专此布恳,即颂开安,不具。小弟宗浚顿首。

(二)

筱翁仁兄大人阁下:

昨日得领教言为慰。送上吴子序编修传一篇,乞察入。《初月楼闻见录》乞掷下。再,吴谷人传拟附刘芙初,尊处有常州志否?乞检刘嗣绾传见示为祷。另呈上王介山书籍两种,其自撰年谱,语多鄙俗;为其妻作行状,而称实录,语太不检。岂亦仿孙樵之《皇祖实录》耶?其《易翼述信》系住录四库者,然不见有大过人处,意纪文达公但见其有与朱子抵牾处,遽称许之耳。文达偏处，往往如此。但此君应入儒林，其可采与否，望大法眼卓夺。手此，即颂开安，不具。小弟宗浚顿首。

（三）

筱翁仁兄大人阁下：

顷读来谕，匆匆未及详覆。敝省著述自远不及大江南北，然一二笃行朴学之士，亦有其人，得大君子表彰而甄录之，幸幸。兹谨拟数人，此皆乡评极确，列入儒林而无愧者。其稍逊者，弟不敢滥列也。可否仍候卓裁。如大稿既成，希见示为幸。手此，即颂开安，不具。小弟宗浚顿首。

谨拟粤中先达应列儒林者五人，附算学一人。

胡方，新会人。

冯成修、劳潼，俱南海人。

右宋学家。胡方，《文献征存录》原有传，不知原单据《征存录》，何以漏此一名。如嫌宋学人多，则冯、老二君附胡方传亦合。

陈昌斋海康人。

曾钊南海人。或附侯康亦可。侯君谟亦可列文苑。

右汉学家。陈氏遗书七种，阮文达公极推重之。惜行箧未带来，然岭外人多知其名者，非弟一人之阿私也。至勉士学博，经术湛深，然已刻者只十分之二三耳。

陈澧番禺人。

右兼采汉宋家。

附邹伯奇南海人。

右算学家。如嫌算学人太多，则邹君名字不收亦可，或附陈兰甫传亦合。

（四）

筱翁仁兄大人阁下：

昨从史馆归，忽患腹痛，捧读手书，竟不能裁答，今晨已稍痊可矣。史馆分办各节，即遵守尊谕，弟专办文苑，阁下专办遗逸便是。至儒林传既须各办，鄙意亦欲画分。大约大江南北，暨两浙江右诸传，必仰仗大手笔。若北直及边省各传，则弟任之。如此办法，于学问源流既能洞悉，且应删应补应附，不致梦如乱丝，未审尊意以为然否？大作诸传，典核精博，具良史才，曷胜钦佩。中有贡疑数处，条列于另纸，然终是管测之见，未能以涓滴增益神瀛也。余容晤罄。此请开安，不具。小弟宗浚顿首。

儒林传分办之说，不过弟等私议如此，若送史馆，署名覆辑，则可不拘。如足下吴人，则吴中先达各传，送馆或用弟名。弟粤人，则粤中先达各传，送馆时拟借尊衔。此则临时变通，似无不可，仍望卓裁为要。弟浚再拜。

（五）

手示祗悉。任东涧宜入儒林，至潘四农亦谈理学，然似不及其诗文之佳，且嘉道间文苑亦无几人，若再抽去，则更寥落矣。刘椒云究以儒林为正，邵位西亦然。弟处未见邵传，未审馆中已有人命笔否？谨此布覆，祗请筱翁仁兄大人开安。小弟宗浚顿首。

戴钧衡弟处亦见有传，如在尊处，希付下。

（六）

《居易录》三条：

张仁熙，楚之广济人，隐居着书，与竟陵胡承诺君信、吴骐阮闲，蕲州顾景星黄公，皆前代逸民。卷十三

竟陵胡承诺，字君信，博学工诗，尤长五言。予牧广陵日，君信以集见寄，三十年矣。著有《绎志》数十篇、《读书说》若干卷。卷十四

胡石庄，名承诺，博雅工诗，尤于五言古选。予编《感旧集》，取石庄五言颇多。

许宗彦传

《学说》一篇，兼主汉宋，在近人集屡有之，似可不必采。

李兆洛传

叙蒙城劫盗事，包传似稍繁，能删作百余字尤妙，仍望卓裁。

旧言集误作？蘖。

胡承诺传

胡石庄，兼工诗，渔洋《居易录》屡称之，似当补入。

（七）

筱翁仁兄大人阁下：

送复刘彦清、王眉叔、高伯平诸集，乞察入。刘、王两家骈文，成就甚小；伯平《东轩集》亦不见有独到处，此公似宜入翰林，或径拟删归下篇，统候卓裁也。昨有同乡来都，见赠新刻《春明梦余录》甚多，谨转一部奉饷，希哂纳。再，此公翻刻是书，意在广销，如有人欲购买者，希示

知为祷。每部价四两。手此奉上,即请开安,不具。弟宗浚顿首。

(以上书信录自缪荃孙《艺风堂友朋书札》,信中标点为编者所加)

致崔牧

侣翁仁兄大人阁下:

敬启者:沪浦题襟,匆匆录别。昨接都门友人信,志文旌已安抵京华,敬想道履增宜为慰。近又传阁下俟明春二月始回粤者,未审确否?不知何以迁延若是也。弟此次南归,本欲为闭门着书之计,无如省城绅士风气日漓,倾轧钻营,触目皆是。弟秉情孤介,势不能以一刻居,拟明年仍入都供职,倘所云进退无据者耶!每夙夜静思,既自笑亦自悼也。前希代分致北城捐局暨任卿前辈处之项,已交去否?其余银数百金,希即汇寄粤中,俾得应用,幸幸!弟非敢以此琐事屡扰清神,实缘还粤以来,既乏买山之钱,兼稀问字之酒,而戚友中丐润者累累,不得不藉兹挹注。倘文驾决于明年还粤东,则此项务祈于今年内(腊月)汇交弟处,是所切祷!不情之请,尚希宥之。容俟把晤时,再当肃谢耳!都中近事有所闻否?希示一二,余不多及,此请近安。不具。小弟宗浚顿首。十月廿四日。

(录自《小苍莽莽斋清代学者书札》)

同治十三年(1874)甲戌科会试朱卷三道

子曰君子坦荡荡

观君子处境之心,有实见其荡荡焉。盖惟循理无欲,故能坦然荡荡也。是可以验君子,且荡荡难名者,天而已矣。惟君子循乎天理,葆乎天心,遂足以法乎天体,非矜言旷达也。理足养心,天德全焉。心常宅理,天机畅焉。斯无一非宽平之域,自无一非舒泰之怀。有拟议焉,而莫罄者。不然,亨屯者遇也,通塞者时也,忧乐者情也,荣悴者运也。君子处此独能坦然自足者,何哉。夫子曰:吾有以观君子处境之心矣。盖平就君子之修为而论,则忧勤者其志,惕厉者其功。虽处境果属安亨,而就业自持,一息无宽闲之候,弥暇豫弥悚皇也,固无所为安逸也。而就君子之气象而观,则恬适者其神,宽宏者其量。虽处境偶当困厄,而从容自得,寸衷无愧怍之虞,愈艰危愈镇定也,又何在不见其恬愉也。是其宅心浑厚,早预泯乎蠛险之萌,因而入世安闲,自常着乎宽容之象。其坦然者果何如乎,殆荡荡乎。荡荡以言乎宽也。凡物之急者多迫,而宽者多舒,坦然者故舒而不迫也。即迫焉,仍不窘其舒也。至并忘乎为迫为舒,而君子之心只泰然自任而已矣。荡荡以言乎广也。凡物之隘者多险,而广者多平,坦然者故平而非险也。即险焉，仍不啻其平也。至并忘乎或平或险，而君子之心只安然自适而已矣。且夫君子之坦荡荡非矫情也，非任运也，又非由于貌袭也，是有出于性情者焉。莫患乎嗜欲未清，而歆羡之动于中者，易滋其纷扰。夫吾心本寂然耳。惟识足以察乎理之真，斯得失穷通，入诸淡泊之性情而悉化。迨至优游泮奂自适天怀，陶咏啸歌，弥征乐趣，皆其坦荡荡之志所积而形焉者也。所谓无欲常惺者，其殆如此也夫。是有出于学问者焉，莫患乎功修未至，而艰险之尝于外者，易扰其神明。夫吾心又本淡然耳。惟力足以守乎理之正，斯艰难险阻，熔以安贞之学问而胥恬。迨至晬盎之容矜持悉化，朏渊之量，上下同流，又皆其坦荡荡之功所推而广焉者也。所谓内省不疚者，其殆如此也夫。静则养和平之福，动则消悔吝之乘，常则守淡定之天，变则矢安敦之素。此君子处境之心也，要其功则以循理为本。

自诚明谓之性

由诚生明，全乎性者也。夫性未有不诚者也。自诚而明，则其性全矣，不谓之性得乎。且吾言天命之谓性，是性固人所共有也。不知有是性而稍漓之，不得谓之性，即有是性而始复之，仍不得谓之性。夫惟至诚具徇齐之质，擅彰察之能。其聪睿者特禀于生初，其颖悟者非资乎后起。斯人人共有之性，不啻一人独有之性，而性之名乃有专属焉。诚者天道，于何见之，试即诚之所发验之。原一元未判之先，而诚之浑然内含者，固充周而周滞。诚有所复，而谁与为复。诚有所通，而谁与为通。从蕴蓄本极渊深，犹是端倪之未露也，则寂然不动者诚也。迨万感既形之际，而诚之莹然坐照者，乃洞察而无遗。诚于存善，而善量早完。诚于去邪，而邪缘早绝。纵事物非无繁，依然照烛以如神也，则感而遂通者非独诚也。所谓明也，至诚固自诚而明者也，而要非原于性者不及此。天下伪者不能烛物，而真者始能烛物，诚固至真者也。以至真者裕至灵之用，而明生焉。惟诚无私，以之去私则最决。惟诚无欲，以之辨欲则最精。夫合天下之蕃变纷纭，本参差而互进。自诚明者以一诚为因应，而机缄所启，乃洞彻已咸周。此非原于天亶者，不能若斯之明悟矣，谓之性可矣。天下虚者不能察物，而实者始能察物，诚又至实者也。以至实者运至神之识，而明生焉。惟诚不贰，而贰者无得而参。惟诚不欺，而欺者无由而遁。夫合天下之经权委曲，本淆列而互陈。自诚明者以一诚为贯通，而奥窔所开，乃昭融而若揭。此非原于天赋者，不能若斯之明睿矣，谓之性可矣。世有天姿聪敏，而适近浮夸者，此明而不本于诚者也。自诚明者非于诚之外别有增加，实于诚之中互为存发，明其所谓而知至诚之得天者厚焉。世又有寂灭为高，而自矜慧悟者，此未诚而欲求其明者也。自诚明者非于诚之外别擅神奇之质，实于诚之内克完纯备之修，明其所谓而知至诚之全天者备焉。此天道也，试进观诚之者。

孟子曰君仁莫不仁君义莫不义

揭仁义之效，为时君告也。夫仁义者治之本也，君仁义斯莫不仁义矣，图治者审之。昔孟子言格君心之非，必首告之以仁义，所以为大臣勉者至矣。而复恐人君之冥然罔悟也，因重举以告曰，治有由起，始于宸修，化有由基，先于主极。君人者毋徒责效于臣与民也，但使播厥慈祥，审其裁制，吾知上行下效，自有不介而孚者。今天下仁义之说不明，而刻薄残忍之风，几莫能骤挽矣。试观峻刑罚，重征徭，则不仁甚。务智力，尚诈谖，则不义甚。此而欲一道同风，汪汪乎丰茂世之规，扬骏庞之业，以蕲至乎古昔盛时渐仁摩义之俗，奚可得哉。乃其效亦正非难致也。今夫下之于上也，恒若蓄其机以相待，而颛顼蒙之视听，常默伺乎君公。固而思上之于下也，必先作其则以为倡，而官寝之修型，自遍乎于众庶。则毋遽责人之不仁也，果其君仁而帅天下以仁，将布政者宽慈，存心者恺悌，几见厚泽深恩之代，而人尚有惰偷乎。恬熙而共乐也，固已感乎仁而莫不仁矣。则毋遽责人之不义也，果其君义而励天下以义，将修明者国政，振作者民风，几见整纲饬纪之朝，而人尚怀虞诈乎。道路而共遵也，固已戴乎义而莫不义矣。且夫论仁义于今日，更有要焉者。以掊仁击义者之日事争陵也，攻地攻城之术，擅背乎仁而兢肆并吞，作盟作会之事，烦悖乎义而相斁诡诈，世运伊胡底乎。诚使仁以宏教育，三物可兴，义以肃纲常，四维益振。际此十二国兵争未息，而整躬率物独奉仁义以为楷模，吾知戴仁者就日殷怀，慕义者闻风兴感。迁流虽甚，薄俗犹可回也。所愿宰世字民者，郑重思之。以熙仁予义者之矜言智术也，读高山乘马之书，假乎仁者徒安小补，擅炙輠雕龙之说，托乎义者竞骋游谈，人心可复问乎。诚使仁以播休和，恫瘝是切，义以严制事，轨物咸遵，际此数百年侮乱相仍，而立政陈规独本仁义为表率，吾知归仁者化行风草，向义者好洽星芸。熙嗥虽遥，古风无难再睹也。所愿经世宰物者，从容布之。

同治十三年（1874）甲戌科殿试对策卷

臣对：臣闻古帝王之治天下也，必先典学以敕几，亮工以熙绩，帛财以裕国，度地以居民。若尧舜禹汤文武之隆，遐哉尚已。三代而后，贤君令辟史不绝书，类能励慎修、勤察吏、丰储积、辨土宜。至于侧席求才，临轩选士，亦皆廑求上理、轸念民依。如汉之策董仲舒，则试以天下之学也。晋之策欲诜，则试以择人之任也。宋之策苏轼，则试以蓄之法也。唐之策张九龄，则试以怀远之经也。莫不当巨典之宏开，冀嘉谋之入告。所由化成而俗美者，恃此道耳。钦惟皇帝陛下，中兴启运，下武承基。固已一德孚而劫虑严，百度贞而纪纲肃，六府修而藏积富，九围式而风俗齐也已。今者亲裁大政，首举制科，不遗荇菲之微，倍切刍荛之采。进臣等于廷，而策以励躬修，崇吏治，足财用，审舆图诸大政。如臣愚昧，何知体要。然牛溲之细或资润于神瀛，萤烛之微冀增光于日月，敢不勉述素所诵习者，以为拜献之先资乎。伏读制策有曰：执中一言，尧以咨舜，舜以授禹，而因推广乎中之为义。此诚圣学之旨归也。臣惟唐虞授受，始言执中。其实三代哲王心法相传，无不以中为准的。考汤诰言降衷，孔氏训衷为善，朱子则云衷祇是中。洪范言皇极，汉儒训极为大中，朱子又以极为在中之准的。可知汤之克宽克仁，武之无偏无党，要不外乎执中之旨也。至于以德行言则曰中正，以性情言则曰中和，本是中以制礼而教之中者，五礼以修。本是中以制刑而协于中者，五刑以措此。又执中之为用，实可见诸施行者矣。窃惟古来论执中者，其说綦详，要必以治心为本。夫大学始终一敬，主敬者此心也。中庸枢纽一诚，存诚者此心也。观于程子之讲经筵，则以心之扩充者为王。朱子之陈时事，则以心之诚正者为言。以及张栻之告其君也，则言乎心之发见。罗从彦之告其君也，则言乎心之几微。真德秀之告其君也，则言乎心之主宰，无他心也者。万理之汇归，百为之管钥，诚能虚是心而广求言之路，清是新而绝嗜欲之萌，则源洁者清，形端者表正，将见极由是，存而执中之统亦以备矣。皇上圣学高深，朝干夕惕，不已蒸蒸然治化，日趋于上理也哉。制策又以考绩始自唐虞，而因详考乎历代官人之法。臣惟古无铨选之名也。考虞书云：询事考言，乃言底可绩。此为后世铨选所自始。厥后三风儆吏，商书严贪墨之防，六计弊廉。周礼重能明之，选良规善，法粲然具陈。汉法以六条察二千石，岁终奏课殿最，故一时循吏最多。如龚遂莅官爱着买牛之化，鲁恭变俗因征驯雉之祥，杜诗到而浚陂池，任延来而稼穑。鞭蒲示惠、滞狱无冤、秀麦兴歌、编氓共乐。或则一钱表洁，或则五袴腾谣。懿两汉之循良，冠千秋而独绝矣。唐之考课掌于吏部，叙以四善、分以二是七最，差以九等。当时若柳公绰之威严，陆象先之宽简，为于之曲共乐，仁慈棠棣之碑，遍刊政绩。此唐之循吏有可考者也。宋之考课分为三等，略因唐之四扇而分之。当时如吴潜以子惠爱民，包拯以刚方嫉俗。程栩之一马一仆，自表清规。赵抃之一鹤一琴，绝无长物。此宋之循吏有可考者也。夫官吏之贪廉，夫民生之休戚。诚使任铨衡者如毛玠之清忠，如左雄之明达，如山涛之谙练，如高锴之勤能，则内外大小臣工，孰不著鹭洁之容，而表羔羊之节也哉。圣朝澄叙官方，明明在朝，穆穆布列，所由随车雨沛，惠普麦郊，判牍风清，阴浓棠舍。生斯世者，无不共沐乎太和之泽也。制策又以民为邦本，食乃民天，而因欲使小民咸沾乎实惠。此尤子惠元元之至意也。臣常读诗幽风及大田良耜诸篇，叙述农事，至详且悉，是何风之厚欤。汉时力田之科与孝弟并称，文帝亲耤田以劝天下，武帝世复用赵过法为代田教民耕种，田多垦辟，故能户多素俭，仓有红陈。拜爵则称富民之侯，置官则号宜禾之蔚者，职是故耳。唐贞观初，太宗锐意于治，官司应授田而不授，应课农桑而不课者有禁。贞元朝宰相李泌请于中和节进农书，司农献稺穜之种，其于农政亦有裨益。要而论之，食者民之司命也。与其事后而绸缪，不如事前而经画。设一旦春田或歉，秋稼未登，则必讲求乎发弛征之宜，输粟贷种之政。有开仓赈民者如汉之汲黯是也，有贷粟便民者如魏之李士谦是也，有以工代赈者如范仲淹之在杭州是也，有劝民出粟者如富弼之在青州是也，亦在乎经理之得人而已。圣世重农贵粟，凡薄海内外罔不咏绥丰而歌治比，岂不懿欤。制策又曰：读史之要首辨方舆，而因详究夫历代州郡之沿革。臣惟轩皇画野爰传白阜之图，妫后巡河肇启苍牙之箓，其或分为九州，或分为十二州。皇甫谧帝王世纪，孔安国尚书传，久已详言之矣。秦并六国，分天下为三十六郡。后南平百越，复增置南海桂林诸郡，后人称为四十郡者。或并其后所增置约举之欤。汉分天下为十三郡，晋分天下为十九州。唐都关内，分天下为十道，明皇增为十五道。宋分天下为十五路，至天圣而为十八路，至元丰而为二十三路。元力中书省一，行中书省十有一，为百八十五路。其异同分合，固班班可考也。夫读史不可不明地理，古来若汉之朱赣，晋之裴秀，唐之贾耽，最称赅洽。其余李吉甫元和郡县志，王存元丰九域志等书，又当旁征博参者矣。圣天子威烈远扬，仁恩覃洽，流沙蟠木悉隶骈幪，乌弋黄支并输琛赆。一时版图式廓，不已驾周汉唐宋而上之也哉。夫澡身浴德治之符也，念勤简能治之要也，足民务农治之则也，体国经野治之方也。千圣百王之道，恒必由之。况皇上亲政之初，纪纲治忽所由关，即意兆观瞻所由系。诚能建极以绥猷，量才以授职。劝弄以务本，训俗以型方。懔持盈保泰之心，成累洽重熙之治。行见庞褫枕被，协气苾敷。恢帝者之上仪，扬丕天之大律。熙春泳化，函夏归仁，斯则我国家亿万年有道之基此矣。

臣末学新进，罔识忌讳，干冒宸严，不胜战栗陨越之至。臣谨对。

（录自仲光军、尚玉恒、冀南生等编《历代金殿殿试鼎甲朱卷》，以上朱卷标点为编者所加）

平秩南讹赋　以日永星火以正仲夏为韵

粤若唐室初兴，群工辅弼。廑念典于民依，懔授时于政术。值南土之回温，际南薰之协律。务长养而得宜，俾主机而洋溢。盖动者植者、飞者潜者，咸当化育之期。而暄之润之，散之勤之，合趁长嬴之日。时则暖暑初移，阳明已炳。祝融按御以蹩躠，炎帝扶轮而骤骋。和风则南陌浮暄，赫日则南檐丽景。固已育物殷怀，巡方远省。然而南台观物，虽更节序于炎温。南正司权，未布规条于久永。

今夫芸芸者易禀，总总者珍形。被函三而负质，资吹万以含灵。或生于申而生于子，或壮于酉而壮于丁。擢秀曾抽，记叱春郊之犊。句萌易窒，妨滋秋野之暝。藉非顺五行之运，调四野之经，何以能使桐生者毕达，芑坼者莫停。时雨时旸，协三百旬之转运。宜禾宜黍，辨十二野之分星。故当其物之南讹也。

生意昭苏，生机婀娜，或为种植之夭乔，或为蚳蝝之细琐。咸资暖气以葴敷，实俾群生而众伙。波恬南穴，则鱼青岩中。风静南畦，则雉驯陇左。河滣雉草，藉浇南郭之田。薮里储材，早富南山之笴。际氤氲于南陆，合乘暖气以颁冰。睹披拂于南柯，定趁阳时而改火。若夫其平秩之也，则示以条章，定其纲纪。按五方而宣节咸宜，坊百花而阴阳以理。楸者于焉抽萌，朽者于焉振起。翩翩者怀煦育之恩，蠕动者荷吹嘘之喜。

其秩之也，若千丝之错杂，而次序不淆。其平之也，若九轨之同遵，而康庄共履。定见课耕南亩，扶犁则保介频咨。悬知布令南门，徇铎则道人是以。由是万类涵恩，群伦遂性。槎枒无虑，棣通共庆。咸蒙茂对之仁，并乐由仪之咏。故能详飚效顺，南交则瑞雉呈珍。丰霈流甘，南纪则应龙受令。献八蚕于南裔，共殷顾柕以辛勤。趣九扈于南郊，无俟命官而董正也。

若夫诸说纷淆，群疑互贡。平作苹而古训攸通，秩作艳而异文特众。讹之形，或转为伪陆德明之训释堪稽。讹之解，或变作为司马迁之遗篇可讽。要以说虽互歧，义原各中，并皆总万汇以昭宣，含群伦而骈幪。岂比际盛夏而雩祈是肃，征遗说于蔡邕。值炎夏而政令是颁，考遗文于管仲。

方今圣天子出震宣猷，乘干御驾。懋抱蜀于唇居，廑求衣于乙夜。南离正位，握图箓以承基。南极趋风，来轮裳而受化。所由物产盛而共乐繁昌，民俗和而各安耕稼。士有就日瞻余，凌云赋罢。沐帝德之汪洋，侍晨游之余暇。幸被涵濡之泽，奚殊饫露于三春。藉明洁白之忱，愿矢怀冰乎九夏。

平回论

　　论回疆之事于道光以前，则回部与回部交争，贵绥靖之，以弥其变。论回疆之事于道光以后，则回民与汉民构隙，贵剿洗之，以振其威。何则？

　　回疆为汉时三十六国地，其俗有白帽回，有黑帽回，咸奉天方教，亦名天主教。而陕、甘、滇、蜀回民之杂处内地者，又不下十数万人。然康熙中，噶尔丹之变。乾隆二十年，阿睦撒尔纳之变。二十三年，霍集古之变。道光六年，张格尔之变，类皆其名王种落，兽窜狐嗥，侵扰边疆，驿骚邻近。而内地之回民，其食毛践土者，固自晏然无事也。

　　迨道光末年，滇中始有回患。而陕西、甘肃等处汉回仇杀之案，层见叠出，莫可抵御，驯至据城池、屠村落。于是回患之棘，不在外藩，而转在近境矣。

　　揆其起衅，约有两端。大抵回民虽阴鸷勇悍，然性情憨直，其狡谲终不及汉民，故汉民每欺回，而回思仇汉，加以猾胥墨吏龁齕其间，怨积愤生，郁而思乱，此则末事之始，官吏之纵汉民以欺回民也。既而逆萌蠢动，地方官不能防患于未然，专欲招降回民，以为粉饰弥缝之术。而回民因得以其间恣淫掠、逞凶疆，跋扈侪张，无敢过问，此则既事之后，官吏之庇回民以戕汉民也。

　　夫以其始事言之，则其寻仇聚党，未必汉民皆是，回民皆非。以其后事言之，则汉民之侵陵攘夺者，其罪尚有可宽。而回民之叛逆疆梁者，其罪必无可逭。为今之计，欲如汉贾捐之罢珠厓之议，则凶徒啸聚，近在腹心，其事固有所不可也。欲如晋江统徙戎之谋，则种类繁多，不乐移易其势，又有所不行也。窃谓回民虽不可尽诛，然非痛剿而创惩之，终不能绥安而藏事也。大抵犬羊之性，豢之则骄，震之则慑。自来防边御敌，未有不能剿而能抚者。若乃姑息养奸，冀回民之就款乞降，以为得计，则适足以贻患而已耳。或疑乾隆中开拓新疆，故回民叛服靡常，迄难勘靖，此则不然。夫中国之与新疆，犹室庐之有户庭，城郭之有都鄙也。观康熙、雍正中，狡寇未平，边警频报，至屡烦列朝宵旰之忧。迨西极底平，韬锋枊刃。惟道光中，始有回变。而总计乾隆二十四年后，边隅之吏，不见兵革者，几及百年，夫孰非高宗纯皇帝之遗泽哉？况新疆之西与痕都斯坦接界，亦名五印度国，其地为汉之身毒、梁之天竺。今俄罗斯、英吉利已分据其地而有之。设非重兵置戍，拊其背而扼其吭。万一强敌窥伺，已足以慭吾藩篱，而掣吾肘腋，此尤近日筹边者所当熟虑而深谋也。

　　且夫一消一息者，天之道。一治一乱，事之常。今酒泉以外，群盗如毛。东剿西征,似难措手。不知天下事必极于凋残困敝之后,众人束手而莫敢为。有圣人出,起而乘之,遂足以扫定埏垓,驱除丑类。故康熙中,准夷之役,或以为边事不足以介怀矣。圣祖仁皇帝亲降六飞,而疆圉以靖。乾隆中,新疆之役,或以外中国不勤远略矣。高宗纯皇帝拓疆万里,而亭障以安。今圣天子威武远扬,八荒奠定,近且西宁克复,大理荡平,军声所加,无远不届。盖天心人事,所为递推递转,以俟圣人奠定而廓清者,此其时也。彼天山月峭,安有不望风降服、感化而归仁者哉?

[录自南海何文绮评辑《粤秀书院课艺(癸卯)》]

为恭报微臣到任日期叩谢天恩仰祈圣鉴事折

窃臣荷蒙简任视学四川。九月初二日跪聆圣训,当即星驰就道,于十一月十七日行抵四川省城。二十日,准前学臣张之洞委成都府学训导薛华墀将关防书籍文卷齐送前来,臣恭设香案,望阙叩头,祗领任事讫。伏念四川界接岷峨,境连汉沔,地灵所毓,人杰斯多。文风固贵乎振兴,士习尤贵乎整饬。如臣梼昧,惧不能胜,惟有矢慎矢公,实心实力,讲求训诂,俾胶庠尽识通经,砥砺廉隅,使缝掖咸知植品,庶申蚁悃,稍答鸿慈,用仰副圣天子作人之雅化所有。微臣到任日期,除恭疏题报外,理合专折具奏,伏乞皇太后、皇上圣鉴。谨奏。

(录自《申报》1877年4月4日"光绪三年二月初四日京报全录")

诰授奉直大夫云南盐课提举司提举邑优附生啸笉邓公诔

世愚弟南海制谭宗浚顿首拜撰

维同治十一年岁次壬申九月晦日,吾友邓君啸笉以疾终于里第,春秋仅三十有二。呜呼痛哉!麟亡月死,鲸殒星沉。嗟彼哲人,遽沦夜壑。若其风神散朗,意度冲夷。听裴绰之谈,如聆古瑟。见谢庄之到,不著寒衣。奎奎扼于清标,悾悾著其雅量。譬之长河万顷,叒木千寻。浩浩然、落落然,不足以窥其涯涘也。少失乾荫,奉母独居。瀹石庆之中帷,洁穆员之潴膳。下帷受业,则挚精韦逞之经。解带求荣,则希志周盘之举。内行笃备,人咸称焉。性本恬雅,尤嗜聚书。目饫万签,手披千部。疎星入户,握卷犹勤。旭日照檐,拥书蚤起。十行并下,七事能知。无朱穆之专愚,有李康之笃志。九万余帙,条抄极其博精。八十一家,闇诵悉其原委。素工词赋,近稍治经。搜求异同,捃摭得失。或疑字未识,则捡书互商。或异闻隅逢,则片纸分录。信所谓隰梏其德,斧藻其文者矣。久在黉序,声誉特高。老宿倾衿,名流袖稿。兰筋始奋,蹴冀野而将鸣。毫采含珍,韫荆山而待价。何图痰疾，遽夭天年。业征巢鵻之凶。竟应嗟虵之谶。王延寿见伤妖梦，祈祷无灵。柳世隆自署题名，欷歔欲绝。叹丛兰之已陨，嗟拱木之将颓。岂果兜率宫中，尚需才子。遮须国里，必主词人也耶？

宗浚曩者与君流连鱼鸟，狎玩烟霞，野□寻花，山堂释菜，看棉北郭，煮莽南园。联舆穿蒲涧之云，并舫听荔湾之雨。丙茵醉叫，则濡首狂歌。李笛横吹，则吟唇发奏。况里闬其逼近，复褰群屐以频过，借书而瓿酒交承，得句而邮筒互寄。赵岐稿在，许严象以同观。沈约赋成，俾王筠而共诵。今乃夜川竟逝，朝露俄晞。殉棺徒纪于法华，志墓空存于圆石。柩中之尘，谁奉清谈。床上之琴，已虚良晤。闉佳城而郁郁，听挽曲以萧萧。呜呼！易理云亡，夭折几同于王弼。诗名徒在，赠官难慰乎方干。以是思哀，哀可知已。昔人云诔以观德，又云诔者累也。累其德行，使之不朽。孝若既没，黄门所由叙悲。泉明已亡，光禄于焉增□。敢援斯例，用抑哀忱。词曰：

圆穹上升，厥象昭丽。至化中含，真精内秘。或乃聘能，钩探见忌。兰馨斯焚，玉缜而碎。猗贩邓子，宝诞兴门。银艾相袭，曜乎里闬。鸾龙换采，魁豹韬文。振秀斯挺，驰芬远闻。既隽胶庠，声称并茂。翰无停披，篇若宿构。鹦鹉咏成，枏榴撰就。名矣珪璋，蔚焉领袖。斐才既擅，励行弥虔。虚怀若谷，上善犹川。性靡溪盎，志无滑圆。韦弦着诫，巾机铭编。曾是中年，遽伤遄薄。李广精亡，柳调体弱。消渴难医，病痁复作。驻景无方，返魂乏药。藏舟永悼，辍瑟俄惊。噏然复魄，塔尔遗形。青蝇寐吊，白骥长鸣。亲朋屑涕，族邻吞声。呜呼痛哉！惟余与子，情亲迹密。谊订盍哉，分敦投漆。红螺泛杯，青盖排帙。屡访嵇邻，频过崔室。余昔锻翮，子来晤存。余昔觏闵，子来唁言。高情海溢，雅笑春温。遗徽未沫，古谊攸敦。呜呼痛哉！子病经年，履綦罕至。虑子清羸，起居匪易。后会方期，芳踪忽坠。千丈松崩，九英芝悴。下有孺幼，上有高堂。子虽瞑目，顾颔何长。凄还燕去，憔悴乌伤。白日惨淡，黄泉渺茫。呜呼痛哉！人亦有言，彭聃匪寿。子之遗文，传播万口。涛掀霆轰，雕怒夔吼。寿算虽穷，令名当久。又闻才子，上感精灵。备位瑶阁，返真紫清。游戏阊阖，乘辒驾騂。茫昧谁觉，杳冥孰征。呜呼痛哉！繄我中年，友俦见弃。惟子石交，始终靡二。谊切范张，感均庄惠。牙斩辍调，镬斤罢试。素帏寐寂，青幨悠悠。柳挈移远，松扁閟幽。削牍情恸，赒词泪流，式阳懿范。报子千秋，呜呼痛哉！

（录自雅昌拍卖网，文中文字与《希古堂集》中《邓啸赟茂才沫》多有不同。）

参考文献

一、典籍著作类（按作者音序排列）

B

[1] 白新良. 中国古代书院发展史 [M]. 天津：天津大学出版社，1995.

C

[1] 陈澧，黄国声. 陈澧集 [M]. 上海：上海古籍出版社，2008.
[2] 陈澧，金锡龄. 学海堂四集 [M] //赵所生，薛正兴. 中国历代书院志：影印本. 南京：江苏教育出版社，1995.
[3] 陈澧，廖廷相. 菊坡精舍集 [M]. 清光绪二十三年刻本.
[4] 陈其锟. 陈礼部文集 [M]. 清同治十年刻本.
[5] 陈璞. 尺冈草堂遗集 [M]. 清光绪十五年刻本.
[6] 陈祖任. 桐城马先生年谱 [M] //北京图书馆. 北京图书馆藏珍本年谱丛刊：第184册. 北京：北京图书馆出版社，1999.
[7] 长善，等. 驻粤八旗志 [M]. 光绪五年刻本.
[8] 岑毓英，等. 云南通志 [M]. 光绪二十年刻本.
[9] 常明，等. 四川通志 [M]. 成都：巴蜀书社，1984.
[10] 陈廷焯. 白雨斋词话 [M]. 杜维沫，校点. 北京：人民文学出版社，1959.
[11] 陈永正. 全粤诗 [M]. 广州：岭南美术出版社，2008—2010.
[12] 陈永正. 岭南文学史 [M]. 广州：广东高等教育出版社，1993.
[13] 陈永正. 岭南诗歌研究 [M]. 广州：中山大学出版社，2008.
[14] 陈永正. 粤诗人汇传 [M]. 广州：岭南美术出版社，2009.
[15] 陈泽泓. 广东历史名人传略 [M]. 广州：广东人民出版社，1996.

[16] 陈玉堂. 中国近现代人物名号大辞典（增订全编本）[M]. 杭州：浙江古籍出版社，2005.

[17] 陈惠琴，莎日娜，李小龙. 中国散文通史·清代卷[M]. 合肥：安徽教育出版社，2013.

[18] 程中山. 清代广东诗学研究[M]. 广州：广东人民出版社，2012.

D

[1] 邓大林. 杏庄题咏[M]. 清道光二十六年刻本.

[2] 戴肇辰，苏佩训. 广州府志[M]. 清光绪五年刻本.

[3] 戴逸，李文海. 清通鉴[M]. 太原：山西人民出版社，1999.

[4] 丁福保. 历代诗话续编[M]. 北京：中华书局，1983.

[5] 丁绍仪. 清词综补[M]. 北京：中华书局，1986.

E

[1] 额哲克. 韶州府志[M]. 单兴诗，纂. 清同治十三年刊本.

[2] 鄂尔泰，等. 云南通志[M]. 靖道谟，等，编纂. 北京：商务印书馆，1983.

F

[1] 法式善. 清秘述闻三种[M]. 张伟，点校. 北京：中华书局，1952.

[2] 冯煦. 蒿庵类稿[M]//沈云龙. 近代中国史料丛刊第三十三辑. 台北：文海出版社，1966.

[3] 费行简. 近代名人小传[M]. 台北：文海出版社，1966.

[4] 冯友兰. 中国哲学史新编[M]. 北京：人民出版社，1989.

[5] 费正清. 剑桥中国晚清史[M]. 北京：中国社会科学出版社，2007.

G

[1] 顾廷龙. 清代朱卷集成：第38册[M]. 台北：成文出版社，1992.

[2] "国立"故宫博物院. 宫中档光绪朝奏折[M]. 台北："国立"故宫博物院，1973.

[3] 国家图书馆分馆. 中华历史人物别传集[M]. 北京：线装书局，2003.

[4] 郭汝城. 顺德县志[M]. 梁廷枏，等，纂. 咸丰三年刻本.

［5］郭绍虞. 清诗话续编［M］. 富寿荪, 校点. 上海：上海古籍出版社, 1983.

［6］郭延礼. 中国近代文学发展史［M］. 北京：高等教育出版社, 2001.

［7］郭延礼. 20世纪中国近代文学研究学术史［M］. 南昌：江西高校出版社, 2004.

［8］郭明道. 阮元评传［M］. 北京：社会科学文献出版社, 2005.

［9］管林. 广东历史人物辞典［M］. 广州：广东高等教育出版社, 2002.

［10］管林, 等. 岭南晚清文学研究［M］. 广州：广东人民出版社, 2003.

［11］龚书铎. 中国近代文化概论［M］. 北京：中华书局, 2002.

［12］龚克昌. 中国辞赋研究［M］. 济南：山东大学出版社, 2003.

［13］广州图书馆. 广东历代著者要录［M］. 广州：广州出版社, 2012.

H

［1］何绍基. 东洲草堂诗集［M］. 清同治六年刻本.

［2］何文焕. 历代诗话［M］. 北京：中华书局, 1981.

［3］何新文. 中国赋论史稿［M］. 北京：开明出版社, 1983.

［4］黄佛颐. 广州城坊志［M］. 广州：暨南大学出版社, 1994.

［5］霍松林. 辞赋大辞典［M］. 南京：江苏古籍出版社, 1996.

［6］黄霖. 20世纪中国古代文学研究史：七卷本［M］. 上海：东方出版中心, 2006.

［7］黄霖. 中国文学批评通史·近代卷［M］. 上海：上海古籍出版社, 1996.

J

［1］金青茅. 张南山先生年谱撮略［M］. 清咸丰间刻本.

［2］季啸风. 中国书院史［M］. 杭州：浙江教育出版社, 1996.

［3］蒋祖缘, 方志钦. 简明广东史［M］. 广州：广东人民出版社, 1993.

［4］姜书阁. 骈文史论［M］. 北京：人民文学出版社, 1986.

［5］江庆柏. 清代人物生卒年表［M］. 北京：人民文学出版社, 2005.

K

[1] 况周颐. 蕙风词话·人间词话 [M]. 王幼安, 校订. 北京: 人民文学出版社, 1960.

L

[1] 李长荣, 谭寿衢. 庚申修禊集·长寿寺秋禊诗 [M]. 咸丰十年刻本.

[2] 李长荣. 柳堂师友诗录初编 [M]. 清同治二年刻本.

[3] 李福泰. 番禺县志 [M]. 史澄, 等, 纂. 同治十年刻本.

[4] 李泽厚. 中国近代思想史论 [M]. 北京: 人民出版社, 1979.

[5] 李国钧. 中国书院史 [M]. 长沙: 湖南教育出版社, 1994.

[6] 李锦全, 吴熙钊, 冯达文. 岭南思想史 [M]. 广州: 广东人民出版社, 1993.

[7] 李权时. 岭南文化 [M]. 广州: 广东人民出版社, 1993.

[8] 李绪柏. 清代广东朴学研究 [M]. 广州: 广东省地图出版社, 2001.

[9] 李绪柏. 清代岭南大儒: 陈澧 [M]. 广州: 广东人民出版社, 2009.

[10] 林昌彝. 林昌彝诗文集 [M]. 王镇远, 林虞生, 校点. 上海, 上海古籍出版社, 2012.

[11] 林葆恒. 词综补遗 [M]. 上海: 上海古籍出版社, 2005.

[12] 林非. 中国散文大辞典 [M]. 郑州: 中州古籍出版社, 1997.

[13] 梁廷枏. 粤秀书院志 [M]//赵所生, 薛正兴. 中国历代书院志: 影印本. 南京: 江苏教育出版社, 1995.

[14] 梁鼎芬, 等. 番禺县志 [M]. 丁仁长, 等, 纂. 民国二十年刻本.

[15] 梁启超. 清代学术概论 [M]. 上海: 上海古籍出版社, 1998.

[16] 梁启超. 饮冰室诗话 [M]. 舒芜, 校点. 北京: 人民文学出版社, 1959.

[17] 梁淑安. 中国文学家大辞典·近代卷 [M]. 北京: 中华书局, 1997.

[18] 刘勰. 文心雕龙注 [M]. 范文澜, 注. 北京: 人民文学出版社, 1958.

[19] 刘溎年. 惠州府志 [M]. 邓伦斌, 纂. 光绪七年刻本.

[20] 刘禺生. 世载堂杂忆 [M]. 北京, 中华书局, 1960.

[21] 刘世南. 清诗流派史 [M]. 北京: 人民文学出版社, 2004.

［22］刘伯骥. 广东书院制度沿革［M］. 北京：商务印书馆，1930.

［23］刘圣宜. 岭南历史名人研究［M］. 广州：中山大学出版社，2002.

［24］刘圣宜. 岭南近代文化论稿［M］. 广州：中山大学出版社，2007.

［25］马积高. 赋史［M］. 上海：上海古籍出版社，1998.

［26］吕双伟. 清代骈文理论研究［M］. 北京：人民出版社，2011.

［27］龙启瑞. 龙启瑞诗文集校笺［M］. 吕斌，编著. 长沙：岳麓书社，2008.

［28］李文海. 清史编年［M］. 北京：中国人民公安大学出版社，2004.

M

［1］缪荃孙. 续碑传集［M］. 上海：上海古籍出版社，1987.

［2］缪荃孙. 缪荃孙全集·日记［M］. 张廷银，朱玉麒，主编. 南京：凤凰出版社，2014.

［3］缪荃孙. 缪荃孙全集·诗文［M］. 张廷银，朱玉麒，主编. 南京：凤凰出版社，2014.

［4］闵尔昌. 碑传集补［M］. 上海：上海古籍出版社，1987.

［5］顾廷龙. 艺风堂友朋书札［M］. 上海：上海古籍出版社，1980.

N

［1］倪鸿. 退遂斋诗钞［M］. 清光绪七年刻本.

［2］南开大学古籍与文化研究所. 清文海［M］. 北京：国家图书馆出版社，2010.

P

［1］潘仕成. 海山仙馆丛书［M］//陈建华. 广州大典：影印本. 广州：广州出版社，2008.

［2］潘尚. 南海县志［M］. 邓士宪，等，纂. 清同治八年重刻本.

［3］彭贻荪. 化州志［M］. 彭步瀛，纂. 清光绪十六年刻本.

［4］裴效维. 近代文学研究［M］. 北京：北京出版社，2001.

Q

［1］国史馆. 清国史［M］. 北京：中华书局，1993.

［2］钱基博. 现代中国文学史［M］. 长沙：岳麓书社，1986.

［3］钱穆. 中国近三百年学术史［M］. 北京：商务印书馆，1997.

［4］钱实甫. 清代职官年表［M］. 北京：中华书局，1980.

［5］钱仲联. 清诗纪事［M］. 南京：江苏古籍出版社，1987—1989.

［6］钱仲联. 近代诗钞［M］. 南京：江苏古籍出版社，2001.

［7］钱仲联. 陈衍诗论合集［M］. 福州：福建人民出版社，1999.

［8］钱仲联. 梦苕庵论集［M］. 北京：中华书局，1993.

［9］钱仲联. 梦苕庵清代文学论集［M］. 济南：齐鲁书社，1983.

［10］秦国经. 清代官员履历档案全编［M］. 上海：华东师范大学出版社，1997.

R

［1］阮元. 揅经室集［M］. 北京：中华书局，1993.

［2］阮元. 学海堂集［M］//赵所生，薛正兴. 中国历代书院志：影印本. 南京：江苏教育出版社，1995.

［3］阮元. 广东通志［M］. 陈昌齐，纂. 上海：上海古籍出版社，1990.

［4］任访秋. 中国近代文学史［M］. 开封：河南大学出版社，1988.

S

［1］史念祖. 俞俞斋文稿初集［M］//沈云龙. 近代中国史料丛刊续编第二辑. 台北：文海出版社，1966.

［2］沈世良. 小只陀庵诗钞［M］. 清咸丰二刻本.

［3］沈世良，许玉彬，等. 粤东词钞［M］. 谢永芳，校点. 南京：凤凰出版社，2012.

［4］孙文光. 中国近代文学大辞典［M］. 合肥：黄山书社，1995.

［5］商衍鎏. 清代科举考试述录及有关著作［M］. 天津：百花文艺出版社，2003.

［6］冼渭滨. 中国历史大事年表近代卷［M］. 上海：上海辞书出版社，1999.

T

［1］谭莹. 乐志堂文集［M］. 清咸丰九年吏隐园刻本.

［2］谭莹. 乐志堂文续集［M］. 清咸丰九年吏隐园刻本.

[3] 谭莹. 乐志堂诗集［M］. 清咸丰十年吏隐园刻本.

[4] 谭莹. 乐志堂文略［M］. 清光绪元年刻本.

[5] 谭莹. 乐志堂诗略［M］. 清光绪元年刻本.

[6] 谭宗浚. 希古堂文集［M］. 清光绪十六年羊城刊本.

[7] 谭宗浚. 荔村草堂诗钞［M］. 清光绪十八年羊城刊本.

[8] 谭宗浚. 荔村草堂诗续钞［M］. 清宣统二年羊城刊本.

[9] 谭宗浚. 芸洁斋赋草试帖［M］. 清光绪二十一年刻本.

[10] 谭宗浚. 辽史纪事本末诸论［M］. 民国二十年刻本.

[11] 谭宗浚. 止庵笔语［M］. 民国十一年刻本.

[12] 谭宗浚. 荔村随笔［M］//丛书集成续编: 影印本. 上海: 上海书店, 1994.

[13] 谭宗浚. 于滇日记［M］. 清稿本.

[14] 谭宗浚. 旋粤日记［M］. 清稿本.

[15] 谭宗浚. 皇朝艺文志［M］//李万健. 历代史志书目丛刊: 影印本. 北京: 北京图书馆出版社, 2009.

[16] 谭宗浚. 蜀秀集［M］. 清光绪五年刻本.

[17] 谭祖纶. 清癯生漫录［M］. 清宣统二年刻本.

[18] 谭耀华. 谭氏志［M］. 香港: 香港新华印刷出版公司, 1957.

[19] 唐文治. 茹经堂文集［M］//民国丛书: 第五编. 上海: 上海书店, 1996.

[20] 屠英, 等. 肇庆府志［M］. 清光绪二年刻本.

[21] 汤志钧. 近代经学与政治［M］. 北京: 中华书局, 2000.

W

[1] 吴兰修. 学海堂二集［M］//赵所生, 薛正兴. 中国历代书院志: 影印本. 南京: 江苏教育出版社, 1995.

[2] 吴宗焯. 嘉应府志［M］. 温仲和, 等, 纂. 光绪二十四年刻本.

[3] 伍崇曜, 谭莹. 楚庭耆旧遗诗前后集［M］. 清道光二十三年刻本.

[4] 伍崇曜, 谭莹. 楚庭耆旧遗诗续集［M］. 清道光三十年刻本.

[5] 伍崇曜, 谭莹. 粤雅堂丛书［M］//陈建华. 广州大典: 影印本. 广州: 广州出版社, 2008.

[6] 伍崇曜, 谭莹. 粤十三家集［M］. 清道光二十年刻本.

[7] 伍崇曜, 谭莹. 岭南遗书［M］//陈建华. 广州大典: 影印本.

广州：广州出版社，2008.

［8］翁心存. 翁心存诗文集［M］. 张剑，辑校. 南京：凤凰出版社，2013.

［9］翁心存. 翁心存日记［M］. 张剑，整理. 北京：中华书局，2011.

［10］翁同龢. 翁同龢日记［M］. 陈义杰，点校. 北京：中华书局，1998.

［11］吴道镕，张学华. 广东文征［M］. 李棪，改编. 香港：香港中文大学出版社，1978.

［12］吴承学. 中国古代文体形态研究（增订本）［M］. 广州：中山大学出版社，2002.

［13］汪辟疆. 汪辟疆文集［M］. 程千帆，编. 上海：上海古籍出版社，1988.

［14］汪兆镛，汪宗衍. 岭南画征略［M］. 周锡馥，点校. 广州：广东人民出版社，2011.

［15］王国维. 人间词话［M］. 徐调孚，周振甫，注. 北京：人民文学出版社，1960.

［16］王钟翰. 清史列传［M］. 北京：中华书局，1987.

［17］王文韶，等. 续云南通志稿［M］. 光绪二十七年刻本.

［18］王水照. 历代文话［M］. 上海：复旦大学出版社，2007.

［19］王德昭. 清代科举制度研究［M］. 北京：中华书局，1984.

［20］王章涛. 阮元年谱［M］. 合肥：黄山书社，2003.

［21］王小舒. 中国诗歌通史·清代卷［M］. 北京：人民文学出版社，2012.

［22］王晓雯. 清代谭莹《论词绝句》研究［M］. 新北：花木兰文化出版社，2011.

Y

［1］徐荣. 怀古田舍诗节钞［M］. 清同治三年刻本.

［2］徐灏. 灵洲山人诗录［M］. 清同治三年刻本.

［3］徐世昌，等. 清儒学案［M］. 北京：中华书局，2008.

［4］徐世昌. 晚晴簃诗话［M］. 傅卜棠，编校. 上海：华东师范大学出版社，2009.

［5］熊景星. 吉羊溪馆诗钞［M］. 清同治五年刻本.

［6］仪克中. 剑光楼词［M］. 清咸丰十年刻本.

[7] 许衍董. 广东文征续编 [M]. 香港：广东文征编印委员会，1986.

[8] 严明. 清代广东诗歌研究 [M]. 台北：文津出版社，1991.

[9] 严迪昌. 近现代词纪事汇评 [M]. 合肥：黄山书社，1995.

[10] 严迪昌. 清诗史 [M]. 杭州：浙江古籍出版社，2002.

[11] 严迪昌. 清词史 [M]. 南京：江苏古籍出版社，1999.

[12] 严迪昌. 近代词钞 [M]. 南京：江苏古籍出版社，1996.

[13] 袁进. 中国文学的近代变革 [M]. 桂林：广西师范大学出版社，2006.

[14] 于景祥. 中国骈文通史 [M]. 长春：吉林人民出版社，2002.

[15] 谢永芳. 广东近世词坛研究 [M]. 上海：上海古籍出版社，2008.

[16] 颜建华. 清代乾嘉骈文研究 [M]. 北京：光明日报出版社，2011.

[17] 杨永衍. 粤东词钞二编 [M]. 清光绪十八年刻本.

[18] 杨旭辉. 清代骈文史 [M]. 北京：人民出版社，2013.

[19] 尹继佐，周山. 中国学术思潮史 [M]. 上海：上海社会科学院出版社，2006.

Z

[1] 张维屏. 学海堂三集 [M] // 赵所生，薛正兴. 中国历代书院志：影印本. 南京：江苏教育出版社，1995.

[2] 张维屏. 艺谈录 [M]. 清咸丰间刻本.

[3] 张维屏. 听松庐诗话 [M]. 清咸丰二年刻本.

[4] 张维屏. 松心诗录 [M]. 清咸丰四年刻本.

[5] 张维屏. 新春宴游长和诗集 [M]. 道光二十六年刻本.

[6] 张维屏. 张南山全集（1—3册）[M]. 广州：广东高等教育出版社，1994.

[7] 张之洞. 张之洞全集 [M]. 苑书义，孙华峰，李秉新，主编. 石家庄：河北人民出版社，1998.

[8] 张小迂. 广东贡士录 [M]. 清稿本.

[9] 张鉴，等. 阮元年谱 [M]. 黄爱平，点校. 北京：中华书局，1995.

[10] 张希京. 曲江县志 [M]. 欧越华，等，纂. 光绪元年刊本.

[11] 张舜徽. 清人文集别录 [M]. 北京：中华书局，1963.

[12] 张立文. 中国学术通史·清代卷 [M]. 北京：人民出版社，2004.

[13] 张寅彭. 民国诗话丛编 [M]. 上海：上海书店出版社，2002.

[14] 张仁青. 中国骈文发展史 [M]. 杭州：浙江大学出版社，2009.

[15] 郑梦玉，等. 南海县志：卷十八 [M]. 梁绍献，等，纂. 清同治十一刻本.

[16] 郑荣，等. 南海县志 [M]. 桂坫，等，纂. 清宣统二年刊本.

[17] 郑献甫. 郑小谷先生全集 [M]. 清同治光绪间刻本.

[18] 曾钊. 面城楼集钞 [M]. 清光绪十二年刻本.

[19] 周之贞. 顺德县续志 [M]. 何藻翔，等，纂. 民国十八年刻本.

[20] 赵尔巽，等. 清史稿 [M]. 北京：中华书局，1977.

[21] 赵春晨. 岭南近代史事与文化 [M]. 北京：中国社会科学出版社，2003.

[22] 朱庆澜，梁鼎芬，等. 续广东通志未成稿 [M] // 广东省地方史志办公室. 广东历代方志集成：影印本. 广州：岭南美术出版社，2007.

[23] 朱则杰. 清诗史 [M]. 南京：江苏古籍出版社，2000.

[24] 邹鲁. 广东通志未成稿 [M]. 温廷敬，等，纂. 民国二十四年稿本.

[25] 中国第一历史档案馆. 光绪朝朱批奏折 [M]. 北京：中华书局，1995.

[26] 中国第一历史档案馆. 光绪宣统两朝上谕档 [M]. 桂林：广西师范大学出版社，1996.

[27] 褚斌杰. 中国古代文体概论：增订本 [M]. 北京：北京大学出版社，1990.

[28] 钟贤培，汪松涛. 广东近代文学史 [M]. 广州：广东人民出版社，1996.

[29] 詹杭伦. 清代律赋新论 [M]. 北京，北京燕山出版社，2008.

[30] 左鹏军. 黄遵宪与岭南近代文学丛论 [M]. 广州：中山大学出版社，2007.

[31] 仲光军，尚玉恒，冀南生，等. 历代金殿殿试鼎甲朱卷 [M]. 石家庄：花山文艺出版社，1995.

[32] 中国近代史教研室. 中国近代大事记（1839—1919）[M]. 长春：东北师范大学函授处，1956.

二、报刊论文与学位论文

[1] 容肇祖. 学海堂考 [J]. 岭南学报, 1934 (4).

[2] 汪宗衍. 陈东塾先生年谱 [J]. 岭南学报, 1935.

[3] 陈华新. 广东的书院 [N]. 大公报, 1985-07-18.

[4] 陈东辉. 阮元与学海堂 [J]. 文史, 1996 (41).

[5] 范松义. 清代岭南越台词社考论 [J]. 暨南学报（社会科学版）, 2008 (3).

[6] 何国华. 清代岭南的最高学府：广东学海堂 [J]. 广东史志, 1994 (2).

[7] 胡建次. 清代论词绝句的运用类型 [J]. 广西社会科学, 2009 (2).

[8] 李绪柏. 明清广东的诗社 [J]. 广东社会科学, 2000 (3).

[9] 李春光.《粤雅堂丛书》述略 [J]. 广东社会科学, 1988 (1).

[10] 罗志欢.《粤雅堂丛书》校勘及其跋语考略 [J]. 文献, 1997 (1).

[11] 谭赤子. 伍崇曜的经济与文化活动述略 [J]. 华南师范大学学报（社会科学版）, 2002 (3).

[12] 谢永芳. 谭莹的《论词绝句》及其学术价值 [J]. 图书馆论坛, 2009 (2).

[13] 钟贤培. 咏物论史 岭南风情：谭莹其人及其诗文略论 [J]. 岭南文史, 1996 (1).

[14] 蒋寅. 清代文学研究的回顾与展望 [J]. 江海学刊, 2004 (3).

[15] 徐雁平. 清代文学世家联姻与地域文化传统的形成 [J]. 华南师范大学学报（社会科学版）, 2011 (3).

[16] 周明初. 晚清文学，抑或是近代文学？：从晚清七十年间文学的命名说起 [J]. 复旦学报（社会科学版）, 2011 (3).

[17] 左鹏军. 建构"岭南学"之必要与可能 [J]. 华南师范大学学报（社会科学版）, 2008 (4).

[18] 左鹏军. 论诗绝句的集成与绝唱：陈融《读岭南人诗绝句》的批评史和文体史意义 [J]. 中山大学学报（社会科学版）, 2011 (4).

[19] 左鹏军. 近代文学的自觉和奠基：阿英先生的近代文学研究及其学术史意义 [J]. 中国文学研究, 2012 (3).

[20] 左鹏军. 近代文学研究中的新文学立场及其影响之省思 [J]. 文学遗产, 2013 (4).

[21] 左鹏军. 甲午战争与近代诗风之创变 [J]. 文学遗产, 2014 (4).

[22] 关爱和, 袁凯声. 论中国文学的近代转型 [J]. 文艺研究, 2013 (11).

[23] 郝庆军. "近代文学"研究的观念革新与多维视野 [J]. 天津社会科学, 2014 (2).

[24] 翁筱曼. 学海堂与岭南文化 [D]. 广州：中山大学, 2009.

[25] 顾瑞雪. 科举废止前后的晚清社会与文学 [D]. 武汉：武汉大学, 2013.

[26] 周芳. 道咸宋诗派研究 [D]. 济南：山东大学, 2012.

[27] 卫新. 清代吴门学派和吴中诗派研究 [D]. 苏州：苏州大学, 2013.

[28] 王凤丽. 冯煦年谱长编 [D]. 上海：华东师范大学, 2014.

后　记

　　本书是广东省哲学社会科学地方历史文化特色项目"谭莹谭宗浚年谱长编"（项目批准号 GD17DL03）的最终成果，也是在我的博士学位论文的基础上经修改增补而成。对于初涉中国古典文献学领域的我来说，本书的完成蕴含着众多师友亲朋的关心与支持。在定稿付梓之际，万千心绪油然而生。

　　2009 年秋，我有幸投入华南师范大学文学院左鹏军教授门下，师从先生攻读中国古代文学（近代文学方向）博士学位。入学以后，在先生的指导下，我确定以近代岭南著名文人作为自己的研究方向，并定下"谭莹谭宗浚研究"这一博士学位论文题目。在具体撰写过程中，论文从体例的设计、通篇文字语法之更正，无不凝聚着左老师的心血。回到单位工作以后，左老师仍继续关注我的学术研究，这也极大地增强了我在繁忙的工作之余进一步充实谭莹谭宗浚年谱内容的决心。本课题自 2017 年获得广东省哲学社会科学项目立项以来，经过多年来的广泛查阅文献及认真考辨等工作，我最终完成本项目的研究并顺利结题。十多年来，无论是学习工作还是日常生活的各个方面，左老师和师母牛凤杰先生对我都给予了关怀，在我遇到问题和困难时，老师都能提供很好的建议和切实的帮助。恩师的厚爱让我无尽感激，永铭心间。

　　书稿的完成离不开彭玉平教授、程国赋教授、王国健教授、戴伟华教授、陈建森教授、马茂军教授、闵定庆教授的精心指点。诸位先生提出的许多宝贵意见和建议有助于本书的逐步完善，谨在此深表谢意。

　　本书之所以非常荣幸能在中山大学出版社出版，要归功于广东省哲学社会科学规划领导小组办公室提供的经费资助，以及金继伟、王璞、靳晓虹等编辑老师的辛勤付出，他们为本书的策划、排版与校对倾注了大量心血，在此一并致谢。

　　最后要感谢的是我的家人。本书的顺利完成与他们的厚爱密不可分。这几年来，承担着繁重教学任务的妻子给予我生活上的照顾与精神上的支持，使我得以静下心来进行相关课题的研究。

限于笔者水平，书中谬误和不妥之处恐在所难免，敬请专家和读者不吝赐教。

徐世中

2024 年 10 月于好景花园